《周禮》鄭氏學探賾

黃慧芬　著

臺灣學生書局印行

宋　序

　　昔周內史嘗言：「禮，國之幹也」（《左氏》僖公十一年傳），魯孟獻子則謂：「禮，身之幹也」（《左氏》成公十三年傳），故鄭子產遂以為：「禮，天之經，地之義，民之行也」（《左氏》昭公二十五年傳）。由斯觀之，知「禮」實為「經國家，定社稷，序人民，利後嗣」（《左氏》隱公十一年傳），不可或闕之寶典。

　　先秦六藝中有「禮」，漢武立「五經博士」，亦有「《禮經》博士」，厥後，李唐立「九經」，趙宋立「十三經」，亦莫不皆有「禮」。蓋「禮」，自古即為貴族子弟及一般士子必讀之課程也。東漢末年，「經神」鄭玄康成，嘗為諸經作註。而於《周禮》、《儀禮》、《禮記》三經，用力尤深。既探賾鉤玄，研精索微，又作《三禮目錄》一書，以求融會貫通，於是，後世遂有《三禮》之名，而「禮學」即「鄭學」，亦由是稱於後世。

　　考康成《周禮》註，實上承杜子春、鄭興、鄭眾、賈逵、馬融諸大家之舊註而成者，故《周禮》鄭氏註，實為有漢一代《周禮》學集大成之作，為後世治《周禮》學者，不可不讀之典籍。然鄭君《周禮》註，雖鉤玄索微，用力最深，但註文簡奧古樸，非顓家難明。今上庠學子，有志於研治《周禮》者讀之，不免有「仰之彌高，鑽之彌堅」之苦。

　　黃生慧芬，天資高穎，好學深思，既遍習諸經，尤篤好「禮

國經野，設官分職，以為民極」之《周禮》學，思有以紹述於斯時。民國一○○年，黃生進入成功大學中國文學研究所博士班進修，時時持《周禮》問學於余。幾經研討、析疑、論難、斟酌之後，擇定以《周禮》鄭氏註為題，以考明東漢經學巨擘鄭玄校讀《周禮》之相關議題及其貢獻。

　　黃生孜孜矻矻，勤奮自勵，六載於茲，完成斯篇，既考訂漢代《周禮》傳經人物關係與譜系之演變；再揭鄭氏經典詮釋與圖書版本、語言文字音韻、史學各學門間之緊密關係，廓清《周禮》學史上著名之「偽古文」疑案，剖析鄭玄與許慎、臨孝存之駁難，及從學弟子之答問，述明鄭玄《周禮》學之貢獻。

　　黃生斯篇之作，考訂詳實，用辭雅馴，行文暢達，當有裨益於《禮》學研究無疑。一○六年六月提請博士學位論文口敚，獲莊雅洲教授等考委全票通過，授予博士學位。黃生取得博士學位，即前往中研院文哲所及科技部從事博士後研究。他日大成可期。

　　今黃生論文，付諸剞劂，即將蕆事，來索數言，以弁於耑，因略述師生之懷抱，以為之序。

宗鼎宗　撰
中華民國一一○年三月

《周禮》鄭氏學探賾

目　次

宋　序 ……………………………………………………… 宋鼎宗　I

第壹章　緒　論 ………………………………………………… 1

第一節　研究背景與預設目的 ………………………………… 1

第二節　鄭玄禮學研究回顧 …………………………………… 9

一、鄭玄生平事蹟及學術 ……………………………… 11

二、鄭玄《三禮》經注之版本校勘、文字訓詁 …… 13

三、鄭玄禮學體系及思想文化 ………………………… 16

四、問題癥結與研究評估 ……………………………… 21

第三節　研究方法與材料範圍 ………………………………… 23

第貳章　漢代《周禮》經注集成：
　　　　鄭玄《周禮注》析論 ………………………… 27

第一節　漢代《周禮》學傳授譜系與《周禮注》之成書　27

一、歷來史書載錄《周禮》傳習始末之考察 ……… 28

二、漢代《周禮》傳承譜系及相關問題辨析 ……… 38

第二節　鄭玄《周禮注》之注經體裁與態度……………　58

第三節　鄭玄《周禮注》之注經特色與實例分析………　66

一、蒐羅異本，以記經文內容之異同…………　67

二、審音辨字，以為經義通讀之鎖鑰…………　82

三、博采眾說，以資訓詁取證之揀擇…………　97

四、闡發禮義，以陳聖人制禮之初衷…………　141

第四節　鄭玄《周禮注》在經學史上的評價…………　167

第叁章　鄭玄經注訓詁：《周禮注》對《周禮》
「古文奇字」的辨析………………………　177

第一節　歷來對《周禮》經文用字「奇古」的質疑……　177

第二節　《周禮》「古文」真偽考實………………　189

一、《周禮》「古文」性質的界定………………　190

二、尋覓《周禮》「古文」的篩選原則…………　201

三、《周禮》「古文」形體溯源舉隅……………　219

四、結語………………………………………　226

第三節　《周禮注》「以今釋古」的訓詁理論………　226

一、《周禮注》「以今釋古」的訓詁緣起………　229

二、《周禮注》標明「古今字」的方法…………　232

三、《周禮注》釐定「古今字」的條例…………　236

四、鄭玄「古今字」理論對後世的影響………　250

第四節　綜合評議《周禮》「古文」的學術定位………　255

第肆章　鄭玄經注校讎：
《周禮注》的校讎法及其影響……………　259

第一節　「校讎」名義析解 …………………………… 259

第二節　鄭玄校讎《周禮》的方法流程 ………………… 267

一、廣備眾本：以「故書」及「今書」互勘 271

二、本經內證：以上下文互校，摘錄異同 ……… 287

三、羣籍鈎稽：以其他古籍核校經文 …………… 292

四、循聲辨義：以聲類為旁通，義理為準據 …… 298

五、敘次篇目：編寫目錄，敘明篇旨 …………… 308

六、結語 ………………………………………… 312

第三節　鄭玄校讎理念對後世的影響 ………………… 313

第伍章　鄭玄引經釋義：許慎《說文解字》與
　　　　《周禮注》引《周禮》之同異 ……………… 321

第一節　許慎、鄭玄之間的學術淵源及其發展 ………… 321

第二節　《說文解字》與《周禮注》引本經異文之比勘 ‥ 333

一、因許慎對「周禮」一詞定義寬泛造成的異文 ‥ 336

二、因許慎刪節改動經文造成的異文 …………… 345

三、因許慎、鄭玄所依傳授有別造成的異文 …… 355

四、因許慎明本字，鄭玄釋假借造成的異文 …… 366

第三節　《說文解字》與《周禮注》文字釋義之優劣 ‥ 373

一、《說文》與《周禮注》釋義同承先儒經說 …… 375

二、《周禮注》因承《說文》增成釋義 ………… 378

三、《說文》與《周禮注》釋義互有短長 ……… 380

第四節　從許慎、鄭玄引經同異觀察東漢《周禮》學的
　　　　發展 ……………………………………… 384

第陸章　鄭玄佚著整輯：《答臨孝存周禮難》、
　　　　《鄭志》中所見疑義駁辯 ⋯⋯⋯⋯⋯⋯⋯⋯ 387

　　第一節　鄭玄《答臨孝存周禮難》及其問答重建 ⋯⋯ 388
　　　一、臨孝存與鄭玄之人物關係檢討 ⋯⋯⋯⋯⋯⋯ 390
　　　二、清儒纂輯《答臨孝存周禮難》五種斠訂 ⋯⋯ 397
　　　三、臨孝存與鄭玄對經義解讀之問答內容 ⋯⋯⋯ 402
　　　四、結語 ⋯⋯⋯⋯⋯⋯⋯⋯⋯⋯⋯⋯⋯⋯⋯⋯ 414
　　第二節　《鄭志》語錄中鄭玄對《周禮》經義的釋疑⋯ 417
　　　一、《鄭志》的成書、流傳及佚文整理 ⋯⋯⋯⋯ 418
　　　二、鄭玄弟子研讀《周禮》疑義考述 ⋯⋯⋯⋯⋯ 422
　　　三、結語 ⋯⋯⋯⋯⋯⋯⋯⋯⋯⋯⋯⋯⋯⋯⋯⋯ 458

第柒章　結　論 ⋯⋯⋯⋯⋯⋯⋯⋯⋯⋯⋯⋯⋯⋯⋯⋯ 461

　　第一節　鄭玄《周禮》學的形成及其解經特色 ⋯⋯⋯ 462
　　第二節　由學術史觀點看鄭注《周禮》的成就 ⋯⋯⋯ 466
　　第三節　後續研究省思與瞻望 ⋯⋯⋯⋯⋯⋯⋯⋯⋯ 469

附錄　二十一世紀以來《周禮》研究回顧與前瞻 ⋯⋯ 471

徵引文獻 ⋯⋯⋯⋯⋯⋯⋯⋯⋯⋯⋯⋯⋯⋯⋯⋯⋯⋯⋯ 491

後　記 ⋯⋯⋯⋯⋯⋯⋯⋯⋯⋯⋯⋯⋯⋯⋯⋯⋯⋯⋯⋯ 509

圖表目次

【圖 I】：漢代《周禮》經師傳授譜系圖 ························· 38
【圖 II】：《周官》傳系圖（王葆玹繪製）···················· 41

【表 I】：王莽、劉歆關係事蹟編年表 ····················· 44
【表 II】：鄭玄《周禮注》引書分類表 ····················· 106
【表 III】：清儒《答臨孝存周禮難》輯佚一覽表 ··········· 398
【表 IV】：清儒纂輯《答臨孝存周禮難》佚文匯校表 ······· 400

第壹章　緒　論

第一節　研究背景與預設目的

　　經學是研究儒家經典的傳統學問，它是古代王朝法定程序下所議訂的一批書籍和議論，代表著中國儒家文化的主體，也是傳統士大夫階層充實內在情性，體現外在生命價值的依憑。是故，馮友蘭（1895-1990）《中國哲學史》將董仲舒（179B.C-104B.C）迄至康有為（1858-1927）的中古哲學，統稱為「經學時代」，[1]即意識到中國哲學思潮的形成及演變，基本都是依傍經學而思考。《文心雕龍·宗經篇》云：「經也者，恆久之至道，不刊之鴻教也。」換言之，要瞭解中國傳統文化，便離不開對經學的探索。

　　由於清代中葉以後，國勢衰微，外侮浸至。士人激於時變，譴責經學研究與時代脫節，無益於拯救王朝日漸貧弱之態勢。維新志士因而倡言變法西化，知識階層的內在矛盾，使得幾千年來經學的權威性，備受質疑。尤其「五四」以後，傳統經學面臨西方學科的衝擊，經學被視作是阻礙中國走向現代文明的高牆。學術圈掀起「新文化運動」，在一片「打倒孔家店」的聲浪中，曾

---

[1]　參閱馮友蘭：《中國哲學史》（臺北：臺灣商務印書館，1993 年），頁491-496。

經作為士人安身立命、展現信仰價值的經學，逐漸流失賴以生存的沃土，終至分崩離析而走向沒落。在之後的一段時日，傳統學術非但沒有得到應有尊重，甚至遭受種種責難。承傳了千年的禮樂文明，竟成為小說家筆下戲謔的「吃人禮教」；[2]中學「讀經」，被暗諷成了「殭屍出祟」。[3]然而，反尊孔讀經、反禮教鬥爭、亟欲從封建遺毒中掙脫出來的讀書人，在剝去舊文化對思想的束縛後，卻也徹底成了無根的浮萍。自此以後，所謂的經學文獻研究，轉向了以「史」的觀點來治「經」，[4]也就是經學史的研究。姑不論過去對於中國傳統文化敵視的言論，出發點為何？作為現代具獨立思考的知識分子，對傳統經學又該如何看待？值得深省。《漢書・禮樂志》說：「六經之道同歸，禮樂之用為急」，[5]將六經之道歸源於「禮」，正是古人昭示的答案。清華大學彭林（1949-）長年致力於禮學推廣，他從錢穆（1895-1990）書中尚且體認到，中國傳統文化之所以能自立於西方文化之外，在於中國文化中的核心思想──「禮」，而「中國的禮，實際上便是儒家文化體系

2　「五四」運動時期前後，學術圈對禮教批判最有力的口號，即是魯迅（1881-1936）在《狂人日記》中揭露「禮教吃人」的本質。其後，吳虞（1872-1949）發表〈吃人與禮教〉一文唱合。胡適（1891-1962）在為《吳虞文錄》作序時，給予高度評價，亦猛烈抨擊以孔孟為核心的舊道德觀。這段歷史，參閱蔡尚思：《中國禮教思想史》（上海：上海古籍出版社，2006年），頁205-209、242-247。

3　參閱周予同撰，朱維錚編校：〈殭屍的出祟──異哉所謂學校讀經問題〉，《周予同經學史論》（上海：上海人民出版社，2010年），頁413-421。

4　「以史治經」的研究觀點，參閱周予同：〈治經與治史〉，《周予同經學史論》，頁433-442。

5　〔漢〕班固撰：《漢書》〈禮樂志〉（臺北：鼎文書局，1977年），卷22，頁480。

的總稱。」[6]以是之故,今日要重鑄經學的核心價值,必須先對貫串其中的禮儀文化有一定掌握,纔能持以批判態度,去其糟粕,取其菁華,對於傳統學術的精神價值,有所承繼。

談到「禮」,「禮」是古代社會道德綱常寄託之所在。荀子云:「禮者,人之所履也」,又云:「禮也者,理之不可易者也」,[7]說明「禮」是經由人們履踐形成的儀節禮數,以表達親疏尊卑的等秩關係。禮文的制定原則,一方面須體察人情且合乎道理,纔符合儒家禮學的宗旨。[8]中國傳統禮學的範圍,涵蓋甚廣,分科繁多,近人楊志剛曾撰文確立禮學的界域,劃分為:「禮經學」、「禮儀學」、「禮論」、「泛禮學」四類。[9]屬於經學範疇的「禮經學」研究之對象,正是以《周禮》、《儀禮》、《禮記》為主的專門學問,統稱為「《三禮》學」。當中《周禮》是記載古代王朝政治制度的典籍,相傳為周公所建官政之法;《儀禮》的經,相傳亦出自周公,記或出孔子及其後學;《禮記》各篇作者不一,體系龐雜,大抵出自孔門後學言論,以闡發儒家禮義為旨趣。儘管《三禮》內容豐富,但存在的問題亦不少。因此研究禮學文獻,首重通達經典原意,纔能透過閱讀思辨,掌握箇中精蘊。清儒阮元(1764-1849)謂:「士人讀書,當從經學始,經學當從

6　彭林:《中國古代禮儀文明》(北京:中華書局,2013 年),頁 9。

7　見《荀子》〈樂論〉、〈大略〉,參〔清〕王先謙:《荀子集解》(臺北:藝文印書館,1973 年),卷 14、19,頁 632、783。

8　禮的精神內涵與原則,參高明:〈原禮〉,《禮學新探》(臺北:臺灣學生書局,1984 年),頁 1-11。

9　楊志剛:〈中國禮學史發凡〉,《二十世紀中國禮學研究論集》(北京:學苑出版社,1998 年),頁 122-134。

注疏始」，[10]強調傳統注疏對研讀經籍的重要性。昔人說周經漢詁，經學文獻的注釋工作，漢儒致力尤深，其中又以東漢碩儒——鄭玄（127-200）最受後人推崇。

鄭玄，字康成，北海高密人，為東漢著名的經學家。據史家記載，鄭氏一生著述繁夥，遍注「《周易》、《尚書》、《毛詩》、《儀禮》、《禮記》、《論語》、《孝經》、《尚書大傳》、《中候》、《乾象歷》」等經傳典籍，又撰寫「《天文七政論》、《魯禮禘祫義》、《六藝論》、《毛詩譜》、《駁許慎五經異義》、《答臨孝存周禮難》，凡百餘萬言。」[11]鄭玄以融通古、今經傳為學鵠，號為「鄭學」，廣受學人宗仰，是兩漢經學集大成之代表人物。在現存鄭氏經注中，除《毛詩傳箋》外，另有《周禮注》、《儀禮注》、《禮記注》三部，後世合稱為《三禮注》。經黃以周（1828-1899）考證，鄭玄治經著述次第，是「先注《周官》，次《禮記》，次《禮經》，次古文《尚書》，次《論語》，次《毛詩》，最後乃注《易》。」[12]可見《三禮注》的成書，自有先後。鄭玄不僅兼注《三禮》，復以《禮》說《易》、[13]以《禮》

10　〔清〕阮元：〈江西校刻宋本十三經注疏書後〉，《研經室集》（臺北：臺灣商務印書館，1979 年），卷 2，頁 17。

11　〔南朝宋〕范曄：《後漢書》〈張曹鄭列傳〉（臺北：鼎文書局，1983年），卷 35，頁 1212。

12　〔清〕黃以周：〈答鄭康成學業次第問〉，《儆季文鈔》，收錄自國家清史編纂委員會：《清代詩文集彙編》（上海：上海古籍出版社，2010年），第 708 冊，卷 4，頁 504。

13　鄭玄是漢代易學象數派之殿軍人物，以爻辰、《三禮》、爻體解《易》是鄭氏治《易》的主要特色。鄭玄多引《三禮》記載作為《周易》取象的內容，以解讀《易》辭，清人稱之為「禮象」。此方法的基本精神是在

箋《詩》，[14]乃由禮學為發端，漸及羣經，將其他經義納入禮學的闡釋系統。更難能可貴的是，鄭玄不囿於學術研究，對禮文理解通達，亦能作為指導政務改革的方針。因而，光和元年（178），盧植（139-192）上書靈帝時，且云：「修《禮》者，應徵有道之人，若鄭玄之徒，陳明《洪範》，攘服災咎。」[15]鄭玄習禮，卓然為一經師，能為災異頻仍之時局，陳明經義，故海內雖不乏英彥碩儒，盧植首舉鄭玄，可謂服膺之至。魏晉以下，南、北學所治，章句好尚，互有不同，但《三禮》之學，率以鄭氏為宗；入唐後，孔穎達（574-648）《禮記正義》屢言：「禮是鄭學」，俱陳鄭《注》為經義詮釋之參證，顯示出唐代官方義疏對鄭玄禮學的認同；至南宋，即以朱熹（1130-1200）之賢，議三年喪服制，

《易》、《禮》相通的基礎上，擴大《易》學的詮釋空間，亦是對禮學內涵的具體補充。參閱林忠軍：〈論鄭玄以《禮》注《易》方法〉，《武漢大學學報》第 64 卷第 1 期（2011 年），頁 31-37。

14　鄭玄《毛詩傳箋》中非僅限於引據《三禮》以助解說，更本諸《詩序》、《毛傳》，兼采三家詩說。就具體經學思想而言，正是藉標榜禮教，發揮美刺、正變的《詩》教思想。相關內容，參看彭美玲：《鄭玄《毛詩箋》以《禮》說《詩》研究》（臺北：臺灣大學中國文學研究所碩士論文，1992 年）、梁錫鋒：《鄭玄以禮箋詩研究》（北京：學苑出版社，2005 年）兩部論著有充分討論。

15　文參〔南朝宋〕范曄：《後漢書》〈吳延史盧趙列傳〉，卷 54，頁 756。鄭玄於東漢靈帝黨禁解除後，受朝廷舉以「賢良」、「方正」、「有道」三科。「有道」者，前人多釋為志行高潔之士，車行健認為當指「有道術」之人，該職官始創立於東漢安帝，因為與陰陽災異性質相近，便取代而獨舉之。本書謹從此說。說見車行健：《禮儀、讖緯與經義——鄭玄經學思想及其解經方法》（臺北：輔仁大學中國文學研究所博士論文，1996 年），頁 28-29。

猶不能折服羣疑，後得《鄭志》明文考核，遂有「向使無鄭康成，則此事終未有斷決」之嘆。[16]博學如朱夫子，尚且推服鄭玄。透過鄭玄經注研讀《三禮》，無疑是後學瞭解禮經和考究禮學問題最直截的門徑。

　　蓋因《周禮》的性質，不同於《儀禮》單記禮數條文，《禮記》各篇旨在發揮禮義之精華。它是透過條列六官職文展現職官運作的整體規範，乃王朝締造之綱要，在內容上自成體系，本可獨立研究。其次，鄭玄校注《三禮》，《周禮注》的成書最早，鄭玄的解經方法，大致以該書為基礎，進而演繹；加上學界普遍認為，鄭玄的禮學體系，乃以《周禮》為核心，會通三禮異同，這都顯示《周禮注》不僅是鄭玄為羣經撰注之首部，在形塑鄭玄禮學體系的過程，亦具有舉足輕重的宗主地位。基於上述理由，當知分析鄭玄經學必由禮學究始，且應以《周禮注》為重，旁及他書。本書既以「《周禮》鄭氏學探賾」為篇題，其研究緣由，乃至希冀獲致之預想目的，約有數端：

　　一曰開拓鄭玄《周禮》學其他禮學議題：以往學界探討鄭玄禮學課題，大多側重鄭玄治《禮》的解經體系，談論其如何利用《周禮》會通三禮；或專就魏晉南北朝經學史上著名的「鄭、王之爭」，談論鄭玄、王肅（195-256）經說異同及其產生差異的原因，評議兩人學術之優劣。有關這些議題討論，成果斐然，大義闡發已無餘蘊，相關論點幾成共識。因此，本書對上述議題的研究成果，擇善而從，不再贅述。茲所論者，詳其所略，略其所詳，旨

16　朱子議禮之事，參閱〔清〕皮錫瑞：〈論言理不如言禮之可據。朱子以
　　此推服鄭君，而鄭君之說亦由推致所得〉，《經學通論》（北京：中華
　　書局，2008 年），頁 25-26。

在考明學人罕有觸及的學術議題，立基於鄭玄經注之上，勾稽闡微，向外拓展鄭玄《周禮》學新的研治方向。

二曰闡發鄭注《周禮》的解經方法與內涵：前人探討鄭玄校注《三禮》的解經方法，大多側重「讀為」、「讀如」、「當為」等訓詁用語的義例闡釋；或是「以經解經」、「以漢制解經」、「以讖緯解經」等方法的運用層面。但對於鄭玄解經體系的次第，及與語言文字學、音韻學、訓詁學、史學、校讎學等學科的聯繫，著墨有限。這些表面看似關聯不大的學科，實際上都有旁通相資的可能。因此，本書對鄭玄《周禮注》的分析，亦嘗試結合經學以外的學科理論，使本書的詮釋視角，不只侷限於前人已提出的研究成果，以期能讓讀者對鄭玄的解經思惟，有更完滿的認識。

三曰廓清《周禮》學史上的「偽古文」疑案：《周禮》自問世以來，論者或視為周初經世大典，或說是莽、歆竄亂所造偽書，評價毀譽參半。因書中內容涉及古代典章制度，疑難尤多，遂成為今、古文家爭論之焦點；再加上王莽（45B.C-23）、王安石（1021-1086）為政，效仿《周禮》變法，爭端不斷，亦使《周禮》不易取得應有的學術定位。前人疑心《周禮》內容之偽，亦延及文字之偽。經學史的問題，本該以經學方法解決。本書嘗試援引新出土文獻資料與《周禮》相校，廣納鄭《注》一併討論，欲使經學史上流傳劉歆偽造《周禮》「古文奇字」一說，得到合理且周延的辨析。

四曰為撰述一部以經學人物為主的《周禮》學史，預作準備：前輩學人每苦於經學史中的禮學論述無多，主張以「單經史」的

型態撰寫《三禮》學史，以補強現有經學史之不足。[17]就筆者目力所及，十三經之中，《詩》、《書》、《易》、《儀禮》、《禮記》、《春秋》三傳、《論語》、《孝經》、《爾雅》、《孟子》等典籍，目前皆有詮明學術發展之專論，[18]惟獨《周禮》，僅見少數短篇文章介紹，[19]當有補闕之必要。誠如彭林指出：「禮學

[17] 參閱林慶彰：〈幾種經學史中的禮學論述〉，《中正漢學研究》第 1 期（總第 23 期）（2014 年），頁 237-240。

[18] 擇要茲舉如次：《詩》有洪湛侯：《詩經學史》（北京：中華書局，2002年）。《書》有劉起釪：《尚書學史》（北京：中華書局，1989 年）、程元敏：《尚書學史》（臺北：五南圖書公司，2008 年）。《易》有劉大鈞主編：《易學史》（上海：科學技術文獻出版社，2010 年）。《儀禮》斷代研究，有鄧聲國：《清代儀禮文獻研究》（上海：上海古籍出版社，2011 年）。《禮記》單篇研究，有薛永武：《中國文論經典流變：《禮記・樂記》的接受史研究》（北京：社會科學文獻出版社，2012 年）。《春秋》有趙伯雄：《春秋學史》（濟南：山東教育出版社，2004 年）、戴維：《春秋學史》（長沙：湖南教育出版社，2004 年）；至於三傳，《左氏傳》有沈玉成：《春秋左氏傳史稿》（南京：江蘇古籍出版社，1992年）、張高評：《春秋書法與左傳學史》（臺北：五南圖書公司，2002年）；《公羊傳》有黃開國：《公羊學發展史》（北京：人民出版社，2013 年）、曾亦，郭曉東：《春秋公羊學史》（上海：華東師範大學出版社，2017 年）；《穀梁傳》斷代研究，有文廷海：《清代春秋穀梁學研究》（成都：巴蜀書社，2006 年）。《論語》斷代研究，有張清泉：《清代論語學》（臺北：花木蘭文化出版社，2008 年）。《孝經》有陳壁生：《孝經學史》（上海：華東師範大學出版社，2015 年）。《爾雅》斷代研究，有盧國屏：《清代爾雅學》（臺北：花木蘭文化出版社，2009年）。《孟子》有黃俊傑：《孟學思想史論》（臺北：東大圖書公司，1991 年）等書。可知以「單經」型態的經學史論著中，《周禮》的相關研究，大有補強的空間。

[19] 如楊天宇：〈略述中國古代的《周禮》學〉，《南都學壇》第 19 卷第 4

史研究的主要任務有兩個，一是將學科史分出發展階段，二是對學科史上的重大事件進行分析與評述。」[20]換言之，要撰寫一部學術史，必先有學科研究為基礎，由點而線而面，纔能通盤掌握各朝代學科發展的演變特徵。竊思《三禮》學史，經緯萬端，涉及內容龐雜，致使學人視為畏途。若拆開以單經結構，配合經學代表人物為主軸，則提綱挈領，乃得詳實。本書設立的若干議題，皆屬於《周禮》學科上重要且基礎的研究，對後續推動學界編寫斷代《周禮》學史的進程，當有實質的助益。

第二節　鄭玄禮學研究回顧

鄭玄在中國經學史上的重要地位，毋庸置疑。顧炎武（1613-1682）曾評議鄭玄學術，詩云：「大哉鄭康成，探賾靡不舉。六藝既該通，百家亦兼取。至今三禮存，其學非小補。」[21]稱揚鄭玄《三禮注》對《三禮》文獻的訓詁疏解，是漢學家從事經典詮釋的代表作，實為後世留下珍貴的文化資產。出於推崇鄭玄的學術，前賢已累積不少研究成果，主要是以專書、學位論文，抑或單篇

期（1999年），頁14-18。侯家駒：〈有關《周禮》的歷代研究〉，《書目季刊》第18卷第2期，頁22-27等篇章。近年，潘斌：《二十世紀中國三禮學史》（南京：南京大學出版社，2016年）則是首部歸納近代《三禮》學史的論著。夏微：《宋代《周禮》學史》（北京：中國人民大學出版社，2018年）為首部斷代《周禮》學史，是知建構學科史發展的演變軌跡，確有必要。

[20] 彭林：《三禮研究入門》（上海：復旦大學出版社，2012年），頁59。
[21] 〔清〕顧炎武：〈述古〉，《顧亭林詩文集》（臺北：漢京文化事業公司，1984年），卷之4，頁384。

期刊論文等形式發表。絕大多數的內容，均可在林慶彰主編的《經學研究論著目錄：1912-1987》、[22]《經學研究論著目錄：1988-1992》、[23]《經學研究論著目錄：1993-1997》、[24]《經學研究論著目錄：1998-2002》[25]四書中檢索的到。加上臺灣學生書局出版《五十年來的經學研究》書中收錄車行健〈三禮研究〉，[26]及林慶彰〈近二十年臺灣研究《三禮》成果之分析〉、[27]潘斌〈近二十多年來鄭玄《三禮注》研究綜述〉等文章，[28]大體可獲致 1912 年截至2007 年以前的研究成果。另方面，由臺灣國家圖書館架設的「期刊文獻資訊網」、「臺灣博碩士論文加值系統」，和 CNKI 中國知網建構的「中國期刊全文數據庫」、「中國博碩士論文全文資料庫」，則能反映二十一世紀以來近二十年兩岸最新的研究情況。

　　若根據上揭資料庫所提供的信息，大致可將鄭玄研究的趨

---

[22]　林慶彰主編：《經學研究論著目錄：1912-1987》（臺北：漢學研究中心，1989 年）。

[23]　林慶彰主編，汪嘉玲編輯：《經學研究論著目錄：1988-1992》（臺北：漢學研究中心，1995 年）。

[24]　林慶彰，陳恆嵩主編：《經學研究論著目錄：1993-1997》（臺北：漢學研究中心，2002 年）。

[25]　林慶彰，蔣秋華主編：《經學研究論著目錄：1998-2002》（臺北：漢學研究中心，2013 年）。

[26]　林慶彰主編：《五十年來的經學研究》（臺北：臺灣學生書局，2003 年），頁 161-186。

[27]　林慶彰：〈近二十年臺灣研究《三禮》成果之分析〉，《禮學與中國傳統文化：慶祝沈文倬先生九十華誕國際學術研討會論文集》（北京：中華書局，2006 年），頁 160-167。

[28]　潘斌：〈近二十多年鄭玄《三禮注》研究綜述〉，《古籍整理研究學刊》第 5 期（2007 年），頁 87-90。

勢，尤其牽涉禮學的部分，分成：一、「鄭玄生平事蹟及學術」。二、「鄭玄《三禮》經注之版本校勘、文字訓詁」。三、「鄭玄禮學體系及思想文化」三類。以下，依照發表時間排序，擇要回顧前輩學者所得，評論優劣得失，權作本書開展研究議題的鋪敘。

一、鄭玄生平事蹟及學術

　　孟子（372B.C-289B.C）嘗云：「知人論世」，研讀鄭玄經注，對於其生平經歷應有瞭解。考證鄭玄生平紀事，清儒已開端緒。具代表性的專著有：王鳴盛（1722-1797）《蛾術編・說人》、[29]洪頤煊（1765-1833）《經典集林・鄭玄別傳》、[30]鄭珍（1806-1864）《鄭學錄》、[31]胡元儀（1848-1908）《北海三考》等書，[32]分別俱見鄭玄相關事蹟、注述、師承等事。近人王利器（1912-1998）《鄭康成年譜》[33]及耿天勤主編的《鄭玄志》，[34]承繼清儒之遺緒，蒐羅鄭玄之家世生平、著述、軼聞評論、門人傳述、祀典遺跡等內容，致力於勾畫鄭玄學術的整體樣貌，則是當前從事鄭玄研究不可或缺的資料彙編。另外，與之類似性質，復有高明

---

[29] 〔清〕王鳴盛：〈說人〉，《蛾術編》（臺北：信誼出版社，1976年），卷58-59。

[30] 〔清〕洪頤煊：〈鄭玄別傳〉，《經典集林》（臺北：藝文印書館，1968年），卷17。

[31] 〔清〕鄭珍：《鄭學錄》（上海：上海古籍出版社，2002年），全4卷。

[32] 〔清〕胡元儀：《北海三考》（合肥：黃山書社，2009年），全6卷。

[33] 王利器：《鄭康成年譜》（濟南：齊魯書社，1983年）。

[34] 耿天勤主編：《鄭玄志》，收錄自《齊魯諸子名家志》（濟南：山東人民出版社，2009年）。

〈鄭玄學案〉、[35]李雲光〈鄭康成遺書考〉、[36]楊天宇〈鄭玄生平事蹟考略〉、[37]〈鄭玄著述考〉等文，[38]皆在前賢基礎上深化認知，有利於擴大「鄭學」研究之進程。

　　其次，側重闡釋「鄭學」形成的歷史背景，也是學者留意的研究趨向。如：楊廣傳〈論鄭玄通學產生的歷史原因〉、[39]章權才〈東漢後期調合地主階級矛盾的鄭玄綜合學派的形成〉、[40]楊東蓴〈學術思想的混合與儒家思想的獨尊——鄭玄〉、[41]史應勇〈鄭玄經學三論〉等文章，[42]學者多定位鄭玄學術具有「融通」、「綜合」的典型特質，且認為造就如此特殊形態的原因，當與東漢政局動盪，意欲消弭今、古文經學派的樊籬有關。更加上東漢以後，上位者「尊廣道藝」的政治導向，亦促使今、古文學說相互交流，

[35]　高明：〈鄭玄學案〉，《禮學新探》（臺北：臺灣學生書局，1984 年），頁 231-300。

[36]　李雲光：〈鄭康成遺書考〉，《聯合書院學報》第 1 期（1962 年），頁 1-59。

[37]　楊天宇：〈鄭玄生平事蹟考略〉，《河南大學學報》第 5 期（2001 年），頁 8-12。

[38]　楊天宇：〈鄭玄注述考〉，《洛陽師範學院學報》第 1 期（2002 年），頁 79-83，轉頁 89。

[39]　楊廣傳：〈論鄭玄通學產生的歷史原因〉，《中國經學史論文選》（臺北：文史哲出版社，1992 年），頁 351-363。

[40]　章權才：〈東漢後期調合地主階級矛盾的鄭玄綜合學派的形成〉，《兩漢經學史》（臺北：萬卷樓圖書公司，1995 年），頁 277-292。

[41]　楊東蓴：〈學術思想的混合與儒家思想的獨尊——鄭玄〉，《中國學術史講話》（上海：上海書店，1990 年），頁 123-125。

[42]　史應勇：〈鄭玄經學三論〉，《四川大學學報》第 3 期（2004 年），頁 85-92。

趨於匯通。鄭玄乃順應時代需求，透過注解經典，「刪裁繁誣，刊改漏失」，由下而上企圖解決經義歧異的問題，於是形成「通學」的特點。上述這些基礎性的研究，對於後人瞭解「鄭學」形成所身處的時代背景，頗具裨益。

　　另外，臺灣學者高明為表彰清儒治經之途徑，在秉持「由許、鄭而上窺孔氏」的理念下，[43]指導一系列關於鄭玄經學的學位論文。諸如：胡自逢《周易鄭氏學》、陳品卿《尚書鄭氏學》、賴炎元《毛詩鄭氏箋釋例》、李雲光《三禮鄭氏學發凡》、呂凱《鄭玄之讖緯學》等論著，能集中反映鄭玄遍注經緯的學術成就。其中，李雲光的《三禮鄭氏學發凡》是首部研究鄭玄《三禮注》的專著。[44]李書分六章，側重《三禮注》之校勘、駁正、訓詁、名物考釋等方面的梳理，能呈現鄭玄《三禮》學的總體成就。因取材詳賅，言多有據，高明閱畢且嘆云：「後之治康成禮學者，展此一卷，即能心領神會，而得其精微，此誠前修之所未有。」[45]李書為《三禮注》發凡起例，使鄭氏《三禮》學粗具綱目，有草刱之功，實為日後研究工作奠下基礎。

二、鄭玄《三禮》經注之版本校勘、文字訓詁

　　由於傳統經注體裁本具有詮釋字義的功能，與文字、音韻、

---

[43]　參高明：〈尚書鄭氏學序〉，《高明經學論叢》（臺北：黎明文化圖書公司，1978 年），頁 87。

[44]　李雲光：《三禮鄭氏學發凡》（臺北：嘉新水泥公司文化基金會，1966 年）。該書後於 2012 年由上海華東師範大學出版重刊。本書採用的是華東師範大學重刊本。

[45]　高明：〈三禮鄭氏學發凡序〉，《高明經學論叢》，頁 339。

訓詁等學門極易產生聯繫。對一向講究證據歸納的小學科目，鄭玄慣用的解經術語，能直接提供學人眾多的研究素材。因此有關鄭玄《三禮》經注之版本校勘、文字訓詁研究成果，相對多見。

首先，經注版本方面，清孫詒讓（1848-1908）〈嘉靖本周禮鄭注跋〉指出《周禮》傳世的單注本，應以明嘉靖放宋刊本為佳，其後作《周禮正義》，鄭《注》原文咸依嘉靖本為正，且認為當時盛行的黃蕘圃校本，不盡可據。[46]孫氏之論，使後世讀經注者，有所甄別。近人王鍔〈鄭玄《周禮注》版本考〉，[47]則針對《周禮注》最早及歷代刊刻的版本源流、存佚情況，做了詳盡考證，是目前瞭解《周禮注》版本流傳的重要文章。

其次，經注訓詁方面，學者多針對鄭玄《三禮注》中「讀為」、「讀若」、「當為」、「聲之誤」、「字之誤」等訓詁用語，進行考辨。早在清代，段玉裁（1735-1815）《周禮漢讀攷》對上揭術語已有基本界定。近人代表論著，則有張能甫〈關於鄭玄註釋中「讀為」、「讀如」的再思考〉、[48]《鄭玄註釋語言詞彙研究》、[49]李玉平〈鄭玄《周禮注》「讀如」類溝通字際關係術語分析〉等篇章。[50]楊天宇《鄭玄三禮注研究》一書，[51]則是繼李雲光後，

46　〔清〕孫詒讓：〈嘉靖本周禮鄭注跋〉，《籀廎述林》（北京：中華書局，2010 年），卷 6，頁 178-181。

47　王鍔：〈鄭玄《周禮注》版本考〉，《圖書與情報》第 2 期（1996 年），頁 61-66。

48　張能甫：〈關於鄭玄註釋中「讀為」、「讀如」的再思考〉，《古漢語研究》第 3 期（總第 40 期）（1998 年），頁 65-69。

49　張能甫：《鄭玄註釋語言詞彙研究》（成都：巴蜀書社，2000 年）。

50　李玉萍：〈鄭玄《周禮注》「讀如」類溝通字際關係術語分析〉，《台州學院學報》第 28 卷第 1 期（2006 年），頁 39-42。

近年深入探究鄭玄《三禮注》的專論。楊書分為「通論」、「校勘」、「訓詁」三編，其中頗著力於後兩編。作者於「校勘」編，遍尋《三禮注》之版本異文，側重發明鄭玄校經遵循的多項取捨原則；並於「訓詁」編中，重新考訂鄭《注》訓詁用語的指涉範圍，對段氏舊說，頗有補正。楊書因熟諳文字音韻之學，引證細密，能彰顯出鄭玄校注禮學文獻的功績，廣受學界推崇。[52]

　　再者，除了對鄭玄訓詁用語的基本界說，進行辨析，學者更歸納鄭玄運用的訓詁方法，主要有兩方面：第一為「因聲求義」，也就是「聲訓」法。相關論文，參見張舜徽〈鄭玄訓詁學發微〉、[53]吳福祥〈試論鄭玄就音求義的訓詁原則〉、[54]洪麗娣〈試談鄭玄箋注中「因聲求義」方法的運用〉等篇章。[55]第二為「隨文釋義」法，是指整體觀照上下文意後，從而推敲某一字詞位於文句實際的語意功能。相關論文，有鄧軍、李萍〈鄭玄隨文釋義的語境研

---

[51]　楊天宇：《鄭玄三禮注研究》（天津：天津人民出版社，2007 年）。

[52]　相關評介文字，有詹子慶：〈探賾鄭玄的禮學研究〉，《古籍整理研究學刊》第 4 期（2007 年），頁 1-2。王彥輝：〈集清儒鄭學之成，鑿《三禮》鄭注之戶──讀楊天宇著《鄭玄三禮注》研究〉，《史學月刊》第 7 期（2008 年），頁 123-125。潘斌：〈《鄭玄三禮注》讀後〉，《中國史研究動態》第 9 期（2009 年），頁 29-31。單周堯：〈《鄭玄三禮注研究》「通論編」及「校勘編」述評〉，《中正漢學研究》第 1 期（2014 年），頁 115-160 等文章，可參看。

[53]　張舜徽：〈鄭玄訓詁學發微〉，《華中師院學報》第 3 期（1981 年），頁 102-108。

[54]　吳福祥：〈試論鄭玄就音求義訓詁原則〉，《重慶師院學報》第 2 期（1989 年），頁 18-24。

[55]　洪麗娣：〈試談鄭玄箋注中「因聲求義」方法的運用〉，《瀋陽師範學報》第 2 期（1998 年），頁 67-69。

究〉、[56]喬秀岩〈鄭學第一原理〉等篇文章，[57]做過討論。此外值得注意的，另有兩部專著，一是唐文的《鄭玄辭典》，[58]該書編纂取材自鄭玄箋注的全部書籍，作者擇取釋義詞語立為詞頭，每詞頭下依序編列義項，頗便檢索，有助於學人瞭解鄭玄經注釋義的情形。二是張舜徽的《鄭學叢著》，[59]作者從文獻校讎、經注釋例兩方面，綱舉目張，總結鄭玄的訓詁方法及成就，確立鄭玄身居漢代文獻學家的定位，能為探索「鄭學」內涵取得前瞻性的研究成果，極具參考價值。

三、鄭玄禮學體系及思想文化

前輩學人對鄭玄禮學內涵、體系建構及思想文化之探究，亦有可喜成果。大致環繞在下列四道子題，開展討論：

(一) 申論「禮是鄭學」的意涵

唐孔穎達《禮記正義》於〈月令〉、〈明堂位〉、〈雜記〉疏中屢次直言：「禮是鄭學」，意謂研治《禮》經，必宗主鄭玄之學。後人對孔《疏》意旨多有申論，如：陳澧（1810-1882）《東塾讀書記》即以兩漢禮學名家者絕少，唯獨「鄭君盡注《三禮》，

---

56 鄧軍，李萍：〈鄭玄隨文釋義的語境研究〉，《古籍整理研究學刊》第6 期（2000 年），頁 49-53。

57 喬秀岩：〈鄭學第一原理〉，《北京讀經說記》（臺北：萬卷樓圖書公司，2013 年），頁 229-250。

58 唐文編著：《鄭玄辭典》（北京：語文出版社，2004 年）。

59 張舜徽：《鄭學叢著》（武漢：華中師範大學出版社，2005 年）。

發揮旁通，遂使《三禮》之書，合為一家之學」，[60]表彰《三禮》之學成於鄭玄。至近代，李雲光從鄭玄生平注禮、行禮、議禮的事蹟，以及豐富的禮學著述，闡釋孔《疏》。[61]陳秀琳則講明孔《疏》原意，「意謂講解三禮之書，不問其妥否、是非，都當以鄭說為準。」[62]楊天宇也考察鄭玄學術之影響，以為孔《疏》當是稱道「後世之禮學皆宗鄭學，或後世治禮學者，皆不可舍鄭學。」[63]陳韻根據清黃奭（1809-1853）輯錄鄭玄佚著《三禮目錄》，剖析鄭玄對禮學文獻從事「解題、釋名、溯源、提要、分類、敘次、辨別」等工作，[64]印證孔《疏》。整體而言，學者不外從《三禮》著作數量、經義取捨、文獻整理、治學風範、學術影響等面向，深入發掘孔《疏》言外之義，弘揚鄭玄禮學，使「禮是鄭學」的觀點，成為世人談論鄭玄學術的普遍認知。

（二）建構「以《周禮》為核心，會通三禮異同」的禮學體系

鄭玄禮學體系，是「以《周禮》為核心，會通三禮」的詮釋

---

[60] 〔清〕陳澧：〈鄭學〉，《東塾讀書記》（上海：上海古籍出版社，2012年），卷 15，頁 253。

[61] 李雲光：〈論「禮是鄭學」〉，《三禮鄭氏學發凡》，頁 1-5。

[62] 陳秀琳：〈「禮是鄭學」說〉，《經學研究論叢》第 6 輯（1999 年），頁 113-118。

[63] 楊天宇：〈略論「禮是鄭學」〉，《齊魯學刊》第 3 期（總第 168 期）（2002 年），頁 90-95。

[64] 陳韻：〈從黃奭所輯《三禮目錄》論「禮是鄭學」〉，《禮學與中國傳統文化：慶祝沈文倬先生九十華誕國際學術研討會論文集》（北京：中華書局，2006 年），頁 146-159。

理路，清皮錫瑞（1850-1908）《經學通論》中早已言及。[65]近人從事鄭玄《三禮注》研究，亦多視此為主要特點之一。相關論文，有楊天宇〈論鄭玄《三禮注》〉、[66]王啟發〈鄭玄《三禮注》考實及其思想史意義〉、[67]史應勇〈鄭玄《三禮》體系的形成及其內容〉、[68]葛志毅〈鄭玄《三禮》學體系考論〉等篇章，[69]皆有觸及，所論有深有淺。而將重點完全放置在建構鄭玄禮學理論者，則有刁小龍的《鄭玄禮學及其時代》，[70]及羅健蔚的《鄭玄會通三《禮》研究》兩部專論。[71]當中，羅書分析鄭玄《三禮注》對《三禮》文獻中有關「周禮」材料的互注、互證與調和，及藉禮例「推致」會通，最為周詳，從而表現鄭玄禮學體系本身之目的、方法、限制與學術意義，是臺灣近年來代表性的研究成果。兩書皆強調學說的體系性，導引出一套判斷標準，極有助於瞭解鄭玄釋

---

65 參〔清〕皮錫瑞：〈論鄭君以《周禮》為經，《禮記》為記，其別異處皆以《周禮》為正，而《周禮》自相矛盾者，仍不能彌縫〉，《經學通論》（北京：中華書局，1954 年），頁 55-56。

66 楊天宇：〈論鄭玄《三禮注》〉，《文史》第 21 輯（1983 年）。

67 王啟發：〈鄭玄《三禮注》考實及其思想史意義〉，《禮學思想體系探源》（鄭州：中州古籍出版社，2005 年），頁 313-321。

68 史應勇：〈鄭玄《三禮》體系的形成及其內容〉，《鄭玄通學及鄭王之爭研究》（成都：巴蜀書社，2007 年），頁 141-174。

69 葛志毅：〈鄭玄《三禮注》體系考論〉，《中華文化論壇》第 3 期（2007 年），頁 42-57。

70 刁小龍：《鄭玄禮學及其時代》（北京：清華大學歷史系博士論文，2008 年）。

71 羅健蔚：《鄭玄會通三《禮》研究》（臺北：臺灣大學中國文學研究所博士論文，2015 年）。而後增訂出版成專書，參見氏著：《鄭玄會通三《禮》研究》（臺北：新文豐出版公司，2020 年）。

經體系的內涵。

（三）「鄭學」與「王學」經說之異同

　　鄭玄與王肅經說之異同，是中國經學史上熱議的焦點之一。實因王肅的觀點多與鄭玄相互矛盾，自然引發後人欲一探箇中之優劣。對此，歷代議論頗多，以專論鄭、王異同的皮錫瑞《聖證論補評》，最具代表。據筆者聞見，近人相關論文亦不少，有龔傑〈簡論鄭學與王學的異同〉、[72]楊晉龍〈神統與聖統——鄭玄、王肅「感生說」異解探義〉、[73]趙縕〈曹魏末造王學與鄭學的政治糾葛〉、[74]安井小太郎〈鄭、王異同辨〉、[75]史應勇《鄭玄通學研究及鄭、王之爭》、[76]喬秀岩〈論鄭王禮說異同〉等論著。[77]學者們多能從鄭、王二人對禮制名物解釋的分歧，具體評估是非。值得一提的是，喬秀岩文中將視角由經學內部轉向與漢魏現實禮制連結，解讀鄭、王經說差異的原因。將鄭、王兩人拉離傳統經學門戶之爭，置諸歷史環境，重新演繹。認為鄭玄尚理論體系之嚴密，王肅務求內容易於實踐，得出「鄭、王不優不劣」之評說，令人耳目一

---

[72]　龔傑：〈簡論鄭學與王學的異同〉，《孔子研究》第 2 期（1990 年），頁 49-52。

[73]　楊晉龍：〈神統與聖統——鄭玄、王肅「感生說」異解探義〉，《中國文哲研究集刊》第 3 期（1993 年），頁 487-526。

[74]　趙縕：〈曹魏末造王學與鄭學的政治糾葛——鄭小同之死辨〉，《鄭玄研究文集》（濟南：齊魯書社，1999 年），頁 195-212。

[75]　〔日〕安井小太郎，金培懿譯：〈鄭、王異同辨〉，《經學研究論叢》，第 10 輯，頁 1-8。

[76]　史應勇：〈現存鄭玄、王肅經注比勘六種〉，《鄭玄通學及鄭王之爭研究》，頁 231-367。

[77]　喬秀岩：〈論鄭王禮說異同〉，《北京讀經說記》，頁 155-174。

新。此將兩種學說體系縱線對比，所呈現的研究觀點立體鮮明，令筆者深獲啟迪。

（四）鄭玄禮學思想與文化

隨著研究深入，學者逐漸意識到由文化背景考察鄭玄禮學思想源頭的重要性。如：馬育成〈東漢隆禮之勢的形成以及鄭玄的崇尚禮學〉，[78]透過分析漢代禮學發展，闡明《三禮注》成書的社會背景，探討鄭玄提高禮學地位的過程。史應勇〈鄭玄禮學的非學術意義〉，[79]則強調鄭玄的禮學思想，傳承於荀子。其校注《三禮》是為重建東漢禮樂秩序，有積極入世之目的。此外，專門研究鄭玄經學思想的論著，有車行健《禮儀、讖緯與經義——鄭玄經學思想及其解經方法》，該論文歸納鄭玄運用「漢制解經」、「讖緯解經」、「以經解經」、「以禮解經」等詮釋方法，註解經書。在析文解義的同時，傳達鄭玄「感傷時事」、「陳古諷今」的內在心理，揭露其「為政以禮」，以《周禮》致太平的思想性格；最終，歸結鄭玄經學思想的特色，在於「昌言治亂之道」。[80]這是臺灣首部全面探索鄭玄經學思想的專論，禮學雖占其中小部分，但對鄭玄禮學思想的闡釋，開前人所未有，值得參閱。爾後，姜廣輝主編《中國經學思想史》，收錄王啟發〈鄭玄《三禮注》

---

[78] 馬育成：〈東漢隆禮之勢的形成以及鄭玄的崇尚禮學〉，《南都學刊》第 4 期（1993 年），頁 1-7。

[79] 史應勇：〈鄭玄禮學的非學術意義〉，《江南大學學報》第 2 期（2002年），頁 35-39。

[80] 車行健：《禮儀、讖緯與經義——鄭玄經學思想及其解經方法》（臺北：輔仁大學中國文學系研究所博士論文，1996 年）。

的思想史意義〉，[81]該文發掘鄭玄政治思想中「禮」、「法」、「刑」的關係及倫理道德觀念，都能如實反映鄭玄寄寓於經注中的思想活動。

　　儘管如此，相對於文字訓詁類型的研究成果，學者們對鄭玄禮學思想的探討，依舊有限。2010 年 7 月 21、22 日由山東大學等聯合主辦的「海峽兩岸鄭玄學術研討會」在山東省高密縣舉行。會議中，除了討論鄭玄研究的總體思路及其經說融合今、古文的歷史背景外，尚關注鄭玄經注語言的運用及方法論問題。尤以鄭玄《易》學的研究成果，較為突出。學者試從文本詮釋、輯佚、解經特色，乃至思想體系等面向切入，涵蓋《周易》經傳及出土《易》學文獻之評介，頗具新意。[82]但誠如與會學者林忠軍特別指出，鄭玄的學術研究在「有些方面則比較薄弱，如鄭玄《三禮注》研究，特別是在鄭玄《三禮注》的思想內涵上，尚需更多學者鑽研。」[83]顯示長久以來，相對其他經學領域，學術界對於有關鄭玄禮學思想文化層面上的討論，依然力有未逮。

四、問題癥結與研究評估

　　綜觀前人研究回顧，不乏立論深刻且具開創性的見解，對於推動鄭玄禮學研究發展，當有實質意義。但整體而言，還存在某

---

[81] 王啟發：〈鄭玄《三禮注》的思想史意義〉，收錄姜廣輝主編：《中國經學思想史》（北京：中國社會科學出版社，2003 年），頁 487-533。

[82] 該「海峽兩岸鄭玄學術研討會論文」後集結成書，見劉大鈞主編：《鄭學叢論》（上海：科學技術文獻出版社，2013 年）一書。

[83] 林忠軍：〈海峽兩岸鄭玄學術研討會學術總結〉，《周易研究》第 4 期（2010 年），頁 6。

些問題與缺憾，猶待學人省思。

第一，前輩學者檢閱鄭玄三部先後成書的禮學經注，固然能夠掌握《三禮》體系的樣貌，但誠如皮錫瑞所言：「三禮繁難，一人精力，難於通貫」，[84]光要整理《三禮注》的經注凡例，分項歸類，業已耗去學人無數心力，頗難進行考究。故在上列諸書，或是某些以《三禮》為課題討論的單篇論文，常見情況是大篇幅徵引原典文獻，或後人義疏之語，極少有具體細緻的分析；加上分類細瑣，不利於梳理結論。此番情況，一方面證實皮錫瑞所言非虛，也反映目前研究趨勢的通病，貴博不貴精，所以未能在「因勢制約」的自覺下，擇一論述。

第二，前人對鄭玄禮學思想的闡釋，多建基於現有經注之上。然而，經注本為詮釋經典文獻服務，在體裁上勢必受限於經文。鄭玄寓作於述，以論贊代替造論，其個人意識在整個詮釋過程中，相當隱晦而不易辨明，作判斷時宜須謹慎。若僅憑經注中對經書解釋的文句，直指其必為鄭玄固有的經學思想，則不免大膽武斷。

第三，欠缺從禮學發展史上尋求鄭玄禮學的定位。眾所周知，鄭玄校注羣經運用的解經方法，相當多元，但這些方法是否上有所承？對後世學人的影響又如何？前人研究多半只停留在片面、零星的個案分析，對於箇中觀念遞轉而變化的過程，鮮少交代。且歷代經學家對鄭玄的評價，反映各時期對「鄭學」的接受程度，若將此納入整體禮學史的脈絡思考，則更能全面勾勒鄭玄禮學的

84　〔清〕皮錫瑞：〈論宋儒掊擊鄭學，實本王肅而襲為己說，以別異於注疏〉，《經學通論》，頁32-33。

地位。[85]

第三節　研究方法與材料範圍

　　林慶彰先生曾經提出四種研究經學史的範疇，略分為：（一）「研究經學演變與外在環境的關係」。（二）「研究經學家個別著作」。（三）「將經學家的著作相比較研究」。（四）「將經學史的演變作合理解釋」。[86]綜覽本書的謀篇架構，大致符合第二、第三種類型，偶爾涉獵第四種類型的演繹。至於具體操作上，本書則借鏡下列方法：

　　第一，「文獻分析法」：閱讀古代典籍，無論在識字、句讀，甚至分析篇章上，都應充分掌握歷代傳注典籍。尤其《三禮》之學，義主崇實，有關周秦名物制度的解釋，率以漢儒訓詁為勝。但漢儒說經，只於經旨不明處作注，文辭簡奧，故黃以周云：「漢儒注經，循經立訓，意達而止，於去取異同之故，不自深剖，令讀者自領之，此引而不發之道也。」[87]讀者必先鑽研傳注，始能覓得漢儒未盡之意。本書對各章專題所牽涉的傳注文獻，務求通盤考察，權作為評估鄭玄經學價值的憑據。

　　第二，「計量分析法」：漢儒注經固然講究方法，但往往不

---

[85]　對岸學者林曉希言及：「禮學史意義上的鄭玄禮學研究」是未來尚需著力之處，與本書觀點契合。參閱氏著：〈近三十年鄭玄禮學研究〉，《中華文化論壇》第 1 期（2016 年），頁 107-112。

[86]　林慶彰：〈經學史研究的基本認識〉，《中國經學史論文選集（下）》，頁 6-8。

[87]　〔清〕黃以周：〈示諸生書〉，《儆季文鈔》，卷 4，頁 505。

自言凡例，若只運用文獻分析，讀者也僅能獲取相當粗淺的概念。因此，本書第貳章為詮明鄭玄「博稽六藝，粗覽傳記，時睹祕書緯術」的解經次第，嘗試以數據統計方式，呈現鄭《注》引用經、傳、說、記的比例，再藉由條分細目，標明引證目的，進使結論更具客觀說服力。

第三，「共時比較法」：如前所述，有鑒於王肅與鄭玄經學的異同，一直是學者熱衷討論的議題。因此，除卻對鄭玄經注作定點討論外，本書第伍章亦從人物交流的視角，剖析東漢時期與鄭玄學術齊名的許慎經說，將兩人各自觀點，統整為條例進行共時性的比較。由此揭櫫潛藏於漢代字書及經注下，經學家豐富的思想互動，梳理東漢《周禮》學史的演變脈絡，以補足坊間經學史對許、鄭學術交流的敘事空白。

第四，「歷時比較法」：鄭玄注經，不管在訓釋語言的運用及其成果，皆開創出各種釋經典範，廣為後世所遵循。為了表彰鄭玄的治經理念，究竟帶給學人何種影響，本書第叁章及第肆章進行歷時觀念的推演，側重闡明鄭玄某一特定學說的承襲淵源及演變過程，能立體鮮明地呈現鄭《注》在訓詁、校勘方面承先啟後的學術貢獻。

第五，「二重證據法」：王國維（1877-1927）《古史新證》中提出的研究方法，近代學人多廣泛運用在考辨古史真偽的議題上。但誠如葛兆毅主張，目前從事鄭玄經學的研究，也應當借鑑諸如甲骨、金石、新出簡帛、傳抄古文等考古資料，廣備取材來源，[88]以期作為佐驗鄭《注》的可靠證據。因此，本書亦擇要參酌

---

[88]　參閱葛志毅：〈鄭玄研究論綱〉，《鄭學叢論》，頁 12。

大量地下出土文獻材料，一來能達至證經考史之目的，對於鄭玄解經的文字訓詁系統，亦能得出突破性的闡釋。

　　基於研究法之運用，本書既以「《周禮》鄭氏學探賾」為題，在材料揀擇方面，注疏體裁的《周禮注》，自然是直接研究的對象，但不侷限於此。舉凡對《周禮》的原文解釋，歷代重要經解，主要以賈公彥《周禮注疏》、孫詒讓《周禮正義》為參考依據。但因孫書對宋元諸儒經說之徵引，僅「百一而已」，[89]故亦參酌宋儒集解之作，如：王安石《周禮新義》、王昭禹《周禮詳解》、王與之《周禮訂義》、易祓《周禮總義》，作為資料彙編。另外，鄭玄見於其他文獻中有關《周禮》的解說言論，也將納入考察。吾人研究鄭玄《周禮》學之參看資料，另有下列文獻：

　　一曰散見於鄭玄經學箋注的註釋語料。例如目前現存完整《儀禮注》、《禮記注》、《毛詩傳箋》等書籍中，有關某一特定禮制及名物度數的註解，以及經今、古文異文對勘的成果等，若有助於本書論述之推展者，亦妥善援用。

　　二曰鄭玄其他總論性及與時人辯難、弟子問答的著作。前者包括《六藝論》、《三禮目錄》，後者包括《駁五經異議》、《答臨孝存周禮難》與《鄭志》等書。唯此等文獻後世多佚失，故借鑒清儒輯佚成果，略窺一二，作為注疏之外的資料補充。

　　三曰後學評論，尤其是清人文集中對鄭玄經學的解說。眾所周知，清儒為復興漢學，在治經方法的揣摩、補正舊注、撰寫新《疏》等方面，所下心力，超邁前人不知凡幾。彼等所撰劄記片言

89　〔清〕孫詒讓撰，王文錦等人點校：〈周禮正義略例十二凡〉，《周禮正義》（北京：中華書局，2000 年），卷 1，頁 5。

隻句，足為瞭解「鄭學」門徑之資具，故考其善者引用。

　　上述三者皆屬於輔助材料，希冀充分結合多元方法與材料，以達致預設之研究目的。

第貳章　漢代《周禮》經注集成：
鄭玄《周禮注》析論

　　本章的研究範疇，設定在圍繞鄭玄《周禮注》文本內部的相關議題，進行討論。首先，構擬漢代《周禮》古學經說的傳承譜系，並結合鄭玄學術形成的發展階段，確立鄭玄在兩漢《周禮》學的歷史定位；其次，復就《周禮注》書中的注經體例、方法，延及注經特色與實例分析，藉以評估《周禮注》在經學史上的文獻價值。如此一來，既能反映《周禮》在鄭玄禮學體系中的重要意義，揭櫫經注家自身的思想活動及情感寄託，從而深化讀者對鄭玄《周禮》學內涵的瞭解與認識。

第一節　漢代《周禮》學傳授譜系
與《周禮注》之成書

　　關於六經之形成，清儒所論頗多，[1]要皆稱述孔門以《詩》、

---

[1]　如章學誠（1738-1801）《文史通義》首開風氣云：「六經皆史也，古人不著書，古人未嘗離事而言理。六經皆先王之政典也。」龔自珍（1792-1841）繼之，謂：「孔子之未生，天下有六經久矣。」得與章學誠之說，相互發明。其後，皮錫瑞、廖平（1852-1932）、康有為（1858-1927）皆以為六經乃孔聖道冠百王，師表萬世之作。於是「經」遂為孔子著作

《書》、《禮》、《樂》設教，傳授弟子。以是之故，後世講經學者，綜論孔門高弟之學，即有所謂「傳經」與「傳道」派別之分。[2]清皮錫瑞《經學歷史》嘗謂：「凡學不考其源流，莫能通古今之變；不別其得失，無以獲從入之途」，[3]舉凡研究中國經學史，莫不以「辨章學術，考鏡源流」為宗旨。相信透過經典傳承的系統研究，能夠深化學術本身的發展，因而如何清楚闡述各經傳授始末，遂為學者攻克之首要議題。以下，聚焦圍繞在《周禮》於漢代傳播授受的議題，提供一些客觀批評與新的看法。

一、歷來史書載錄《周禮》傳習始末之考察

自漢武帝（156B.C-87B.C）獎掖儒術，倡議興學，以五經選拔人才，自此以後，公卿大夫士吏斌斌多文學之士，經學的傳習便與儒林政治相終始，成為規範漢代封建社會與國家治理的思想軌則。過去，古書撰述五經的授受淵源，《史記・儒林列傳》對

之專稱。孔子之前，不得有經；後賢譔述，但名「記」、「傳」。一時傳誦，幾為學界定論。關於六經形成及其於秦漢時期演變發展，參閱宗師鼎宗：〈六經形成說〉，《拙齋經義論叢》（臺北：花木蘭文化出版社，2009 年），頁 1-21。

2 後人言經學流變，多謂荀子開漢學宗派，其學篤信謹守，重在傳經。孟子開宋學宗派，其學廣大精微，重在傳道。如馬宗霍（1897-1976）云：「孔門高弟之學，其流被于後者，要以子夏、曾子為最可溯。子夏博學於文，故兼六藝之傳，曾子約之以禮，故得一貫之統，其後承曾子之學者有子思、孟子，則宋學之祖也；承子夏之學者有荀卿，則漢學之所祖也。博約兩派，漢宋於以分門，經學亦遂由是而歧焉。」說見氏著：《中國經學史》（臺北：臺灣商務印書館，2006 年），頁 15。

3 〔清〕皮錫瑞撰，〔民國〕周予同增註：《經學歷史》（臺北：藝文印書館，2004 年），頁 1。

於西漢《詩》、《書》、《易》、《春秋》等經典的師說傳授及
其代表人物的軼聞，皆有詳述。但於《禮》經方面，由於「《禮》
固自孔子時而其經不具，及至秦焚書，書散亡益多」，[4]史遷只能
簡單敘述漢初高堂生所傳《士禮》十七篇，即《儀禮》的傳承源
流，其他一概闕如。之後，班固《漢書・儒林傳》雖在《史記》
基礎上增補了古文《尚書》、《毛詩》、左氏《春秋》等書的傳
習情況，但關於《周禮》的描述，同樣著墨不多，只在〈藝文志〉
著錄「《周官經》六篇」及「《周官傳》四篇」，下云：「王莽
時劉歆置博士」，[5]意謂新莽時已納《周官》為官學，博士官遂據
現有之「經」，附加說解而讀之為「傳」，初授生徒。〈藝文志〉
是在劉歆（約 50B.C-23A.D）《七略》基礎上改寫而成，時間下
限記載至王莽時的講學大夫為止。〈藝文志〉著錄羣書的體例，
采取先列「經」，後列「傳」、「故」、「說」、「記」等撰寫
次第。此處稱《周官》為「經」，附「傳」於後，顯然當時既已
承認《周官》是「經」，並開始從事詁訓工作。但隨著莽政覆滅，
《周官》列於學官未久，探論未深，世人自無從考證《周官》的來
由始末。

　　漢代經學之傳播，藉由以父傳子，以師傳弟的授受途徑，在
學官中得到發展。得以位列學官的典籍，出於利祿催使，自然能
受到士子全面的關注與研究。因此，不管個人或官方纂修，一篇
〈儒林傳〉能反映當時學術趨勢之梗概。從《史記》到《漢書》，
雖曾交代過幾部古文經的傳授情況，但當時儒生競相研習的風

4　〔漢〕司馬遷，〔日〕瀧川資言考證：《史記會注考證》（臺北：萬卷
　　樓圖書公司，1993 年），卷 121，頁 1290。
5　《漢書》〈藝文志〉，卷 30，頁 1709。

氣，大致承襲今文經系統為主，因而史書記載上纔會呈現「詳今略古」的情形。

　　不過，此等情況過渡到東漢，始有轉變。隨著東漢初年，光武（5B.C-57A.D）中興，愛好經術，已開研習羣經風氣之先聲。漢章帝（58-88）時，於白虎觀大會諸儒，凡「古文《尚書》、《毛詩》、《穀梁》、左氏《春秋》，雖不立學官，然皆擢高第為講郎，給事近署，所以網羅眾家。」[6]上位者對古文經傳的提倡，使得古文地位日漸抬升，後漢儒生學貴博通，兼習今、古文經的學風，《後漢書‧儒林傳》亦屢見不鮮，這也連帶引起對《周官》的關注。西漢《周官》的傳習情況，范曄（398-445）云：「孔安國所獻《禮》古經五十六篇及《周官經》六篇，前世傳其書；未有名家。」[7]這段話提供兩點信息：一是孔安國獻《周官經》六篇之事。考孔壁所出經籍，《漢書‧藝文志》云：

　　　　魯共王壞孔子宅，欲以廣其宮，而得古文《尚書》及《禮記》、《論語》、《孝經》凡數十篇，皆古字也。[8]

同書，載錄劉歆〈移書讓太常博士〉文曰：

　　　　魯恭王壞孔子宅，欲以為宮，而得古文於壞壁之中，《逸禮》有三十九，《書》十六篇。[9]

6　《後漢書》〈儒林列傳〉，卷 79 上，頁 2546。
7　同前註，卷 79 上，頁 2576。
8　《漢書》〈藝文志〉，卷 30，頁 1706。
9　《漢書》〈楚元王傳〉，卷 36，頁 1969。

又，許慎（58-147）[10]《說文解字‧敘》云：

> 魯恭王壞孔子宅，而得《禮記》、《尚書》、《春秋》、
> 《論語》、《孝經》。[11]

以上各家記載，書目詳略容有出入，均不言《周官》為壁中所得
經籍，壞壁既無《周官》，又豈有孔安國獻書之事呢？是知此說，
為附會孔安國以今文讀孔壁《尚書》事所成，不足採信。二來，
范曄認為《周官》在「前世傳其書，未有名家」，「前世」當指
前漢，說明書本雖流傳，但西漢經師對《周官》研究未成氣候，
尚無名家講學。從這兩點看來，范曄對西漢《周官》學淵源的認
識，不甚清楚，只能簡單交代東漢傳習《周官》的概況，指出「中
興，鄭眾傳《周官經》，後馬融作《周官傳》，授鄭玄，玄作《周
官注》。」[12]傳經、作傳、注者皆稱名其人，顯示東漢時人已全
面展開對《周官》的詁訓工作。這也是史書文獻中首次揭露《周

10　關於許慎生卒年，歷來眾說紛紜，考證者有嚴可均〈許君事蹟攷〉、林
　　頤山〈許慎傳補遺〉、錢大昕〈許慎傳漏略〉、陶方琦〈許君年表〉、
　　諸可寶〈許君疑年錄〉等書，可參閱丁福保：《說文解字詁林正補合編》
　　（臺北：鼎文書局，1983 年），第 1 冊，頁 1288-1338。其或標為東漢光
　　武帝建武 6 年生，安帝延光 3 年卒（A.D30-A.D124），如惠棟《後漢書
　　補注》引唐張懷瓘《書斷》、錢大昕《廿二史考異》皆從此說；或標為
　　東漢明帝永平元年生，桓帝建和元年卒（A.D58-A.D147），如嚴可均、
　　陶方琦、諸可寶等人皆從此說。兩說主張有不同，各有依據，本書茲從
　　後說。鄭玄於順帝永建 2 年生，獻帝建安 5 年卒（A.D127-A.D200），
　　若以年代相較，則許慎長鄭玄約 69 歲。
11　〔漢〕許慎撰，〔清〕段玉裁注：《說文解字注》，15 篇上，頁 761。
12　《後漢書》〈儒林列傳〉，卷 79 上，頁 2577。

官》傳承譜系的線索，彌足珍貴。

其後，魏氏代漢，歷經南北朝經學分立，政治版圖的兼併情勢，也帶來隋、唐學術匯歸統一的新局面。《隋書‧經籍志》回顧兩漢《周官》學的發展，云：

> 漢時有李氏得《周官》。……上於河間獻王，獨闕〈冬官〉一篇。獻王購以千金不得，遂取〈考工記〉以補其處，合成六篇奏之。至王莽時，劉歆始置博士，以行於世。河南緱氏（【筆按】：此為杜子春籍貫，非人名，見《漢書‧地理志》，此誤為二人，「及」字應刪）及杜子春受業於歆，因以教授。是後馬融作《周官傳》，以授鄭玄，玄作《周官注》。[13]

這段文獻增添漢時李氏得《周官》獻書於河間獻王，並補足殘篇的史事，類似內容，另見於《經典釋文‧敘錄》中。[14]夷考《漢書‧景十三王傳》云：

> 河間獻王德……修學好古，實事求是。從民得善書，必為好寫與之，留其真，加金帛賜之以招之。由是四方道術之人，不遠千里，或有先祖舊書，多奉以奏獻王者，故得書多，

13　〔唐〕魏徵等人撰：《隋書》〈經籍志〉（臺北：臺灣商務印書館，1983年），卷32，頁925。

14　〔唐〕陸德明《經典釋文》〈敘錄〉：「或曰：河間獻王開獻書之路，時有李氏上《周官》五篇，失〈事官〉一篇，乃購千金不得，取《考工記》以補之。」（臺北：新文豐出版公司，1988年影印《叢書集成續編》本），12冊，頁464。

　　與漢朝等。……獻王所得書皆古文先秦舊書：《周官》、
　　《尚書》、《禮記》、《孟子》、《老子》之屬，皆經傳說
　　記，七十子之徒所論。[15]

同書〈藝文志〉另載：「武帝時，河間獻王好儒，與毛生等共采
《周官》及諸子言樂事者，以作《樂記》」，[16]可見西漢武帝時《周
官》早已出現，並用於議訂王朝典制，在《史記‧封禪書》中已
述及。[17]《周官》雖未獲列學官，加以傳授，但漢興古文經傳、
諸子雜書大都薈萃於河間獻王、淮南王等地方諸侯，這對亟欲實
現政治、學術大一統，強調中央集權的武帝而言，無疑芒刺在背，
中央與地方儼然形成「分庭抗禮」之態勢。由上列文獻得知，《隋
志》所述，本諸《漢書》明文而來，雖未明指李氏究竟為何人？
但唐代學者普遍認定《周官》得自民間，並將上奏者定為河間獻
王，當是看重獻王「修禮樂，被服儒術」的學養風範，推論並無
不當。而書既出於民間，也正能解釋何以在《史記》、《漢書》
儒林官學中缺乏對《周官》成書淵源的敘述。

　　入唐後，高宗永徽年間，賈公彥（生卒年不詳）據晉陳邵《周
官禮異同評》及北周沈重《周禮義疏》為底本，集合魏晉六朝諸

15　《漢書》〈景十三王傳〉，卷53，頁2410。
16　《漢書》〈藝文志〉，卷30，頁1712。
17　《史記》〈封禪書〉云：「《周官》曰：『冬日至，禮天於南郊，迎長
　　日之至；夏至日，祭地祇，皆用樂舞，而神乃可得而禮也』。」字句明
　　顯脫胎白〈春官‧家宗人〉：「以冬日至，致天神人；以夏日至，致地
　　示物魅。」而來。同篇又云：「上與公卿諸生議封禪。封禪用希曠絕，
　　莫知其儀禮，而羣儒采封禪《尚書》、《周官》、《王制》之望祀射牛
　　事。」亦用《周官》。

家之說，為鄭玄《周禮注》作《疏》義。賈公彥《周禮義疏·序周禮廢興》曾援引馬融（79-166）《周官傳》曰：

> 秦自孝公已下，用商君之法，其政酷烈，與《周官》相反，故始皇禁挾書，特疾惡，欲絕滅之，搜求焚燒之獨悉，是以隱藏百年。孝武帝始除挾書之律（【筆按】：漢惠帝四年始除秦挾書律令，見《漢書·惠帝紀》，此誤），開獻書之路，既出於山巖屋壁，復入于秘府，五家之儒莫不得見焉。至孝成皇帝（【筆按】：哀帝即位，荐薦歆為侍中，遷光祿大夫，復領五經，卒父前業，見《歆傳》，此誤），達才通人劉向子歆校理秘書，始得列序，著于錄略。然亡其〈冬官〉一篇，以《考工記》足之。時眾儒並出共排，以為非是，唯歆獨識，其年尚幼，務在廣覽博觀，又多銳精于春秋，末年乃知其周公致太平之迹，迹具在斯。[18]

這段文獻又增加先秦《周官》的流傳情形，牽涉問題複雜。文中追溯《周官》的歷史淵源，將其隱沒於世，歸因於書中思想與秦政「酷烈」之內涵有別而遭禁絕。然而秦政之思想指導，蓋由商、韓而來。《韓非子·和氏》載：「商君教孝公以連什伍，設告坐之過，燔詩書而明法令」，當知始皇燔書之令，早有先例。錢穆認為，「蓋秦僻處西陲，於周官故籍，鄒魯儒書，最所賤視，由來舊矣」，[19]故欲燔燒殆盡，以絕後人以古非今之談資。《周官》

18　〔漢〕鄭玄撰，〔唐〕賈公彥疏，〔清〕阮元校記：《周禮注疏》（臺北：藝文印書館，1979 年影印《十三經注疏》本），頁 9。
19　參閱錢穆：《國學概論》（臺北：素書樓文教基金會，2000 年），頁 64。

是否曾入燔書之列，史無明徵。但從〈秋官〉部屬的執行事務，包括政令勸誡宣導、罪名議定到刑罰落實，每言「讀書用灋」，以糾戒百官萬民，擴及邦國朝覲會同、賓客喪紀，皆有詳細法令規範，不正與秦國「以法為教」、「以吏為師」的處事原則，[20]恰似合拍，故不知馬融燔燒之說，立據何在？

其次，馬融直言《周官》「出於山巖屋壁」，也易啟人疑竇。徐復觀（1904-1982）指出：「《周官》不能既出於山巖，又出於屋壁，馬融當有指明的責任，當指明而未指明，則其為在掩飾中不能不採用含糊之語」，[21]顯示馬融對《周官》文獻出處的認識，模稜兩可，只能稍微界定《周官》為古文舊書，與西漢立於學官傳授的今文系統，實有差異。

再者，馬融回顧劉歆校書中秘，將《周官》「亡其〈冬官〉一篇，以《考工記》足之」，歸於劉歆所為之事，這不管在時序上或實際參與者，都與《隋書》所述景武年間河間獻王補足殘篇的史事，有著明顯出入。以上都說明一項事實，縱然後漢學者極力拼湊先秦至西漢《周官》的流傳情況，終未克服史料闕損之限制，加上唐人又無辨明，於是文獻記述過程時常發生「魯魚亥豕」的情形。

不過，賈公彥引述這段文字的重要性，在揭櫫劉歆是開啟東漢《周官》學研究的先導人物。雖則劉歆對《周官》的關注，遠

20　語見《韓非子》〈五蠹〉：「明主之國，無書簡之文，以法為教，無先王之語，以吏為師」，其中所言「以法為教」、「以吏為師」，遂為秦國日後施政之準則。參〔清〕王先謙：《韓非子集解》（北京：中華書局，2006年），卷第19，頁452。

21　參閱徐復觀：《周官成立之時代及其思想性格》（臺北：臺灣學生書局，1980年），頁176。

不及對《春秋左氏傳》等古文經傳來的重視，但透過圖書著錄保存文獻，基於漢儒普遍以六經為聖人制作的觀念，進而強調《周官》為「周公致太平之迹」，[22]影響後世甚深。無論對錯與否，劉歆都稱的上是繼河間獻王奏書之後，西漢《周官》學傳承譜系上承先啟後的重要一人。

　　由於歷來史家對《周禮》成書及其傳承譜系之記載，大都片面零碎，紕謬駁雜，使得這段學術史的發展演變，隱晦不明，遂而引發歷代學者的猜測，甚至懷疑該書晚出，有後人偽作之嫌疑。這些《周禮》學基本而重要的觀念，未獲釐清，非但造成讀者困擾，同樣窒礙學術本身的發展。對此，畢沅（1730-1797）《傳經表》將周秦、漢魏各經師承授受，表列成篇。在《周禮》方面，以劉歆為譜系起始的第一人，次為杜子春，再次為鄭眾、賈逵、馬融、鄭玄等人。然因全書採用橫向排列形式，並無文字說明，難以突顯人物間的師承關係與內在邏輯，是其缺憾。[23]至於近代經學史論著，如：劉師培《經學教科書》、[24]錢基博《經學通志》、[25]周予同《群經通論》、[26]甘鵬雲《經學源流考》、[27]裴普賢

22　所謂「迹」者，《說文·辵部》云：「步處也」，本義是指步履行進產
　　生出的印記，引申之，則先輩遺存於後代之事物，亦可稱為「迹」。
23　〔清〕畢沅：《傳經表》，收錄自《式訓堂叢書》（臺北：藝文印書館，
　　1968年影印《百部叢書集成》本），頁28-29。
24　劉師培：〈兩漢禮學之傳授〉，《經學教科書》（長沙：岳麓書社，2013
　　年），頁27-28。
25　錢基博：〈三禮志〉，《經學通志》（桂林：廣西師範大學出版社，2009
　　年），頁109-110。
26　周予同：〈三禮〉，《羣經通論》（上海：上海人民出版社，2012年），
　　頁24-25。

《經學概述》、[28]王葆玹《今古文經學新論》、[29]徐復觀《中國經學史的基礎》、[30]馬宗霍《經學通論》、[31]蔣伯潛《經與經學》等書，[32]雖粗略觸及《周禮》傳承的課題，但有些內容沿襲史書訛誤，所論無多；或擬訂譜系可待商榷；或以《周禮》「來歷不明」，「無從考證」為由，略去不談，不足以窺見東漢眾家校注《周禮》在漢代經學史中的真相。因此，下面略仿明朱睦㮮（1518-1587）《授經圖》之旨趣，[33]試構擬漢代《周禮》傳授譜系的合理排序，並附加考辨及說明。

[27] 甘鵬雲：〈兩漢周禮學傳授一則〉，《經學源流考》（臺北：廣文書局，1977年），頁109-113。

[28] 裴普賢：〈古文經傳授系統表〉，《經學概述》（臺北：開明書局，1968年），頁223。

[29] 王葆玹：〈周官的傳承譜系〉，《今古文經學新論》（北京：社會科學出版社，1997年），頁150-156。

[30] 徐復觀認為，「《儒林傳》述禮的傳承，至成帝時代而絕，較其他各經傳承的時間為短，因王莽們的『制禮作樂』，偽造《周官》，而其統緒因之紊亂」，因史書所載傳承有異而不信《周官》，故略去。說見氏著：《中國經學史的基礎》（臺北：臺灣學生書局，2004年），頁165-166。

[31] 馬宗霍認為，「《周官》的來歷既然可疑如此，……要言之，以為《周官》出自周公之手固然不足信，以為出於劉歆之手，亦未足信。或以為成於戰國之末，也是猜測之言，未若以『來歷不明』四字概括為宜。」說見氏著：《經學通論》（北京：中華書局，2011年），頁166。

[32] 蔣伯潛云：「《史記》不載二王得古文《禮》及《周禮》之事，二經之傳授又不見於載籍，較《毛詩》、古文《尚書》，更無從考證。」參氏著：《經與經學》（北京：九州出版社，2011年），頁235。

[33] 明儒朱睦㮮《授經圖》之宗旨，在於釐清漢代經學源流，改變東漢至宋明經學授受鮮有次第、古人經解不被重視之局面。本書秉承經學宗派圖的概念，依此原則，擬作漢代《周禮》傳承譜系圖。

二、漢代《周禮》傳承譜系及相關問題辨析

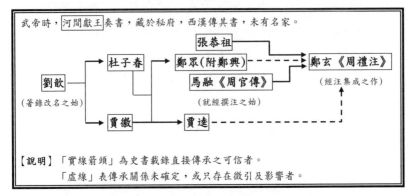

【圖1】：漢代《周禮》經師傳授譜系圖

　　從筆者擬訂所示，可見漢代經師傳習《周官》之概況，還牽涉到一些問題需要說明：

（一）西漢河間獻王奏書與劉歆在譜系中的具體意義

　　《周官》之出處，儘管有「出於山巖屋壁」，或孔安國獻書等說法，但要皆以河間獻王得自民間之說，較為可信。案《史記·五宗世家》云：「河間獻王德，以孝景帝前二年，用皇子為河間王，好儒學，被服造次，必於儒者，山東諸儒多從之游。」唐司馬貞（679-732）《史記索隱》曰：「被服，言常居處其中也。造次，謂所向所行皆法於儒者」，[34]說明獻王動靜舉止，必以儒術為宗，故史稱所學皆出六藝，山東齊、魯之儒，咸有歸附。裴駰（生卒

---

[34] 〔漢〕司馬遷撰，〔日〕瀧川資言考證：《史記會注考證》〈五宗世家〉，卷59，頁831。

年不詳）《史記集解》引《漢名臣奏》一段軼聞，云：

> 杜業奏曰：河間獻王經術通明，積德累行，天下雄俊眾儒
> 皆歸之。孝武帝時，獻王朝，被服造次，必於仁義，問以
> 五策，獻王輒對無窮，孝武帝艴然難之，謂獻王曰：「湯
> 以七十里，文王百里，王其勉之」。王知其意，歸即縱酒
> 聽樂，因以終。[35]

獻王才冠群倫，溫仁恭儉，驟聞武帝猜忌之言，既深感天威難測，
於是託身聲色享樂，但求避禍保全，清安度日。獻王與武帝關係，
萌現嫌隙，亦由此考見武帝朝古文經傳終不獲立於學官的潛在原
因。[36]但即便如此，獻王對經術之傳續，卻未因此中斷。清戴震
（1724-1777）〈河間獻王傳經考〉云：

> 今三家《詩》亡而《毛詩》獨存。昔儒論治《春秋》，可
> 無《公羊》、《穀梁》，不可無《左傳》。當景帝、武帝

---

[35] 〔漢〕司馬遷撰，〔劉宋〕裴駰集解，〔唐〕司馬貞索隱，〔唐〕張守節正
義：《史記》〈五宗世家〉（臺北：藝文印書館，1971 年），卷59，頁839。

[36] 徐復觀云：「諸侯王中若有好學自修之人，則其所集者多在學術上有某
種成就之士，於是賓客所集，常成為某種學術的活動中心，亦為名譽流
佈之聚中點。……劉德的河間，乃當時一學術中心之地；而他本人則係
其領導人物，……則武帝的猜嫌逼迫，乃自然之事，有何可疑。……因
為河間獻王搜集所得多屬古文，而特又為《毛詩》及《左氏傳》立博士，
於是古文經學遂為當時之大諱。」由此得見《周禮》終不獲立西漢學官
之因。說見氏著：《兩漢思想史》（臺北：臺灣學生書局，1985 年），
頁 181-188。

之間，六藝初出，羣言未定，獻王乃立毛氏《詩》、左氏
《春秋》博士，識固卓卓。[37]

《毛詩》、《左氏》既立學官，獻王有傳經之功，自然能予以古文
經學最有力的支持。至於獻王有無傳授《周官》？戴震認為，「本
傳列獻王所得書，首《周官》；漢經師未聞以教授，馬融《周官
傳》謂：『入於秘府，五家之儒莫得見』是也，其得自獻王無疑。
鄭康成《六藝論》……《周禮》六篇，鄭亦繫之獻王，又為陸氏
得一證。」[38]說明獻王只有「傳」書，並未教授《周官》。無獨
有偶，俞正燮（1775-1840）亦不以河間獻王為《周官》傳授之始，
而謂：「《周官》在西漢無傳授」，[39]基本認定獻王得《周官》
奏上漢廷，即藏於秘府，並無實際參與傳授之事。上圖雖將獻王
納入譜系，亦純粹只為溯源出處，並非代表獻王是構成西漢《周
官》傳承譜系之一員，這點必須說明。

其次，談到西漢《周官》傳承淵源，還有一項爭議，即是否
要將劉歆納入傳授譜系的問題。近人王葆玹《今古文經學新論》
曾仔細考論漢代《周官》授受源流的合理發展，從而歸結成一傳
系圖。[40]現謄錄如下：

37　〔清〕戴震：〈河間獻王傳經考〉，《戴震集》（上海：上海古籍出版
　　社，2009 年），卷1，頁3。

38　同前註，頁4。

39　〔清〕俞正燮：〈周官西漢無傳授義〉，《癸巳類稿》（臺北：世界書
　　局，1960 年），卷3，115-117。

40　參閱王葆玹：〈周官的傳承譜系〉，《今古文經學新論》，頁156。

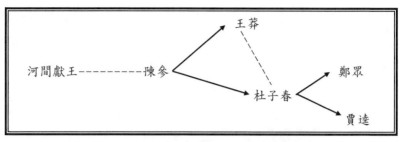

【圖 II】：《周官》傳系圖（王葆玹繪製）

綜覽上圖所示，王葆玹據此申論，尚存在若干疑義，必須辨明：

第一、將《周官》傳承及《藝文志》所列「《周官傳》四篇」之撰述，溯源至河間獻王。王葆玹比照《毛詩》、《左傳》立獻王朝學官之事例，認為「河間獻王既重視《周官》，便極有可能組織寫《周官傳》四篇，構成《周官》的經傳系統」，[41]然此等說法只建基在「極有可能」的猜測推想，既不符史實，又無明文可據，殆不足信。

第二、增立陳參至王莽、杜子春的師承關係，將陳參視為新莽傳授《周官》至東漢的過渡人物。王葆玹認為，「王莽時期《周官》博士的學派傾向，正可由陳參其人而得以澄清」，乃至史書中，「王莽的發得《周禮》、表彰《周禮》和運用《周禮》之學，都是通過陳參完成。」[42]此說確為經學史上一大「新論」。但陳參是何許人也？據《漢書·王莽傳》載，成帝河平二年（27B.C）封王氏諸舅，皆為列侯，「唯莽父曼蚤死，不侯。……莽獨孤貧，因折節為恭儉。受《禮經》，師事沛郡陳參，勤身博學，被服如

---

[41] 同前註，頁 151。

[42] 同前註，頁 155-156。

儒生。」[43]據錢穆考證,是歲王莽年十九,[44]是知早年曾師從陳參,受今文《禮經》。此後,時隔四十年,王莽篡漢,號為新。始建國三年(11A.D)置師友祭酒及侍中、諫議、六經祭酒各一人,是歲王莽年五十九。六經祭酒以「琅邪左咸為講《春秋》,潁川滿昌為講《詩》,長安國由為講《易》,平陽唐昌為講《書》,沛郡陳咸為講《禮》,崔發為講《樂》祭酒」人選,[45]此繼王莽立六經博士後增設,實有表彰藝文之意味。當中牽涉到另一人物,即同為沛郡人的「陳咸」。據《後漢書‧陳寵傳》記載:

> 曾祖父咸,成、哀閒以律令為尚書。平帝時,王莽輔政,多改漢制,咸心非之。及莽因呂寬事誅不附己者何武、鮑宣等,咸……即乞骸骨去職。及莽篡位,召咸以為掌寇大夫,謝病不肯應。時三子參、豐、欽皆在位,乃悉令解官;父子相與歸鄉里,閉門不出入,猶用漢家祖臘。人問其故,咸曰:「我先人豈知王氏臘乎?」其後莽復徵咸,遂稱病篤。[46]

由文中得知,陳咸為陳參之父,歷經成、哀、平三帝至新莽朝。

---

[43] 《漢書》〈王莽傳〉,卷99上,頁4039。

[44] 錢穆:〈劉向歆父子年譜〉,《兩漢經學今古文平議》(臺北:東大圖書公司,2003年),頁36。本書述及有關人物之紀年考證,酌參錢書的研究成果,不煩細注。

[45] 《漢書》〈王莽傳〉,卷99中,頁4126-4127。

[46] 《後漢書》〈郭陳列傳〉,卷46,頁1547-1548。

莽頗識其材，然三徵三辭，歲終猶用「戌日」大祭眾神，[47]表明效忠漢家，其為人耿介正直，於此得見。莽早年既受其長子陳參教導，推估陳咸年歲至此，已垂垂老矣，史書稱其以病篤辭就，當為信實。這也就說明王莽詔令講《禮》祭酒的人選，實際並無任何意義，等同虛設。王葆玹就〈王莽傳〉推論陳參「歸鄉里」後可能再度出仕，要證明「擔任講《禮》祭酒的『沛郡陳咸』，乃是『沛郡陳參』之誤」的說法，[48]固然新奇，但「父子相與歸鄉里，閉門不出入」，豈有父以病辭就，子轉復上任之理，立說曲折如此，恐是附會。由此看來，陳參既無出任講《禮》祭酒之可能，與王莽的實質聯繫，就只剩下莽年少時曾教授過《禮經》，並短暫出任王莽篡位後，一名史書失載且不具名的官職而已。其次，《漢書・藝文志》述及今文《禮經》傳系亦無陳參姓名，顯見在今文《禮》學譜系地位微不足道，談不上有何具體建設，更遑論作為一名指導王莽運用《周官》議定漢朝舊制的關鍵人物。王葆玹所列譜系，既將陳參、王莽兩人視為東漢以前傳授《周官》學的代表人物，又無法迴避東漢杜子春傳授《周官》學的史實，遂將陳參教授王莽今文《禮經》的關連，強加於《周官》譜系之上，認為「杜子春這個人物假如不是虛構的，便一定曾接受過陳參或王莽的傳授。」如此推斷，不僅進退失據，也經不起客觀史實的推敲，將使《周官》學本就隱晦的譜系演變，更添紛亂。

　　第三、王葆玹所以將劉歆排除在譜系之外，是發覺「東漢學

47　應劭（140-206）《風俗通義》曰：「蜡者，歲終祭眾神之名。蜡，接也，新故交接，故大祭以報功也。漢火行，衰於戌，故蜡用戌日也。」是知漢家歲終蜡祭用「戌日」。

48　王葆玹：〈周官的傳承譜系〉，《今古文經學新論》，頁155。

者不了解莽、歆之異，竟將《周官》傳系溯於劉歆，誤會之大已到荒唐的地步」，而造成這種「歷史的誤會」，是因「王莽在東漢前期一直遭受政界和學界的忌恨，為學者所忌言，……東漢中期以後的學者馬融、鄭玄等人竭力使東漢《周官》學與劉歆銜接，也是為避免《周官》學的命運受王莽的牽累。」[49]此番說法，似是而非，不可不辨。因為事實上，東漢學者不是那麼輕易就能切割王莽、劉歆之關連，讓東漢《周官》學的發展不受影響。王莽、劉歆關係之密切，史書在兩人本傳中多有著墨，茲表列如次：

【表1】：王莽、劉歆關係事蹟編年表

帝王紀年	史書記載王莽、劉歆關係之事蹟	備註說明
成帝陽朔三年（22B.C）	〈莽傳〉：「陽朔中，世父大將軍鳳病，莽侍疾，親嘗藥，亂首垢面，不解衣帶連月。鳳且死，以託太后及帝，拜為黃門郎。」〈歆傳〉：「歆字子駿，少以通《詩》、《書》能屬文，召見成帝，待詔宦者屬，為黃門郎。」	莽、歆關係始見於此，曾同年任郎官。莽素以「恩施下竟同學」，故日後多拔擢歆。
成帝綏和二年（7B.C）	三月，成帝崩。〈歆傳〉：「哀帝初即位，大司馬王莽舉歆宗室有材行，為侍中太中大夫。」	是年歆遷光祿大夫，復領五經，卒父前業，總羣書，奏《七略》。
哀帝元壽二年（1B.C）	〈莽傳〉：「莽少與歆俱為黃門郎，重之。及持政，白太后，太后留歆為右曹太中大夫，遷中壘校尉。」又云：	是年六月，哀帝崩。迎立平帝。莽拜任大司馬，又再

---

[49]　同前註，頁151、156。

	「誅哀帝外戚及大臣居位素所不說者，莽皆傅致其罪，……於是附順者拔擢，忤恨者誅滅。……劉歆典文章，……歆子棻……，皆以材能幸於莽。」	次拔擢劉歆等人及其眾子。
平帝元始三年（1A.D）	〈平帝紀〉：「三年春，詔有司為皇帝納采安漢公莽女。又詔光祿大夫劉歆等雜定婚禮。」〈莽傳〉：「莽既尊重，欲以女配帝為皇后，以固其權。奏言：皇帝即位三年，長秋宮未建，掖廷媵未充。……請考論五經，定取禮，正十二女之義，以廣繼嗣。」	歆籌辦莽嫁女之昏禮，必自嫻熟禮文儀節，復有考論五經內容，是知歆以經術湛深，顯耀於世。
平帝元始五年（5A.D）	〈平帝紀〉：「詔羲和劉歆等四人使治明堂、辟雍、靈臺，……皆封為列侯。」〈歆傳〉：「歆治明堂、辟雍，封紅休侯，典儒林史卜之官，考定律曆，著《三統曆譜》。」	元始四年「莽奏起明堂、辟雍、靈臺」，隔年歆等施治，是恢復古代禮制之實踐。
	〈莽傳〉：「徵天下通一藝，教授十一人以上，及有《逸禮》、古《書》、《毛詩》、《周官》、《爾雅》、天文、圖讖、鍾律、月令、兵法、《史篇》文字，通知其意者，皆詣公車。網羅天下異能之士，至者前後千數，皆令記說廷中，將令正乖謬，壹異說云。」	莽徵天下通達古學之士，薈萃於朝，一時至者前後達千人，後漢古學復盛之因緣，始見於此。
莽居攝三年，即改為初始元年（8A.D）	〈莽傳〉：「九月，莽母功顯君死……太后詔議其服。少阿、羲和劉歆與博士諸儒七十八人皆曰：『……今太皇太后，則天明命，詔安漢公居攝踐祚，將以成聖漢之業，與唐虞三代比	歆與博士諸儒同列，稱述莽獎勵學術，稽古右文之蹟，特借「發得《周禮》」，表彰莽之

	隆。攝皇帝遂開祕府，會羣儒，制禮作樂，卒定庶官，茂成天功。……發得《周禮》，以明因監。則夫稽古，而損益焉。……今功顯君薨，……《周禮》曰：『王為諸侯緦縗』……攝皇帝當為功顯君緦縗，……如天子弔諸侯服，以應聖制。』莽遂行焉。」	施政皆依古書而加損益。前此，尚稱《周官》，這已改稱為《周禮》。
新莽始建國元年(9A.D)	〈莽傳〉：「莽帥公侯卿士奉皇太后璽韍，上太皇太后，順符命，去漢號焉。……又按金匱，輔臣皆封拜。……少阿、羲和、京兆尹紅休侯劉歆為國師，嘉新公。……是為四輔。」	莽以符命稱帝，輔臣受封，以歆為國師，尊崇備至，可以考見。
新莽始建國二年(10A.D)	〈莽傳〉：「十一月，立國將軍建奏：『臣請漢氏諸廟在京師者皆罷。諸劉為諸侯者以戶多少就五等之差；其為吏者皆罷，待除於家。』……莽曰：『可。嘉新公國師以符命為予四輔，……諸劉與三十二人同宗共祖者勿罷，賜姓曰王。』唯國師以女配莽子，故不賜姓。」	此依臣議罷漢氏宗廟及其諸劉吏事，以夷滅餘臣聚眾謀反之心。歆與莽有姻親之故，而不賜姓。
	〈莽傳〉：「初，甄豐、劉歆、王舜為莽腹心，倡導在位，襃揚功德。……『安漢』、『宰衡』之說，……皆豐等所共謀。而豐、舜、歆亦受其賜，並富貴矣，非復欲令莽居攝也。……莽以詐立，心疑大臣怨謗，欲震威以懼下。因是發怒，……收捕……辭連國師公歆子，……及歆門人……，牽引公卿黨親列侯以下，死者數百人。」	莽、歆關係嫌隙萌現，牽連歆子及門人，茲事體大，死傷眾多。

新莽地皇二年（21A.D）	〈莽傳〉：「莽召問羣臣擒賊方略，……故左將軍公孫祿徵來與議。祿曰：『……國師嘉新公顛倒五經，令學士疑惑。……宜誅此數子，以慰天下。』莽……頗采其言。」	公孫氏上奏歆顛倒五經，諫言誅殺，莽頗采信，埋下日後歆謀反之契機。
新莽地皇四年（23A.D）	〈莽傳〉：「衛將軍王涉素養道士西門君惠……好天文讖記，為涉言：『星孛掃宮室，劉氏當復興，國師公姓名是也。』……後涉特往，對歆涕泣，言：『誠欲與公共安宗族，奈何不信？』……歆怨莽殺其三子，又畏大禍至，遂與涉、忠謀，……後事洩，忠被殺，劉歆、王涉皆自殺。」	歆以符命輔佐莽政，亦因符命招致不測，終以自殺了結。

由上揭文字，足見莽、歆君臣關係之終始。帝命歆為莽女籌昏禮，陳禮樂，治明堂、辟雍，復以劉歆為「典文章」、「典儒林史卜之官」，則莽欲稽古改制，必以歆等為詔問。是知劉歆於新莽一朝文化典制之建構，必有功矣，豈容輕易切割。再則，莽、歆雖未盡享天年，然所立古學，卻於後漢大放異彩，上至王后，下達儒士多有信從，似未受王莽借古學文飾新政而遭牽累之事。反之，東漢研習《周禮》風氣頗盛，如：東漢明帝明德馬后（30-79），為馬援之女。馬援於新莽時任新成大尹，光武時拜為伏波將軍。《後漢書‧皇后紀》云：馬皇后「能誦《易》，好讀《春秋》、《楚辭》，尤善《周官》、董仲舒書。」[50]皇室尚不諱言《周官》，且善讀之；其後，順帝建康元年（144），馬援之姪孫馬融「為《周

50　《後漢書》〈皇后紀〉，卷 10 上，頁 409。

禮注》，欲省學者兩讀，故具載本文，後漢以來，始就經為注」，[51]更以經、注合書，將注語廁本經之下，以利後人研習流傳。此不外乎表明早先莽、歆稽古右文之學風，並未因莽政失利而阻斷其後續發展。

劉歆必於《周禮》傳習譜系之中，可對應其在學術發展的兩項貢獻：一是自秘府發藏古經《周官》，予以著錄。綏和二年（7B.C），劉歆「遷騎都尉奉車光祿大夫，貴幸，復領五經，卒父前業。歆乃集六藝羣書，種別為《七略》」，[52]其奏上之《七略》，為中國古代圖書目錄學之祖，天下遺書逸文，賴以見存。劉歆著錄《周官》六篇，正式收藏於國家天祿閣，並透過寫定編次、字句校對，使古籍寫本受到周全保存，極有利於後世《周官》之流傳。二是新莽朝建請《周官經》立於學官，置博士，改稱為《周禮》。皮錫瑞引荀悅（148-209）《漢紀》曰：「劉歆奏請《周官》六篇列之於經，為《周禮》。」按《漢書‧王莽傳》載元始四年（4A.D），「為學者逐舍萬區，作市、常滿倉，制度甚盛。立《樂經》，益博士員，經各五人」，[53]此王莽禮遇儒生，增立《樂經》，乃建六經博士之明文，則《周官》立於學官亦在此時。又，陸德明（550-630）《經典釋文‧敘錄》云：「王莽時，劉歆為國師，始建立《周官經》，以為《周禮》」。不過，劉歆於王莽建國元年始為國師，奏建《周官經》一事，早在王莽居攝前完成，陸說恐不可據。至於何時纔改稱《周官》為《周禮》？皮錫瑞認

51　〔漢〕鄭玄箋，〔唐〕孔穎達疏，〔清〕阮元校記：《毛詩正義》（臺北：藝文印書館，1979 年影印《十三經注疏》本），卷 1，頁 3。

52　《漢書》〈楚元王傳〉，卷 36，頁 1967。

53　《後漢書》〈王莽傳〉，卷 99 上，頁 4069。

為，「《周官》之易名《周禮》，其在（按：指王莽）居攝之後」，[54]當可信從。《周官》之所以改名，緣當時加封王莽為「安漢公」、「宰衡」，而後居攝踐祚，羣臣標榜師古，舉朝議制皆以合「周公故事」為準據。[55]劉歆在王莽居攝後，改稱《周官》為《周禮》，在思想上亟欲使引證《周官》的議政風氣，與周公所謂「制禮作樂」的史實相聯繫。作為一名經師，劉歆承襲的是西漢以來借經義為政權服務的學術傳統，其政治立場與用心，固可受歷史公評，但回歸到表彰、推廣《周禮》學的層面，劉歆都足以在《周禮》傳習譜系上占有一席之地。

（二）東漢《周禮》學傳授譜系辨析：鄭興及鄭眾，賈徽及賈逵的授受關係

劉歆以後，東漢《周禮》學的傳授情況，賈公彥《周禮義疏・序周禮廢興》引馬融《周官傳》記載，最為詳悉：

> 奈遭天下倉卒，兵革並起，疾疫喪荒，弟子死喪，徒有里人河南緱氏杜子春尚在，永平之初，年且九十，家于南山，

54　〔清〕皮錫瑞：〈論周官改稱周禮，始於劉歆，武帝盡罷諸儒即其不信周官之證〉，《經學通論》，頁47-49。

55　據〈莽傳〉，平帝時「羣臣盛陳莽功德，謂：周公及身在而託號於周，莽有定國安漢家之大功，宜賜號曰安漢公。」又其後，太保王舜請議采伊尹、周公稱號，加公為「宰衡」，位上公。「安漢公拜前，二子拜後，如周公故事」。又劉慶上書言：「周成王幼少，稱孺子，周公居攝。今帝富於春秋，宜令安漢公行天子事，如周公。」羣臣皆從慶言。而後平帝崩，太皇太后詔安漢公居攝踐祚，亦曰：「令安漢公居攝踐祚，如周公故事。」是知漢廷羣臣頌揚王莽比擬為周公，皆一時議政之風尚。

能通其讀，頗識其說，鄭眾、賈逵往受業焉。眾、逵洪雅博聞，又以經書記傳相證明為解。逵解行於世，眾解不行，……然眾時所解說，近得其實。[56]

東漢經師傳習《周禮》以杜子春為先，鄭眾、賈逵皆師從之，並各有著作傳世。漢代經學授受，以父傳子的家學途徑最常見，反映於東漢《周禮》傳習過程，亦可分成兩組討論。先談鄭興及鄭眾父子的授受關係。據《後漢書》本傳云：「興少學《公羊春秋》。晚善《左氏傳》，遂積精深思，通達其旨，同學者皆師之。天鳳中，將門人從劉歆講正大義。歆美興才，使撰條例、章句、傳詁，及校《三統曆》。」鄭興雖使門人從學於歆，然自已通達《春秋》微旨，非本出於歆學，乃學問之相砥礪而已，並無實質師承關係。又本傳云：「興好古學，尤明《左氏》、《周官》，長於曆數。自杜林、桓譚、衛宏之屬，莫不斟酌焉。世言《左氏》者多祖於興，而賈逵自傳其父業，故有鄭、賈之學」，鄭興別為一儒宗，講論《左氏》兼習《周官》，因「不善讖」，為帝所不喜。其子鄭眾「從父受《左氏春秋》，精力於學，明《三統曆》，作《春秋難記條例》，兼通《易》、《詩》，知名於世。」[57]是知鄭眾之《春秋》學為鄭興所傳。二人與杜子春同為河南人，或假同鄉之誼，遣子就學於杜，故所擬譜系以鄭眾師從杜氏，附列鄭興。

其次，談到賈徽及賈逵。《後漢書‧賈逵傳》云：「父徽，從劉歆受《左氏春秋》，兼習《國語》、《周官》」，是賈徽曾

56　〔漢〕鄭玄撰，〔唐〕賈公彥疏：《周禮注疏》，卷1，頁9-10。
57　分見《後漢書》〈鄭范賈陳張列傳〉，卷36，頁1217、1223-1224。

親受業於歆，徧習古文諸經，與杜子春同列，為劉歆之嫡系弟子無疑。賈逵（30-101）「悉傳父業，弱冠能誦《左氏傳》及五經本文」，並於章帝建初元年（76A.D），「數為帝言古文《尚書》與經傳《爾雅》詁訓相應，詔令撰歐陽、大小夏侯《尚書》古文同異。……復令撰齊、魯、韓詩與毛氏異同。並作《周官解故》」，是知賈逵早年學習《周官》，當有承自父輩一部分，其後為通達今、古經傳異同，於古文《尚書》、《左氏》及《毛詩》典籍，莫不深究。所撰《周官解故》，除文字通讀外，復「以經書記傳相證明為解」，梳理禮制之異同，故賈逵之學思根源，實得益於賈徽與杜子春二人，並逐漸形成自身的研究體系。史家批評，時主重讖不重經，「桓譚以不善讖流亡，鄭興以遜辭僅免，賈逵能附會文致，最差貴顯。」[58]所謂上有所好，下必甚焉，賈逵曾引《左氏》證劉氏為堯後之說與讖合，甚得帝意，故唐儒稱：「逵解行於世，眾解不行」，乃就其學術傳播上講，實非眾解不如逵。

（三）鄭玄《周禮》學形成的階段：由「師承」與「著述」兩條基線談起

　　最末，過渡至東漢《周禮》學譜系的最後階段，賈《疏》以為：

> 《周禮》起於成帝劉歆，而成于鄭玄，附離之者大半，故林孝存以為武帝知《周官》末世瀆亂不驗之書，故作十論、七難以排棄之，何休亦以為六國陰謀之書。唯有鄭玄遍覽

58　同前註，卷36，頁1234-1235、1239、1241。

　　羣經，知《周禮》者乃周公致太平之迹，故能答林孝存之
　　論難，使《周禮》義得條通……，是以《周禮》大行。[59]

文中將傳習《周禮》學之起訖人物，定於劉歆與鄭玄二人，粗略
提及鄭玄承繼自劉歆以來《周禮》為周公所作之觀念，和今文家
往來論辯的情形。但這卻不足以講明鄭玄從事《周禮》研究的學
思過程，及與前段譜系中傳經人物間的關聯。過去，若界定傳經
人物，往往專就文獻提及「從某人學」、「受業某人」、「傳某
人」等關鍵詞語，進行繫聯，側重上下對等的師徒關係，此固然
適用於西漢經學嚴守師法、家法的傳承系統。不過對鄭玄來說，
此般單線的繫聯方法，並無法全面概括其學術涵蓋的各種淵源。
本書擬將分成「師承」及「著述」兩條基線來探討這個問題。

　　鄭玄自幼勤勉刻苦，「學書數」，「誦《五經》，好天文、
占候、風角、隱術」，少時曾任郡縣屬吏鄉嗇夫職，「常詣學官，
不樂為吏」。桓帝建和元年（147A.D），鄭玄「年二十一，博極
群書，精曆數圖緯之言，兼精算數，遂去吏。」[60]據本傳記載：

　　（鄭玄）遂造太學受業，師事京兆第五元先，始通《京氏易》、
　　《公羊春秋》、《三統曆》、《九章算數》。又從東郡張恭
　　祖受《周官》、《禮記》、《左氏春秋》、《韓詩》、古文
　　《尚書》。[61]

59　〔漢〕鄭玄撰，〔唐〕賈公彥疏：《周禮注疏》，卷1，頁10。

60　分見《世說新語・文學篇》注引《鄭玄別傳》，參閱王利器：《鄭康成
　　年譜》，頁30、31、39。

61　《後漢書》〈張曹鄭列傳〉，卷35，頁1207。

鄭玄先通今文，後從張恭祖學古文《周官》、《春秋》等經傳。張恭祖雖擔負傳授之業，卻無訓釋之書傳世，不過作為鄭玄《周官》學的啟蒙先師這點，當無疑義。在之後十餘年間，鄭玄「游學周、秦之都，往來幽、并、兗、豫之域，獲觀乎在位通人，處逸大儒，得意者咸從捧手，有所受焉。」至延熹二年（159A.D），又「以山東無足問者，乃西入關，因涿郡盧植，事扶風馬融。」[62]馬融為當時著名的古文經學家，其人「才高博洽，為世通儒，教養諸生，常有千數」，又身挾椒房之勢，「居宇器服，多存侈飾。常坐高堂，施絳紗帳，前授生徒，後列女樂，弟子以次相傳，鮮有入其室者」，[63]因而「玄在門下，三年不得見」，只賴融之高足傳授而已。延熹五年（162A.D），「融集諸生考論圖緯，聞玄善算，乃召見於樓上，玄因從質諸疑義」，纔得以面見馬融。

　　據王利器考證，鄭玄遊學十餘年間，在馬融門下共七年，[64]占遊學時期的二分一強。玄勤懇向學，戮力不懈之精神，令人欽重，無怪乎學成辭歸，融有「鄭生今去，吾道東矣」之喟嘆。此與田何授《易》於丁寬，學成，寬東歸，何謂門人曰：「《易》東矣」，異曲同工，揭明鄭玄盡得馬融親傳之學。《後漢書‧儒林傳》云：

62　同前註，卷 35，頁 1209。

63　《後漢書》〈馬融列傳〉，卷 60 上，頁 1992。

64　王利器考證云：「其始造太學師事第五元先，又從東郡張恭祖受業，以為無足問者，乃西入關，則此當不過占去遊學時期之一小段落。觀其後必因涿郡盧植以帥事馬融，則其慎重將事可知，在門下三年，不得見而不去，則其以融為第五元先、張恭祖輩可知。在門下三年始得見，決無一見便去之理，則玄之在融門下，當以七年為允。」參閱氏著：《鄭康成年譜》，頁 51。

「鄭眾傳《周官經》，馬融作傳，授鄭玄」，[65]考順帝建康元年（144A.D），馬融作《傳》年六十六，[66]親見鄭眾《周官解故》有「眾時所解說，近得其實」之品評。融書行世既久，至以所撰《周官傳》授玄前，玄或已知該書，但真正親炙師傳，則待玄得見融後，即延熹五年至八年（162A.D-165A.D）間事。[67]綰合上述，追溯鄭玄《周禮》學之「師承」淵源，載諸明文，要以太學啟蒙先師張恭祖及在位通儒馬融，為鄭玄「師承」一線的兩個源頭。

此後，鄭玄辭別馬融，賦歸鄉里，客耕東萊，以講學授徒為務。靈帝建寧、熹平年間，因朝中「主荒政繆，國命委於閹寺，士子羞與為伍」，[68]二次黨錮禍起。鄭玄亦「與同郡孫嵩等四十餘人俱被禁錮。遂隱修經業，杜門不出。」長達十四年坐黨錮禁，使其潛心撰述，在此數年間，鄭玄一生重要的著述成就，要屬《三禮注》之結撰。段玉裁嘗如此評論，云：「鄭當中年注《禮》，最美而傳之最久，以後所注《書》、《論語》、《周易》不傳，蓋與《毛詩》俱遜《三禮》也。」[69]鄭玄蓄力學養，聞思兼備，此時既無塵務所擾，澆注全精神於《三禮》，故所撰經注盡善盡美，傳世愈久。

---

65 《後漢書》〈儒林列傳〉，卷 79 下，頁 2577。

66 參閱王利器：《鄭康成年譜》，頁 35。

67 鄭注《考工記‧梓人》：「獻以爵而酬以觚，一獻三酬，則一豆矣」，謂「觚、豆，字聲之誤，觚當為觶，豆當為斗。」據鄭玄駁許慎《五經異義》，論爵制嘗引「南郡太守馬季長說，一獻而三酬則一豆，豆當斗，一爵三觶相近」之語，可見鄭玄「師承」淵源，確有得乎馬融學說之親傳。

68 《後漢書》〈黨錮列傳〉，卷 67，頁 2185。

69 〔清〕段玉裁：〈與劉端臨第四書〉，《經韻樓文集補編》（上海：上海古籍出版社，2008 年），頁 394。

鄭玄傳習《周禮》之貢獻，在於「條理禮書」。[70]賈《疏》
引鄭玄〈自序〉云：

> 世祖以來，通人達士大中大夫鄭少贛名興，及子大司農仲
> 師名眾，故議郎衛次仲、侍中賈君景伯、南郡太守馬季長，
> 皆作《周禮解詁》。[71]

鄭玄本從張恭祖傳授《周禮》，但所見經師舊說，另有鄭興父子、
衛宏、賈逵、馬融五家之學。蓋《周禮》至東漢時，其學大盛。
玄之未有言及者，尚有張衡（78-139）及同門盧植（139-192）二
人。《後漢書・張衡傳》記載：

> 衡著《周官訓詁》，崔瑗以為不能有異於諸儒也。[72]

又，王先謙（1842-1917）引胡廣《漢官解詁敘》云：

> 順帝時，平子（【筆按】：「平子」為衡之字號）為侍中，典
> 校書，方作《周官解說》，乃欲以（漢）〔漸〕次述漢事，
> 會復遷河間相，遂莫能立也。[73]

---

[70] 張舜徽云：「鄭氏校讎之業，莫大乎條理禮書舊文，使之部秩井然」，
　　參閱氏著：〈鄭氏校讎學發微〉，《鄭學叢著》，頁 32。

[71] 〔漢〕鄭玄撰，〔唐〕賈公彥疏：《周禮注疏》，卷 1，頁 10。

[72] 《後漢書》〈張衡列傳〉，卷 59，頁 1939。

[73] 〔清〕王先謙：《後漢書集解》〈張衡列傳〉（臺北：藝文印書館，1971
　　年），卷 59，頁 689。

張衡是書大抵與眾儒雷同。實因《周禮》「經文古字不可讀」，[74]
諸書皆以諟正字體，發疑音讀為旨，由經本文字訓詁著手，存古
字，別聲類，粗揭經旨大義。至熹平四年（175A.D），靈帝詔諸
儒正五經文字，刻石立於太學門外。《後漢書》盧植本傳載：

> 時始立太學《石經》，以正五經文字，植乃上書曰：……
> 臣前以《周禮》諸經，發起秕謬，敢率愚淺，為之解詁，
> 而家乏，無力供繕寫上。

盧植少與鄭玄俱事馬融，撰有《解詁》一書，然流傳未廣。盧植
嘗謂：

> 古文科斗，近於為實，而厭抑流俗，降在小學。中興以來，
> 通儒達士班固、賈逵、鄭興父子，並敦悅之。今《毛詩》、
> 《左氏》、《周禮》各有傳記；其與《春秋》共相表裏，宜
> 置博士；為立學官，以助後來，以廣聖意。[75]

盧植此議，頗有遠紹劉歆移讓太常博士之意，以諸經傳記說解詳
備，奏請古文經立於學官。由於當時古學盛行，已和劉歆時代不
可同日而語，鄭玄此時完成《周禮注》，勢必肩起整合眾儒學說
的使命。綜言之，鄭玄《周禮》學全貌，就「師承」而論，鄭玄
師從張恭祖、馬融，為其學術形成的初始階段，由此內化成為自

74　〔清〕阮元：〈十三經注疏校勘記序〉，《揅經室一集》（北京：中華
　　書局，1993 年），卷 11，頁 23。
75　《後漢書》〈吳延史盧趙列傳〉，卷 64，頁 2116。

身的思想底蘊；而當鄭玄從事「著述」，撰成《周禮注》時，又秉承劉歆的觀念，透過考辨杜子春、鄭興父子著作及對賈逵學說之援用，[76]則基本囊括前段《周禮》傳習經師之訓釋成果，清楚呈現出「師承」、「著述」兩線匯合為一的發展基調。足見鄭玄《周禮注》之成書，在《周禮》傳習譜系中至關重要，堪稱漢代《周禮》經注集成之作，絕非溢美之詞。

綜觀兩漢《周禮》經師的傳授譜系，自劉歆起《周禮》於秘府之藏，立於學官，歷經諸儒正字讀、明經旨之積累，到鄭玄《周禮注》之完成，基本上總結了東漢以來經師大儒的訓釋成果，更奠定《周禮》文獻的經典地位。無怪乎就鄭玄經學而論，皮錫瑞稱為「小統一之時代」，[77]當得其實。唐代孔穎達表彰「禮是鄭學」，[78]在鄭玄「括囊大典，網羅眾家，刪裁繁誣，刊改漏失」的注經特點下，[79]讀《三禮》若舍鄭《注》，則無從入之途。《周禮》作為「體國經野，設官分職」的政治要典，所以能對歷代官制產生廣泛影響，若正本溯源、推究首功，鄭玄校注此經之業績，實為當世第一人。

---

[76] 鄭注《考工記·韗人》：「為皋陶，上三正」，謂此鼓兩面，以六鼓差之，引貫侍中云：「晉鼓大而短」，近晉鼓也。可見鄭玄考論《周禮》的「著述」淵源，尚承襲賈逵學說之一端。

[77] 〔清〕皮錫瑞：《經學歷史》，頁156-157。

[78] 陳澧曰：「孔沖遠云：『禮是鄭學』。〈月令〉、〈明堂位〉、〈雜記·疏〉皆有此語。不知出於孔沖遠，抑更有所出？」，孔穎達奉敕刪理，據皇侃《義疏》為本，以熊安生《義疏》為補，是知「禮是鄭學」當有出自皇、熊二氏的可能。姑無論出於何人，此觀念應已為唐儒所熟悉。說見氏著：〈鄭學〉，《東塾讀書記》，卷15，頁253。

[79] 《後漢書》〈張曹鄭列傳〉，卷35，頁1213。

第二節　鄭玄《周禮注》之注經體裁與態度

　　自漢武表彰儒術，建立五經博士，經學著述的基本形態，在漢代發展時期大體臻於完備。兩漢經師透過對經本文字的詮釋，確立了各種注經體裁。其名目種類繁夥，光是《漢書·藝文志》所著錄的，即有「傳」、「記」、「說」、「說義」、「略說」、「故」、「解故」、「故訓傳」、「訓纂」、「章句」、「微」等類，反映出漢代經解體系的繁盛及解經方法的成熟運用。本書不擬細究各體裁的異同，只就關涉鄭玄著述的部分來說明。

　　據《後漢書》本傳，經鄭玄箋注的古籍，有《周易》、《尚書》、《毛詩》、《儀禮》、《禮記》、《論語》、《孝經》、《尚書大傳》、《中候》、《乾象歷》等書。此外，鄭玄還撰有《天文七政論》、《魯禮禘祫義》、《六藝論》、《毛詩譜》、《駁許慎五經異義》、《答臨孝存周禮難》等論辨之書。儘管本傳所列書目並不完整，遺漏尚多，像《周禮注》及眾多緯書注釋，皆未載列，但仍可得知箋注式的說經體裁，為鄭玄一人所專擅。後人多將箋、注等同視之，丁福保（1874-1952）有一精闢之見，其謂：

> 箋與註（【筆按】：字通「注」），本是不同。
> 箋之云者，《說文》云：「表識書也」。謂書所未盡，待我而表識之也。康成《詩》箋，昔人謂所以表明毛意，記識其事，故特稱之為箋。
> 註之云者；釋典故、考輿地、詳姓字、明訓詁、釋鳥獸草

未之名也。[80]

可知箋、註體裁不同處，在於「箋」是延伸經書未能言盡之義，用箋語加以標舉；而「註」則是專就古籍所涉及之人物名號、史地沿革與名物度數等字句，作最詳盡的訓解。前者用於闡發經文微言奧旨；後者則詳考本經原意，互有補充。然而，若以此標準，考究鄭玄《周禮注》的訓釋語言，便會發現書中雖以經注體裁呈現，卻也含賅箋語式的義理闡發。舉例言之，如〈地官・媒氏〉：「凡嫁子娶妻，入幣純帛」注，鄭玄云：「純，實緇字也。古緇以才為聲。納幣用緇，婦人陰也。」（卷 15，頁 513）。[81]鄭氏一方面破讀經文「純」為「緇」字，並於《注》中解釋昏禮為何以緇帛下聘。蓋緇者，黑也，就五行與五方、五色的關係而論，北方屬水，色尚黑，與男女陰陽之道，取義契合，故鄭謂：「凡於娶禮，必用其類」。這段注語，兼具文字訓詁及發掘禮義的內涵。《周禮》縱有先儒故訓在，但尚有未盡之意，猶待申明，故鄭玄注《周禮》並未拘泥所謂箋注體裁，而將兩種訓釋方法同時運用。再者，丁氏且謂：

　　註法之中，又分三端。

80　〔清〕丁福保：《六祖壇經箋注》〈後序〉（臺北：新文豐出版公司，1993 年），頁 9。

81　〔漢〕鄭玄注，〔唐〕賈公彥疏，〔民國〕彭林整理：《周禮注疏》（上海：上海古籍出版社，2010 年標點本），卷 15，頁 513。凡本書所引《周禮》經文、鄭玄《周禮注》、賈公彥《周禮疏》等，均引自此書。以下引文不再出註，僅標注古籍卷數和頁碼，如：（卷 1，頁 2）。

一曰：正註，宜引本事以解之。

二曰：互註，宜沿波討源，博采眾說，以為佐證者也。

三曰：訓詁，解釋其音義，而無害其文者也。[82]

丁氏此說，大體能統攝鄭玄《周禮注》的解經方法。以「正註」與「訓詁」而言，如〈地官・鼓人〉：「以金鐲節鼓」、「以金鐃止鼓」、「以金鐸通鼓」注，鄭云：「鐲，鉦也，形如小鐘」、「鐃如鈴，無舌有秉」、「鐸，大鈴也」，除卻解釋「鐲」、「鐃」、「鐸」三器形制外，並引用〈司馬〉職文：「軍行鳴鐲」、「鳴鐃止卻」、「司馬振鐸」等事，說明器物的實際功能，或「軍行鳴之，以為鼓節」，或「執而鳴之，以止擊鼓」，或「振之以通鼓」（卷13，頁446-447），因能貫串本經敘述的內在理路。至於旁稽古籍，轉相「互註」的解經方法，由於牽涉層面甚廣，且容下節再申論。

其次，談到鄭玄校注《周禮》的治經態度。鄭玄曾撰〈戒子益恩書〉，文中自陳一生行事與志願，說到治學「但念述先聖之玄意，思整百家之不齊」，「自樂以論贊之功，庶不遺後人之羞」，[83]道出一生心志所向。此雖不能具體概括鄭玄注經事業的全部內涵，但可視為解讀鄭玄經學思想及治學方法的一大總綱。

先說「念述先聖之玄意」。在《周禮》各篇〈序官〉經文開頭，皆有「惟王建國，辨方正位，體國經野，設官分職，以為民極」字樣，總攝全書綱領。說明《周禮》旨在記錄國家官制，以彰

---

82 〔清〕丁福保：《六祖壇經箋注》〈後序〉，頁9。

83 《後漢書》〈張曹鄭列傳〉，卷35，頁1209-1210。

顯主政者對於邦國都鄙所屬羣臣、萬民的統御權力。對此，鄭玄校讀《周禮》時，首先關注六官之長與天地四時對應的象徵意義，從而推演作者是如何設計一套以遵循天道運行為範本的官制系統。鄭玄《三禮目錄》有明白解釋：

> **天官冢宰**，象天所立之官。天者統理萬物，天子立冢宰，使掌邦治，亦所以總御眾官，使不失職。（卷1，頁1）

> **地官司徒**，象地所立之官。司徒主眾徒，地者載養萬物，天子立司徒掌邦教，亦所以安擾萬民。（卷9，頁305）

> **春官宗伯**，象春所立之官。春者出生萬物，天子立宗伯，使掌邦禮，典禮以事神為上，亦所以使天下報本反始。（卷18，頁619）

> **夏官司馬**，象夏所立之官，夏整齊萬物，天子立司馬，共掌邦政，政可以平諸侯，正天下。（卷33，頁1073）

> **秋官司寇**，象秋所立之官。秋者，遒也，如秋義殺害收聚歛藏於萬物也。天子立司寇，使掌邦刑，刑者所以驅恥惡，納人於善道也。（卷40，頁1297）

> **冬官司空**，象冬所立之官。是官名司空者，冬閉藏萬物，天子立司空，使掌邦事，亦所以富立家，使民無空者也。（卷46，頁1519）

透過寥寥數語，勾寫天子所立六官與天地四時依存的寓意聯繫，進以劃定從屬官職的共性，得出六官職掌對國家、萬民皆有實質作用。在鄭玄看來，能制定《周禮》，有如此宏圖經略之識見，定非等閒之人所能為。在歷史上輔弼幼主，為國弭亂立基，重建禮樂秩序，品德最為儒者稱道的聖人，當屬西周初年的周公旦。鄭玄為這部治國安邦的大經大法作注，是其「念述先聖之玄意」的具體實踐，《周禮》中隱含「先聖」制禮作樂的理想形象，自然直指周公。鄭玄申論道：「周公居攝，而作六典之職，謂之周禮。營邑於土中，七年，致政成王，以此禮授之，使居雒邑，治天下。」（卷1，頁2）；又稱：「六官之屬三百六十，象天地四時日月星辰之度數，天道備焉。前此者，成王作〈周官〉，其志有述天授位之義，故周公設官分職以法之。」（卷3，頁77）既明定《周禮》為周公仿效「周天度數」所作，出於尊經心理，鄭玄多半申述經義，鮮少直斥《周禮》有誤。[84]而為詮明先聖原意，乃考信六藝，博稽傳記羣書以為證。《禮記·學記》注，鄭玄稱：「所學者聖人之道，在方冊」。案《儀禮·聘禮》：「百名之上書於策，不及百名書於方」，《禮記·中庸》：「文武之政，布在方策」。「方」、「策」同為載籍，凡字少者書於「方」，字多者編簡而書之於「策」。[85]如是可知，鄭玄所學，字句必有古書

84　鄭玄直言《周禮》所載有誤者，僅見〈夏官·職方氏〉：「正南曰荊州，……其川江漢，其浸潁湛」句，《注》云：「潁出陽城，宜屬豫州，在此非也。」鄭玄援〈地理志〉為證，故知潁應在豫州。又，「河南曰豫州，……其川滎雒，其浸波溠」句，《注》云：「溠宜屬荊州，在此非也。」

85　參閱章太炎：〈經學略說〉，《國學講演錄》（南京：鳳凰出版社，2008年），頁44。

信據，也說明其務求闡發先聖之道，不逞一時臆斷，曲為之說的詮經態度。

另方面，兩漢《周禮》古學傳授譜系，已詳前文。早在鄭玄注禮前，既有數名劉歆弟子校注過《周禮》，為何鄭玄又要重新注解？在我們看來，還是為了「思整百家之不齊」。綜觀漢代經學之盛衰，自武帝初置五經博士，廣招賢良文學之士；公孫弘興學議，徵「郡國縣道邑有好文學、敬長上、肅政教、順鄉里者」為博士弟子員，加之誘以利祿，「自此以來，則公卿大夫士吏彬彬多文學之士。」後世以明經取士，自此始也。當時講授經學者，《史記・儒林傳》載：「言《詩》於魯則申培公，於齊則轅固生，於燕則韓太傅。言《尚書》，自濟南伏生。言《禮》，自魯高堂生。言《易》，自菑川田生。言《春秋》，於齊魯自胡母生，於趙自董仲舒」，[86]皆今文，學統明晰，最為純正。其後，五經博士分為十四，從此開枝散葉，各有家數。皮錫瑞云：「漢人最重師法，師之所傳，弟之所受，一字毋敢出入，背師說即不用」，[87]儒生治經，必恪遵一家所傳章句，不敢違逆。元、成以降，博士生員大增；東漢光武獎掖經術，修起太學，自是遊學之士增盛。太學以外，猶有孔氏、伏氏、歐陽等經學世家。[88]經學發展至此，已臻極盛。然由盛轉衰之際，亦在此時。范蔚宗論曰：「章句漸疏，多以浮華相尚，儒者之風蓋衰」，[89]博士倚席不講，不重經

---

[86]　〔漢〕司馬遷撰，〔日〕瀧川資言考證：《史記會注考證》，卷 121，頁 1286-1287。

[87]　〔清〕皮錫瑞：《經學歷史》，頁 70。

[88]　參閱劉師培：《國學發微》（臺北：廣文書局，1986 年），頁 33。

[89]　《後漢書》〈儒林列傳〉，卷 79 上，頁 2547。

術，門徒雖多，但株守區區一家章句，不思博覽多聞，太學生因而競相浮華，遊談無根，遂釀成桓、靈年間清議黨錮之禍。

鑑乎此，尊崇《周禮》的鄭玄，開始著手整理，有意識地對先儒校注《周禮》的經說進行比對，集中反映出當時總體的研究水平。《周禮注‧自序》曰：

> 玄竊觀二三君子之文章，顧省竹帛之浮辭，其所變易，灼然如晦之見明；其所彌縫，奄然如合符；復析斯，可謂雅達廣攬者也。……謂二鄭者，同宗之大儒，明理于典籍，犕識皇祖大經《周官》之義，存古字，發疑正讀，亦信多善，徒寡且約，用不顯傳于世。今贊而辨之，庶成此家世所訓也。[90]

鄭注《周禮》前有所承，善於蒐羅先儒經說排比異同，但與鄭玄有直系學統相貫者，如馬融經說，《周禮注》中卻隱然不見。對此，孫詒讓解釋道：

> 漢人最重家法，凡稱述師說，不嫌蹈襲，故不復別白。鄭所述舊說，惟杜子春、鄭少贛、仲師三家最多，……或以賈、馬說解，其時盛行，故不備述。杜、鄭之義，不顯傳於世，故甄采較詳與？[91]

90　〔漢〕鄭玄撰，〔唐〕賈公彥疏：《周禮注疏》〈序周禮廢興〉，卷1，頁10。
91　〔清〕孫詒讓：《周禮正義》〈天官‧序〉，卷1，頁8。

說明賈、馬之學，實際已鎔鑄於鄭《注》之中，但為何只側重徵引杜氏、二鄭經說，則存疑俟考。清陳澧《東塾讀書記》注解引文末句，謂：

> 贊即表明也，辨即下己意也。……鄭君注《周禮》、《儀禮》、《論語》、《尚書》皆與箋《詩》之法無異。有宗主；亦有不同；此鄭氏家法也。[92]

依陳澧之見，「鄭氏家法，有宗主亦有不同」。由引文末句「今贊而辨之，庶成此家世所訓」看來，鄭注《周禮》所宗主者，實鄭興父子所傳詁訓。書中既表明二鄭經說，也標以「玄謂」自抒所見，兼存己意。即便與先儒舊釋有出入，鄭玄也絕不攘善揚惡，以辭氣爭勝，態度恭謹，此乃自重「鄭氏家法」使然。

此外，由於鄭興父子受業自杜子春，曾以「經書記傳相證明為解」，故鄭玄為述明經說淵源，也將杜氏之說一併錄及。由此推斷，鄭〈序〉所言「二三君子之文章」，無疑是指先儒杜子春、鄭興、鄭眾等人訓解《周禮》經義之作。對此《周禮》傳習譜系相沿之經說，申辯回應，梳理成篇，便成為鄭玄詮釋《周禮》的注經方法與思想主幹。此即鄭〈序〉所謂「庶成家世所訓」，具有一系統條貫、清楚明晰的家法脈絡。按兩漢學官傳習經籍的說法，或可稱為「《周禮》鄭氏學」。因此，世儒雖批評鄭玄注經破壞兩漢顓門家法，[93]但在處理《周禮》詁訓乃至經義解釋的課

---

92 〔清〕陳澧：〈鄭學〉，《東塾讀書記》，卷15，頁254。

93 皮錫瑞云：「鄭君博學多師，今古文道通為一，見當時兩家相攻擊，意欲參合其學，自成一家之言，雖以古學為宗，亦兼采今學以附益其義。

題上，鄭玄卻明確提出「鄭氏家法」的概念。正因《周禮》晚出，不僅來源可議，亦無師說，鄭注《周禮》所以標榜家法，力推為周公制禮之遺存，或為與今文家議論時，不自失立場。尋繹原意，實未脫經今、古文學統紛爭，帶有個人鮮明顯著的時代訴求。

近人高明嘗論鄭玄治學之道，將之歸納為「立大」、「貴博」、「徵實」三方面。[94]以鄭玄畢生孜孜專事經術著述，不務士宦之途，志向高遠；並能旁通百家之學，不只憑藉師說口傳立訓，更倚重古籍轉相發明，裁斷諸家優劣異同，故能卓然傲世，影響千古。其經術成就，絕非偶然，值得後學善加精讀。

第三節　鄭玄《周禮注》之注經特色與實例分析

戴震曾云：「鄭康成之學，盡在《三禮注》」，[95]一部《三禮注》代表鄭氏文獻注釋學的核心。鄭玄校讀文獻的成果，能為後人昭示典範。[96]其具體的學術貢獻，張舜徽已勾勒要旨。[97]今於

學者苦其時家法繁雜，見鄭君閎通博大，無所不包，眾論翕然歸之，不復舍此趨彼。……重以鼎足分爭，經籍道息。漢學衰廢，不能盡咎鄭君；而鄭采今古文，不復分別，使兩漢家法亡不可考，則亦不能無失。」參見氏著：《經學歷史》，頁154。

94　參閱高明：〈鄭玄學案〉，《禮學新探》，頁273。

95　〔清〕段玉裁編：〈戴東原先生年譜〉，《戴震集》，頁488。

96　李雲光曾就《三禮注》中部分校勘實例，說明鄭玄已基本掌握住校勘學中「對校法」、「本校法」、「他校法」、「理校法」四種具體方法的操作，在校勘史上地位極高。參閱氏著：〈從三禮鄭注看鄭玄在校勘學上之成就〉，《禮學論集》（香港：黃河文化出版社，1997年），頁123-131。

此基礎上，再加說明，細究《周禮注》的幾項特點：

一、蒐羅異本，以記經文內容之異同

《周禮》晚出，東漢師承所宗，雖導源於劉歆一家，但新莽時《周禮》立於學官不久，旋即見廢，經年累月流傳民間，傳寫轉抄並非一本，文字歧互雜出，在所難免。鄭玄《周禮注》中稱引杜子春、鄭興父子說解時，也常將眾儒所見傳本異文一併記錄下來，故《注》中常見「書或為某」、「書或作某」之體例。例如〈天官・玉府〉：「若合諸侯，則共珠槃、玉敦」注，鄭云：「夷槃或為珠槃」（卷6，頁213）；又〈地官・泉府〉注，鄭云：「故書泉或作錢」（卷9，頁318）等。東漢民間《周禮》傳本眾多，內容駁雜不一，可見一斑。鄭玄校讀《周禮》留意到這個問題，故於《注》中標明「故書」及「今書」，可視為甄別《周禮》傳本先後的權宜區分。[98]

陳澧考察，「鄭注《周禮》，並存故書、今書，注《儀禮》，並存古文、今文，此後來校書之法也。《儀禮》從今文，則《注》內疊出古文；從古文，則《注》內疊出今文。此於己意所不從，亦不沒之。《周禮》之並存故書、今書，亦是此意。」[99]《周禮

97　參閱張舜徽：〈鄭氏校讎學發微〉，《鄭學叢著》，頁34-46。

98　歷來學者對「故書」、「今書」用語內涵的討論，各自為說，迄無定論。據孫詒讓分析，「所謂故書者，有杜及二鄭所據之本，有後鄭所據之本，要皆不必秘府舊帙，不過校之今書，所出略前耳。今書則鄭玄所見同時傳寫之帙。蓋故書、今書，皆不能塙定其為何家之本」，由此認定「故書、今書不過新、舊本。」本書所持觀點同此。

99　〔清〕陳澧：〈鄭學〉，《東塾讀書記》，卷15，頁258。

注》雖並存「故書」及「今書」，然《注》中凡引述「故書某作某」者，經文用字多不從「故書」。誠如孫詒讓觀察鄭玄對「故書」、「今書」異文處理，所下結論：

> 鄭審定經字，或改或不，例本不一。至其為《注》，則自有較然不掍之大例。其破字而不改正文者，則於《注》中正其讀，而不云：「故書作某」；其破字而徑改正文者，則於《注》必云：「故書作某」。[100]

孫氏由鄭玄經注改字與否，區別出兩項注經條例：其一，凡《注》明言「故書作某」者，即鄭玄破讀改字之正例。其二，另有隱於《注》中破讀，卻不逕改經字之變例，則不言「故書作某」。孫《疏》此說，最為詳審，不愧為羽翼鄭學之功臣。至於鄭玄注經因何依據改字，清儒也頗有歸納。翁方綱（1733-1818）云：

> 嘗為鄭君諸經之注計之，蓋當有三例焉。一曰：實有所承受某經師，改某字為某也。二曰：實有親見某本證據，改某字為某也。三曰：以己意揆字，改某字為某也。[101]

考明鄭玄注經改字的三項通則。然翁氏此文，本為撰〈序〉而作，所論無多，現從《周禮注》列舉數例（例證以①、②……依序標號。前者「」為《周禮》今本用字，後者「」為故書用字），略

---

[100]　〔清〕孫詒讓：《周禮正義》〈地官‧序〉，卷17，頁686。

[101]　〔清〕翁方綱：〈書金壇段氏漢讀攷〉，《復初齋文集》（臺北：文海出版社，1969年），卷6，頁665。

見鄭玄破讀改字之大端：

（一）承襲先儒經說改「故書」字者

　　《周禮注》據先儒經說校改「故書」字例，以承襲杜子春之說最多，次為鄭眾之說，鄭興之說為最少。例如：

①「地域」——「地邦」

《周禮・地官・小司徒》：「乃分地域，而辨其守」，鄭《注》曰：「故書域為邦。杜子春云：當為域。」（卷 11，頁 396）

按：故書「域」為「邦」，職文原作：「乃分地邦」。段玉裁《周禮漢讀考》（簡稱《漢讀考》）云：「《說文・戈部》：『或，邦也』，『域，或字也』，口部：『國，邦也』，蓋古三字本一字。」[102]說明古「或」、「域」、「國」三字音義同源，得以通用。杜子春何以改字，宋世犖援引《史記》避漢高祖名諱，改「邦」為「國」之例，又引《汗簡》「𡌩」乃古「國」字為證，[103]推定子春改字亦因避諱使然。然諦審《周禮》，高祖名「邦」，文帝名「啟」，呂后名「雉」，「邦」、「啟」、「雉」三字經文習見，[104]實無迴避漢帝名諱的現象，自能反駁避諱改字之說。子春必改易「地邦」為「地域」，實因《周禮》習見「地域」連文一

102　〔清〕段玉裁：《周禮漢讀考》（臺北：漢京文化事業公司，1980 年影印《重編本皇清經解》），卷 625，頁 974。

103　〔清〕宋世犖：《周禮故書疏證》（上海：上海古籍出版社，1995 年影印《續修四庫全書》），卷 2，頁 173。

104　《周禮》經文「邦」字多見，例不備舉。「啟」字，見〈天官・閽人〉：「以時啟閉」、〈地官・司門〉：「以時啟閉」例。「雉」字，見〈春官・大宗伯〉：「士執雉」例。

詞，比如〈縣師〉職：「掌邦國都鄙稍甸郊里之地域」、〈墓大夫〉職：「掌凡邦墓之地域，為之圖」等例，經有明文，皆稱代某一特定區劃的土地範圍，故鄭《注》承襲杜說改字，以求合《周禮》其他經文用例。

②「造」─「竈」

《周禮・春官・大祝》：「掌六祈以同鬼神。二曰造」，鄭《注》曰：「故書造為竈」。杜子春讀竈為造次之造。造祭於祖也。」（卷 29，頁 954）

按：故書「造」為「竈」，職文原作：「二曰竈」。段玉裁曰：「竈從黽聲，造從告聲，古音同在第三尤幽部」，[105]得以假借。徐養原引惠士奇（1671-1741）《禮說》云：「古文造、竈通，《吳越春秋》：『勒馬銜枚，出火于造，闇行而進』。案造，吳語作竈，所謂係馬舌出火竈。〈龜策傳〉灼鑽之處亦以『造』名，注『造音竈』本此。」[106]說明「竈」、「造」二字，不惟古音近通，義亦連貫。揆之鐘鼎文，「竈」字有作「窙（⿱穴火）」，原指出火之處，後增告聲為「窖（⿱穴告）」，始與「造」字相通；楚系簡牘「竈」字均從告聲，有增土符作「窔（⿱穴土）」、或增示符作「窔（⿱穴示）」，[107]是知古「竈」、「造」字通，除吳語外，楚語亦然。而後以專事冶煉、飲食等以火製作處所，並謂之「竈」。程際盛、

105　〔清〕段玉裁：《周禮漢讀考》，卷 636，頁 1001。

106　〔清〕徐養原：《周官故書考》（上海：上海古籍出版社，1995 年影印《續修四庫全書》），卷 2，頁 137。

107　古文字形，引自中央研究院資訊科學研究所「漢字構形資料庫 2.7 版」〈異體字表〉「竈」字條。網址為 http://cdp.sinica.edu.tw/cdphanzi/。

宋世犖俱援引〈膳夫〉職：「卒食，以樂徹于造」，證《周禮》有「竈」、「造」互通之例。[108]鄭司農云：「造謂食之故所居處也，已食，徹置故處」（卷4，頁116），即故書「竈」字的本義出處。鄭玄依杜說改字為「造」，緣「竈」字本義與此段經文不合。孫詒讓引《禮記・王制》曰：「天子將出，類乎上帝，宜乎社，造乎禰；諸侯將出，宜乎社，造乎禰」，述明古代將行征伐、諸侯相見禮有告祭祖禰之事，謂之「造」祭。[109]《周禮》「大祝」祈禱，必作祝辭周告鬼神，鄭玄改「竈」為「造」，正合本義。

③「梐枑」──「梐柜」

《周禮・天官・掌舍》：「掌王之會同之舍，設梐枑再重」，鄭《注》曰：「故書枑作柜，杜子春讀為梐枑，謂行馬。玄謂：行馬再重者，以周衛有外內列。」（卷6，頁198）

按：故書「枑」為「柜」，職文原作：「設梐柜再重」。「梐」、「枑」二字，《說文》連文曰：「枑，梐枑也」，「梐，行馬也」，[110]知為一物。《漢讀考》云：「枑與柜形聲皆相似」，《說文》亦從杜說作「梐枑」。[111]考〈修閭氏〉職：「掌比國中宿互欀者」，

---

[108] 分見〔清〕程際盛：《周禮故書考》（上海：上海古籍出版社，1995年影印《續修四庫全書》），頁103；〔清〕宋世犖：《周禮故書疏證》，卷3，頁108。

[109] 〔清〕孫詒讓：《周禮正義》〈春官・大祝〉，卷49，頁1988。

[110] 〔漢〕許慎撰，〔清〕段玉裁注，〔民國〕魯實先正補：《說文解字注》（臺北：黎明文化圖書公司，1974年），6篇上，頁266。

[111] 〔清〕段玉裁：《周禮漢讀考》，卷624，頁966。

鄭司農云：「謂行馬所以障互禁止人也。」（卷 43，頁 1422），
是為「柜」、「互」互通之證。「柜」、「枑」二字，形聲相似，
意義亦通。《說文・木部》：「柜，柜木也」，「柜」俗作「欅」。
[112]孫詒讓解釋「柜」字之義，「蓋交木為行馬，謂之桓，樹木為
藩落，謂之柜，二者皆以備守衛，故經並舉之」，復援引〈虎
賁氏〉職：「舍則守王閑」，注云：「閑，桓柜」為證，[113]指出
《周禮》除了設「桓柜」禁止行人外，另設有「閑」，所言甚是。
徐養原云：「古者桓柜之柜，或通作互，互與巨形聲相似，故作
柜則讀為枑，作巨則讀為互」，[114]解釋「柜」字作為屏蔽樹木，
確與交木為行馬之「枑」相通。但不可逕將經文中所有「巨」、
「互」混用情況，等同視之。如〈司會〉職：「以參互攷日成」，故
書「互」亦作「巨」，「參巨」文意不達，當為「互」字譌寫。是
知故書「互」、「巨」及所從偏旁之字，多有混用，鄭玄依杜子春、
鄭司農之說改字，求合全書義例。

（二）援他本證據改「故書」字者

鄭玄注經有將《周禮》異文一併記載，裁斷眾本內容優劣，
進而改字。如：

④「五祀」─「五禩」

《周禮・春官・大宗伯》：「以血祭祭社稷、五祀、五嶽」，鄭《注》
曰：「故書祀作禩。鄭司農：禩當為祀，書亦或為祀。」（卷 3，

---

112 〔漢〕許慎撰，〔清〕段玉裁注：《說文解字注》，6 篇上，頁 246。
113 〔清〕孫詒讓：《周禮正義》〈天官・掌舍〉，卷 11，頁 424。
114 〔清〕徐養原：《周官故書考》，卷 1，頁 116。

頁 657）

按：故書「祀」為「禩」，職文原作：「五禩」。句例尚見〈小子〉職：「掌珥于社稷，祈于五祀」，鄭《注》引杜子春、鄭司農皆讀「禩」為「祀」。《說文·示部》云：「祀，祭無巳也。禩，祀或从異」，段《注》解釋，「禩字見於故書，是古文也。篆隸有祀無禩，是以漢儒杜子春、鄭司農不識，但云「當為祀」、「讀為祀」，而不敢直言「古文祀」，蓋其慎也。至許乃定為一字。古文「巳」聲、「異」聲同在一部，故異形而同字也。」[115]《說文》視「祀」為篆體正字，納「禩」為「祀」字或體。徐養原所見略同，認為「禩字，惟《周禮》故書有之，他經罕見。」[116]不過，宋世犖以《汗簡》引古文《尚書》「禩」古「祀」字為證，[117]推知古文經將「祀」、「禩」視為同字，已為常態。故鄭玄承襲鄭司農所見他本異文，改用「祀」字，並於《注》中兼存古字。

⑤「蜃」—「蟆」

《周禮·春官·鬯人》：「凡山川四方用蜃」，鄭《注》曰：「故書蜃或為蟆。杜子春云：蟆當為蜃，書亦或為蜃。蜃，水中蜃也。」（卷 21，頁 736）

按：故書「蜃」為「蟆」，職文原作：「凡山川四方用蟆」。段玉裁《漢讀考》認為，「古文蟆字作𧕌，與蜃篆文相亂者，字

---

[115] 〔漢〕許慎撰，〔清〕段玉裁注：《說文解字注》，1 篇上，頁 4。

[116] 〔清〕徐養原：《周官故書考》，卷 2，頁 129。

[117] 〔清〕宋世犖：《周禮故書疏證》，卷 2，頁 176。

之誤也。」[118]然則「蜃」字篆文作「」，與古文「謨」字，形
體頗不似，未詳何來字形淆亂之理？案古「蜃」字作「」，[119]《說
文·虫部》云：「大蛤也」，象蚌殼之形，後借為地支辰字，久
假不歸，遂添「虫」符加強表義，可知「辰」、「蜃」同源。「蜃」
之作用，詳見《周禮》。〈掌蜃〉職：「祭祀共蜃器之蜃」注，
鄭曰：「飾祭器之屬」（卷 17，頁 601），以蜃貝裝飾者為一用，
所成祭器亦謂之蜃，即上文祭山川四方所用蜃器。又，〈赤友氏〉
職：「掌除牆屋，以蜃炭攻之」注，鄭曰：「故書蜃為晨。鄭司農
云：晨當為蜃，書亦或為蜃。」（卷 43，頁 1429），以蜃炭圬牆
漆室為二用；又〈慌氏〉職：「淫之以蜃」（卷 47，頁 1610），
湅帛欲令色白，以蜃灰薄粉漸釋之，是為三用。鄭玄見經有明文，
但故書「蜃」多作「謨」及「晨」等音近之字，故據杜子春所見
他本異文，校改經字。

⑥「皇舞」——「翌舞」

《周禮·春官·樂師》：「凡舞。有皇舞」，鄭《注》曰：「故書
皇作翌。鄭司農云：皇舞者，以羽冒覆頭上，衣飾翡翠之羽。翌
讀為皇，書亦或為皇。」（卷 26，頁 863）

按：故書「皇」為「翌」，職文原作：「翌舞」。《說文·羽部》
曰：「翌，樂舞。目羽翳自翳其首，目祀星辰也。從羽王聲，讀
若皇。」段《注》云：「此等字小篆皆未必有之，專釋古經古文

---

[118] 〔清〕段玉裁：《周禮漢讀考》，卷 626，頁 989。

[119] 「蜃」字古文字體，引自中國社會科學院考古所：《甲骨文編》（北京：
中華書局，1965 年），頁 561。

也。」[120]許書收錄「翌」字，欲存古字以釋古經，「翌」字唯見《周禮》。一如〈樂師〉的「帗舞」，故書「帗」作「翠」，後世亦以「帗」字假借，古字皆於篆體系統失傳。玄謂：「皇，襍五采羽如鳳皇色，持以舞」，不從先鄭以羽冒覆頭上之說，以為僅是持羽起舞；賈公彥《疏》復申鄭義曰：「皇是鳳皇之字，明其羽亦五采，其制亦如帗舞」（卷 13，頁 450），與「羽舞」形制皆同。就文字構形而論，古「皇」字作「𠚁」，學者謂象火光輝煌，為「煌」之本字；[121]然金文作「𦥑」、「𦥑」，字形上方每見縱橫交錯之文飾；簡牘字體則作「𦥑」、「𦥑」之形，[122]字形縱使省略，但仍保留文字初形，似無法一併理解為火光。鄭玄就其聲類改字，承襲先鄭所見他本異文，於《注》中兼存古字，亦串聯起「翌」、「皇」二字的形體關係，不失權宜。

　　鄭玄《周禮注》蒐羅眾本，標示「故書」、「今書」以區別。《注》中明言「今書」者，例不多見，麟爪而已。偶有依據「今書」異文校改「故書」之例。如：

⑦「屯」──「臀」

《周禮‧地官‧鄉師》：「巡其前後之屯而戮其犯命者」，鄭《注》曰：「故書屯或為臀。鄭大夫讀屯為課殿；杜子春讀為在後曰殿，謂前後屯兵也。玄謂：前後屯，車徒異部也。今書多為屯，從屯。」

---

[120]　〔漢〕許慎撰，〔清〕段玉裁注：《說文解字注》，4 篇上，頁 140。

[121]　季旭昇：《說文新證》（福州：福建人民出版社，2010 年），卷 1 上，頁 51。

[122]　古文字形，引自中央研究院資訊科學研究所「漢字構形資料庫 2.7 版」〈異體字表〉「皇」字條。

（卷 12，頁 410）

按：故書「屯」或為「臀」，職文作：「巡其前後之臀」，蓋故書字有二見。《漢讀考》云：「屯聲、殿聲古音同在第十三部」，鄭興、杜子春皆從字作「臀」之傳本，以為「軍在前曰啟，在後曰殿」，「經雖兼言前後，然古人前後本末多無定稱，是在前護衛者亦可謂之殿也。」[123] 先儒讀「臀」為「殿」，通作「屯」。文義應如賈《疏》所言：「兵眾屯聚，各有車徒，各於前後而巡行之」（卷 12，頁 411）。鄭玄因見今書作「屯」字居多，經文既言前後，則不煩再以「殿」字代稱。經言「巡其前後之屯」，意謂巡視軍隊前後屯守之車徒部眾，文義明暢。鄭《注》取今書淺白易懂之字，不從故書。

（三）即下己意改「故書」字者

鄭《注》或有不從先儒經說，標以「玄謂」自陳己見而改「故書」字。如：

⑧「墳燭」—「蕡燭」

《周禮・秋官・司烜氏》：「凡邦之大事，供墳燭、庭燎」，鄭《注》曰：「故書墳為蕡。鄭司農云：蕡燭，麻燭也。玄謂：墳，大也。樹於門外曰大燭，於門內曰庭燎，皆所以照眾為明。」（卷 43，頁 1419）

按：故書「墳」為「蕡」，職文原作：「供蕡燭」。《漢讀考》云：「司農謂蕡即菔蕡字，故云蕡燭，麻燭也。麻燭，蓋欑麻麤

---

123 〔清〕段玉裁：《周禮漢讀考》，卷 635，頁 975。

為之。」[124]賈《疏》則「以其古者未有麻燭，故不從。」（卷43，頁1419）。孫詒讓引程瑤田（1725-1814）說：「《淮南子・說林訓》：『麛燭犓，膏燭澤』，是麻燭之說，蓋有所受。今世猶以麻蒸為夜行燎也。」[125]述明賈《疏》古者無麻燭之說，非是。「墳」、「蕡」聲類相同，鄭玄破讀為「墳」，訓為大，文見《爾雅・釋詁》及《詩・桃夭》：「桃之夭夭，有蕡其實」。「蕡」音「墳」，即訓為大。[126]「大燭」之名，見《儀禮・燕禮》：「甸人執大燭於庭，閽人為大燭於門外」，孫詒讓引〈天官・閽人〉職：「大祭祀、喪祭之事，設門燎」，證「大燭」即「門燎」。並據〈士喪禮〉注云：「火在地曰燎，執之為燭」，知燎、燭二物，本以樹地、手執相對，〈燕禮〉以門、庭異地，乃變文見義。[127]於此通稱「大燭」，與門內「庭燎」實為異名同物，皆用於照明。鄭玄改字，訓「墳」為大，得與經籍轉相發明，當可從。

⑨「炮土」—「泡土」

《周禮・秋官・壺涿氏》：「掌除水蟲，以炮土之鼓毆之」，鄭《注》曰：「故書炮為泡，杜子春讀炮為苞有苦葉之苞。玄謂：燔之炮之炮。炮土之鼓，瓦鼓也。」（卷43，頁1430）

按：故書「炮」為「泡」，職文原作：「以泡土之鼓毆之」。故書作「泡」，為字誤也。先儒轉讀為「苞」，鄭《注》不從。賈《疏》云：「子春讀從《詩》『苞有苦葉』之『苞』者，取其聲同

124 同前註，卷638，頁1024。

125 〔清〕孫詒讓：《周禮正義》〈秋官・司烜氏〉，卷70，頁2912。

126 屈萬里：《詩經詮釋》（臺北：聯經出版事業公司，1983年），頁12。

127 〔清〕孫詒讓：《周禮正義》〈秋官・司烜氏〉，卷70，頁2913。

耳,不取義也。玄謂燔之炮之炮,亦讀從《詩》,此取炮燒之義,故云炮土之鼓,瓦鼓也。」(卷43,頁1430)。《漢讀考》云:「古經苞裹字,多用从艸之苞,苞土之鼓,所謂土鼓也。鄭君以苞字義未協,又易為炮。」[128]是知取聲不如取義得當。「炮」、「泡」聲類相同,鄭玄改字,緣下文「以焚石投之」句意,為達「石之燔燒,得水作聲」,驚動水虫之功效,故破讀為从火之「炮」字,此聲義俱洽,說當可從。

鄭《注》中或引述先儒所見傳本異文,雖不言「故書」,亦可等同視之。如:

⑩「綱惡馬」——「亢惡馬」

《周禮‧夏官‧馬質》:「綱惡馬」,鄭《注》曰:「鄭司農云:綱讀為以亢其讎之亢,書亦或為亢。亢,御也、禁也。」(卷35,頁1149)

按:鄭司農以傳本異文「書亦或為亢」為由,讀「綱」為「亢」。徐養原謂:「剛、亢同音,古或為借亢為綱」,[129]依鄭司農理解本句為「禁去惡馬不畜也」,意謂不畜養惡馬於馬廄。不過,賈《疏》以為,「此馬質所掌,皆買之無種,何有惡馬禁去之類。」(卷35,頁1149)。「無種」之意,孫詒讓解釋為「非王馬所生,臨用時向民間買之」,[130]既由「馬質」購自民間,何煩復有禁去之理,故鄭《注》不從。案《說文‧糸部》云:「綱,网紘也」,引申凡維繫之稱,皆可謂之「綱」。段《注》引孔穎達云:「紘

---

128 〔清〕段玉裁:《周禮漢讀考》,卷638,頁1025。

129 〔清〕徐養原:《周官故書考》,卷3,頁143。

130 〔清〕孫詒讓:《周禮正義》〈夏官‧馬質〉,卷57,頁2374。

者，网之大繩」，[131]玄謂：「綱，以麋索維綱狃習之」，意謂惡馬不必禁去，而以繩索久繫，除去劣性，以達馴養目的。鄭玄參酌箇中文義，即下己意不復改字。

　　另方面，關於鄭玄校讀《周禮》所持底本為何？由於鄭玄未作明確說明，後人只能稍作推測。有學者說是「以故書為主，於今書擇善而從」，[132]乃因鄭玄改「故書」文字訛誤，遂以為所持底本為「故書」。或說「以今書為底本，而參之以故書」，[133]認為鄭玄既不從「故書」，則必以「今書」為底本。二者各自為說，孰是孰非，迄今尚無定論。不過，《後漢書‧儒林傳》載：「鄭玄本習小戴禮，後以古經校之，取其義長者」，[134]當知鄭注《儀禮》兼古、今版本所長，無有偏弊。同理，校注《周禮》並存「故書」、「今書」，目的亦旨在雅達廣覽，聊備參驗。況且當時《周禮》抄寫傳本眾多，鄭玄注經用字，但求貼合經義，不必非以「故書」或「今書」為單一底本，從事校定。因而在若干箋注中，也可發現《周禮》經、注異文兩從的特殊情形：

⑪「掌國中失之事」──「掌國得失之事」

《周禮‧地官‧師氏》：「掌國中失之事，以教國子弟」，鄭《注》曰：「故書中為得。杜子春云：當為得，記君得失，若春秋是也。」（卷15，頁496）

---

[131] 〔漢〕許慎撰，〔清〕段玉裁注：《說文解字注》，13篇上，頁655。

[132] 李源澄：〈鄭注周禮易字舉例〉，《圖書集刊》第5期（1943年12月），頁49-52。

[133] 楊天宇：〈鄭玄校《周禮》從今書為底本而參之故書考〉，《鄭玄三禮注研究》，頁378-384。

[134] 《後漢書》〈儒林傳〉，卷69，頁2577。

按：故書「中」為「得」，職文原作：「掌國得失之事」。古無舌上音，「中」、「得」古音互通，文義俱合，得以互訓，古籍有明徵。[135]鄭玄雖不依故書作「得」，但《注》中徵引杜說，明得失之意，實是經義所歸，故本經用字從「中」字，但義從故書。

⑫「試其弓弩」—「考其弓弩」

《周禮・夏官・槀人》：「乘其事，試其弓弩」，鄭《注》曰：「故書試為考。玄謂：考之而善，則上其食，尤善，又賞之，否者反此。」（卷38，頁1242）

按：故書「試」為「考」，職文原作：「考其弓弩」。「考」、「試」二字意義通用，皆具檢驗意。此處經文用字雖從「試」字，但看鄭《注》說解，則義從故書。

⑬「待獲」—「持獲」

《周禮・夏官・服不氏》：「射則贊張侯，以旌居乏而待獲」，鄭《注》曰：「杜子春云：待當為持，書亦或為持。玄謂：持獲；待射者中；舉旌以獲。」（卷36，頁1182）

按：杜子春引傳本異文「書亦或為持」，職文或作：「以旌居乏而持獲」。「待」、「持」二字形體近似，本經用字雖從「待獲」，然鄭《注》徵引杜說，復由「持獲」申引出「待射者中，舉旌以獲」之意，兼及他本用字語意所及，釋義趨於兩可。

由上揭例證看來，鄭玄注解《周禮》經文用字雖有取捨，但

---

135 「中」、「得」二字古籍相通例，參〔清〕孫詒讓：《周禮正義》〈地官・師氏〉，卷25，頁1005-1006。

必兼舉他本異文為輔，以保存傳本文字音義通用之原貌，留待後人徵驗是非。另外，凡是在無任何明確傳本異文可資取材，又無先儒經說可供依循的情況下，雖知其誤，亦只於《注》中云「當為某」或「讀為某」作提示。例如〈秋官‧大行人〉職：「再祼而酢」注，鄭玄既知故書「祼」作「果」，有澆灌意，依先鄭之說，改為「祼」字。但於〈大宗伯〉職：「大賓客，則攝而載果」及〈小宗伯〉職：「辨六彝之名物，以待果將」等注中，卻只言：「果讀為祼」（卷20，頁694、703），不逕行校改經字。由此表明鄭玄注經改字的先決條件，分別以「傳本異文」與「先儒經說」為首要參證，兩者缺一，則不妄加改動。總的來說，學者探究《周禮》「故書」、「今書」文字差異及脫落問題時，惟宜於《周禮注》作個案分析，若必堅持一說，據為定論，不免旁生枝節，徒增議論，實則未詳鄭君擇善而從、兼容並蓄的注經特點。[136]

136　近年，劉文清深入掘發《周禮》經、注二層，也發現有「異文兩從」的矛盾現象，意即經文從「今書」，注文或從「故書」等兩套取捨標準，進而知曉鄭玄對「今書」並非全然信從，由此推論鄭玄可能未見「故書」，蓋轉載杜氏及二鄭之舊注，故主張鄭玄的校勘底本，應為「今書」，而參校「故書」。因未見「故書」，故經文皆從「今書」，以存其真；唯於注中，一本「擇善而從」之精神以求其善。大致與筆者早先的見解略同，唯《周禮注》多達兩百餘則「故書」異文，何以能證明鄭玄手邊定無「故書」？其次，江中明言「今書」僅三例，其餘或只稱「書」，稱「書」是否亦為「今書」或本之省稱？又是可待進一步斟酌的考量之處。由於論點近似，為避免有掠美之嫌，詳細考證內容，可參閱氏著：〈《周禮注》「故書」及其校改問題考辨〉，《臺大中文學報》第65期（2019年6月），頁25-68。

二、審音辨字，以為經義通讀之鎖鑰

　　《周禮》為古文經，漢儒釋讀經文勢必觸及古字校定的問題。早在鄭玄以前，杜子春、鄭興父子便以「存古字，發疑正讀」方式，通讀文義，莫不分析條理，辨物正名。如先鄭注〈肆師〉職：「凡師不功，則助牽主車」及「凡國之大事，治其禮儀」句，指出「古者工與功同字，謂師無功」，「古者書儀，但為義，今時所謂誼。」（卷 21，頁 728、730）簡述古今字異寫不同，疏解經義。鄭玄在此基礎上，汲取先儒釋經的優點，廣為申述；對於有疑義者，也「就其原文字之聲類，考訓詁，捃秘逸」（卷 1，頁 10），保有自身判斷。這主要表現於對經文字形勘訂與音義校讀兩方面：

（一）對譯古今字形，或根據許書篆體正字入文，兼收民間通用俗體

　　鄭玄博通淵深，精小學，長訓詁。據其自陳注經理念，嘗謂：「文字自解，故不言之。凡說不解者耳，眾篇皆然。」[137]鄭玄注經「簡妙不繁」，[138]為貼近經義，符合當時對古今字對譯的認知，《周禮注》中有不少溝通古今字形義關係的訓釋成果，可供參詳。茲以數量繁多，不逐一俱列，聊舉顯見者如下：

　　〈冢宰〉職：「三曰官聯」注，引先鄭語曰：「聯讀為連。

137　鄭玄答弟子張逸語。參閱〔清〕皮錫瑞：《鄭志疏證》，卷 3，頁 5。
138　參皮錫瑞：〈論鄭注三禮有功於聖經甚大，注極簡妙，並不失之於繁〉，《經學通論》，頁 7-8。

古書連作聯。」（卷2，頁40）

〈𪉖人〉職：「辨魚物為鱻薧」注，曰：「鮮，生也。」
（卷4，頁140）

〈甸師〉職：「以共齍盛」注，曰：「粢，稷也。」
（卷4，頁133）

〈瘍醫〉職：「劀殺之齊」注，曰：「劀，刮去膿血。」
（卷5，頁157）

〈大司徒〉職：「孝友睦婣任恤」注，曰：「姻，親於外親。」
（卷10，頁370）

〈大宗伯〉職：「覛師」注，引先鄭語作「風師」。
（卷18，頁646）

同職，「以貍沈祭山林川澤」注，曰：「祭山林曰埋。」
（卷19，頁657）

〈肆師〉職：「築鬻」注，引先鄭語曰：「築𩰪，築香草以
為鬯。」（卷21，頁721）

〈雞人〉職：「夜嘑旦以嘂百官」注，曰：「呼旦以警起百
官。」（卷21，頁738）

〈天府〉職：「以貞來歲之媺惡」注，曰：「問歲之美惡。」
（卷 22，頁 762）

〈世婦〉職：「凡王后有擯事於婦人」注，曰：「拜，拜謝
之也。」（卷 24，頁 813）

〈大司樂〉職：「大傀異裁」注，曰：「大怪異裁，謂天地
奇變。」（卷 25，頁 853）

〈大師〉職：「作匶諡」注，曰：「主謂厰作柩諡時也。」
（卷 26，頁 884）

〈籥師〉職：「掌教國子舞羽龡籥」注，曰：「文舞有持羽
吹籥者。」（卷 27，頁 906）

〈簭人〉職，注曰：「問著曰筮。」（卷 28，頁 937）

〈弁師〉職：「諸侯之繅斿九就」注，引先鄭語曰：「藻，
今字也。」（卷 37，頁 1221）

例多不備載。段玉裁謂：「漢人注經之例，經用古字，注用今字」，
[139]意即本經保存古字，另於注釋中，改易成當時通行諧俗之今
字，此為鄭玄譯讀經文古字之常例。

---

[139] 〔清〕段玉裁：《周禮漢讀考》，卷 625，頁 977。

　　據張舜徽觀察，許慎、鄭玄同生東漢，儘管許慎之年歲，稍長於鄭玄，但當《說文解字》書成不久，鄭玄即援用之，這在《三禮注》中皆有明證。[140]張舜徽認為兩人治學理趣不同，大抵「許造字書，揭明本字；鄭撰經注，多釋假借」，[141]說明字書與經傳於撰寫旨趣上的觀念差異。例如：

①「駹」──「龍」

《周禮・秋官・犬人》：「凡幾珥沈辜，用駹可也」，鄭《注》曰：「故書駹作龍，鄭司農云：龍讀為駹，謂不純色也。」（卷 42，頁 1393）

按：故書「駹」作「龍」，職文原作：「凡幾珥沈辜，用龍可也」。鄭司農援用〈巾車〉職「駹車」之例，破讀為「駹」，鄭玄進以解釋「駹車，邊側有漆飾也。」（卷 32，頁 1045）。但《說文》「駹」字本義為馬名，經文「駹」當為「尨」之借字，所謂「駹車」，意為白黑雜色之車。考〈牧人〉職云：「凡外祭毀事，用尨可也」，《說文》「尨」字篆體作「𤞞」，引申有雜亂之稱，[142]乃正字耳。故經言祭祀選用牲色，經字當從《說文》作「尨」，謂不純色。〈牧人〉用例與此處〈犬人〉職近同，經文卻以「尨」、「駹」二字並見，顯見鄭玄注經用字，確實不拘正假。

---

[140] 鄭玄《三禮注》引用《說文》，分見《儀禮・既夕禮》注，引許叔重云：「有輻曰輪，無輻曰輇」；《周禮・考工記・冶氏》注，引許叔重云：「鉌，鑲也」；又《禮記・雜記上》注，引《說文解字》曰：「有輻曰輪，無輻曰輇」，是鄭玄嘗徵引《說文》之明證。

[141] 張舜徽：〈鄭氏校讎學發微〉，《鄭學叢著》，頁 40。

[142] 〔漢〕許慎撰，〔清〕段玉裁注：《說文解字注》，10 篇上，頁 473。

　　不過，進行任何事理辨析，也應周延觀察。不可諱言，《周禮注》中亦有通盤考察假借情況後，根據《說文》改用正篆本字入文之例。例如：

②「骫」—「脊」

《周禮・秋官・蜡氏》：「掌除骫」，鄭《注》曰：「故書骫作脊，鄭司農云：脊讀為殰，謂死人骨也。」（卷43，頁1414）

按：故書「骫」作「脊」，職文原作：「掌除脊」。鄭司農引〈月令〉云：「掩骼埋胔」，言骨之尚有肉也，述明文獻用字，尚有從肉旁作「胔」的寫法。鄭司農雖讀「脊」為「殰」，但「脊」、「殰」是屬於有本字前提情況下的通借關係，皆非本字。據《說文・骨部》：「鳥獸殘骨曰骫」，段《注》云：「其字正作骫，假借作漬、作恣、作瘠，皆同音假借也。漬又作殰。」[143]查考《說文・肉部》又有「膌」字，段《注》云：「凡人少肉，則脊呂歷歷然，故从脊」，[144]音義皆與「骫」字近同，亦為借字。鄭玄不從故書及鄭司農假借轉讀之說，依循《說文》篆體本字入文，不采借字。

　　再者姑不論本字、借字問題，當鄭玄面對《周禮》因傳本不同造成的古今異體，往往也會參照、選用與《說文》正篆相一致的字形，不從或體及古文寫法。例如：

③「藻」—或體「薻」

《周禮・春官・巾車》：「藻車，藻蔽」，鄭《注》曰：「故書藻作藫，杜子春云：藫讀為華藻之藻，直謂華藻也。玄謂：藻；水

---

[143] 同前註，4篇下，頁166。
[144] 同前註，4篇下，頁171。

草；蒼色。以蒼繒為蔽也。」（卷 32，頁 1045）

按：《說文・艸部》云：「藻，水草也」，篆體作「藻」，或體從澡作「藻」，是知「藻」、「藻」同字。段玉裁認為，「凡禮經文采之訓，古文多用繅字，今文多用藻璪字是也。蓋漢人已分別藻為華藻，藻為水草。」[145]鄭玄此處訓釋同《說文》訓「藻」為水草，解為蒼艾色，並依循《說文》篆體正字入文，不從或體「藻」寫法。

④「勳」—古文「勛」

《周禮・夏官・司勳》，鄭《注》曰：「故書勳作勛，鄭司農云：勛讀為勳。勳，功也。此官主功賞。」（卷 33，頁 1077）

按：《說文・力部》「勳」字篆體作「勳」。古文勳，從員作「勛」，知勛、勳為古今字。考戰國中山王譽方壺有「勳」字作「勳」，從鼎，[146]為「勛」字古文繁體。段《注》云：「先鄭以今字釋古文也，故書勛字，學者不識，故先鄭云此即小篆之勳。」[147]鄭玄亦依《說文》以正篆入文，不從古文寫法，是注經有參驗《說文》之證。

　　此外，由於《周禮》晚出，久經民間流傳，版本眾多，在未經官方修訂頒行前，經籍文字不易統一。人們抄寫時，勢必間接保留民間常用的書寫習慣，遂容易產生正、俗字並存之現象。所

---

[145] 〔清〕段玉裁：《周禮漢讀考》，卷 636，頁 1007。

[146] 「勳」字，引自容庚編；張振林、馬國權摹補：《金文編》（北京：中華書局，1985 年），頁 901。

[147] 〔漢〕許慎撰，〔清〕段玉裁注：《說文解字注》，13 篇下，頁 699。

謂「俗字」，是指在漢字形體演變過程中，區別於「正字」而言的一種通俗字體。[148]隨著時代推移，地域遠隔，也讓表達同一語言概念的正、俗字，產生程度不等的形體變化。於是乎，對漢代經注家而言，能否有效辨識正、俗字的關係，格外重要，也成為校訂經典的要務之一。鄭玄校讀《周禮》也同樣留意，如：

⑤「戒」—「駭」／「騃」

《周禮・夏官・大僕》：「大喪，始崩，戒鼓，傳達于四方」，鄭《注》曰：「戒鼓，擊鼓以警眾也。故書戒為駭。」（卷 37，頁 1211）

按：故書「戒」為「駭」，職文原作：「駭鼓」。《說文・馬部》「駭」字篆體作「駭」，未收「騃」字。段《注》云：「戒聲、亥聲同在一部」，[149]《釋文》謂：「騃，本亦作駭」，「騃」即「駭」之俗字。考〈大司馬〉職：「及其弊，鼓皆騃，車徒皆噪」注，鄭曰：「疾雷擊鼓曰騃」（卷 34，頁 1131）謂田獵所當止，則擊鼓如迅雷。此處經文，鄭玄不從故書而改「騃」為「戒」，實因王大喪始崩，擊鼓警戒眾人，使傳四方，目的在於示警，不取迅疾之意。但於《注》中兼收俗字，保留當時傳本文字原貌。

⑥「稾」／「槁」—「犒」

《周禮・秋官・小行人》：「若國師役，則令犒禬之」，鄭《注》曰：「故書犒為稾，鄭司農云：稾當為犒，為犒師也。」（卷 44，

頁 1464）

按：故書「槀」為「槀」，職文原作：「若國師役，則令槀襘之」。《說文・木部》「槀」字篆體作「𣟇」，未收「槀」、「犒」等字。段玉裁解釋云：「枯槀、禾槀字，古皆高在上，今字高在右，非也。蓋漢時盛行犒字，故大鄭以今字易古字，此漢人釋經之法也」，而「許以槀為正字，不取俗字」。[150]鄭玄注經與許慎不甚相同，此段註解將「槀」、「槀」、「犒」三字並列，明《周禮》舊本以「槀」為正字。古漢字形體結構偏旁易位，有透過「變換結構」產生的俗字。[151]「槀」字乃從上下結構易為左右結構之「槀」，而今本作「犒」字，皆由漢人轉讀所後改。〈牛人〉職：「軍事共其犒牛」（卷 13，頁 456），鄭玄緣經傳故訓有「酒肉曰餉，牛羊曰犒」之語改字，意謂國有師役將行犒勞，並於《注》中改「槀」為「槀」，清楚呈現正、俗字歷時演變的脈絡，另外亦不忘以通讀經義為要，兼收漢人通用的俗體「犒」字，通貫全經。

綜觀上述，鄭玄對《周禮》經本文字形體的勘訂成果，可分為兩類：一則以轉譯古今字為大宗，對漢人普遍熟悉的古今字，往往不復詮釋，只於《注》中逕行改字；其次，若是因版本不同造成的差異，諸如本、借字，抑或正、俗異體等異文現象，由於牽涉層面複雜，則或參酌許慎《說文解字》篆體正字，深自剖析，於《注》中備列有關字形，以示自身取決之過程。鄭玄以其深厚的字學功底，運用於經傳撰述，足見傳統經學與章句小學之關係，密不可分。

---

[150] 同前註，6 篇上，頁 252。

[151] 有關俗字的類型，參閱張涌泉：《漢語俗字研究》，頁 101-105。

（二）審訂音近通用及同源分化字

　　古書傳世，初憑口授，後寫定於竹帛，時有傳寫異辭之情形。箇中原因，鄭玄嘗論及之，謂：「其始書之也，倉卒無其字，或以因類比方，假借為之，趣於近之而已。受之者非一邦之人，人用其鄉。同言異字，同字異言，於茲遂生矣。」[152]因口授語音相近產生的文字借用，是造成經籍出現「同言異字」抑或「同字異言」的主要原因。換句話說，面對古書異文駁雜情形，如能適時回歸本字音義，細加考證，將有助於疏通文義。鄭玄校注《周禮》除勘訂經文字體外，對於一系列因語音相近而通用的文字現象，亦有補正辨析。例如：

⑦將「資」字→改為「齎」及「齍」字

《周禮・天官・典婦功》：「以授嬪婦及內人女功之事齎」，鄭《注》曰：「事齎，謂以女功之事，來取絲枲。故書齎為資，杜子春讀為齎。」（卷8，頁272）

按：故書「齎」為「資」，職文原作：「事資」。同例，見〈典枲〉職：「以待時頒功而受齎」，故書亦作「資」。考〈外府〉職：「共其財用之幣齎」注，曰：「鄭司農云：齎，或為資，今禮家定齎作資。玄謂：齎資同耳，其字以齊、次為聲，從貝變易，古字亦多或。」（卷6，頁218）認為「資」從貝次聲；「齎」從貝齊聲，古字多或體。次、齊，古韻同在脂部，精從旁紐，[153]可

152　參〔唐〕陸德明：《經典釋文》〈敘錄〉，第1冊，頁6。

153　次〔tsiěi〕、齊〔dziei〕古音分部，參郭錫良：《漢字古音手冊》（北京：商務印書館，2010年），頁92、115。

通用，故鄭玄合二字為一字，經文並作「齎」字。齊、次，古音相近通用，非孤例，〈旬師〉職：「以共齍盛」注，鄭玄亦改字為「粢」，是其例也。就「資」和「齎」字義言，《說文・貝部》分列「資」、「齎」為兩字，釋「資」為貨，謂居積之物；又釋「齎」為持遺，謂持而予之，[154]意義有別，非同字。然鄭玄於〈掌皮〉職：「會其財齎」注，云：「所給予人以物曰齎」（卷7，頁241），則兼取《說文》資財之義，經言持而予之與所持之物，通謂之「齎」。孫詒讓認為，「後鄭雖合二字為一，不及許之分析；而隨文作訓，義則二者兼備，未嘗偏持一說」，[155]可謂通達鄭意。

⑧《周禮・春官・眡祲》：「九曰隮」，鄭《注》曰：「故書隮為資」，引《詩》曰：「朝隮于西」，言隮，虹也。（卷28，頁944）

按：故書「隮」為「資」，職文原作：「九曰資」。鄭玄緣「眡祲」掌十煇之灋，以觀妖祥吉凶之徵，煇者謂日光氣，故引《詩》為證，言隮，虹也，「日在東，則西邊現，日在西，則東邊現」（卷28，頁945）。於是改故書「資」為「隮」，合經義所述，此亦為「次」、「齊」古音相近通用，鄭玄破讀改字之一例。

⑨將「付」字→改為「附」、「拊」、「祔」等字

《周禮・秋官・小司寇》：「以八辟麗邦灋，附刑罰」，鄭《注》曰：「故書附作付，附猶著也」；同職，「以五刑聽萬民之獄訟，

154　〔漢〕許慎撰，〔清〕段玉裁注：《說文解字注》，6篇下，頁279、280。
155　〔清〕孫詒讓：《周禮正義》〈天官・外府〉，卷12，頁473。

附之刑」，故書本亦作「付」。（卷41，頁1338、1341）

按：故書「附」為「付」，職文原作：「付刑罰」、「付之刑」。
〈司市〉職：「其附於刑者歸于士」注，鄭云：「故書附為袝」（卷
15，頁524）。「付」，幫母侯部；「附」、「袝」，同在並母
侯部，[156]古音近通假借。鄭玄改故書作「附」，緣刑罰常施於身，
有附著意。

⑩《周禮·春官·大師》：「大祭祀，帥瞽登歌，令奏擊拊」，
鄭《注》曰：「故書拊為付。鄭司農云：付字當為拊，書亦或為
拊。」（卷26，頁881）

按：故書「拊」為「付」，職文原作：「令奏擊付」。「拊」，
從手付聲，滂母魚部字。[157]《說文·手部》云：「揗也」，意即
撫摩。段玉裁援引〈堯典〉：「擊石拊石」，言拊輕擊重，故分言
之，[158]此字用與〈大師〉職文同義，故鄭《注》改故書字為「拊」。

⑪《周禮·春官·大祝》：「言甸人讀禱：付、練、祥，掌國事」，
鄭《注》曰：「付當為袝，祭於先王，以袝後死者。」（卷29，
頁967）

按：「袝」，從示付聲，並母侯部字。《說文·示部》訓為「後
死者合食於先祖」，賈《疏》釋義謂：「袝，謂虞卒哭後，袝祭
於祖廟」，與「練」、「祥」同為喪祭名。鄭玄雖未改經字，然

---

[156] 付〔piwo〕、附〔biwo〕、袝〔biwo〕古音分部，參郭錫良：《漢字古
音手冊》，頁176。

[157] 拊〔p'iwo〕，又作撫，參郭錫良：《漢字古音手冊》，頁174。

[158] 〔漢〕許慎撰，〔清〕段玉裁注：《說文解字注》，12篇上，頁598。

於《注》中備註己見，以「付」為「袝」字之假借。

⑫將「窆」／「辯」字（聲誤）→改為「貶」字

《周禮‧秋官‧朝士》：「若邦凶荒、札喪、寇戎之故，則令邦國、都家、縣鄙慮刑貶」，鄭《注》曰：「故書貶為窆。杜子春云：窆當為禁。玄謂：貶，猶減也。謂當圖謀緩刑，且減國用，為民困也。」（卷42，頁1378）

按：故書「貶」為「窆」，職文原作：「慮刑窆」。「窆」、「貶」俱在幫母談部，音同可假借。考量文義，〈大宰〉職云：「以九式均節財用，三曰喪荒之式」，是知值遇喪荒，國有禮殺節用之法。鄭玄改「窆」為「貶」，正合本意。此用例，又見〈士師〉職：「若邦凶荒，則以荒辯之灋治之」注，鄭玄曰：「辯當為貶，聲之誤。遭飢荒則刑罰、國事有所貶抑，作權時法也。」賈《疏》申論云：「年穀不孰，民皆困苦，則以荒貶之灋治之，不得用尋常法。」（卷41，頁1352）。「辯」、「貶」二字，元談通轉，並幫旁紐。[159]鄭玄雖未更改經字，但於《注》中破讀為「貶」，遙應〈朝士〉職文字用。

　　受限箋注體例，本不易勾勒鄭玄的音韻觀念，但通過上述繫聯，可知鄭玄分析《周禮》音近通用字，具有極宏通的辨證特質。誠如所言，「舉一綱而萬目張，解一卷而眾篇明」，[160]鄭玄每釋一處，所疑者莫不渙然冰釋，怡然理順，能予以讀者簡明扼要之說解。但須說明的是，這些音近通用的字，也就是「通假字」，

---

[159] 辯〔biǎn〕、貶〔piǎm〕古音分部，參郭錫良：《漢字古音手冊》，頁339。

[160] 〔漢〕鄭玄箋，〔唐〕孔穎達疏：《毛詩正義》〈詩譜序〉，頁7。

必須在特定語境下，字義纔得以通用。若離開語境，字與字間便各自承擔不同的語用功能。若進一步談到音義關係，則會牽涉「同源字」的範疇。所謂「同源字」，是指一批「音義皆近，音近義同，或義近音同的字」。這類字的特徵，常具有某一核心語義，且以語音的細微差異，表示近似或相關的語言概念。而判斷「同源字」的途徑，主要還得回歸古書訓詁內容為依憑。[161]鄭玄校讀《周禮》涉及「同源字」的訓詁成果，見有：

⑬「辨」、「判」、「別」三字同源

《周禮‧天官‧小宰》：「四曰聽稱責，以傅別」，鄭《注》曰：「故書作傅辨，鄭大夫讀為符別，杜子春讀為傅別。玄謂：傅別，謂為大手書于一札中字別之。」同例，〈士師〉職：「正之以傅別約劑」，故書本亦作「辨」。（卷3，頁81）

按：「辨」、「別」二字，鄭玄於〈冢宰〉職：「辨方正位」（卷1，頁3）、〈賈師〉職：「辨其物而均平之」等句，皆注云：「辨，別也」（卷16，頁537），同義互訓。其次，〈媒氏〉職：「掌萬民之判」注，鄭云：「判，半也」（卷15，頁509）；〈朝士〉職：「有判書以治則聽」注，云：「判，半分而合者。故書判為辨，鄭司農云：謂若今時辭訟有券書者為治之辨，讀為別。」（卷42，頁1376）。《說文‧刀部》云：「辨，判也」，「判，分也」，同部遞訓，段玉裁解釋道：「〈小宰〉『傅別』，故書作『傅辨』；〈朝士〉『判書』，故書『判』為『辨』，大鄭『辨』讀為『別』，

---

161 「同源字」的定義，參王力：〈同源字論〉，《同源字典》（北京：商務印書館，1982年），頁3-45。

古辨、判、別三字義同也。」¹⁶²證明「辨」、「判」、「別」三字，義屬同源，咸具「分」、「半」等義，此均由綜合繫聯許、鄭書中訓釋所得知。

⑭「立」、「位」二字同源，與「涖」字同音假借

《周禮・春官・小宗伯》：「掌建國之神位」，鄭《注》曰：「故書位作立。鄭司農云：立讀為位。古者立位同字，古文《春秋經》『公即位』為『公即立』。」（卷20，頁698）

按：鄭司農引《春秋經》證「古者立、位同字」。考古「立」字作「𡗓」，¹⁶³象人正面站立之形，後孳乳為「位」，屬同源分化字，引申作人所處之地。〈頌鼎〉彝銘有「王各大室即立」之文，¹⁶⁴「即立」義為「即位」。又〈肆師〉職：「凡師甸，用牲于社宗，則為位」注，鄭曰：「故書位為涖」（卷21，頁726）。《周禮》習見「為位」用例，如〈小宗伯〉職：「成葬而祭墓為位」、〈肆師〉職：「祭表貉，則為位」，故鄭玄改故書「涖」為「位」。「涖」字，《說文・立部》云：「𡜟，臨也」，段玉裁解釋道：「經典𦕈字或作涖。《道德經》釋文云：『古無𦕈字，《說文》作𡜟。』按𦕈行𡜟廢矣，凡有正字而為假借字所敓者類此。」¹⁶⁵以《說文》「𡜟」為正字。查考〈鄉師〉職：「執斧以涖匠師」、〈司市〉職：「市師涖焉」、〈大宗伯〉職：「涖玉鬯」等文，故書皆作「立」，鄭曰：「立讀為涖，涖謂臨視也。」（卷12，頁409），知「立」、

162 〔漢〕許慎撰，〔清〕段玉裁注：《說文解字注》，4篇下，頁180。
163 「立」字古文，引自中國社會科學院考古所：《甲骨文編》，頁428。
164 〈頌鼎〉「即立」用例，引自容庚編：《金文編》，頁710。
165 〔漢〕許慎撰，〔清〕段玉裁注：《說文解字注》，10篇下，頁500。

「涖」為同音假借。鄭《注》將故書「立」改為「位」及「涖」，除了分化個別語意功能外，亦揭示三字音義的密切關係。

　　總結上述，可知鄭玄辨正《周禮》經本文字形、音、義各方面的錯寫訛誤，確有實質貢獻。值得一提的是，鄭玄有效運用訓詁通讀經義的治經方法，亦沾溉後世，尤其是清代乾嘉學者的考證途徑。如世稱「吳中三惠」的惠士奇即持論：

> 《禮經》（【筆按】：指《周禮》）出于屋壁，多古字古音。經之義存乎訓。釋字審音，乃知其義，故古訓不可改也。康成注經，皆從古讀，蓋字有音義相近而偽者，故讀從之。後世不學，遂謂康成好改字，豈其然乎！[166]

《周禮》為古文經，漢儒去古未遠，學有根柢，若非透過鄭玄訓釋，則難以通達文義，後學豈能詆毀鄭玄好改經字。稍晚，皖派開祖戴震引為同調，亦謂：「故訓明則古經明，古經明則賢人聖人之理義明。賢人聖人之理義非它，存乎典章制度者也。」[167]公開闡揚漢儒以故訓說經的學術傳統，正是探尋古聖先賢思想的可靠途徑。不僅直接促進漢學故訓、宋學義理融通，不歧為二途，鄭玄經注中「釋字審音」的分析方法，自然也成為清儒競相推崇、師法之對象。

166　〔清〕江藩：《漢學師承記》（上海：中西書局，2012年），卷2，頁25。

167　〔清〕戴震：〈題惠定宇先生授經圖〉，《戴震集》，頁214。

三、博采眾說，以資訓詁取證之揀擇

　　西漢學者曾視《周禮》為「末世瀆亂不驗之書」，今文博士多有排棄，故不見用於世。至東漢古學初興，古文家察覺非旁徵經史文獻，不能佐證此書之信實，於是杜子春、二鄭從事注解，已究心會通經籍與禮書之間。此影響所及，清儒汪中（1745-1794）、陳澧以經證禮，申辯《周禮》非鄉壁虛造，亦循漢儒治經路向，故能徵信於人。黃季剛（1886-1935）謂：「說禮所據，有明文，有師說。明文者，禮之本經，則《周禮》、《儀禮》是也。師說有先後，先師說非無失違，後師說非無審諟，要其序不可亂也。」[168]是知治禮當據禮經明文以斷經義，輔以師說善加明辨，證成其意。綜觀鄭玄注經，其見聞所及，不同於一般，非獨稱引禮經，更能廣徵羣書舊說以為證：

（一）徵引先儒舊說訓釋

　　漢儒說經，嚴守師說家法，不敢違逆，是為常態，至鄭玄注經，眼界始大。劉師培（1884-1919）云：「康成說經，集今古文說之大成，不守一先生之言，以實事求是為指歸。」[169]若以西漢經師眼光，鄭玄似乎破除傳統家法的藩籬，然作為一種融通性的新興學說，如何考徵經文，回歸字義的根本解釋，纔是鄭玄注經之主要目的。

　　《周禮注》援引先儒舊說，除馬融學說隱遁其中外，就明引者

---

[168] 黃季剛：〈禮學略說〉，《黃侃論學雜著》（臺北：漢京文化事業公司，1984 年），頁 447。

[169] 〔清〕劉師培：《國學發微》（臺北：廣文書局，1986 年），頁 35。

觀之，以稱引杜子春、鄭大夫、鄭司農等人經說最常見。其他，引董仲舒語有兩處，〈春官・大司樂〉職：「掌成均之灋」注，引董說解釋「成均，五帝之學」（卷 25，頁 831）；〈春官・大祝〉職：「掌六祈，以同鬼神示：六曰說」注，引董氏救日食，祝曰：「炤炤大明，溓滅無光，奈何以陰侵陽，以卑侵尊」（卷 29，頁 954），以陳「說」義。復次，〈春官・鍾師〉職：「凡樂事，以鍾鼓奏九夏」注，引呂叔玉說，釋「九夏」為〈周頌〉詩篇名（卷 27，頁 899）。又〈考工記・韗人〉：「為皋陶，上三正」注，謂此鼓兩面，以六鼓差之，引賈侍中云：「晉鼓大而短」（卷 47，頁 1603）。《注》中包舉「禮家」、「詩家」、「今禮家」、「今儒家」意見，有時亦不具名徵引「或曰」、「或云」、「一說」、「或說」、「舊時說」，或有依違，皆表明鄭玄會通羣說的周延特質。

漢代經師舊說外，尚徵引先秦時人之語，通讀經義。〈春官・大師〉注，鄭云：「凡樂之歌，必使瞽矇為焉。命其賢知者以為大師、小師」，引晉杜蒯曰：「曠也，大師也」（卷 18，頁 631）。蒯為師曠之徒，亦無目，故引為證。〈春官・眂祲〉注，鄭云：「祲，陰陽氣相侵，漸成祥者」，引魯史梓慎曰：「吾見赤黑之祲」（卷 18，頁 638）。南方色尚赤，北方色尚黑，見赤黑之祲，以釋「祲」字。又，〈冬官・考工記〉：「土以黃，其象方，天時變」注，鄭云：「古人之象，無天地也。為此記者，見時有之耳。」古者繡采畫於衣，若記者不見時君畫采於衣，何故記之？鄭玄引《公羊傳》子家駒曰：「天子僭天」（卷 47，頁 1606），以證經義。凡此，皆徵引先秦時人之語，推勘文義，可加深讀者對《周禮》經文遣詞用字的認識。

　　另值得關注的是，鄭玄屢次引孔子之言作為釋義參證一事。自孟子以降，儒者對孔子「有教無類」，強調「內聖外王」的學養風範，推崇備至。漢儒理解經學與孔子的關係，也多半認為先秦經書傳播，孔門居功厥偉。姑無論孔子是否刪《詩》《書》、定《禮》《樂》、贊《周易》、修《春秋》，太史公所謂「自天子王侯，中國言六藝者，折衷於夫子」的觀點，[170]仍是代表推尊孔子為傳續華夏文化的主流見解。孔子的形象與地位，隨著儒學興盛，日漸攀升，西漢公羊家曾視為有德無位之「素王」，漢末緯書盛行，孔子更被神化。學術上尚且如此，在主政者眼中更是尊崇孔子，追諡為「褒成宣尼公」、「褒尊侯」，[171]視其言行舉措為治世統御的最高準則。世人屢以「聖人」稱之，鄭玄亦不外此。《禮記·中庸》記孔子曰：「君子之道四，丘未能一焉」，鄭云：「聖人而曰我未能，明人當勉之無已」。同篇，「庸德之行，庸言之謹，有所不足，不敢不勉，有餘不敢盡」注，鄭云：「聖人之行，實過於人，有餘不敢盡，常為人法，從禮也。」[172]均以「聖人」稱代孔子，顯見在鄭玄心中地位崇高，不下於「制禮作樂」的周公。今考《周禮注》稱引孔子之語，檢得六處：

①《周禮·天官·九嬪》：「各帥其屬而以時御敘于王所」注，

170　〔漢〕司馬遷，〔日〕瀧川資言考證：《史記會注考證》〈孔子世家〉，卷47，頁765。

171　西漢元帝曾封孔氏二支長孫孔霸為褒成君，後以褒成君食邑八百戶祀孔子。元始元年（公元元年），平帝封孔子，賜諡為「褒成宣尼公」；東漢永元四年（92年）和帝復賜諡為「褒尊侯」。

172　〔漢〕鄭玄注，〔唐〕孔穎達疏，〔清〕阮元校：《禮記注疏》（臺北：藝文印書館，1989年影印《十三經注疏》本），卷52，頁883。

鄭玄引孔子云：「日者天之明，月者地之理。陰契制，故月上屬
為天，使婦從夫放月紀。」（卷8，頁265）

按：「九嬪」侍從君上所息之燕寢，各有時序。鄭玄云：「凡羣
妃御見之法，月與后妃其象也。卑者宜先，尊者宜後。女御八十
一人當九夕，世婦二十七人當三夕，九嬪九人當一夕，三夫人當
一夕，后當一夕，亦十五日而徧云。自望後反之。」（卷8，頁
265）此謂御見之法，月初由卑者始，十五日望後以尊者為先。夷
考孔子之語，出自《孝經援神契》，鄭以為當孔子所作，故曰「孔
子云」。此言后妃有陰德，與月紀合。月者陰屬，當空而懸，隨
天契制而周使，正與婦人從夫之理相應，故引為證。

②《周禮・地官・師氏》：「以三德教國子：一曰至德，以為道
本」注，鄭玄引孔子曰：「中庸之為德，其至矣乎！」（卷15，
頁493）

按：「師氏」教國子修心為德，一為「至德」。鄭玄云：「至德，
中和之德」，謂至極之德，以為行道之本。孔子之語出自《論語・
雍也》，鄭玄引之者，欲證「至德」與中庸之「德」無異，當與
儒家主張的教育理念，殊途同歸。

③《周禮・地官・師氏》：「三曰孝德，以知逆惡」注，鄭玄引
孔子曰：「武王、周公其達孝矣乎！夫孝者，善繼人之志，善述
人之事者也。」（卷15，頁493）

按：「師氏」教國子修心為德，三為「孝德」。鄭云：「孝德，
尊祖愛親，守其所以生者也」，具備孝德之人能善敬父母，被及
親族。孔子之語出自《禮記・中庸》，鄭玄引之證經，欲明武王、

周公文治武功，乃「孝德」之大者，故曰：「孝在三德之下，三行之上，德有廣於孝，而行莫尊焉」，此將「孝」的思想意涵，由下而上，從對父母心存之「孝德」，擴展至對家國之「孝行」，公卿大夫子弟理應曉悟，故引為證。

④《周禮・春官・冢人》：「及葬，言鸞車象人」注，鄭玄引孔子謂：「為芻靈者善，謂為俑者不仁，非作象人者，不殆於用生乎。」（卷24，頁821）

按：「冢人」遣使「巾車」將明器鸞車及象人，送往墓地。鄭司農云：「象人，謂芻為人」，鄭《注》不從。蓋因上古有芻靈，至周代不用，改芻靈而用象人，則芻靈、象人本有別。孔子之語出自《禮記・檀弓》，以為始作俑者，偶之機關甚似人象，與生人無異，譏刺其心不仁。鄭玄為破先鄭以芻靈、象人為一之謬解，故引為證。

⑤《周禮・夏官・大司馬》：「中春，教振旅，司馬以旗致民，平列陳，如戰之陳」注，鄭玄引孔子曰：「不教民戰，是謂棄之。」（卷33，頁1107）

按：古者兵農合一，「司馬」中春教振旅，於民農隙之時，藉田獵演習兵事。鄭玄以為「兵者，守國之備」，「兵者凶事，不可空設，因蒐狩而習之」。鄭玄徵引孔子之語出自《論語・子路》，欲見素日教民習戰為「大司馬」的職責要務。

⑥《周禮・秋官・條狼氏》：「掌執鞭以趨辟」注，鄭玄引孔子曰：「富而可求，雖執鞭之士，吾亦為之。」（卷43，頁1421）

按：「條狼氏」執鞭趨辟行人，依〈序官〉編制，為下士六人，

其餘率由胥徒充當。孔子之語出自《論語‧述而》。鄭玄引之欲「言士之賤也」，知「條狼氏」地位不高。

再者，鄭玄原籍北海高密，該地位處齊魯故邦，故《周禮注》常援引齊魯方言，通讀音義。如〈地官‧媒氏〉注，鄭云：「媒之言謀也。謀合異類，使和成者。今齊人名麴麩曰媒。」（卷9，頁316）；〈春官‧司尊彝〉職：「凡酒脩酌」注，鄭云：「脩讀如滌濯之滌。滌酌，以水和而沛之，今齊人命浩酒曰滌。」（卷22，頁751）；〈秋官‧蟈氏〉職：「掌去鼃黽」注，鄭云：「齊魯之間謂鼃為蟈」（卷43，頁1430）；〈冬官‧考工記〉：「輪已庫，則於馬終古登阤也」注，鄭云：「齊人之言終古猶言常也」（卷46，頁1533）；同篇，「山以章」注，鄭云：「章讀為獐，獐，山物也。在衣。齊人謂麋為獐。」（卷47，頁1607）；「句兵椑」注，鄭云：「齊人謂科斧柄為椑」（卷48，頁1652），皆引齊魯方言以釋經。其次，更擴及燕楚方言，〈夏官‧司爟〉注，鄭云：「爟讀如予若觀火之觀。今燕俗名湯熱為觀。」（卷33，頁1079）；〈冬官‧考工記〉：「以涗水漚其絲七日」注，鄭云：「漚，漸也。楚人曰漚，齊人曰涹。」（卷47，頁1610）。早在西漢，揚雄（53B.C-18）仿效《爾雅》之例，蒐羅周秦至西漢時期各地方言俗語，匯為《方言》，開後世轉譯方言從事語言研究之先聲。鄭玄據切身所聞，用以解經，多為《方言》之未備，能增益所不足，亦彰顯出《周禮》用字的地域特質。

總體而言，《周禮注》引先儒舊說證經，包括自孔子以來先秦時人用語、齊、魯、燕、楚等地的方言俗語，下及漢儒研治《周禮》之訓釋，乃至西漢今文家、緯術等言論皆有引錄。鄭玄識見卓犖，據此訓詁字辭，申引經義，抑或駁正先儒經說，能真正做

到實事求是，立言有據而不失偏狹。

（二）稱引經史羣書證成[173]

　　經學之確立，始於漢武立五經博士。此時「經」之範圍，止於學官傳授的《詩》、《書》、《禮》、《易》、《春秋》幾部古籍，強調學統純正，研究也趨於專經之考索。然自宣帝（91B.C-49B.C）石渠、章帝白虎議奏，原屬解經範疇的傳和記，漸脫離單純解釋本經的作用，成為足以和五經印證之要典，受到普遍重視。以《周官》而論，自劉歆改名，再由班〈志〉著錄為「經」，東漢學者業已留意徵引經史文獻註釋《周禮》。粗略估算，《周禮注》中所見先儒引書例，鄭興僅1處，杜子春檢得15餘處，鄭眾多達164餘處。可想而知，此等解經方法，勢必會直接影響鄭玄的詮釋路向。

　　鄭玄注經，自言「博稽六藝，粗覽傳記，時睹秘書緯術之奧」，[174]是其證經考史所資材者，有取自古代傳習之六經、解經傳記及雜書緯術等類。陳澧曾評論：「六藝則曰博稽，傳記則曰粗覽，秘緯則曰時睹，三者輕重判然」，「鄭玄注經甚慎，必據經之正文；無正文，則曰未聞，不敢臆說」，[175]表彰鄭玄經注闕疑多聞之優點。

　　具體說明《周禮注》引書義例之前，值得一提的是，《周禮

---

[173] 鄭注《周禮》引經情況，筆者曾將部分研究成果發表，唯當時僅將《注》中明言引經者列入討論，未關注《注》中尚有不稱書名而實係暗用者，本書已額外補足。參閱拙著：〈鄭注《周禮》引經敘例〉，《雲漢學刊》（臺南：國立成功大學中文系，2016年），第32期，頁81-106。

[174] 《後漢書》〈張曹鄭列傳〉，卷35，頁1209。

[175] 〔清〕陳澧：〈鄭學〉，《東塾讀書記》，卷15，頁257、259。

注》雖有明引羣書之例，但不稱書名而實係暗用者，所在多有。蓋鄭玄博覽羣書，瞭然於心，筆之於書，務求經注約簡，故省略浮辭，約取原文入注。襲用五經傳記者，見有：

〈地官・大司徒〉職：「設其社稷之壝而樹之田主」注，鄭云：「田主，田神。詩人謂之田祖」，暗引《詩・甫田之什》。（卷9，頁335）

〈春官・雞人〉職：「掌共雞牲，辨其物」注，鄭云：「陽祀用騂，陰祀用黝」，暗引《周禮・牧人》。（卷2，頁738）

〈天官・司裘〉職：「中秋獻良裘」注，鄭云：「中秋鳩化為鷹，中春鷹化為鳩」，暗引《禮記・月令》。（卷7，頁234）

〈地官・大司徒〉職：「三曰振窮」注，鄭云：「窮者有四：曰衿，曰寡，曰孤，曰獨」，暗引《禮記・王制》。（卷10，頁363）

〈春官・大司樂〉職：「以樂德教國子：孝、友」注，鄭云：「善父母曰孝，善兄弟曰友」，暗引《爾雅・釋訓》。（卷25，頁833）

襲用諸子典籍者，見：

〈春官・小宗伯〉職：「及執事禱祠於上下神示」注，鄭云：「求福曰禱。誄曰：禱爾於上下神祇」，暗引《論語・述而》。（卷 20，頁 709）

襲用緯術律令者，有：

〈地官・載師〉職：「以物地事」注，鄭云：「物，物色之，以知其所宜之事」，暗引《孝經緯・援神契》。（卷 14，頁 465）

〈春官・大司樂〉職：「以樂舞教國子：舞《雲門》、《大卷》、《大咸》、《大磬》、《大夏》、《大濩》、《大武》」注，鄭云：「此周所存六代之樂」，暗引《樂緯》及《春秋緯・元命苞》。（卷 25，頁 834）

〈夏官・大司馬〉職：「誓民」注，鄭云：「誓民，誓以犯田法之罰也。誓曰：無干車，無自後射」，暗引《漢田律》。（卷 33，頁 1109）

此皆隱括引書，當知鄭玄對經史羣書之熟稔，不在話下，故能出入貫通，未有疑滯。

鄭玄禮學著述稱引古書之情形，近代李雲光、[176]車行健、[177]

---

[176] 參李雲光：《三禮鄭氏學發凡》，頁 287-295。

[177] 參車行健：《禮儀、讖緯與經義──鄭玄經學思想及其解經方法》，頁 129-136。

王啟發[178]等人在論著中皆觸及相關課題。然則諸家敘述疏略,或拘牽《三禮》名目,所列條例繁蕪不清,未能呈顯引書分類之詳情。對鄭玄如何運用文獻解釋《周禮》,及證成經文何種觀念,亦語多重複。本書逐卷翻閱《周禮注》,先製得一引書分類表,[179]復加申論:

【表 II】:鄭玄《周禮注》引書分類表

1、五經傳記附小學類		2、諸子百家類		3、文史雜書類	
《詩》	53 處[180]	《論語》	2 處	《楚辭》	1 處
【附】《詩傳》	2 處	《孟子》	10 處	《逸周書》	1 處
《書》	39 處	《老子》	1 處	《國語》	9 處
【附】《書傳》	5 處[181]	《孫子》	1 處	《世本》	3 處
【附】《書序》	2 處	《司馬法》	9 處	《漢書》	1 處
《易》	14 處			緯書(含《孝經說》、《樂說》)	8 處
《周禮》	60 處			律書(含《漢律》、《田律》、《賊律》)	3 處

---

[178] 參王啟發:《禮學思想體系探源》(鄭州:中州古籍出版社,2005 年),頁 259-277。

[179] 本表將鄭玄《周禮注》徵引書目略為分類,標目為筆者自訂。各項計數以《周禮注》明引稱書者為主,其不稱名,莫知鄭意,則未敢臆定。

[180] 鄭玄在〈春官·序官〉:「籥師」及〈春官·籥師〉職:「掌教國子舞羽龡籥」兩處,同引《詩》云:「左手執籥,右手承翟」注經,本表僅以一次計數。

[181] 鄭玄在〈天官·縫人〉職:「衣翣柳之材」注,引《書》曰:「分命和仲,度西曰柳穀」,據賈《疏》,此「是濟南伏生《書傳》文」,鄭注雖云《書》,實為《書傳》文,故歸入引《書傳》例。

《儀禮》	71處		兵書	1處
【附】《喪服傳》	2處		《漢禮器制度》（簡稱《漢禮》）	3處
【附】《逸禮》	4處		《勘輿》	1處
《禮記》	148處		《甘氏歲星經》	1處
【附】《大戴禮》	7處		《蠶書》	1處
《春秋》	16處		《相玉書》	1處
【附】《春秋傳》	63處			
《爾雅》	12處			
《說文解字》	1處			
合計	499處	23處		34處

　　本表將鄭玄《周禮注》引書情形，細分為：1、「五經傳記附小學類」。2、「諸子百家類」。3、「文史雜書類」。從總計量論，第一類明顯倍於其餘兩類，除卻《禮記》、《春秋傳》情況特殊外，[182]鄭玄「以經解經」的方法實踐，遠比徵引傳、記解經的數量要多，這點不單印證〈戒子益恩書〉：「博稽六藝，粗覽傳記」，輕重取捨的注經標準，某程度上亦適用於理解鄭玄詮釋思考的過程。下文擇要說明各類徵引情形：

1、五經傳記附小學類

　　本類徵引情形所佔最多。就「經」的部分，以《三禮》文獻互證最常見，《禮記》本為孔子及後學講述禮義內涵的彙編，鄭玄

---

[182] 《禮記》及《春秋》三傳，漢時視為解經之「傳」，並未納入「經」之範疇。但鄭《注》引用訓釋《周禮》例子頗多，是「以傳、記解經」不下「以經解經」的具體表現，情況特殊。

引述最多，《儀禮》、《周禮》次之，《詩》又次之，《書》再次之，《春秋》、《易》更次之。漢儒傳習經籍，不僅有師說、家法之分，伴隨經書性質差異，援引時不免夾雜主觀取捨，能從中覓得鄭《注》之引證目的。以下，依今文家序經次第，分經論述，揭明注例：

(1)引《詩》考

漢代《詩》學的傳習源流，分齊、魯、韓、毛四家，如今僅《毛傳》全存於世。《毛傳》所以流傳後世，當歸因於鄭玄《毛詩傳箋》的影響。鄭玄注《詩》，宗毛為主。《六藝論》述詩之源起及作用云：「詩者，弦歌諷諭之聲也，自書契之興，朴略尚質，面稱不為諂，日諫不為謗。……斯道稍衰，姦偽以生，上下相犯。……於是箴諫者希，情志不通，故作詩者，以誦其美而譏其過。」[183]將《詩》作為傳遞君臣大義，通達上下情志之途徑。《詩》具有針砭時事、道德勸誡的現實意義，正與《毛傳》美刺思想相合。陳澧嘗謂：「鄭君專於禮學，故多以禮說《詩》」，[184]在鄭玄眼中，「禮其初起，蓋與《詩》同時」，[185]作詩者與制禮者的表述，大致反映相同的歷史事實。因而《詩》、《禮》之間的互證、互詮，遂成為鄭玄注經的顯著特點。

鄭玄《周禮注》引《詩》解經，為數不少。引證目的有四：

---

[183] 《六藝論》為鄭玄辨析群經的綱領著作，於宋代亡佚。清儒輯佚考校，始恢復內容。參〔漢〕鄭玄撰，〔清〕皮錫瑞疏證：《六藝論疏證》，錄自《經學輯佚文獻彙編》（北京：國家圖書館出版社，2010年），第22冊，頁48。

[184] 〔清〕陳澧：〈詩〉，《東塾讀書記》，卷6，頁99。

[185] 〔漢〕鄭玄撰，〔清〕皮錫瑞疏證：《六藝論疏證》，頁51。

　　第一，訓解經文字義。鄭《注》中以「猶」、「猶言」、「之言」等訓詁詞彙，表明訓字與被訓字的關係。兩字意義本不同，然於某一特定語境下，意義互通。如〈天官・宮人〉職：「為其井匽，除其不蠲」注，引《詩・小雅・天保》：「吉蠲為饎」，謂潔淨身體，備具酒食以祭祀。鄭云：「蠲猶絜也」（卷6，頁197），「不蠲」即不潔之意。又〈天官・追師〉職：「追衡」注，引《詩・大雅・棫樸》：「追琢其璋」，鄭云：「追猶治也」（卷8，頁288），謂王后衡笄皆以玉器研治。復次，〈秋官・翦氏〉注，引《詩・魯頌・閟宮》：「實始翦商」，鄭云：「翦，斷滅之言也」（卷40，頁1311），訓「翦」為滅，釋「翦氏」主滅蟲蠹。經文字義與《詩》轉相發明。

　　第二，解釋各官所任職事。如〈地官・牧人〉注，引《詩・小雅・無羊》：「爾牧來思，何蓑何笠，或負其餱，三十維物，爾牲則具」，謂牧事有成，牛羊眾多，供作祭祀之用，解釋「牧人」職掌「養牲於田野」之事（卷9，頁310）。又〈春官・肆師〉職：「涖卜來歲之芟」注，引《詩・周頌・載芟》：「載芟載柞，其耕澤澤」，謂周王親耕，刈除草木。鄭訓「芟」為除草（卷21，頁729），釋「肆師」有涖卜來歲芟事之職。復次，〈春官・占夢〉職：「獻吉夢於王」注，引《詩・小雅・無羊》：「牧人乃夢，眾維魚矣，旐為旟矣」，謂牧人得魚、旐旟之夢徵，請占之為吉兆，解釋「占夢」有「獻羣臣之吉夢於王」之職（卷28，頁942）。凡此所述《周禮》各官職事，皆與《詩》合。

　　第二，證明經文名物度數。如〈天官・凌人〉注，引《詩・豳風・七月》：「納于凌陰」，證「凌」為冰室（卷1，頁17）。又〈春官・小胥〉職：「觼其不敬者」注，引《詩・小雅・桑扈》：

「兕觵其觫」，證「觵」為罰爵（卷 26，頁 764）。復次，〈夏官·校人〉職：「凡頒良馬而養乘之」注，引《詩·鄘風·定之方中》：「騋牝三千」，言王馬大備，計三千四百五十六匹（卷 38，頁 1252）。再如〈冬官·考工記〉：「粵無鎛」注，引《詩·周頌·臣工》：「偫乃錢鎛」，證鎛為鋤田器（卷 46，頁 1523）。所述名物度數皆與《詩》合。

第四，申述職官設置之禮義。如〈天官·大宰〉職：「一曰爵，以馭其貴」注，引《詩·大雅·桑柔》：「誨爾序爵」，謂按等次授予官爵，申述大宰「教王以賢否之第次」（卷 2，頁 44），別爵等高下，明階級等差。又〈地官·媒氏〉職：「凡男女之陰訟，聽之于勝國之社」注，引《詩·鄘風·牆有茨》：「中冓之言，不可道也。所可道也，言之醜也。」鄭云：「亡國之社，奄其上而棧其下，使無所通，就之聽陰訟之情，明不當宣露。」（卷 15，頁 515），申述男女陰訟，當隱匿審訊。復次，〈秋官·大司寇〉職：「入束矢於朝」注，引《詩·小雅·大東》：「其直曰矢」，鄭云：「必入矢者，取其直者」（卷 40，頁 1322），矢之言誓也，謂爭訟者入矢發誓，所言當符實。此皆引《詩》申述禮義。

再者，鄭玄不獨引《詩》之明文，亦引《詩傳》入注。〈天官·玉府〉職：「共王之佩玉」注，引《詩傳》曰：「佩玉，上有蔥衡，下有雙璜、衝牙，蠙珠以納其間。」據賈《疏》云：「《詩傳》者，謂是《韓詩》」（卷 6，頁 211），以證君上佩玉形制。又〈春官·小宗伯〉職：「帥有司而臚獸於郊，遂頒禽」注，引《詩傳》曰：「禽雖多，擇取三十焉，其餘以予大夫士，以習射於澤宮而分之。」（卷 20，頁 708），證「小宗伯」有頒禽之事。足見鄭玄不獨厚《毛詩》，猶能融通三家《詩》，作為證經考史之憑據。

(2)引《書》考

漢儒傳習《書》學，有伏勝、歐陽、大小夏侯三家所傳今文《尚書》，及孔安國孔壁所得古文《尚書》。鄭玄造訪太學，師從張恭祖研治古文《尚書》。《後漢書・儒林傳》稱：「杜林傳古文《尚書》，同郡賈逵為之作訓，馬融作傳，鄭玄注解，由是古文《尚書》遂顯於世。」[186]賈、馬訓傳注解，今雖亡佚，《周禮注》引《書》釋義之例，其數尚富，可獲知鄭玄所傳古文《書》學及與《禮》經互證的情形。

《周禮注》引《書》解經，有單舉篇名者，其引證目的及方法有三：

第一，訓釋經文字義。〈天官・序官〉：「辨方正位」注，鄭玄引《書・召誥》曰：「越三日庚戌，大保乃以庶殷攻位於雒汭。越五日甲寅，位成。」（卷1，頁3），此謂國家草創初興，理應釐定宮廟位置，故堪地卜宅而經營之。乃破除鄭司農「正君臣之位」之說，澄清本經「正位」之意，為定宮廟之位。又〈地官・序官〉：「川衡」、「澤虞」注，鄭玄引《書・禹貢》：「九川滌源」、「九澤既陂」，謂「川，流水也」，「澤，水所鍾也」（卷9，頁326、327），訓解「川」、「澤」字義。復次，〈地官・師氏〉職：「以三德教國子：二曰敏德，以為行本」注，鄭玄引《書・說命》曰：「敬遜務時敏，厥脩乃來。」（卷15，頁493），此乃傅說曉諭武丁為君之法，務在順時。鄭玄援此，解釋「師氏」教授國子當以「仁義順時」為德行之本。凡此，皆引《書》訓釋經文字義。

---

[186] 《後漢書》〈儒林傳〉，卷79，頁2566。

第二，**申補經文所未言**。〈春官‧大卜〉職：「其經兆之體，皆百有二」注，鄭云：「百二十每體十繇，體有五色，又重之以墨坼也。」（卷28，頁920），引《書‧洪範》補說「五色」名稱，即所謂「雨、濟、圛、蟊、剋」五種爆裂卜兆型態。又〈春官‧司服〉職：「王之吉服」注，鄭引《書‧益稷》曰：「欲觀古人之象，日、月、星辰、山、龍、華蟲作繢，宗彝、藻、火、粉米、黼、黻希繡。」（卷23，頁791），以舜時天子冕服十二章，補說王吉服衣冠之繡彩。復次，〈秋官‧司刑〉職：「掌五刑之灋」注，鄭引《書傳》曰：「決關梁、踰城郭而略盜者，其刑臏。男女不以義交者，其刑宮。觸易君命，革輿服制度，姦軌盜攘傷人者，其刑劓。非事而事之，出入不以道義，而誦不祥之辭者，其刑墨。降畔、寇賊、劫略、奪攘撟虔者，其刑死。」（卷42，頁1380）「五刑」名號，《周禮》作墨、劓、宮、刖、殺；《書傳》作臏、宮、劓、墨、死，稍有不同。鄭玄引證，補說「五刑」細目。以上皆引《書》及《書傳》增益經注解釋。

第三，**引《書》周初史事，佐證禮文**。〈春官‧大宗伯〉職：「以玉做六器，以禮天地四方」注，鄭玄引《書‧金縢》曰：「周公執璧秉圭」（卷20，頁687）。此謂周公依禮告神，始薦玉於神坐，述明《周禮》以玉薦禮天地四方之事。又〈春官‧占人〉職：「凡卜簭，既事，則繫幣以比其命」注，鄭引《書‧金縢》曰：「王與大夫盡弁，開金縢之書，乃得周公所自以為功，代武王之說。」（卷28，頁936），以周公代王求禱一事，證明古人行卜筮，史官必書命辭及兆象於簡策，合禮神幣帛而藏之。復次，〈秋官‧萍氏〉職：「謹酒」注，鄭玄引《書‧酒誥》曰：「有政有事無彝酒」（卷43，頁1417）。彝，常也。無彝酒，謂不得常

飲。殷紂嗜酒亡國，周人立國為之戒慎，援以證成本經使民節酒之事。以上諸例，皆援引《書》所載周初史事，證明《周禮》信而有據。

(3)引《易》考

　　漢代《易》學的傳習源流，自馬融以上，有費氏、京氏、孟氏三家。鄭玄造訪太學，始通《京氏易》。《京氏易》嫡傳孟喜，說《易》有「納甲」之說，鄭玄取其十二支配乾坤十二爻之說，以為「爻辰說」之理論依據；費氏傳古文《易》，以《十翼》解經，鄭玄亦加沿承。[187]鄭玄《易》學先通今文，後通古文，可視為漢代《易》學象數派的殿軍人物。鄭玄《六藝論》述明《易》的起源，且謂：「易者，陰陽之象，天地之所變化，政教之所生，自人皇初起」，[188]指出《易》為天道循環之必然，本之天地陰陽、四時移轉。聖人體之，由是貫通天人相感之理。故言易理者非玄之又玄，虛無飄渺，必於人道所當為之事，推明天道所必然。鄭玄說《易》，講象數不離人事，其「以禮注《易》」的詮釋方法，影響後人甚深。[189]鄭玄晚年注《易》，《周禮注》已有引《易》之說解，可由此瞭解鄭玄《易》學觀點，與《易》、《禮》互證的實踐成果。

　　《周禮注》引《易》解經，為數不多，引證目的及方法有二：

　　第一，**訓解經文字義**。在〈夏官‧序官〉：「掌固」注，鄭

---

[187] 鄭玄《易》學師承淵源，參魏元珪：〈鄭玄易學的特色〉，《鄭學叢論》，頁 58-59。

[188] 參〔清〕皮錫瑞：《六藝論疏證》，頁 40。

[189] 鄭玄以禮注《易》特色，參林忠軍：〈論鄭玄以《禮》注《易》方法〉，《鄭學叢論》，頁 68-81。

云:「固,國所依阻也。國曰固,野曰險。」（卷33,頁1080）,釋「險」為在野自然形成之天阻,「固」為國中人為所設之依阻。復引《易》曰:「王公設險,以守其國」,是知「險」、「固」對文義異,散文則通。又〈夏官‧形方氏〉職:「大國比小國」注,引《易》曰:「先王以建萬國,親諸侯」,鄭云:「比猶親也」（卷39,頁1289）,謂大小諸侯相親,遞相朝覲。復次,〈秋官‧小司寇〉職:「以八辟麗邦灋」注,引《易》曰:「日月麗于天」（卷41,頁1341）,破杜氏讀麗為羅之說。若讀為「羅」,既已羅致入罪,小司寇無須議刑,故訓為「附」。再如〈秋官‧掌戮〉職:「凡殺其親者,焚之」注,引《易》曰:「焚如,死如,棄如」（卷42,頁1397）,訓「焚」為燒,謂殺其親者,施以焚刑。此皆引《易》訓解經文字義。

第二,引象數《易》說,詮釋禮文。〈地官‧媒氏〉職:「令男三十而娶,女二十而嫁」注,引《易》曰:「參天兩地而倚數焉」,鄭云:「二三者,天地相承覆之數」（卷15,頁509）,解釋男女嫁娶之年歲,法天地奇偶相生之理。又〈夏官‧校人〉職:「乘馬一師四圉,三乘為皂,三皂為繫,六繫為廄」注,引《易》曰:「乾為馬」（卷38,頁1252）,謂自乘至廄,馬數計二百一十六匹,合乾卦六爻之數。《易》以乾象天,天行健,以良駒驅馳,體現乾卦「自強不息」之內涵。

綜言之,「以象數解《易》」是漢代《易》學的典型特色,鄭玄引《易》注禮,亦不能外此。魏晉以降,王弼研《易》舍象數,專言義理,攬玄談入流。然所謂離事言理,流於無根之談,漢儒尋象以觀易理,說不必事事盡合,至少有本有據,可成一家之言,亦能突顯《周禮》職官設置「以人法天」的特質。

(4)引《三禮》考

漢代《禮》學的傳習，圍繞在高堂生所傳《士禮》，和戴德、戴聖編訂的大、小戴《禮記》，以及《周禮》四部典籍各自發展，西漢儒生罕有兼習。逮及鄭玄注經，始有兼綜之學，編著《三禮目錄》，「三禮」之名，至此確立。鄭玄之禮學，參互古今，不囿於一家學說。從學術自身的發展看，《周禮》晚出，有古文無今文，鄭玄早年拜張恭祖、馬融門下，至其撰著經注，兼采杜子春、鄭興父子、賈逵等先儒經說，成顓門之學。《禮經》方面，《後漢書·儒林傳》曰：「玄本習《小戴禮》，後以古經校之，取其義長者，故為鄭氏學。」[190]是先通今文，後采壁中古文逸篇，取義比勘，自成家法。爾後，鄭玄又校讀小戴《禮記》。《禮記》雜揉今、古學說，鄭玄以虞夏、殷周年代相遞，禮有汰替為由，調和箇中矛盾。《三禮》成書自有先後，對漢儒而言，普遍認定經由周、孔聖人手定，再由孔門後學傳述而成，有共同的寫作背景。有周一代禮文殘闕，傳聞各異，鄭玄如何會通《三禮》，恢復三代禮樂文明，遂為之首要工作。

(4)-1 稱引《周禮》本經

《周禮注》引《三禮》解經，占全書比重絕大多數。就稱引《周禮》來說，鄭玄主要透過對六官職文轉引互見，以強化《周禮》的內在邏輯。此詮釋方法簡明直白，裨益讀者掌握行文結構。《周禮注》引《周禮》本經入注，為數不少。引證目的有二：

第一，辨析經文用字異同。鄭玄校注《周禮》有「故書」、「今書」用語之分，顯示當時傳本來源非一，書手傳抄字句，歧互

雜出，在所難免。鄭玄即透過同文互校，辨正《周禮》文字通假及訛誤情況。如〈夏官・小子〉職：「掌珥于社稷，祈于五祀」注，援引〈士師〉職：「凡刉衈則奉犬牲」，鄭云：「珥讀為衈。祈或為刉。衈刉者，釁禮之事也。」（卷35，頁1154），意謂「珥祈」為「衈刉」之借字。凡釁禮必用牲血，刉字從刀，衈字從血，文義相允，故依〈士師〉經文改易，以為正字。又〈秋官・士師〉職：「若邦凶荒，則以荒辯之灋治之」注，復援引〈朝士〉職：「若邦凶荒之故，則令邦國、都家、縣鄙慮刑貶」，鄭云：「遭飢荒則刑罰、國事有所貶損，作權時法。」（卷41，頁1352）於是將「辯」讀為「貶」，以為聲誤。此皆明引《周禮》，辨析用字異同。

　　第二，揭櫫職官隸屬及聯事關係。《周禮》三百多職，各有司掌，其所繫職事繁複細密。如何掌握貫串本經之綱領，明瞭眾職分合之脈絡，為歷來禮家面臨的首要課題。據《周禮》記載，大宰「以八法治官府」，所謂「八法」，指官屬、官職、官聯、官常、官成、官灋、官刑、官計八種規範官府行事的準則。經由「大宰」立法，「小宰」為副貳，依法考覈官府之治。孫詒讓云：「八法為百官之通法。全經六篇，文成數萬，總其大要，蓋不出此八科。」[191]「八法」與百官職事相契，環環扣連。依此「八法」，則百官職事皆有規章。《周禮注》稱引本經，亦嘗試繫連「八法」中的「官屬」關係。孫詒讓解釋，「屬猶言屬別，謂以爵秩尊卑相領隸」，「凡官屬，有總屬，有分屬，有當官之屬，有冗散之

---

[191] 〔清〕孫詒讓：《周禮正義》〈天官・大宰〉，卷2，頁63。

屬。」[192]四者皆以尊卑相隸，統攝大小職事。鄭玄亦側重闡明，如〈天官・內宰〉職：「佐后而受獻功者」注，鄭引〈典婦功〉職：「及秋獻功」（卷7，頁250），破先鄭「烝獻功」之說。「內宰」為宮中官之長，專主內宮，佐王后受獻，所受絲帛亦為婦官所造。鄭引本經述明「內宰」、「典婦功」為一官分部之屬，共理織帛之職事。又〈秋官・大司寇〉職：「其能改者，反于中國，不齒三年」注，鄭玄引〈司圜〉職：「上罪三年而舍，中罪二年而舍，下罪一年而舍」，解釋「反于中國，謂舍之還於故鄉里。」（卷40，頁1321）「大司寇」為刑官之長，「司圜」主收教罷民。鄭玄引本經欲明「司圜」為「大司寇」總屬各六十之一員，以此證成《周禮》職屬的主從關係。

　　另一方面，鄭玄還援引本經，闡釋「八法」之中，散見百職，關係最複雜、鈎覈最為困難的「官聯」一項。所謂「官聯」者，〈天官・小宰〉職：「以官府之六聯合邦治」，鄭云：「聯謂連事通職，相佐助也」，則「國有大事，一官不能獨共，六官共舉之」（卷2，頁40）。舉凡國中祭祀、賓客、喪荒、軍旅、田役、斂弛等六大職事，眾官皆聯事通職，分擔大小事宜。且六者以外諸多小事，亦有聯繫。鄭玄注經，也留意到職官相聯互助的特性。茲以「小宰」所列六大聯事，擇要舉例說明：

　　一曰「祭祀」之聯。〈地官・掌蜃〉：「祭祀，共蜃器之蜃」注，鄭玄援引〈鬯人〉職：「凡四方山川用蜃器」（卷17，頁601），述明「掌蜃」掌供裝飾祭器之蜃貝，製成蜃器，授以「鬯人」用於承酒。兩官分屬地官及春官，為祭祀飾器而異官聯事。

---

[192] 同前註，卷2，頁64。

二曰「賓客」之聯。〈地官‧牛人〉：「凡賓客之事，共其牢禮積膳之牛」注，鄭玄先引〈司儀〉職：「主國五積」，解釋「積，所以給賓客之用。」又引〈掌客〉職：「殷膳太牢」，解釋「膳，所以閒禮賓客。」（卷13，頁455），說明「牛人」掌禮賓之牛畜，供予「司儀」、「掌客」諸職以待賓客。三官分屬天官及秋官，為賓客燕饗而異官聯事。

三曰「喪荒」之聯。〈春官‧小宗伯〉：「成葬而祭墓，為位」注，鄭玄引〈冢人〉職：「大喪既有日，請度，甫竁遂為之尸」（卷21，頁717），謂先祖形神託於葬地，應祀其神，此時當請「冢人」為尸。「小宗伯」、「冢人」同屬春官，為喪葬而同官聯事。

四曰「軍旅」之聯。〈春官‧典同〉：「掌六律、六同之和」注，鄭玄引〈大師〉職：「執同律以聽軍聲」（卷27，頁895），謂國中將行戰事，「大師」執同律，與將士之聲合音，以詔吉凶。「大師」、「典同」同屬夏官，為軍旅而同官聯事。

五曰「田役」之聯。〈夏官‧大司馬〉：「遂以蒐田，有司表貉」注，鄭云：「春田為蒐。有司，大司徒也，掌大田役治徒庶之政令。」（卷33，頁1109），謂「大司馬」依春蒐、夏苗、秋獮、冬狩四時行田獵之事，「大司徒」徵集六鄉眾庶，以旗致萬民。「大司馬」、「大司徒」分屬夏官及地官，為田役而異官聯事。

六曰「斂弛」之聯。〈天官‧大宰〉：「以九賦斂財賄」注，鄭玄稱引〈遂師〉職：「以徵其財征」（卷2，頁49），謂「大宰」總掌六官，「遂師」征收邦中遂地所得賦稅，交付司徒。「大宰」、「遂師」分屬天官及地官，為斂收財物而異官聯事。上揭

諸例，皆證明《周禮》職官間具有各類聯事關係。

(4)-2 稱引《儀禮》

　　《禮記・禮器》：「經禮三百，曲禮三千」注，鄭玄云：「經禮謂《周禮》也。曲，猶事也。事禮謂《今禮》也。」[193]在鄭玄眼中，《周禮》為禮之大綱，《儀禮》為詳目，互為表裏。此說雖不盡為後儒接受，[194]然援引《儀禮》大小儀節，申補《周禮》，倒成為鄭玄注經時常運用的方法。《儀禮》漢時只稱《禮》，由魯高堂生傳授，宣帝時，有后倉，及弟子戴德、戴聖、慶普傳其學，為《今禮》17 篇。《漢書・藝文志》另記載，武帝時，魯淹中及孔壁中出古《禮經》56 篇，較《今禮》多出 39 篇，為古文《逸禮》。鄭玄校注《儀禮》雖以《今禮》17 篇為主，未及《逸禮》，不過《周禮注》中仍見引述〈天子巡守禮〉、〈中霤禮〉、〈烝嘗禮〉、〈軍禮〉等古文逸篇，反映鄭玄校讀《周禮》不抱持今、古門戶之見，以能詮明經文禮義內涵者為取材對象。

　　《周禮注》中徵引《儀禮》，除卻《儀禮》經文外，偶援用後儒所撰附《記》及〈喪服傳〉入注。如〈天官・司裘〉職：「王大射，則共虎侯、熊侯、豹侯」注，鄭玄徵引〈鄉射・記〉曰：「弓二寸以為侯中」（卷 7，頁 236），得出「侯中之大小，取數於侯道」的結論。說明「侯中」面積大小，當隨距離「侯」之遠近而有等差。又〈考工記・梓人〉：「張獸侯」注，鄭玄援引〈鄉

---

[193] 〔漢〕鄭玄注，〔唐〕孔穎達疏：《禮記注疏》，卷 23，頁 459。

[194] 皮錫瑞謂：「鄭君以周官三百六十與三百之數偶合，遂斷以周官為經禮，而強坐儀禮為曲禮，此由鄭君尊崇周官太過，而後人遵從鄭義又太過，一軒一輊，竟成鐵案」，參閱氏著：《經學通論》，頁 6。

射・記〉曰：「凡侯，天子熊侯，白質；諸侯麋侯，赤質；大夫布侯，畫以虎豹；士布侯，畫以鹿豕，凡畫者皆丹質。」（卷 48，頁 1650），說明「獸侯」形制，當隨貴族階級等第，有獸材及色質之不同。復次，〈地官・媒氏〉職：「掌萬民之判」注，鄭玄引〈喪服傳〉曰：「夫妻判合」，以為「得耦為合，主合其半，成夫婦也。」（卷 15，頁 509），指出「判」字雖有「半」義，不過經文理解上，意指謀合夫婦。凡此，皆徵引後儒《儀禮》傳、記篇章，解釋《周禮》名物字詞。

《周禮注》稱引《儀禮》經文，17 篇皆有引述，引證目的及方法有三：

第一，訓解經文字詞及名物。〈天官・內宰〉職：「以陰禮教六宮」注，鄭玄引〈士昏禮〉曰：「夙夜毋違宮事」（卷 7，頁 242），此為母親告誡嫁女之言，「宮事」謂婦女在家庭承擔之事務，以此解釋《周禮》稱寢為「宮」。又〈地官・大司徒〉職：「祀五帝，奉牛牲，羞其肆」注，鄭玄引〈士喪禮〉曰：「肆解去蹄」（卷 10，頁 374），解釋《周禮》「肆」字，動詞名詞化，義為進獻肆解之動物骨體。另外，引證說明《周禮》名物，舉「喪葬」名物為例，〈地官・掌荼〉職：「掌以時聚荼，以共喪事」注，鄭玄稱引〈既夕禮〉曰：「茵著用荼」（卷 17，頁 600），說明「茵」之為物，乃是緇布縫製而成的布袋，當中充填茅花及香草，以御潮濕，作為下葬墊棺之用途。

再者，藉由禮文比對，可從中辨析《周禮》名物書寫的訛誤。〈春官・肆師〉職：「共設匡甕之禮」注，鄭玄稱引〈公食大夫禮〉曰：「若不親食，使大夫以侑幣致之。豆實實於甕，簋實實於筐」，鄭云：「匡，其筐字之誤與？」（卷 21，頁 723）「肆師」掌供

賓客陳設用器，王不親饗食，故設於賓館。鄭玄引此段文字，欲破經文「匪」字之誤，當從《儀禮》作「筐」，此雖無明文依據，然對比《儀禮》所列名物，足相參證。

第二，補充禮事進行之儀節。《周禮》為古代官政之書，職文簡要，傳達職官平面而靜態的行事規範。鄭玄校注《周禮》，特重徵引《儀禮》補充禮儀行進的情態。蓋《禮記‧昏義》云：「夫禮始於冠，本於昏，重於喪祭，尊於朝聘，和於鄉射」，[195]此「八禮」統攝天下事務之樞要，亦為古人行事所需遵循之教條。《儀禮》則基本涵蓋「八禮」涉及的揖讓周旋、升降進退等儀節。以「祭祀」類為例，〈地官‧充人〉職：「展牲，則告牷」注，鄭玄引〈特牲饋食禮〉曰：「宗人視牲告充，舉獸尾告備」（卷 13，頁 459），「充人」掌繫祭祀牲牷，於祭祀前夕告備，引經補充祭禮時舉獸尾之儀節。又〈春官‧雞人〉職：「凡國事為期，則告之時」注，鄭玄引〈少牢禮〉曰：「宗人朝服北面曰：請祭期。主人曰：比於子。宗人曰：旦明行事。」（卷 21，頁 739），大祭祀時，「雞人」於夜晚呼旦，警起百官。鄭引〈少牢〉一段，藉宗人、主人雙方應答，補充「雞人」告有司主事者之儀節。復次，〈夏官‧御僕〉職：「大祭祀，相盥而登」注，鄭玄引〈特牲饋食禮〉曰：「主人降盥出，舉入乃上載」（卷 37，頁 1217），此謂尸盥時，有奉盤授巾之事。鄭引《儀禮》云：「上載」，即登牲體於俎，藉此補充「御僕」於祭祀時，相王盥而舉入牲體之儀節。皆使《周禮》職官運作的細節陳述，愈加生動。

第三，以諸侯大夫之禮推致天子。《史記‧儒林傳》云：「禮

---

[195] 〔漢〕鄭玄注，〔唐〕孔穎達疏：《禮記注疏》，卷 61，頁 1000-1001。

固自孔子時而其經不具，及至秦焚書，書散亡益多」，[196]孔子時，先秦禮書已殘缺不完，其後諸侯恐其害己，遂去典籍，禮文之傳授僅由儒生推演講習。漢興，先秦禮書出於古宅屋壁，或耆老口傳，書缺簡脫，劉歆尤嘆言道：「國家將有大事，若立辟雍、封禪、巡狩之儀，則幽冥而莫知其原。」[197]漢儒當有權宜之法。皮錫瑞謂：「周時三千之禮具在，其不能盡具者，亦須臨時推補，況在諸侯去籍，始皇焚書之後哉。后倉等推〈士禮〉以致於天子，乃不得不然之勢，其實是禮家之通例。」[198]鄭玄生當東漢，集禮學大成，后倉推〈士禮〉以致天子之法，亦為鄭玄沿用。蓋因《周禮》述天子禮，《儀禮》備載公卿、士大夫禮，恰可承續。鄭玄校讀《周禮》，為貫通自士以上各級行禮等第，欲使周初以來幾經嬗變之禮文，得以彌合。故而屢次徵引《儀禮》篇章，藉已知推及未知，究其本末。如〈天官・膳夫〉職：「凡王之饋，羞用百有二十品」注，鄭玄云：「進物於尊者曰饋」（卷4，頁113），王者饋食尤盛，本經因「天子諸侯有其數，而物未得盡聞」，鄭玄遂援引〈公食大夫禮〉下大夫十六豆、上大夫二十豆，將用六牲及雉兔等野禽品類，推致天子饋食禮之物類。又，〈地官・牛人〉職：「饗食、賓射，共其膳羞之牛」注，言王與賓客饗射之禮，然設俎時節及設人皆無明文。鄭玄引〈燕禮〉曰：「小臣請執冪者與羞膳者，至獻賓而膳宰設折俎」（卷13，頁456），推致天

196　〔漢〕司馬遷，〔日〕瀧川資言考證：《史記會注考證》〈儒林傳〉，卷121，頁1290。

197　《漢書》〈楚元王傳〉，卷36，頁1970。

198　〔清〕皮錫瑞：〈論后倉等推士禮以致於天子，乃禮家之通例，鄭注孔疏是其明證〉，《經學通論》，頁22。

子燕禮儀節內容。復次，〈地官・稍人〉職：「大喪，帥蜃車與其役以至」注，言天子將葬，「稍人」帥蜃車。鄭玄稱引〈既夕禮〉曰：「既正柩，賓出，遂匠納車于階間」（卷 17，580），以士喪禮推言天子禮，是知蜃車來源由「遂人」提供。凡此句例，皆申補《周禮》經文所未言。

(4)-3 稱引《禮記》

漢儒為闡明禮書經義，補釋禮經所未備，纂輯成《記》。鄭玄《六藝論》云：「《今禮》行於世者，戴德、戴聖之學也。戴德傳《記》八十五篇，則《大戴禮》是也；戴聖傳《禮》四十九篇，則此《禮記》是也。」[199]略述大、小戴《禮記》的成書過程，但未明輯自何書。後代遂有大戴刪《古文記》成《大戴記》，小戴又刪《大戴記》成《小戴記》；或者大、小戴分輯《古文記》，合為一百三十篇等說。[200]依鄭玄觀點，《今禮》行世，大、小戴各傳其學，附經之《記》本為先秦孔門七十子之徒所得，後儒損益，大、小戴因之，各以己意擷取，其異同詳略，勢所必然，毋須為此斷斷對諍。

鄭玄注《禮記》以小戴四十九篇為主，未及大戴。儘管因鄭玄學術影響，使《大戴禮記》因少有學者研習而日漸佚失，但《周禮注》仍多次援引《大戴禮記》。如〈夏官・大司馬〉職：「暴內陵外則壇之」注，鄭玄讀壇為墠，援引〈王霸記〉曰：「置之空墠之地」（卷 33，頁 1101），謂賊賢害民、馮弱欺寡者，置之

---

[199]　〔漢〕鄭玄撰，〔清〕皮錫瑞疏證：《六藝論疏證》，頁 52。
[200]　大、小戴《禮記》成書爭議，參錢玄：《三禮通論》（南京：南京師範大學出版社，1996 年），頁 36-44。

空墠，意即褫奪權位，更立次賢。又〈秋官‧大行人〉職：「廟中將幣三享」注，鄭引〈朝事儀〉曰：「奉國地所出物而獻之，明臣職也」，玄謂：「三享皆束帛加璧，庭實，惟國所有」（卷44，頁1446），證朝覲之禮，行享皆有庭實，為貢國所產。復次，〈秋官‧司儀〉職：「時揖異姓」注，鄭玄引〈衛將軍文子〉曰：「獨居思仁，公言言義，其聞《詩》也，一日三復『白圭之玷』，是南宮縚之行也。夫子信其仁，以為異姓。」（卷45，頁1472），透過衛將軍與子貢應答，南宮縚思仁居義，故夫子以兄之子妻之，證《周禮》「異姓」之義，皆與經文原意相契。足見鄭玄稱引《禮記》解經，不拘小戴一家，兼及大戴所輯篇章。

《周禮注》徵引《禮記》明文，占引書例之最大宗。若以《小戴禮記》篇目計之，主要集中於〈曲禮〉、〈檀弓〉、〈王制〉、〈月令〉、〈曾子問〉、〈文王世子〉、〈禮運〉、〈禮器〉、〈郊特牲〉、〈內則〉、〈玉藻〉、〈明堂位〉、〈喪服小記〉、〈大傳〉、〈少儀〉、〈學記〉、〈樂記〉、〈雜記〉、〈喪大記〉、〈祭法〉、〈祭義〉、〈祭統〉、〈坊記〉、〈昏義〉、〈鄉飲酒義〉、〈射義〉、〈聘義〉等二十七篇。其引證目的及方法有四：

第一，訓釋字義及名物度數。如〈天官‧酒人〉職：「奄十人」注，鄭玄援引〈月令〉曰：「仲冬，其器閎以奄」（卷1，頁16），謂器中宏大，器口揜小，象冬氣收斂而藏物于內。以此取譬，解釋「奄」為精氣閉藏之人。又，〈秋官‧司盟〉注，引〈曲禮〉曰：「涖牲為盟」（卷40，頁1301），謂盟禮以載辭告神，殺牲歃血，以昭信實。

另外，有引證以明《周禮》名物度數。就「喪葬」及「婚娶」為例：一在喪葬名物方面，〈春官‧鬱人〉職：「大喪之渳，共

其肆器」注，鄭玄稱引〈喪大記〉曰：「君設大盤造冰焉，大夫設夷盤造冰焉，士併瓦盤，無冰，設牀襢笫，有枕。」（卷21，頁733），釋「肆器」義為陳尸之器，即《記》之盤類。對比「凌人」供大喪夷盤之用冰，知「鬱人」所供浴尸肆器為夷盤無疑。又，〈天官・大宰〉職：「大喪，贊贈玉、含玉」注，徵引〈雜記〉曰：「含者，執璧將命」（卷2，頁66），釋「含玉」義為死者口實，柱於牙床末端兩側及口內。復次，〈地官・舍人〉職：「喪紀，共熬穀」注，鄭玄引〈喪大記〉曰：「熬，君四種八筐，大夫三種六筐，士二種四筐，加魚腊焉」，謂「熬穀者，錯於棺旁，所以惑蚍蜉也。」（卷17，頁607），釋設「熬」之用途，欲見尊卑等差，筐穀多少亦不同。《周禮》「小祝」主設熬，與「舍人」聯事。另外，婚娶名物方面，〈地官・媒氏〉職：「凡嫁子娶妻，入幣純帛，無過五兩」注，鄭玄引〈雜記〉曰：「納幣一束，束五兩，兩五尋。」（卷15，頁513），尋八尺，兩五尋，則一兩四十尺，釋嫁娶入幣帛，無過二百尺之數。此皆解釋《周禮》名物用途，及身分尊卑呈現的禮數等差。

　　第二，辨析經本文字，糾補《記》文之失。鄭玄引《禮記》解經，除字義訓詁外，同時亦從事異文對勘。〈天官・內司服〉職：「掌王后之六服，緣衣」注，鄭玄稱引〈雜記〉曰：「夫人復稅衣、揄狄」，又引〈喪大記〉曰：「士妻以褖」（卷8，頁278），《記》中「稅」、「褖」兩見。稅，書母月部字；褖，透母元部字，[201]「稅」從「兌」聲，定、透紐皆舌頭音，韻部對轉，

---

[201] 稅〔ɕǐwat〕、褖〔tʻuan〕二字古音分部，參郭錫良：《漢字古音手冊》，頁232、351。

音能通假。鄭玄以《記》言「褖」者多,改從「褖」字,謂「褖衣」為王后御侍及燕居之服。又〈天官・夏采〉職:「以乘車建綏復于四郊」注,鄭玄稱引〈明堂位〉曰:「有虞氏之旂,夏后氏之綏」(卷8,頁34),鄭因見《玉藻》有冠緌字,《周禮》故書亦多作「緌」,與建旌旗者同,故改從「緌」字,謂「緌」者以旄牛尾為之,綴於旌旗。此等皆辨析《周禮》經字的可能訛誤。

不過須說明的是,儘管鄭玄曾引《禮記》改《周禮》經字訛誤,但始終秉承以經書為主,傳記為輔的理念。當經、記說解發生矛盾時,鄭玄多堅持回歸經書本位,裁斷羣說,以立基準。如〈夏官・齊右〉職:「凡有牲事,則前馬」注,「齊右」於王乘時有持馬之職。凡王見牲行軾禮,「齊右」則居馬前卻行,備馬有驚奔之舉。鄭玄稱引〈曲禮〉曰:「國君下宗廟,式齊牛」,彼經原作「國君式宗廟,下齊牛」(卷38,頁1244)。所引不同者,蓋因宗廟尊,王宜先下,向祭祀牛牲行軾禮。鄭以彼文為誤而改,以合《周禮》所述。又,〈夏官・大司馬〉職:「羣吏聽誓于陳前」注,鄭玄引〈月令〉曰:「季秋,天子教于田獵,以習五戎,司徒搢扑,北面以誓之」,證主誓者為「司徒」,羣吏及軍士本為六鄉之民,今雖統諸「司馬」,但仍由所屬「司徒」代為宣誓。鄭玄謂:「此大閱禮實正歲之中冬,而說季秋之政,於周為中冬,為〈月令〉者失之矣。」據賈《疏》解釋,周雖建子為正,及其行事,皆用夏之正歲(卷34,頁1125)。《周禮》用夏正,以建寅正月為歲首,經言中冬十一月行大閱禮。彼〈月令〉一篇,孔《疏》引鄭玄《三禮目錄》云:「名曰〈月令〉者,以其記十二月政之所行也。本《呂氏春秋》十二月紀之首章也。以禮家好事抄合之,後人因題之,名曰《禮記》,言周公所作,其中官名、時

事多不合周法。」[202]就鄭玄的觀點，〈月令〉為秦世之書，[203]秦以建亥孟冬十月為歲首，〈月令〉以季秋九月行大閱禮，顯與《周禮》中冬十一月舉行，矛盾牴觸。蓋因鄭玄尊崇《周禮》為周代官政之書，認為〈月令〉「不合周法」，有違事理，以駁斥〈月令〉相傳為周公撰著之舊說。無論鄭玄的論證，是否存在主觀預設立場的瑕疵，[204]從客觀而論，鄭玄釋義考史，必以「經」為正，考辨〈月令〉篇章年代及來源的方法，確為後人從事古籍辨偽應當抱持的引證觀念，立下典範。

　　第三，申述職官設置之禮義。《禮記》輯錄秦漢時人說禮之札記，內容涵蓋甚廣，書中若干篇章，用於解釋《儀禮》冠、婚、喪、祭、朝、聘、鄉、射等「八禮」的設置原則，關涉儒家禮學內涵，後人尤為重視。《周禮注》引《禮記》解經，也藉由這些篇章體現《周禮》設官的義理旨趣。如〈天官‧九嬪〉注，鄭玄援引〈昏義〉曰：「古者天子后立六宮、三夫人、九嬪、二十七世婦、八十一御妻，以聽天下之內治；以明章婦順；故天下內合而家理也。」（卷1，頁26），證「九嬪」婦官之數與周制同，申述天子治朝外，王后理內宮，婦德敬順為治國之本。又，〈天官‧掌次〉職：「朝日、祀五帝，則張大次、小次」注，鄭玄稱引〈祭義〉曰：「周人祭日，以朝及闇」（卷6，頁203），春分，

202　〔漢〕鄭玄注，〔唐〕孔穎達疏：《禮記注疏》，卷14，頁278。

203　語見，《周禮‧春官‧龜人》：「上春釁龜」注，鄭玄云：「是上春者，夏正建寅之月，〈月令‧孟冬〉云：『釁祠龜策』，相互矣。秦以十月建亥為歲首，則〈月令〉秦世之書，亦或欲歲首釁龜耳。」

204　鄭玄考辨〈月令〉相關問題，參閱車行健：〈論鄭玄對《禮記‧月令》的考辨〉，《東華人文學報》第1期（1999年7月），頁183-196。

王拜日於東門外，祀日之禮，由晨朝祭至日落。鄭意以為，一日之間「雖有強力，孰能支之」，王與諸臣得相代而祭。「掌次」主設大小帷帳，供王暫歇。鄭引此申述王祭日，「掌次」設帳之緣由。復次，〈地官・州長〉職：「春秋以禮會民而射于州序」注，鄭玄引〈射義〉曰：「射之為言繹也。繹者，各繹己之志。」（卷12，頁422），古卿大夫、士之射，先行鄉飲酒禮，「州長」依禮會民而射，所以各正其志，以觀德行。再如〈地官・黨正〉職：「飲酒于序以正齒位」注，鄭玄引〈鄉飲酒義〉曰：「六十者坐，五十者立侍。六十者三豆，七十者四豆，八十者五豆，九十者六豆」，鄭云：「為民三時務農，將闕於禮，至此農隙而教之尊長養老，見孝弟之道。」（卷12，頁426），申述農事稍閑，教民尊長養老。凡此，皆引《記》文解釋職官設置之禮義。

第四，揭明《周禮》制度與《禮記》禮義原則相通。《禮記・郊特牲》云：「禮之所尊，尊其義也」，[205]治禮經者，雖重「禮」之節文，然義理尤不能少。聖人循古今不易之義，制為禮文。禮文非一成不變，亦非必不可變，但求酌古準今，得其義以變通，不失禮義而已。《禮記》所言禮義，除卻上述「八禮」，更擴及品德修養、生活居處等日常禮儀規範，以之落實在官制層面，則能用以解釋官員職務的細節。

鄭玄徵引《禮記》解經，曾試圖抽繹禮義原則，印證實際的官制運作。一在「品德修養」方面，〈地官・師氏〉職：「掌以媺詔王」注，鄭玄引〈文王世子〉曰：「師也者，教之以事而諭諸德者也。」（卷15，頁493），謂「師氏」教世子君臣孝悌之

---

[205]　〔漢〕鄭玄注，〔唐〕孔穎達疏：《禮記注疏》，卷26，頁504。

道，與經言告王前世美善之事，皆取諭知脩德之義。又，〈地官·保氏〉職：「掌諫王惡」注，同引〈文王世子〉曰：「保也者，慎其身以輔翼之，而歸諸道者也。」（卷 15，頁 499），謂「保氏」勸進世子慎德保身，與《周禮》諫王從善，皆取去惡歸道之義。

　　二在「生活居處」方面，〈地官·土均〉職：「禮俗，皆以地媺惡為輕重之灋行之」注，禮俗為邦國都鄙之民所固有，鄭玄主張「君子行禮不求變俗，隨其土地厚薄，為之制豐省之節。」並稱引〈禮器〉曰：「禮也者，合於天時，設於地財，順於鬼神，合於人心，理萬物。」（卷 17，頁 583），與「土均」依土地美惡，制其輕重之法，皆取順民厚生之義，原則相通。又，〈春官·大宗伯〉職：「以荒禮哀凶札」注，鄭玄引〈曲禮〉曰：「歲凶，年穀不登，君膳不祭肺，馬不食穀，馳道不除，祭事不縣，大夫不食粱，士飲酒不樂。」（卷 19，頁 664），邦國遭遇凶荒，凡飲食、祭祀自天子以降，禮有貶損，與「宗伯」荒禮之法，皆取體恤時艱之義，原則相通。

　　三在「婚嫁」、「祭祀」、「刑罰」方面，〈地官·媒氏〉職：「若無故不用令者罰之」注，鄭玄云：「無故，謂有喪禍之變也。有喪禍者娶，得用非中春之月」，復徵引〈雜記〉曰：「己雖小功，既卒哭，可以冠子娶妻。」（卷 15，頁 513），是卒哭後，不必非中春之月，可以娶妻，與〈媒氏〉所云，原則相通。又，〈春官·籥章〉職：「國祭蜡，則龡豳頌，擊土鼓，以息老物」注，鄭玄云：「萬物助天成歲事，至此為其老而勞，乃祀而老息之。」（卷 27，頁 909），是十二月憫萬物有成而行祭祀，並祈來年亦有成。鄭玄援引〈月令〉曰：「孟冬，勞農以休息之」，

皆取休養生息之義，原則相通。復次，〈秋官・大司寇〉職：「以
五刑聽萬民之獄訟，附于刑，用情訊之」注，鄭云：「用情理言
之，冀有可以出之者」，稱引〈王制〉曰：「刑者侀也，侀者成
也，一成而不可變，故君子盡心焉。」（卷41，頁1338），刑罰
既定，著於人身，墨劓宮諸刑，無以復還，至於刑殺，何以復生。
君子自當盡心核審，勿枉勿濫，此皆取明德慎罰之義。足見《禮
記》中之禮義與《周禮》若合符節，反映《周禮》具有放諸四海
皆準的普世價值。

(5)引《春秋》經傳考

　　昔孔子觀書於周室，假筆削以行權，修《春秋》。左丘明述
其本事作傳，經傳共為表裏。逮及兩漢，傳習《春秋》分為二流，
齊學《公羊》、魯學《穀梁》二傳并出，釋經各有側重。孔子修
《春秋》，經此三《傳》發揮，殆無餘蘊。《後漢書》記載，鄭玄
師從張恭祖受《左氏春秋》，兼通三《傳》，曾撰著《發墨守》、
《鍼膏肓》、《起廢疾》三書，操戈以駁何休，休見之乃嘆服；[206]
又曾注解《左傳》，然行腳客宿，偶聞服虔自言《傳》意，多與
己同，乃盡傾所注予之。[207]《六藝論》嘗評議三《傳》云：「左
氏善於禮，公羊善於讖，穀梁善於經」，[208]有別公、穀二《傳》，
《左傳》敘寫諸侯朝聘會盟、祭祀田獵等禮儀行止，毋論合禮、違
禮與否，皆奉周公之典為圭臬。後世讀《春秋》，以三《傳》為

---

206 事見《後漢書》〈張曹鄭列傳〉，卷35，頁1207-1208。

207 《世說新語》〈文學篇〉稱引《鄭玄別傳》，參閱王利器：《鄭康成年
　　譜》，頁147。

208 〔漢〕鄭玄撰，〔清〕皮錫瑞疏證：《六藝論疏證》，頁55。

津梁，儻論得失，亦由鄭玄這段話理解三《傳》內涵。

　　從上列引書表得知，《周禮注》稱引《春秋傳》，遠比《春秋經》要來的多。蓋因《春秋經》素以謹嚴著稱，內容「約其文辭而指博」，[209]鄭玄單引經文不易令讀者領略與《周禮》之聯繫，所以擇采三《傳》，證成意旨。從細部來講，鄭注《周禮》援引《春秋》經傳，在《春秋經》方面，多借春秋時代如移民救濟、賜官誓命、卜筮占驗等史事，佐證《周禮》。或先引《經》，後引《傳》文接連解釋。如〈春官·肆師〉職：「以歲時序其祭祀及其祈珥」注，鄭玄援引《春秋經·僖公十九年》：「邾人執鄫子，用之」，後引《傳》文曰：「用之者何？蓋叩其鼻以衈社也。」（卷21，頁720）揭明經義。這類型的引用，以《公羊傳》為主，用於字義訓詁及事理分析。值得注意的是，《周禮注》中徵引《春秋》三傳無復分別，一概統稱為「《春秋傳》」。如〈夏官·大司馬〉職：「賊賢害民則伐之」注，鄭玄援引《春秋傳》曰：「粗者曰侵，精者曰伐」，又曰：「有鐘鼓曰伐」（卷33，頁1101），前句出自《公羊傳·莊公十年》，後句出自《左傳·莊公二十九年》，是知鄭玄稱引《春秋》三傳，並無刻意區分。

　　再者，《周禮注》中有稱引《春秋傳》，核校原文後，實際當出自《春秋經》。如〈夏官·司士〉職：「作士適四方使，為介」注，鄭玄援引《春秋傳》曰：「天王使石尚來歸脤」（卷36，頁1191），即出自《春秋經·定公十四年》文句，三《傳》引經俱同。鄭玄由《傳》中抄錄經文，易使讀者誤以為出自《傳》言。另外，《周禮注》中還有自言稱引《春秋傳》，實際出自《國語》。

---

[209] 語見《史記會注考證》〈孔子世家〉，卷47，頁763。

如〈夏官・節服氏〉職：「二人執戈送逆尸從車」注，鄭玄援引
《春秋傳》曰：「晉祀夏郊，董伯為尸」（卷37，頁1206），實
出《國語・晉語》文句。孫詒讓解釋《漢書・律曆志》引《國語》
稱《春秋外傳》，[210]故鄭亦稱之「《春秋傳》」。排除上述特例，
總體而言，《周禮注》引《春秋》三傳之比重，以《左傳》所占
最多，計51處，《公羊傳》有11處，《穀梁傳》最少，僅1處。

　　《周禮注》所以側重徵引《左傳》，除了鄭玄對「左氏善於禮」
的個人體會外，還在於漢儒研治《周禮》之餘，普遍兼治《左傳》
的學術風氣。劉師培即指出，自劉歆以降，「兩漢巨儒治《周官》
者，皆兼治《左氏》，則二書微言大義，多相符合，可以即彼通
此，彰彰明矣。」[211]鄭玄作為兩漢《周禮》傳授譜系的集大成者，
自然深受前輩學者之影響，這也造就鄭玄注經留意會通《左傳》
及《周禮》文獻的共相。

　　《周禮注》引《春秋傳》解經，大抵以《左傳》為主，引證目
的及方法有三：

　　第一，訓釋經文字義及類推本事。如〈天官・小宰〉職：「六
曰聽取予以書契」注，鄭玄援引《左傳・襄公十年》曰：「王叔
氏不能舉其契」，云：「凡簿書之最目，獄訟之要辭，皆曰契。」
（卷3，頁81），解釋「契」為出入授予之簿冊。同職，「喪荒，
受其含襚幣玉之事」注，鄭引《公羊傳・文公五年》曰：「口實
為含，衣服曰襚」（卷3，頁87），解釋「含」、「襚」為喪禮
所用，以珠玉納死者口中曰「含」，以衣衾贈死者曰「襚」。又，

210　〔清〕孫詒讓：《周禮正義》〈夏官・節服氏〉，卷59，頁2492。
211　〔清〕劉師培：〈羣經大義相通論・周官左氏相通考〉，《儀徵劉申叔
　　遺書》（揚州：廣陵書社，2014年），第3冊，頁1033。

〈天官・庖人〉職：「掌共六畜」注，引《左傳・僖公三十一年》曰：「卜日曰牲」，鄭云：「始養之曰畜，將用之曰牲。」（卷4，頁121），訓「畜」為「牲」，自有先養「畜」，後用「牲」之別。復次，〈春官・鬯人〉職：「凡王弔臨」注，鄭玄引《左傳・昭公三年》曰：「照臨弊邑」，鄭云：「以尊適卑曰臨」（卷21，頁737），經言「臨」字表示以上對下、以尊就卑之義。此皆援引《春秋傳》訓釋《周禮》字義用法。

另一方面，左丘明作《傳》，緣屬辭比事之法，揭明《春秋》經旨，鄭玄注《禮》亦有師法。《周禮注》中常引用《左傳》史事，類推經義。如〈天官・大宰〉職：「作大事，則戒于百官，贊王命」注，鄭玄援引《左傳・成公十三年》，記載劉康公、成肅公會合諸侯伐秦。成子受脤於社，不敬。劉子曰：「國之大事，在祀與戎」（卷2，頁67），譏刺成子怠惰。引此《傳》文，解釋《周禮》「大事」即戎事。又，〈夏官・戎右〉職：「掌戎右之兵革使」注，鄭引《左傳・文公二年》，載秦晉殽之戰，晉萊駒為戎右，襄公縛秦囚，使萊駒以戈斬之（卷38，頁1242），釋「使謂王使以兵，有所誅斬」之意。復次，〈秋官・小司寇〉職：「四曰議能之辟」注，鄭引《左傳・襄公二十一年》，載叔向被囚，祁奚以叔向賢能，勸諫晉侯赦免小罪（卷41，頁1342），解釋《周禮》「八辟」議罪之法，確能寬宥「有道藝者」。皆稱引《左傳》所錄史事，詮明《周禮》經旨。

第二，**揭明春秋之義以釋禮**。所謂春秋之義，本諸孔子修《春秋》所持義法。《史記・孔子世家》載，孔子因史記作春秋，約其文辭而旨博。「吳楚之君自稱王，而春秋貶之曰子；踐土之會實召周天子，而春秋諱之曰：天王狩于河陽，推此類以繩當世。

貶損之義，後有王者舉而開之。春秋之義行，則天下亂臣賊子懼焉。」[212]經孔子筆削後的《春秋》文字，寓存裁斷歷史人物道德的品評尺度，對禮崩樂壞的政治亂象，能起到撥亂反正的作用。鄭注《周禮》，當涉及夷夏內外、正名辨位之禮文時，也常援用春秋之義以闡釋。如〈地官・大司徒〉職：「制其畿疆而溝封之」注，鄭玄援引《左傳・成公二年》，記載鞌之戰，齊侯使國佐賂晉師，晉人不許，而曰：「使齊之封內，盡東其畝」。國佐對云：「先王疆理天下，物土之宜。……今吾子疆理諸侯，而曰盡東其畝而已。」（卷9，頁335），譏刺晉人為一己之利，有別古聖先王劃定天下田地疆界，先考察土地質性，因地制宜。《左傳》敘事以「先王」和「吾子」對文，譏刺晉人不合禮法。然則，鄭玄徵引《傳》文時，卻改為「吾子疆理天下」，原因在於《周禮》「大司徒」為天子屬官，代王制定畿土疆界，鄭乃以義改言，不從《傳》文。又〈秋官・大行人〉職：「九州之外謂之蕃國」注，鄭玄引《左傳・僖公二十七年》文（卷44，頁1454），載杞桓公來朝，因用夷禮行事，故《春秋》書曰「子」。引之佐證用夷禮者，猶曰「子」，何況九州之外，夷服、鎮服、蕃服等蕃國。復次，〈春官・大宗伯〉職：「以九儀之命，正邦國之位」注，鄭玄引《左傳・莊公十八年》曰：「名位不同，禮亦異數」（卷19，頁674），釋《周禮》以九儀詔命邦國，每命異儀，貴賤有別，群臣各依其命，則無僭位濫權之事。凡此，皆稱引《左傳》驗明《周禮》契合聖人義法。

　　第三，明禮文制訂以「時」為大，無違順民厚生之道。如〈天

---

[212] 語見《史記會注考證》〈孔子世家〉，卷47，頁763。

官・凌人〉職：「夏頒冰」注，鄭玄援引《左傳・昭公四年》曰：
「古者日在北陸而藏冰，西陸朝覿而出之。」（卷5，頁177），
謂出冰、藏冰皆有時令。據節氣，四月後暑氣漸盛，王以冰賜羣
下，以為賓食喪祭之用途。鄭引《傳》文，證與《周禮》「夏頒
冰」之制合。又，〈春官・大史〉職：「正歲年以序事」注，鄭玄
引《左傳・文公六年》曰：「閏以正時，時以作事，事以厚生，
生民之本，於是乎在。」（卷30，頁998），彼譏刺文公不告閏
朔，無以利民。鄭引之者，欲證《周禮》「大史」即《左傳》「日
官」，有正閏朔、造曆法之職。四時既定，頒佈於官府都鄙，授
予民時。復次，〈夏官・圉師〉職：「春除蓐、釁廄」注，鄭玄
引《左傳・莊公二十九年》曰：「春，新作延廄，書不時也。凡
馬，日中而出，日中而入。」（卷38，頁1262），杜預《注》云：
「日中，春秋分也。治廄當以秋分，因馬向入而脩之。今以春作，
故曰不時。」[213]鄭玄引《傳》文，證春分馬出，亦可脩廄，雖與
《傳》義不盡相合，猶可視為「春分治廄」之一證。凡此，皆闡發
《周禮》經文無違時令，表露出制禮者與時變通，無違民本厚生的
思想底蘊。

2、諸子百家類

　　《漢書・藝文志・諸子略序》述及先秦九流十家之淵源，是時
王道衰微，諸侯力政，諸子持其學，遊說時主，各崇其善，互譏
對方，勢同水火。誠若班〈志〉所云：

---

[213]　〔清〕孫詒讓：《周禮正義》〈夏官・圉師〉，卷62，頁2632。

> 雖有蔽短，合其要歸，亦六經之支與流裔。……仲尼有言：
> 「禮失而求諸野。」方今去聖久遠，道術缺廢，無所更索，
> 彼九家者，不猶癒野乎？若能修六藝之術，而觀此九家之
> 言，舍短取長，則可以通萬方之略矣。[214]

諸子論學，固有理念之短長，要皆博聞於六藝，各自沉潛。不惟如此，至嬴秦焚書，不及諸子羣說，引經明文俱在，猶可推補經籍史料之遺闕。故漢儒解經，稱引諸子百家學說，斑斑可考。劉師培發覺：

> 兩漢之時，諸子之說未淪；降及東京，九流之書日出……
> 故說經之儒，亦間援九流釋六藝……康成博學多聞，迥出
> 諸儒之表，注〈天官〉則詮明醫理，此方技家之言也。推
> 之，注〈夏官〉則旁及兵法，注〈地官〉則博引農書，此
> 兵家、農家之言也。[215]

說明鄭玄說經援引五經傳記外，更旁攝九流諸子之言，融會貫通以為釋經之參證。今考《周禮注》徵引諸子羣說，主要集中引用《論語》、《孟子》兩部儒家經典，次為兵家類的《司馬法》、《孫子》，再次為道家類的《老子》。至於引證目的，則基本可為前文引經注例所涵蓋，如：

第一，訓釋經文字義。〈夏官・隸僕〉職：「掌五寢之埽除

214　《漢書》〈藝文志・諸子略序〉，卷 30，頁 1746。
215　〔清〕劉師培：《國學發微》，頁 36-38。

糞洒之事」注，鄭玄引《論語‧子張》曰：「子夏之門人，當洒
埽應對。」（卷37，頁1218），訓「洒」為「灑」，謂灑掃五廟
之寢為「隸僕」職掌。又，〈天官‧醫師〉職：「聚毒藥以共醫
事」注，鄭玄引《孟子‧滕文公》曰：「藥不瞑眩，厥疾無瘳」，
解釋道：「藥之辛苦者，藥之物恒多毒。」孟子引《尚書‧說命》
謂藥使人瞑眩，乃得病癒。賈《疏》認為，鄭玄「不引〈說命〉
而引《孟子》者，鄭不見古文《尚書》故也。」（卷5，頁149），
恐不盡然。鄭玄之《書》學，本諸孔氏古文，嘗為之注，《後漢
書》明文俱在，安有不見是書之理？「醫師」為醫官之長，聚藥
以供「疾醫」、「瘍醫」所用。鄭玄引此，釋藥中有毒，味多辛
苦。復次，〈地官‧鼓人〉職：「凡軍旅，夜鼓鼜」注，鄭玄引
《司馬法》曰：「昏鼓四通為大鼜」（卷13，頁448），謂入暮初
夜，擊鼓以示警戒。鄭引此釋「鼜」字為「夜戒守鼓」。凡此，
皆引諸子百家之言，訓釋經文字義。

　　第二，證本經土地、軍事活動、諸侯朝覲等制度。如〈地官‧
小司徒〉職：「乃經土地而井牧其田野」注，謂小司徒「立其五
溝五塗之界，其制似井之字，因取名焉」。鄭引《孟子》曰：「夫
仁政必自經界始。經界不正，井田不均，貢祿不平，是故暴君姦
吏必慢其經界。經界既正，分田制祿可坐而定也。」（卷11，頁
390），證都鄙采地有制溝洫井田之法，說與《孟子》合。又〈夏
官‧司右〉職：「凡國之勇力之士能用五兵者屬焉」注，鄭引《司
馬法》曰：「弓矢圍，殳矛守，戈戟助。凡五兵，長以衛短，短
以救長。」（卷36，頁1197），「司右」選勇力之士持五兵守衛，
此證五兵之軍事用途。復次，〈秋官‧大行人〉職：「春朝諸侯
而圖天下之事，秋覲以比邦國之功，夏宗以陳天下之謨，冬遇以

協諸侯之慮」注，鄭玄引《司馬法》曰：「春以禮朝諸侯，圖同事；夏以禮宗諸侯，陳其謀；秋以禮覲諸侯，比同功；冬以禮遇諸侯，圖同慮。」（卷44，頁1442），述明《周禮》諸侯晉見天子「春朝」、「夏宗」、「秋覲」、「冬遇」之禮，與《司馬法》相合。凡此，皆稱引諸子百家羣說，證成《周禮》各項典制。

3、文史雜書類

這類徵引情況，可再細分成三種：一是文學類的《楚辭》；二是歷史類的《逸周書》、《國語》、《世本》、《漢書》等；三是流傳於漢世的緯書、律書、兵書、禮書，及《勘輿》、《甘氏歲星經》、《蠶書》、《相玉書》等雜書類別。

鄭玄注《周禮》引文學書，僅見《楚辭》1處。〈秋官・萍氏〉注，鄭玄引《楚辭・天問》曰：「蓱號起雨」。「蓱」，萍字異體，為雨師「蓱翳」之簡稱。鄭云：「萍氏主水禁，萍之草無根而浮，取名於其不沉溺。」（卷40，頁1307），引之釋「萍氏」命名緣由。其次，《周禮注》稱引史籍文獻，和《尚書》、《春秋》情況無異。〈秋官・大行人〉職：「九州之外謂之蕃國，世壹見，各以其所貴寶為摯」注，鄭云：「若犬戎獻白狼、白鹿是也。其餘則《周書・王會》備焉。」（卷44，頁1454），謂穆王初伐犬戎，得白狼、白鹿以歸，是征而有之，所得亦為珍品。《周書・王會》為《逸周書》之篇章，援此證王會諸侯，獻物多為蕃國所貴寶者。又，〈夏官・候人〉職：「各掌其方之道治」注，鄭玄引《國語》曰：「候不在竟」（卷35，頁1163），謂周定王使單襄公聘于宋，假道於陳。當是時，候人不在境，司空不視塗，膳宰不致饎，司里不授館。襄公歸而告王，言陳侯將有大咎，國

必滅亡。鄭玄引此「譏候不居其方」，證「候人」掌方境治理道路之事。復次，〈春官・龜人〉職：「祭祀先卜」注，鄭云：「先卜，始用卜筮者」，稱引《世本・作》曰：「巫咸作筮」（卷28，頁932），謂巫咸教人筮法，為始用卜筮之人，故「龜人」祭祀之。凡此，皆稱引史籍文獻證《周禮》之例。

　　另方面，東漢時期以經傳、緯書並行，有「內學」、「外學」之稱。鄭玄本身便曾注解過緯書，[216]故《周禮注》亦徵引。今考《周禮注》引緯書，只稱「《孝經說》」、「《樂說》」，不逕稱緯書，何以如此？據《鄭志》稱，弟子張逸問《尚書注》引《書說》為何種書籍，鄭答曰：「《尚書緯》也，當為《注》時，在文網中，嫌引秘書，故諸所牽圖讖皆謂之說。」[217]據考證，鄭玄注解《尚書》以前，當於靈帝兩次黨錮，即本傳所謂「逃難注禮」時期，已完成《三禮》的校注。[218]從《周禮注》和《尚書注》中引述緯書，一併將「某書緯」改稱「某書說」的現象推論，《周禮注》與《尚書注》為同一時期先後完成之著作，似無疑義。

　　《周禮注》中明引緯書，以《孝經緯》為主，計7處，《樂緯》僅1處。如〈夏官・序官〉：「乃立夏官司馬，使帥其屬而掌邦政」注，鄭玄引《孝經說》曰：「政者，正也。正德名以行道。」（卷33，頁1073），謂自正其德與名位，施於天下。「大司馬」

216　車行健考證鄭玄注緯書的確切書目有：《易緯注》、《尚書緯注》、《尚書中候注》、《禮緯注》、《禮記默房注》、《詩緯江》等六部，其他尚有輯佚所存之孤例，不一而足。參閱氏著：《禮儀、讖緯與經義——鄭玄經學思想及其解經方法》，頁91-92。

217　〔清〕皮錫瑞：《鄭志疏證》，卷2，頁7。

218　參閱王利器：《鄭康成年譜》，頁82-87。

掌邦政，主六軍，平亂諸侯有違王命者。鄭援此釋「政」字用義。又，〈秋官‧序官〉：「以佐王刑邦國」注，鄭云：「刑，正人之法」，稱引《孝經說》曰：「刑者，侀也，過出罪施。」（卷40，頁1297），謂行刑者，著於人身，過誤者出之，實罪者施刑。「大司寇」掌邦刑，執法以正人之罪。鄭引此釋「刑」字用義。復次，〈春官‧大司樂〉職：「乃奏黃鐘，歌大呂，舞雲門，以祀天神」注，云：「天神，謂五帝及日月星辰也。王者又各以夏正月祀其所受命之於南郊，尊之也。」鄭玄引《孝經說》曰：「祭天南郊，就陽位。」（卷25，頁838），謂祭天於南郊，以近陽位，證郊祭感生五帝及日月星辰，用樂與祭天無異。此皆引緯書證禮，知緯書非不可信，鄭玄亦取切合經義者入注。

再者，鄭玄注經有「以今況古」之法。蓋事有古今之別，當舊聞不足憑證，即以近世制度比擬。鄭注《周禮》曾援引漢世通行之律書、禮書及地理星占等書入注，有些書目甚至連班〈志〉亦無收錄。如〈春官‧冢人〉職：「以爵等為丘封之度與其樹數」注，鄭玄引「《漢律》曰：列侯墳高四丈，關內侯以下至庶人各有差。」（卷24，頁819），謂尊者丘高而樹多，卑者封下而樹少，有等差之別。又，〈天官‧凌人〉職：「大喪，共夷槃冰」注，鄭玄援引「《漢禮器制度》曰：大槃廣八尺，長丈二尺，深三尺，漆赤中。」夷槃為盛冰器，置於夷牀下，用以寒尸。《漢禮器制度》為前漢叔孫通作，鄭援此補說「夷槃」形制。復次，〈春官‧保章氏〉掌「以星土辨九州之地」之術（卷31，頁1020），乃就國中封域所在星辰，觀天下之妖祥。古天文家言星土之書，漢時關佚，鄭玄只能取用後人續作的《堪輿》、《甘氏歲星經》等遺說，略為說解。凡此，皆稱引漢世通行書籍，用以解經。

　　總的來說，鄭注《周禮》引經史羣書相佐證，是貫串全書的一大寫作特色。就徵引五經傳記而言，歸納其解經方法，鄭玄分別以《易》理象數解經，或透過《儀禮》串連天子與諸侯大夫之古禮儀節，或類推《尚書》、《春秋》所載史事，解讀《周禮》。至於引證目的，除訓釋《周禮》字詞名物，辨析經字訛誤、補充文義不足外，較為獨特之處，在於藉由六官職文的互見徵引，反映《周禮》職官隸屬及各類聯事關係。同時透過對《左傳》春秋義法，及《禮記》禮義原則的掌握，闡明《周禮》職官設置的內涵。其次，還徵引諸子百家言、文史雜書，儘管為數不多，亦足見鄭玄曩括羣籍，以求徵驗《周禮》制度的苦心孤詣。試觀《禮記‧經解》首節泛言六經，其後乃歸重於「禮」，是六經之教雖異，但總以「禮」為根柢。[219]鄭玄徵引經史羣書校讀《周禮》，正是通過傳統注疏的詮釋方法，將六經意旨匯歸於一，不僅得以詮明經文字句本身，對所引述的經史子集文獻的內涵，也獲致更深層的體會與發揮。

四、闡發禮義，以陳聖人制禮之初衷

　　《周禮》是部古代官制的政典，記載各官職掌與府第官員參與政務的行事規範，乍看平面制式的表述形式，實隱含作者擬構的系統思維。發掘經書這層思想意義，正是歷代禮學家論定《周禮》是否真為聖人制作的判斷標準。《禮記‧郊特牲》曰：「禮之所尊，尊其義也。失其義，陳其數，祝史之事也。」[220]禮義的講求，

---

[219]　〔清〕皮錫瑞：〈論六經之義，禮為尤重，其所關繫為尤切要〉，《經學通論》，頁81。

[220]　〔漢〕鄭玄注，〔唐〕孔穎達疏：《禮記注疏》，卷26，頁504。

是對「禮」本身蘊藏意義，包含「禮時為大」、「以禮為治」、「禮順人情」等內涵的闡揚。是故，戴震云：「為學須先讀《禮》，讀《禮》要知得聖人禮意」，[221]禮學精蘊之所在，不應停留於禮文解讀，更須推尋禮制背後的思想。試觀鄭玄的禮學撰述，從事經本校勘與文字音義辨析之餘，更能通過訓詁途徑，推尋聖人制禮之微旨。此種知其然，又知其所以然的釋經方法，為後人閱讀禮經提供重要參考。陳澧盛讚稱：「禮意則鄭《注》最精」，經解「得鄭《注》而神情畢見」，[222]可謂知言。基於這點認識，分析《周禮注》闡發禮義的方法與取得成果，約有數端：

(一) 發凡《周禮》本經禮例之一：言「古者」例

　　鄭玄注《周禮》每言「古者」云云，所謂「古者」，意指從前、過去的時代。張舜徽指出，「鄭玄注書，每遇名物禮俗，輒好推原本始，常云古者以稽述之。」[223]不過稽述古事，以道往昔，雖為鄭玄經注的特點，卻非鄭玄一人所獨擅。案《禮記·曾子問》曰：「古者天子練冠以燕居，公弗忍也」，孔《疏》云：「凡言古者，皆據今而道前代。」[224]由是可知，先秦古籍中早有據今述古之事。然近世之事，猶可聽聞於里巷言談，至於遠及上古三代之事，從何得知？此固當求諸五經記載，推知實際。

　　鄭注《周禮》運用「以今述古」方法解經，主要是透過梳理古今變遷的人和事，作為理解《周禮》文獻形成的基礎。歸納類

---

[221] 〔清〕段玉裁編：〈戴東原先生年譜〉，《戴震集·附錄》，頁488。

[222] 〔清〕陳澧：〈儀禮〉，《東塾讀書記》，卷8，頁139。

[223] 張舜徽：〈鄭氏經注釋例·第十二「微古例」〉，《鄭學叢著》，頁79-80。

[224] 〔漢〕鄭玄注，〔唐〕孔穎達疏：《禮記注疏》，卷18，頁369。

型，略分為四：

第一，言人物身分位階。〈天官・酒人〉注，鄭云：「古者
從坐男女，沒入縣官為奴，其少才知以為奚，今之侍史官婢。」
（卷1，頁16），此說承〈秋官・司厲〉職：「其奴，男子入于罪
隸，女子入于舂槀」而來。孫詒讓云：「秦漢時，通以國家為縣
官」，[225]鄭玄即據秦漢時事，解釋「酒人」的組織形成，有來自
罪隸、奴僕之屬。

第二，言文獻用語的深意。〈天官・玉府〉職：「凡王之獻
金玉、兵器、文織、良貨賄之物，受而藏之」注，鄭云：「古者
致物於人，尊之則曰獻，通行曰饋。」（卷6，頁214），復稱引
《春秋・莊三十一年》：「齊侯來獻戎捷」之事，認為齊大於魯，
言「來獻」者是為尊魯，不必非以下對上、以賤進貴纔可稱「獻」，
一般常用語則稱「饋」。鄭玄即據春秋時事，說明「獻」、「饋」
二字在文獻書寫的語用差異。

第三，言名物用途。〈天官・玉府〉職：「若合諸侯，則共
珠槃、玉敦」注，鄭云：「古者以槃盛血，以敦盛食。」（卷6，
頁213），在〈郊特牲〉及〈少牢〉等《禮記》篇章中皆以「敦」
盛黍稷，以「槃」盛血，似無明文。然據〈地官・牛人〉職：「祭
祀，共其牛牲之互與其盆簝」，鄭司農注云：「盆，所以盛血」
（卷13，頁457），是「槃」之用途似「盆」，鄭玄據此說明諸侯
行盟事，「珠槃」、「玉敦」的各自用途。

第四，綜言古人行事。其範圍含賅甚廣，若以事類區分，主
要涉及古代政事、宮事、刑事、田役軍事、喪葬祭事等內容。如

225　〔清〕孫詒讓：《周禮正義》〈天官・酒人〉，卷1，頁34。

〈天官・小宰〉職:「徇以木鐸」注,鄭云:「古者將有新令,必奮木鐸以警眾,使明聽也。」(卷3,頁88),此說承續《禮記・明堂位》:「振木鐸於朝,天子之政」而來。鄭據此說明天子宣導政令,必以木鐸鳴之,警醒眾聽。又,〈天官・內宰〉職:「上春,詔王后帥六宮之人而生穜稑之種,而獻之于王」注,鄭云:「古者使后宮藏種,以其有傳類蕃孳之祥。必生而獻之,示能育之,使不傷敗。」(卷7,頁251),據〈昏義〉,王妃有一百二十人,使宮中藏穜稑之種,以助農耕,表徵後宮繁衍子嗣之德行,皆能存養。鄭據此說明後宮育種之涵義。再則,〈地官・司救〉職:「掌萬民之袤惡過失而誅讓之」注,鄭云:「古者重刑,且責怒之,未即罪也。」(卷15,頁502),謂萬民有輕過,未及罪者,「司救」責讓,令其遷過從善。鄭據此推闡刑罰對民眾的道德懲戒。復次,〈春官・大宗伯〉職:「大田之禮,簡眾也」注,鄭云:「古者因田習兵,閱其車徒之數。」(卷19,頁669),謂天子諸侯四時田獵,兼行檢閱車徒、旗鼓、甲兵之事。《論語・子路》:「不教民戰,是謂棄之」,古以田獵活動,教民習戰。鄭據此述明兵農合一之制。再如〈春官・墓大夫〉職:「使皆有私地域」注,鄭云:「古者萬民墓地同處,分其地使各有區域,得以族葬後相容。」(卷24,頁824),謂規劃墓地,使萬民之墓各依親屬,共為一處。鄭據此闡明萬民墓葬的地域分佈。以上諸例,皆引申《周禮》意旨,推闡周代古制。

　　綜言之,由於鄭玄視《周禮》為周初著作,以為經中所述人物身分、文獻語用、名物用途、古人行事,必傳聞後世,故《周禮注》凡言「古者」之例,蓋以周秦時代便已存在的社會現實,詮釋本經,也由此表明先秦禮文因革損益之遺存。

（二）發凡《周禮》本經禮例之二：言「凡某者」例

　　鄭玄注《禮》，每於經文未詳言處，以簡略文字概括其旨，俾使學人通達用例，庶得執簡馭繁，舉一隅以三隅反之效。以往勾稽禮經凡例，僅就鄭玄《儀禮注》述明對淩廷堪（1757-1809）《禮經釋例》的影響，有張舜徽、李雲光立說在前，[226]可參看。《儀禮》牽涉冠、婚、喪、祭、朝、聘之儀文禮數，繁雜難讀，固需凡例指引。《周禮》大至國家經營，小至萬民生計，所涉範疇不下《儀禮》，同樣須歸納凡例，始能統攝全經。

　　鄭注《周禮》發凡起例，重視歸結本經字詞語用的意義範圍，及推闡禮制意涵。但其中若干條例，只是將經籍所言義例改寫，援引入《注》。如〈天官・大宰〉職：「及納亨，贊王牲事」注，鄭云：「凡大祭祀，君親牽牲；大夫贊之。」（卷2，頁63），謂國君親迎牲於門，卿大夫助君，待宰殺後，授與「亨人」。此承《禮記・明堂位》：「君親牽牲，大夫贊幣而從」述例。又，〈夏官・大司馬〉職：「中春，教振旅」注，鄭云：「凡師出曰治兵；入曰振旅；皆習戰也。」（卷33，頁1106），謂「大司馬」教民習戰，於春教振旅，於夏教茇舍，於秋教治兵，至冬閱兵。此擷取《穀梁傳・莊公八年》：「出曰治兵，習戰也，入曰振旅，習戰也」述例。其次，〈秋官・大行人〉職：「凡諸侯之邦交，歲相問也，殷相聘也，世相朝也」注，鄭云：「凡君即位；大國朝焉；小國聘焉。」（卷44，頁1458），乃據《左傳・文公元年》

226　參張舜徽：〈鄭氏經注釋例・第十四「發凡例」〉，《鄭學叢著》，頁85-90；李雲光：《三禮鄭氏學發凡》，第六章「鄭氏對禮制之說解：歸納凡例以解之」，頁628-644。

載公孫敖如齊，傳曰：「凡君即位，卿出並聘」，謂諸侯父死子立曰「世」，君即位時，各使卿士往來行聘，以告周知。鄭言「大國朝焉」，即己是小國，使卿往朝；「小國聘焉」，即己是大國，使卿往聘。朝、聘看似有別，實則互文見意，總其義則同出《左傳》。復次，〈秋官・掌客〉職：「王巡守、殷國，則國君膳以牲犢」注，鄭云：「凡賓客則皆角尺」（卷45，頁1493），謂宴請賓客，依牛角發育程度，以牛角一尺為牛牲首選。此承《禮記・王制》：「賓客之牛，角尺」述例。再如〈冬官・考工記〉：「琰圭九寸，判規，以除匿，以易行」注，鄭云：「凡圭，琰上寸半」（卷48，頁1626），琰圭為圭上端尖銳者，規半以下為琰飾。此承《禮記・雜記》：「琰上，左右各寸半」言例。凡此，皆隱括《禮記》、《穀梁》、《左傳》等經籍文字入《注》，僅能視為鄭玄汲取經傳之語，不當歸入《周禮注》的發凡例。

排除上述特例，歸納《周禮注》的發凡例，本章參考淩廷堪《禮經釋例》八目之名，適度調整，大致分成：1、「通例」。2、「飲食之例」。3、「喪祭之例」。4、「卜筮之例」。5、「器服名物之例」。6、「兵刑之例」。7、「宮室之例」。8、「婚例」。9、「鄉射之例」。10、「雜例」等十種類別。以下，擇要說明各類情形：

1、通例（含字詞解釋、行文用字及申言經義等）

本類凡例，包含對經文字詞及語義引申之說明，能總結《周禮》的語用範圍。如〈天官・大宰〉職：「以八柄詔王馭羣臣」注，鄭云：「凡言馭者，所以歐之內之於善。」（卷2，頁44），「馭」字，從又從馬，本義為以手駕馭馬匹，引申對一切人事物的

統率。此謂「大宰」操持爵、祿、予、置、生、奪、廢、誅等權柄，助王統御羣臣，意猶策馬前行，使之向善。此涵蓋下文「以八統詔王馭萬民」之語用。又，〈天官・大宰〉職：「始和布治于邦國都鄙」注，鄭云：「凡治有故；言始和者；若改造云爾。」（卷2，頁56），正月朔日「大宰」宣布欲行新法，涵蓋「司徒」、「司馬」、「司寇」三職行「布教」、「布政」、「布刑」等事，謂一年伊始，法令宜應汰舊佈新。復次，〈天官・小宰〉職：「六曰聽取予以書契」注，鄭云：「凡簿書之最自；獄訟之要辭；皆曰契。」（卷3，頁81），「契」字，古通「絜」。《說文》云：「刻也」，古人在龜甲獸骨上，灼刻文字和灼刻文字用的刀具，皆謂之「契」，後引申泛指著錄的文字。「小宰」以簿書文字，作為官府出納依據，字義能涵蓋〈地官・質人〉職：「掌稽市之書契」語用，意謂「質人」掌管市物交換之票卷文字。凡此，皆拈出經文一字一詞，作總結式的說明。

　　其次，鄭《注》凡例，也包含對《周禮》行文用字的鑑別。如〈天官・小宰〉職：「一曰聽政役以比居」注，鄭云：「凡其字或作政；或作正；或作征；以多言之宜從征。」（卷3，頁81），古正、征、政三者，字屬同源。鄭讀政為征，意即課賦征稅，義能涵蓋〈地官・司徒〉職：「征役之施捨」、〈閭胥〉職：「役政之數」、〈遂人〉職：「以起政役」等處，不論經文作「政役」或「征役」，皆指財征和力役。又，〈天官・大府〉職：「掌九貢、九賦、九功之貳，以受其貨賄之人，頒其貨于受藏之府，頒其賄于受用之府」注，鄭云：「凡貨賄皆藏以給用耳，良者以給王之用，其餘以給國之用。或言受藏；或言受用，又雜言貨賄；皆互文。」（卷6，頁207），謂「大府」受四方貢賦，依「大宰」

頒物府內,以供君王與國用。鄭意以「受藏」、「受用」互文,
是貨之金玉,賄之布帛皆有藏有用。古人撰書,病其累辭,故經
言頒貨於受藏之府,頒賄於受用之府,實則文義相兼。復次,〈夏
官・職方氏〉職:「其山鎮曰恒山,其澤藪曰昭餘祁」注,鄭云:
「凡九州及山鎮澤藪言曰者;以其非一;曰其大者耳。」(卷39,
頁1278),謂一州之內,山川繁夥,經文舉其大者,兼包羣小。
此皆辨析行文用法,使文義更為暢順。

　　再者,鄭《注》凡例,還包含對整段經文語意的詮釋。如〈地
官・掌節〉職:「門關用府節,貨賄用璽節,道路用旌節」,鄭
云:「凡民遠出至於邦國;邦國之民若來;入由門者「司門」為
之節;由關者「司關」為之節;其商則「司市」為之節;其以徵
令及家徙;則鄉遂大夫為之節。唯時事而行不出關;不用節也。」
(卷16,頁550),謂人民出入邦國,由內而外,自國門前往關隘,
遊經國門時「司門」授民府節,遊經關隘時「司關」授節,至於
從商通貨賄,則由「司市」授璽節。據〈鄉大夫〉云:「國有大
故,以旌節輔令則達之」,又〈比長〉云:「若徙於他,則為之
旌節而行之」,是知國中徵令、遷徙皆由鄉遂大夫授民旌節,始
可通行。唯有日常往來於關內者,不需持節。此義涵蓋〈秋官・
小行人〉職:「達天下之六節」,鄭《注》云:「凡邦國之民遠
出至他邦,他邦之民若來入,由國門者,門人為之節;由關者,
關人為之節。其以徵令及家徙,鄉遂大夫及采地吏為之節,皆使
人執節將之以達之,亦有期以反節。」釋義與〈掌節〉職文互足。
鄭《注》下云:「凡節,有天子法式,存於國。」(卷44,頁1460),
是王者頒行法度於境內,瑞節形制亦在其中。此由「掌節」收藏,
經由「司門」、「司關」及鄉遂之吏手中授予民用。此段經文,

原只側重瑞節的用途規範，鄭《注》進而繫諸各職，通盤說解，使《周禮》授民瑞節之流程，有一完整陳述。

2、飲食之例

《周禮・天官》設專掌王宮飲食官員，職務包含提供飲食材料的來源、烹煮調味方法及食物保存等細節。「膳夫」為食官之長，「掌王之食飲膳羞，以養王及后、世子」，鄭玄解釋道：「凡養之具，大略有四。」（卷4，頁113）。是知古人飲食類型，可大略分為「食（飯食）」、「飲（酒漿）」、「膳（牲肉）」、「羞（醢醬）」四類。

鄭注《周禮》之飲食凡例，有膳牲及酒漿兩類。如〈天官・庖人〉職：「掌共六畜、六獸、六禽，辨其名物」注，鄭云：「凡鳥獸未孕曰禽」（卷4，頁121）。又，〈天官・獸人〉職：「冬獻狼，夏獻麋，春秋獻獸物」注，鄭云：「凡獸皆可獻也」（卷4，頁137）。《爾雅・釋鳥》云：「二足而羽謂之禽，四足而毛謂之獸」，是兩翼為「禽」，四足為「獸」。實則「禽」、「獸」對文則異，散文則通，指鳥獸之總名。依鄭意，獸未孕前亦謂之「禽」。「庖人」掌供肉食，以備「內、外饔」烹調王及后、世子膳食，及祭祀、殽饗所用。六獸、六禽的來源，皆由「獸人」田狩進獻，因捕獲禽獸之名號有異，「庖人」須逐一辨明。鄭玄述例，即有意區別「禽」、「獸」作為膳牲情況的不同語用。此外，〈春官・司尊彝〉職：「凡六彝六尊之酌，鬱齊獻酌，醴齊縮酌，盎齊涗酌，凡酒脩酌」注，鄭云：「凡此四者；祼用鬱齊；朝用醴齊；饋用盎齊；諸臣自酢；用凡酒。唯大事於大廟，備五齊三酒。」（卷22，頁751）。〈天官・酒人〉掌辨「五齊」、「三

酒」之名物，古代酒品釀造，取自稻麴等穀物製成，供作祭祀者，謂之「五齊」，皆未沛有滓之濁酒，依清濁為次，各有異名；復有供人飲用者，謂之「三酒」，為行沛去滓後之精煉酒。「司尊彝」掌管尊彝陳列位置，及詔告酌酒的使用時機。依鄭意，祭時有祼禮，有朝踐、饋獻之儀，依次第，分別使用鬱齊、醴齊、盎齊，至於諸臣酬酢之儀，則飲「三酒」。鄭玄述例，說明祭禮「五齊」及「三酒」的使用時機。此皆《周禮注》所見之飲食發凡例。

3、喪祭之例

　　《周禮‧春官》設有主持祭祀、喪葬的禮官，擔任包括籌備禮事及禮器收藏等職務，同時輔佐國中官員進行禮儀活動。《周禮注》的喪祭凡例，主要為解釋喪葬、祭祀過程涉及的儀節與器用規範。在喪葬方面，〈天官‧宰夫〉職：「凡邦之弔事，掌其戒令，與其幣器財用凡所共者」注，鄭云：「凡喪，始死弔而含襚，葬而賵贈，其間加恩厚，則有賻焉。」（卷3，頁96），《周禮》中，國君弔喪所用衣帛、器物、財貨皆由「宰夫」調度。此謂人新死之時，國君使人弔慰，為尸飯含，並致送裝斂所用之衣被。及至入葬，國君復贈財貨及器物。凡贈送車馬謂之「賵」，贈送錢財謂之「賻」。然則，「賻」是國君對死者的額外恩厚，故《春秋》譏武氏子求賻行為，是為非禮。鄭玄述例，欲以天子弔喪贈物之儀節，補足經文所未備。又，〈天官‧司裘〉職：「大喪，廞裘」注，鄭云：「凡為神之偶衣物，必沽而小耳。」（卷7，頁240），「司裘」掌供國君所穿良裘、功裘，大喪亦須陳裘。《禮記‧檀弓》載：「竹不成用，瓦不成味，木不成斫，琴瑟張而

不平，竽笙備而不和，有鐘磬而無簨虡，其曰明器」，[227]古代制作明器，備物而不可用，此謂「司裘」治喪所造衣物，質地必然麤略，且形態短小。

其次，在祭祀方面。〈天官・小宰〉職：「凡祭祀，贊王幣爵之事、祼將之事」注，鄭云：「凡鬱鬯，受；祭之；啐之；奠之。」（卷3，頁85）。「鬱鬯」者，釀秬為酒，再和以鬱金香草之汁而成。《禮記・郊特牲》載：「周人尚臭，灌用鬯臭，鬱合鬯，臭陰達於淵泉」，[228]鬱鬯氣味芬芳，用以灌地降神，即本經所言祼禮。古代祭祀立尸，代鬼神受祭，「小宰」助王以圭瓚酌鬱鬯，獻尸。鄭玄揭明祼禮儀節，謂王以鬱鬯獻尸，尸受，灌地降神為祭，禮畢，入口啐嘗，乃奠之於地。又，〈夏官・大司馬〉職：「若大師，則掌其戒令，涖大卜，帥執事涖釁主及軍器」注，鄭云：「凡師既受甲，迎主于廟及社主；祝奉以從；殺牲以血塗主及軍器；皆神之。」（卷34，頁1132）。王征伐，「大司馬」親臨「大卜」預占吉凶，率「小子」以牲血塗社主及軍器。鄭玄述例，文承《左傳・定公四年》：「君以軍行，祓社釁鼓，祝奉以從」，揭明釁禮儀節，謂殺牲塗血於軍社之主及軍器，祈求神靈庇佑。凡此，皆《周禮注》所見之喪祭發凡例。

4、卜筮之例

《周禮・春官》設占卜之官，分「龜卜」及「筮占」兩類，專掌吉凶占驗之事。《周禮注》的卜筮凡例，主要解釋占卜辨兆的依據及細節。〈春官・天府〉職：「季冬，陳玉，以貞來歲之媺

227　〔漢〕鄭玄注，〔唐〕孔穎達疏：《禮記注疏》，卷8，頁144。
228　同前註，卷26，頁507。

惡」注，鄭云：「凡卜筮實問於鬼神，龜筮能出其卦兆之占耳。」
（卷22，頁762），「天府」掌祖廟之守藏，歲終除舊佈新，貞問
來年吉凶。將行卜問時，先陳玉禮神，後行卜筮。古代民智未開，
事鬼敬神，無事不依傍卜筮而決定。鄭玄述例，謂卜筮本諸神靈
意旨，藉由龜甲、筮草昭示占驗之卦兆。又，〈春官・大卜〉職：
「凡喪事，命龜」注，鄭云：「凡大事，大卜陳龜、貞龜、命龜、
眡高，其他以差降焉。」（卷28，頁929）。《周禮》行龜卜之
法，依照勞務輕重程度，分為：「作龜」──親手以火灼燒鑽鑿
處。「眡高」──向人指示龜腹甲近足較高部位可灼燒處。「命
龜」──告所欲卜問之事。「貞龜」──正龜於卜位。「陳龜」
──陳龜於饌處。「涖卜」──親臨卜事等六節。原則上，尊者
處逸，卑者任勞，各有等差。「大卜」為卜官之長，「大祭祀，
則眡高、命龜」，喪事只行「命龜」，不親為「眡高」，實因喪
事輕於大祭祀。鄭玄述例，說明「大卜」因卜事小大，勞務負擔
亦有差降。凡卜事牽涉層面愈大，勞務愈重，其餘皆由下屬分擔，
可見卜事職官分工之梗概。復次，〈春官・占人〉職：「凡卜簪，
君占體，大夫占色，史占墨，卜人占坼」注，鄭云：「凡卜象吉，
色善，墨大，坼明，則逢吉。」（卷28，頁935），謂卜筮辨兆
之法，依照參與卜事的人物尊卑，由國君視兆象整體，大夫視兆
色，即《尚書・洪範》所謂「雨、濟、圛、蟊、剋」五種爆裂卜
兆型態，史視卜兆之大者，卜人視卜兆坼罅細微者。鄭玄述例，
額外補充判別卜兆吉凶的原則，舉凡吉兆，卜兆呈象色必善、墨
必大、坼必明；反之，惡小晦闇者則為凶兆。此皆《周禮注》所
見之卜筮發凡例。

5、器服名物之例

　　《周禮》設掌管王宮居住、服飾、玉瑞、車旗之官員。《周禮注》的器服名物凡例，則主要解釋形制及使用規範。如〈天官·幕人〉職：「掌帷、幕、幄、帟、綬之事」注，鄭云：「在旁曰帷，在上曰幕。帷幕皆以布為之。四合象宮室曰幄，王所居之帳也。玄謂帟，王在幕若幄中，坐上承塵。幄帟皆以繒為之。凡四物者以綬連繫焉。」（卷6，頁200），此謂「幕人」掌供帷、幕、幄、帟、綬五物，交與「掌次」布置營帳。鄭司農云：「綬，所以繫帷」，「綬」即組帶之大名，用以繫結。鄭玄述例，說明不獨以綬繫帷，其餘幕、幄、帟亦當使用。此外，古代常以服飾顏色，標誌身分等級。〈天官·屨人〉職：「掌王及后之服屨」注，鄭云：「凡屨舄，各象其裳之色。」（卷8，頁291），謂「屨人」依照王及后之衣著，製鞋相配。舉凡古代服飾，上身之服曰「衣」，下身之服曰「裳」，裳與屨舄俱在下體，故其色應同。鄭玄述例，引〈士冠禮〉曰：「玄端、黑屨、青絇繶純，素積、白屨、緇絇繶純，爵弁、纁屨、黑絇繶純」，證屨舄之色當與裳同，凌氏《禮經釋例》亦收入，[229]實源出鄭玄經說。又，〈春官·典瑞〉職：「珍圭以徵守，以恤凶荒」注，鄭云：「凡瑞節，歸又執以反命。」（卷23，頁779），謂王徵召守國諸侯，執瑞節以示符信。諸侯前往恤災，返時奏明事成，再將瑞節歸還「典瑞」。鄭玄述例，說明「典瑞」掌玉瑞、玉器，出入皆有定法。復次，〈夏官·大司

---

[229] 參閱〔清〕凌廷堪：《禮經釋例》〈器服之例〉：「凡衣與冠同色，裳與韠同色，屨與裳同色」（北京：北京大學出版社，2012年），卷12，頁311-312。

馬〉職：「辨旗物之用」注，鄭云：「凡旌旗，有軍眾者畫異物，無者帛而已。」（卷 34，頁 1121），「司常」掌九旗之物，各旗畫異物，即以「日月為常，交龍為旂，熊虎為旗，鳥隼為旟，龜蛇為旐」五旗，交與國君、諸侯、軍吏、郊野、百官眾人。又有不畫異物者，則以「通帛為旜，雜帛為物，全羽為旞，析羽為旌」四旗，交與師都、鄉遂之屬，而統由「大司馬」總其事，辨旗物之用途。鄭玄述例，明旌旗畫物，是為區別身分級別及使用場合。此皆《周禮注》所見之器服名物發凡例。

6、兵刑之例

　　《周禮》設掌管國家軍政、刑罰之官員。《周禮注》的兵刑凡例，主要在解釋古代軍政、刑罰制度的樣貌。在軍政方面，〈地官・稍人〉職：「若有會同、師田、行役之事，則以縣師之灋作其同徒、輂輦，帥而以至，治其政令，以聽於司馬」注，鄭云：「凡用役者，不必一時，皆徧以人數調之，使勞逸遞焉。」（卷17，頁 579），謂國有軍旅行役之事，「稍人」依令徵調眾庶、牛馬車輦，備旗鼓兵器，交與「司馬」任用。因徵調之人來自都鄙、稍甸郊里等地，故依「縣師」行事。依鄭意，「稍人」受法於「縣師」，「縣師」復受法於「司馬」，同行徵集之事。鄭玄述例，明徵役眾庶不必一時，乃依人數調配，使受徵調之庶人，勞逸程度相等。又，〈夏官・序官〉：「軍將皆命卿」注，鄭云：「凡軍帥不特置，選於六官、六鄉之吏。自鄉以下，德任者使兼官焉。」（卷33，頁1074），謂軍務編制，各級軍長皆由將相出任。換言之，古代出軍之時，選任王朝具武德之官員，命為軍帥，部屬則選於鄉遂大夫之中，由堪能者兼任軍吏。《管子》所云「因

內政寄軍令」之制，即此。

在刑罰方面，〈秋官・司刺〉職：「施上服下服之罪，然後刑殺」注，鄭云：「凡行刑，必先規識所刑之處，乃後行之。」（卷42，頁1383），「司刑」掌赦宥之法，佐助「司寇」聽斷獄訟。若經審議有罪，即施刑論處。《周禮》五刑，就所施人體部位區分，以墨、劓、殺之刑，屬上服；宮、刖之刑，屬下服。鄭云凡例，說明將行刑時，必先於人身劃定部位，交由「掌戮」施刑。以上諸例，皆《周禮注》之兵刑發凡例。

7、宮室之例

《周禮》設丈量國土區域及營建宮室之官員。《周禮注》的宮室凡例，不在詳明宮室的名稱與佈局，主要在解釋測訂土地方位的標準，和以宮室為單位牽涉的賦稅問題。〈地官・大司徒〉職：「以土圭之灋測土深，正日景，以求地中」注，鄭云：「凡日景於地，千里而差一寸。」（卷10，頁351），「大司徒」以土圭日影測量土地面積長度。按土圭規制一尺五寸，凡其地，日中午影短於一尺五寸，地偏南；反之，影長於一尺五寸者，則偏北。鄭玄述例，謂日影每差一寸，地偏南或偏北距離相差千里。又，〈地官・載師〉職：「凡任地，國宅無征」注，鄭云：「國宅，凡官所有宮室，吏所治者也。周稅輕近而重遠，近者多役也。」（卷14，頁473），謂「載師」課徵田稅，官吏所治宮室無徵，其他少者如園廛之地，二十而稅一；多者，如漆林之地，二十而稅五。鄭云凡例，言《周禮》田稅核算，採近者輕，遠者重；利少者輕，利多者重的比率計算，都較《周禮》所述，更為具體詳審。此皆《周禮注》之宮室發凡例。

8、婚例

《周禮》又設主持萬民婚禮之官員。〈地官‧媒氏〉職:「凡嫁子娶妻,入幣純帛」注,鄭云:「納幣用緇,婦人陰也。凡於娶禮;必用其類。」(卷15,頁513),謂婚禮以黑色布帛致聘。鄭玄述例,明男女姻親,乃陰陽相承之道。婦人為陰,五行中北方屬陰,色尚黑。故古代婚娶納徵之物,必用其色。此為《周禮注》之昏禮發凡例。

9、鄉射之例

《周禮》設鄉遂大夫屬官。〈地官‧黨正〉職:「國索鬼神而祭祀,則以禮屬民,而飲酒于序以正齒位」注,鄭云:「凡射飲酒;此鄉民雖為鄉大夫;必來觀禮。」(卷12,頁426),謂十二月建亥之月,年終蠟祭,「黨正」聚集屬民於庠序行鄉飲酒禮,按年齡大小排定位置。天子屬臣,壹命謂下士,再命謂中士,三命謂上士。鄭玄述例,說明「黨正」所聚鄉民有為壹命以上者,必來觀禮。此為《周禮注》之鄉射發凡例。

10、雜例

《周禮注》凡例眾多,有不易歸入上列諸項,或得以互見者,附列於此。〈天官‧九嬪〉職:「各帥其屬而以時御敘于王所」注,鄭云:「凡羣妃御見之法;月與后妃其象也。卑者宜先;尊者宜後。」(卷8,頁265),「九嬪」率其屬於王燕寢服侍。如何序列,本經並無明說。鄭述凡例,謂后妃有陰德,與月紀合,月初由卑者始,十五日望月後,則以尊者為先。又,〈天官‧瘍醫〉職:「以滑養竅」注,鄭云:「凡諸滑物;通利往來;似竅。」

（卷5，頁159），「瘍醫」以酸、辛、鹹、苦、甘五味合藥療瘍，「滑」者不在五味中。鄭玄述例，因見〈食醫〉有「調以滑甘」之文，知平常食物外，亦有「滑」物，鄭玄姑以「滑石」解之，說明其藥療功能。此例亦可與飲食之例互見。

綜上所述，當知鄭玄注經，可謂體察通透，《周禮注》發凡起例，非但對整部經書的語用習慣、語句大義，皆有辨析，就連一字一詞微異之處，亦申明其故，俾使經義明暢。且能由飲食、喪祭、卜筮、器服、兵刑、宮室、鄉射等禮儀中，闡發古代禮制內涵，其注書心思，縝密至此，適足以為傳世經注之典範。

（三）闡述官職設置意涵：以人情義理為依歸

《周禮》作者透過文字將「禮」的精神，注入百官交織複雜的職事中。誠如《禮記・坊記》曰：「禮者，因人之情，而為之節文」，[230]凡制訂禮文，必窮探人情之需求，善加疏導，纔能使民心無憾而後安。立基於此，《周禮注》對職官設置的禮義探究，亦多留意體乎人情，合乎道理的標準，來推尋聖人制《禮》的深層意涵。

舉例言之，《周禮・天官》設掌管后宮妃嬪事務的官職。禮書傳述，「古者天子后立六宮、三夫人、九嬪、二十七世婦、八十一御妻」，古代天子理想的後宮配置，計有一百二十六人，人數可觀。在依循制訂禮文，必須體乎人情的原則下，鄭玄對〈天官・世婦〉經文，不明言人數的情況，解讀為「不言數者，君子不茍於色，有婦德者充之，無則闕。」（卷1，頁27），勉勵國

---

230 〔漢〕鄭玄注，〔唐〕孔穎達疏：《禮記注疏》，卷51，頁863。

君身為君子，應當勤於政事，不耽溺美色。後宮以有德者進，無則暫闕。無獨有偶，〈天官‧內司服〉之屬，有女御二人。鄭云：「有女御者，以衣服進，或當於主，廣其禮，使無色過。」（卷1，頁29），謂女御進衣於王，以廣婦禮，使國君無淫逸之過。儒家勸君子行持三戒，第一即戒「色」，此緣人情貪愛所致，不宜放縱。故鄭玄認為，聖人制訂禮文為節制國君飲食男女之欲。

此外，《周禮‧地官》又設置教化萬民的官職。在鄭玄的觀念中，「為政以順民為本」，「古今未有遺民而可為治」（卷2，頁419），任何政治運作，皆當以民心向背為依歸。鄭玄解讀《周禮》，亦多著眼於體察民情。如〈地官‧大司徒〉有「施十有二教」之職，其中「以陰禮教親，則民不怨」注，鄭云：「昏姻以時，則男不曠，女不怨」；「以誓教恤，則民不怠」注，鄭云：「民有凶患，憂之則民不解怠」；又，「以世事教能，則民不失職」注，鄭云：「世事謂士農工商之事。少而習焉，其心安焉，因教以能，不易其業」（卷9，頁340），推明聖人體乎民情所需，欲使民心不怨懟，不懈怠，盼望人民安居樂業。經此訓釋，《周禮》講求「仁民愛物」的禮教特質，得以發揚。

另一方面，漢儒治經，除文字訓詁以外，義理分析亦不少見。蓋人情與義理一體兩面，人情體之於主觀內心，義理則強調探尋天地萬物之間一以貫之的客觀準則。任何事物唯有講求合於情理，纔容易達成共識，形成規範。因此，一套理想的禮文制度，除體乎人情外，也必須關注內在義理的融通性。鄭玄推闡《周禮》，有側重解釋禮文的時效。如朝聘獻牲，〈天官‧庖人〉職：「凡令禽獻，以灋授之」注，鄭云：「禽獸不可久處，賓客至，將獻之，庖人乃令獸人取之，必書所當獻之數與之。」（卷4，頁124），

本經對「庖人」授令禽獻之人，并未言明，鄭玄因見〈獸人〉職：「祭祀、喪祭、賓客，共其死獸生獸」，知與「庖人」聯事。因「禽獸不可久處」於賓館，故必由「庖人」書寫禽獻數量，輒令「獸人」依數授與。又如斂收財幣，〈天官‧司書〉職：「以敘其財，受其幣，使入於職幣」注，鄭云：「受祿其餘幣，而為之簿書，使之入于職幣。幣物當以時用之，久藏將朽蠹。」（卷 7，頁 227），「司書」將百官未用之餘幣，登錄簿書，歸入「職幣」。鄭玄因見〈職幣〉有「振掌事者之餘財」職務，解釋因幣物久藏易朽，當即時使用，故入「職幣」。這不僅解釋經文字句，同時拈出內在理趣，使全篇職文的義理聯貫，以及眾官聯事注重時效的特質，更為顯明。

再者，《周禮注》還談到禮樂的教化功能。鄭玄認為，「禮所以節止民之侈偽，使其行得中」，「樂所以蕩正民之情思，使其心應和也。」（卷 10，頁 372），禮樂化民，指的是潛移默化的影響。鄭注《周禮》於字義訓解外，時常額外加上一段文字，闡述禮樂教化如何在《周禮》獲得實踐。如〈春官‧典瑞〉職：「土圭以致四時日月」注，鄭云：「以致四時日月者，度其景至不至，以知其行得失也。」（卷 22，頁 771），藉土圭度影之法，引申其義，而謂度影之至否，關涉人君自身得失。蓋漢時盛行天人災異學說，人君行有不得，天必降災，以示戒懲。此雖怪誕無稽，但可見漢儒認為「尚德」、「敬德」的行為表率，乃身為人君的不二條件。又，〈秋官‧大司寇〉職：「凡害人者，寘之圜土而施職事焉，以明刑恥之」注，鄭云：「以其不故犯法，寘之圜土繫教之，庶其困悔而能改也。」（卷 40，頁 1321），謂民有罪惡，經審判附以刑責，置於圜土，以其所能者役使之，并書罪

行於大方版，著其項背。鄭意以為，知恥悔過，善莫大焉，而刑之所至，在於教化一途。合上文觀之，《周禮》「明德慎罰」的禮義內涵，可以約見。復次，〈地官·小司徒〉職：「乃會萬民之卒伍而用之」注，鄭云：「此皆先王所因農事而定軍令者也。欲其恩足相恤；義足相救；服容相別；音聲相識。」（卷 11，頁385）與《管子》「因內政以寄軍令」，別無二致，毋使異人雜廁其中。古者兵農合一，欲使萬民守望相助，通達上下情志。再如〈地官·鄉師〉職：「稽其鄉器」注，鄭云：「此鄉器者，旁使相共，則民無廢事；上下相補；則禮行而教成。」（卷 12，頁 412），「鄉器」包含吉、凶禮樂等器服，由萬民所供給。古者寓禮於器，「鄉師」令萬民參與籌備禮器，則民知禮儀而教化有成。此經鄭玄訓釋，能發揚《周禮》以禮樂教化萬民，合於人情義理，足為後世相依準。

（四）闡述官職設置意涵：以人物史事為憑藉

鄭注《周禮》對職官設置意涵的闡述，藉由歷史著名的人物事件，詮釋經文，可揭露鄭玄的歷史意識。前文談鄭玄運用「引經解經」的詮釋方法，如《尚書》、《春秋經》等文獻皆屬史料性質鮮明的典籍，亦能歸入「以史釋經」的範疇，此不再贅述。

綜觀《周禮注》稱引人物史實解經，時代橫跨上古三皇五帝傳說、夏商周三代，下達春秋戰國，終至兩漢的人物與歷史事件，皆有見及。《周禮注》常態筆法，多在基本文字訓釋後，以「若」字舉例，帶出歷史人物史事，佐證其說。如〈夏官·司勳〉掌國家功賞，依立功種類分為六：一稱「王功曰勳」，鄭云：「輔成王業，若周公」；二稱「國功曰功」，鄭云：「保全國家，若

伊尹」；三稱「民功曰庸」，鄭云：「法施於民，若后稷」；四
稱「事功曰勞」，鄭云：「以勞定國，若禹」；五稱「治功曰力」，
鄭云：「制法成治，若咎繇」；六稱「戰功曰多」，鄭云：「剋
敵出奇，若韓信、陳平」（卷35，頁1145-1146），單從《周禮》
來看，若無鄭玄借古比擬之辭，恐難將此六種功勳的內涵，說明
清楚。其次，為了說明三代禮制變遷，《周禮注》一連列舉多名
歷史人物，增益經文理解。〈冬官・考工記〉：「有虞氏上陶，
夏后氏上匠，殷人上梓，周人上輿」注，鄭云：「舜至質，貴陶
器，甌大瓦棺是也。禹治洪水，民降丘宅土，卑宮室，盡力乎溝
洫，而尊匠。湯放桀，疾禮樂之壞而尊梓。武王誅紂，疾上下失
其服飾而尊輿。」（卷46，頁1530），經文簡述虞夏、商周四代
在工藝技術的追求，各有好尚。鄭玄則透過對先王性情的分析，
標舉如「夏禹治水」、「商湯放桀」、「周武伐紂」等重大歷史
事件，作為解讀歷代禮制變遷的內在理據，以確立《周禮》的普
世價值。

　　以下，針對《周禮注》訓釋文字中，夾述的歷史人物及史事
作一辨析。略分為：1、「上古神話傳說人物史事」。2、「夏商
周三代人物史事」。3、「春秋戰國人物史事」。4、「漢代人物
史事」等四個時限，得見鄭玄「以史釋經」在禮義詮釋方法上之
運用，及其蘊藏於經學注疏中的歷史意識：

1、上古神話傳說人物史事

　　《周禮注》稱引上古神話傳說人物，以原始社會中出現的部落
首領為主。由於這些人物對人類文明的起源與發展有相當影響，
後人感念恩澤，稱之為「三皇五帝」。歷來「三皇五帝」的形成

系統，說法眾多，關於這段歷史的真相，既無從考證，故稱為「傳說時代」。

　　循歷史縱線由古而今，鄭注《周禮》提及的上古傳說人物，有黃帝、蚩尤、岐伯、榆柎、帝堯、虞舜、皋陶等人。如〈春官・肆師〉職：「凡四時之大甸獵，祭表貉，則為位」注，鄭云：「於所立表之處，為師祭造軍法者，禱氣勢之增倍也。其神蓋蚩尤，或曰黃帝。」（卷21，頁728），謂四時田獵用牲祭社，「肆師」負責設立神位，師祭對象應是首創軍法之人。據傳說記載，蚩尤與黃帝在涿鹿交戰，號為戰神，故引為證。此外，〈天官・疾醫〉職：「兩之以九竅之變，參之以九藏之動」注，鄭云：「岐伯、榆柎則兼比數術者。」（卷5，頁156），「疾醫」驗明患者九竅、九臟之脈候，以觀病徵。岐伯、榆柎皆黃帝時醫者，彼二人脈候之學有成，亦兼數術，故引為證。復次，〈天官・大宰〉職：「以八統詔王馭萬民：一曰親親」注，鄭云：「親親，若堯親九族也。」（卷2，頁45），「大宰」以八統助王統馭萬民。《書・堯典》曰：「克明俊德，以親九族」，堯能進用賢能，上至高祖，下及玄孫，旁及五服九族之親，皆能愛敬，故引為證。同職，「以八柄詔王馭羣臣：七曰廢，以馭其罪」注，鄭云：「廢猶放也，舜殛鯀於羽山是也。」（卷2，頁44），「大宰」以八柄助王統馭羣臣。《書・舜典》載禹父鯀治水九載無成，舜「殛鯀於羽山」。「殛」，誅責也，凡誅殺流放者皆謂之「殛」。鄭玄引此闡況經義。凡此，皆援用上古神話傳說人物史事解經。

2、夏、商、周三代人物史事

　　《周禮注》稱引夏、商、周三代人物，以有開國功績的君王史

事為主。這些受到儒家學者推崇的先王形象，一生言談行誼進入到箋注中，往往成為津津樂道的題材，代表著漢儒對三代禮樂文明的懷思與想望。

　　順時而下，《周禮注》中提及的三代人物，有夏禹、盤庚、伊尹、后稷、周文王、武王、成王、周公等人。舉例言之，〈冬官・考工記〉：「凡溝逆地阞，謂之不行；水屬不理孫，謂之不行」注，鄭云：「不行謂決溢也。禹鑿龍門，播九河，為此逆阞與不理孫也。」（卷49，頁1680），謂人造溝瀆引水，若逆土地脈理，則水道不順，容易溢決。鄭玄援引《尚書・禹貢》，大禹疏導江河，鑿龍門、播九河，順水勢之自然，將主流幹道加深加寬，水患遂獲疏解之史事，以為事證。又〈夏官・司勳〉職：「凡有功者，銘書於王之大常，祭於大烝」注，鄭云：「生則書于王旌，以識其人與其功也。死則於烝先王祭之。盤庚告其卿大夫曰：『茲予大享于先王，爾祖其從與享之』是也。」（卷35，頁1147），「司勳」掌銘記生者功績於王之旌旗，祭死者於冬烝之廟庭。鄭引《尚書・盤庚》，商王盤庚遷殷史事，證功臣有配享先王之禮。復次，〈春官・詛祝〉職：「作盟詛之載辭，以質邦國之劑信」注，鄭云：「質，正也，成也。文王脩德而虞、芮質厥成。」（卷30，頁991），「詛祝」作盟詛之載辭，以昭諸侯信實。鄭玄引《詩・大雅・文王》，言周文王善脩德行，平定虞、芮兩國爭田互訟之史事，以證「質」字用義。再如〈天官・大宰〉職：「以八柄詔王馭羣臣：五曰生，以馭其福」注，鄭云：「賢臣之老者，王有以養之。成王封伯禽於魯，曰：『生以養周公，死以為周公後』是也。」（卷2，頁44），謂臣有大功勳，其後子孫皆得生養。鄭玄引《公羊傳・文公十三年》，周公始封於魯，留京輔政，派

伯禽代其就國之史事，證國君有操持生養羣下之權柄。凡此諸例，皆引用三代史事，闡發經義。

3、春秋、戰國人物史事

《周禮注》稱引春秋、戰國人物，以東周天子與列國間的史事為主。由於這段歷史的範圍，不限於一君一國，牽涉人物史事繁多，鄭玄引為本經之例證，也較前代史實豐富。《周禮注》提及的春秋人物，有魯莊公、魯定公、晉文侯、晉惠公、晉文公、齊相晏嬰、孔子及門弟子、晉大夫伯宗、趙武、魯大夫叔弓、齊國佐等人；在戰國時期，有扁鵲等人。鄭玄引述歷史事件之目的，旨在說解《周禮》經文字義、技藝理論及禮儀制度。擇述如下：

第一，解釋《周禮》經文字義。如〈天官・大宰〉職：「以八統詔王馭萬民：二曰敬故」注，鄭云：「不慢舊也。晏平仲久而敬之。」（卷2，頁45）。鄭玄引《論語・公冶長》載夫子讚揚晏嬰「善與人交，久而敬之」，他人敬平仲，緣平仲亦敬他人之故，佐證「敬故」為處事之善。又，「以九職任萬民：八曰臣妾，聚斂疏材」注，鄭云：「臣妾，男女貧賤之稱」，援引《左傳・僖公十七年》曰：「晉惠公卜懷公之生，曰：『將生一男一女，男為人臣，女為人妾。』生而名其男曰圉，女曰妾。及懷公質於秦，妾為宦女焉。」（卷2，頁47），以晉惠公卜懷公之生，男為人臣，女為人妾之史事，證「臣妾」身分卑賤，所為職事，僅聚斂百草根實。復次，〈地官・牧人〉職：「凡祭祀，共其犧牲」注，鄭云：「犧牲，毛羽完具也。周景王時，賓起見雄雞自斷其尾，曰：『雞憚其為犧』。」（卷13，頁453），鄭玄援《左傳・昭公二十二年》載賓孟適郊，見雄雞懼成祭牲，自斷其尾之

事，為「犧牲」當用毛羽完具之證。再如〈春官・大卜〉職：「以邦事作龜之八命：五曰果」注，鄭云：「果謂以勇決為之，若吳伐楚，楚司馬子魚卜戰，令龜曰：『鮒也以其屬死之，楚師繼之，尚大克之。』吉，是也。」（卷 28，頁 924），鄭玄引《春秋經・昭公十七年》載子魚卜戰，吳、楚戰於長岸，子魚先死，楚師大敗吳軍之事，為「大卜」作龜卜命辭，預決國事之證。凡此，皆引史事釋字義，不及備載。

　　第二，解釋古代醫事、音律等技藝。如〈天官・疾醫〉職：「以五氣、五聲、五色眡其死生」注，鄭云：「察其盈虛休王，吉凶可知。審用此者，莫若扁鵲、倉公。」（卷 5，頁 155），「疾醫」由患者五臟呼出氣息及面容聲色，察驗病況輕重。鄭玄舉扁鵲、倉公二人，一為魏桓侯時醫人，一為漢文帝時醫人，兩人皆於診脈、視氣候之學有成，故引為佐證。又，〈春官・大師〉職：「以六律為之音」注，鄭云：「以律視其人為之音，知其宜何歌。子貢見師乙而問曰：『賜也聞樂歌各有宜，若賜者宜何歌？』此問人性也。本人之性，莫善於律。」（卷 26，頁 881），「大師」以吹律為聲，使人作聲，聽人聲與律呂之聲，判斷所合樂歌。鄭玄援引《禮記・樂記》，藉子貢與師乙問答，證本經以六律為音，實本人性所宜。此皆稱引人物史事，解釋專門技藝之理論。

　　第三，闡釋《周禮》的禮儀制度。《周禮》備載吉、凶、賓、軍、嘉五禮，統攝全書禮儀規範。《周禮注》引春秋史事釋禮，就「凶禮」而言，如〈春官・大宗伯〉職：「以弔禮哀禍烖」注，鄭云：「禍烖謂遭水火」，一連引述《左傳・莊公十一年》載：「宋大水，魯莊公使人弔」，及《禮記・雜記》曰：「廐焚，孔子拜鄉人為火來者，亦相弔之道」（卷 19，頁 664），為行「弔禮」，

哀水火災禍之證。又，〈春官·司服〉職：「大札、大荒、大烖，素服」注，鄭云：「君臣素服縞冠，若晉伯宗哭梁山之崩。」（卷23，頁 799），鄭玄援引《國語·晉語》載陝西梁山崩，輦夫勸晉景公舉凡衣著、居住、飲食皆應從簡，且應禱哭三日之事，為行「荒禮」，君臣宜素服縞冠之證。此皆引春秋史事解釋「弔禮」及「荒禮」的具體儀節。

　　就「嘉禮」而言，如〈春官·大宗伯〉職：「以脤膰之禮，親兄弟之國」注，鄭云：「脤膰，社稷宗廟之肉，以賜同姓之國，同福祿也。」（卷19，頁673），援引《春秋經》曰：「天王使石尚來歸脤」，天子祭社，賜授石尚社稷祭肉之事，證同姓諸侯間有歸脤禮儀。又，〈春官·大祝〉職：「作六辭，以通上下、親疏、遠近：五曰禱」注，鄭云：「禱，賀慶言福祚之辭」，援引《禮記·檀弓下》云：「晉獻文子成室，晉大夫發焉。張老曰：『美哉輪焉，美哉奐焉！歌於斯，哭於斯，聚國族於斯。』文子曰：『武也得歌於斯，哭於斯，聚國族於斯，是全要領以從先大夫於九京也。』北面再拜稽首，君子謂之善頌善禱。」（卷29，頁956），以趙武建造宅邸，晉大夫發禮致賀，張老譏其豪奢，趙武自禱災橫不生之事，證「大祝」作禱辭，為賀慶福祚之用。此引春秋史事，解釋「嘉禮」之「脤膰禮」及「賀慶禮」的儀節，使經義理解更為周延。

4、漢代人物史事

　　《周禮注》以史解經，不受限傳世文獻，更能近身取譬，以西漢著名人物歷史事件，甚至漢末王莽改革的史實，亦有引述，為《周禮》職官的設置，增添現實基礎。如〈地官·草人〉職：「掌

土化之瀺以物地」注，鄭云：「土化之法，化之使美，若氾勝之
術也。」（卷 17，頁 584），「草人」依糞種之法，化土使之和
美。西漢農學家氾勝，曾指導過農業生產，歸結出各種耕作方法，
故引為施行土化法之佐證。又，〈秋官‧訝士〉職：「四方有亂
獄，則往而成之」注，鄭云：「往而成之，猶呂步舒使治淮南獄。」
（卷 41，頁 1366），四方諸侯有亂事成獄，令「訝士」前往治之。
鄭玄援引西漢著名諸侯王謀反案為證，呂步舒奉漢武帝詔告，窮
驗淮南王劉安謀反，後定其罪之事。凡此，皆稱引漢世聞見之史
事，佐證《周禮》。

　　綜言上述，始知經注家的歷史思維，伴隨經典註譯的過程，
從上古傳說，下及三代、春秋戰國、秦漢各朝信史，亙古而通今。
這突顯《周禮》這部記錄古代官制的禮學經典，內容不單是硬性
的條文規範，更承載了古往今來歷史人物的經驗教訓。正所謂經、
史本不分家，經學家之筆下，自有史家胸襟存焉。鄭玄「以史釋
經」，蘊藏於經注底下的歷史意識，也讓《周禮》的禮義內涵，
更為人所信從。

第四節　鄭玄《周禮注》在經學史上的評價

　　中國儒家禮學的發展，淵源於三代，傳自周、孔制訂，經漢
儒集結成書，明定以《周禮》、《儀禮》、《禮記》三部禮學文
獻的《三禮》學，成於東漢經學家鄭玄之手。先秦儒家禮學，傾
向對日常生活，及個人參與公共事務的應對儀節，內容往往侷限
於冠、婚、喪、祭、射、鄉、朝、聘等成人之禮。不過，通過孔、
孟、荀諸家對「禮」的本質探討，業已發展出理論化系統，能為

後世推動禮學研究，奠下基礎。漢承秦制，漢興，「天下唯有《易》卜，未有他書」，[231]叔孫通雜采古禮與秦儀，草創漢朝儀；武帝封禪，亦苦無禮文可循。隨著對「禮」的需求內容擴大，禮家紛紛轉向要求建構國家典制規範，以提昇「禮」的致用價值，亦使其研究格局，益顯恢弘。加之西漢末年，王莽居攝，自詡周公託古改制，劉歆為迎合主政者對國家富強之殷望，藉此宣揚周公致太平之說，所謂「以禮為治」、「無禮不成」的觀念，深植人心。《周禮》這部典籍，也因為牽合歷史上周公「制禮作樂」之隆譽，增添了人們對其經典地位的崇敬。

兩漢《周禮》學之傳授，西漢時期鮮有傳人，時至東漢卻廣受名家大儒的重視，紛紛為之解詁。東漢末年，由於名教腐敗，政治黑暗，引發社會內部各種矛盾危機。在一連串社會批判的思潮中，鄭玄親睹宦官、外戚爭權醜態，身罹黨錮、黃巾起義之禍亂，於是寄情經術，隱居不仕，遂以其著述浩富，弟子眾多，終成名家。鄭玄一生遍注羣經，尤重禮學，編著《三禮目錄》將本為政典的《周禮》冠於諸經之上，當是借重聖人治世之禮法，追求禮教與官政之法的融合，以期對東漢社會改造，有所助益。與此同時，也寄寓自身對擺脫漢末亂象、重現太平盛世的嚮往。[232]是故，鄭玄《六藝論》談道：「禮者，序尊卑之制，崇敬讓之節也。」[233]聖人制「禮」，欲通過服飾、器用對身分階級、名物度數之規範，確立一套形式整飭、進退如儀的禮制。當中不僅包含對於倫常道德的修養，也代表儒家禮教亙古不變的核心價值。

---

[231] 語見《漢書》〈楚元王傳〉，卷36，頁1968。

[232] 參自葛志毅：〈鄭玄研究論綱〉，《鄭學叢論》，頁10-11。

[233] 〔清〕皮錫瑞：《六藝論疏證》，頁51。

　　鄭玄注《禮》，表面上看似「述而不作」，但對於經書中關乎宗教信仰、法律政治、倫理教化等觀念的闡釋，實際都有身為經注家的思維與選擇。[234]儘管這些大都是直貼經典中的思想，沒有太過深層的表述，然其最終目的，仍是為維護封建政權安定所倡言。從而可知，鄭玄對「禮」的本質體認，乃繼承孔子以來「安上治民，莫善於禮」的理念，[235]具有政治實踐、積極入世的顯著特點。據鄭玄〈自序〉云：「遭黨錮之事，逃難注《禮》」，受迫於外在環境，鄭玄注《周禮》時，亦深為東漢世局動盪不安，埋藏憂思，偶亦流露於經注中。如〈春官‧家宗人〉職：「凡以神仕者，掌三辰之灋，以猶鬼神，示之居，辨其名物」注，鄭玄引《國語》曰：「『古者民之精爽，不攜貳者，而又能齊肅中正，其知能上下比義，其聖能光遠宣朗，其明能光照之，其聰能聽徹之，如是則神明降之，在男曰覡，在女曰巫，是以使制神之處位次主，而為牲器時服。』巫既知神此，又能居以天法，是以聖人用之。」認為上古巫覡精通天理，下達人事，故聖人尊信。進而批判「今之巫祝，既闇其義，何明之見？何法之行？正神不降，或於淫厲，苟貪貨食，遂誣人神，令此道滅，痛矣。」（卷32，頁1063），鄭玄言辭振振，遠溯古代巫覡傳統，引為近世衰亡借鏡，即其憫亂憂時之明徵。此種「借古喻今」的訓釋語言，又見〈地官‧鄉大夫〉職：「使民興能，入使治之」注，鄭云：「言為政者以順民為本也。《書》曰：『天聰明自我民聰明，天明威自我民明威。』《老子》曰：『聖人無常心，以百姓心為心。』」如

---

[234] 鄭玄《三禮》經注的思想內涵，王啟發：〈作為思想家的鄭玄──以《三禮注》的內容為核心〉，《鄭學叢論》，頁45-55。可參看。

[235] 〔漢〕鄭玄注，〔唐〕孔穎達疏：《禮記注疏》，卷50，頁846。

是，則古今未有遺民而可為治。」（卷12，頁419），除告誡為
政者當以「順民」為治世之本，亦呈現鄭玄亟欲落實「以禮為治」
的思想。鄭玄雖絕意仕途，卻非拒國家大事於身外，只求自身安
樂之迂儒。只因將其憂患意識鎔鑄於箋注中，思想脈絡若隱若現，
難以鈎稽，易為研究者所忽略。後世學者綜論鄭玄注經功過，多
專詆「鄭君尊崇《周官》太過」，[236]混淆今、古學禮制分際，大
亂經學家法。平情而論，實則只見表象膚末，失察內在思想，頗
落於未窺全豹之譏。

　　當然，為確立對鄭玄《周禮注》的客觀評價，不得迴避兩個
問題：一是鄭氏援引緯書注《禮》，二是書中「隨文立訓」方法
上的缺失。先說第一點。鄭玄注經，「博稽六藝，粗覽傳記，時
睹秘書緯術之奧」，曾引緯書注解《周禮》。如〈春官・小宗伯〉
職：「兆五帝於四郊」注，以「靈威仰」、「赤熛怒」、「含樞
紐」、「汁光紀」、「白招拒」解釋「五帝」（卷20，頁698）。
此全出緯書，頗遭後儒非議。宋王炎（1138-1218）即曰：

　　《周禮》一書，今學者所傳，康成之訓釋也，可謂有功於《周
　　禮》矣。雖然，六官之制度以康成而傳，亦以康成而晦。
　　蓋康成之於經，一則以緯說汩之，一則以臆說汩之，《周
　　官》之意晦矣！是以學者不得不疑。[237]

---

[236] 〔清〕皮錫瑞：〈論鄭注〈禮器〉以周禮為經禮，儀禮為曲禮有誤，臣
　　瓚注漢志不誤〉，《經學通論》，頁6。

[237] 〔清〕朱彝尊；林慶彰編：《經義考新校》（上海：上海古籍出版社，
　　2010年），卷121，頁2249。

王應麟（1223-1296）亦云：

> 鄭康成注經，以緯書亂之，以臆說汨之，而聖人之微旨晦
> 焉。[238]

皆以鄭《注》雜引緯書，造成經義不明，欲廢鄭玄經注，從而衍
生出以義理論辯的宋學傳統。不過，讖緯之學與陰陽五行說，關
係密切，鄭玄引緯書注《禮》，確有見及彼此可能相通之處。這
可從《周禮》作者構建官制體系，充分運用陰陽五行觀念說起。
先講陰陽二元學說，《周禮》在祭祀分「陰祀」、「陽祀」，儀
節分「陰禮」、「陽禮」，祭牲分「陰牲」、「陽牲」，就連樂
舞音律、例行性杉林砍伐，也都有「陰聲」、「陽聲」，及「陰
木」、「陽木」之分，一切自然事物皆依循陰、陽二元區別。至
於五行學說之應用，表現得更為細緻。首先，《周禮》六官的設
置，是由天、地、春、夏、秋、冬所構成，五行運轉的觀念，配
合四時相生相成。《周禮》中如遇大祭祀，五官之長皆有「奉牲」
職責。[239]「司徒」奉牛牲，「宗伯」奉雞牲，「司馬」奉羊牲，
「司寇」奉犬牲，「司空」奉豕牲，因應牛屬土、雞屬木、羊屬火、
犬屬金、豕屬水的原則，五行與五畜的對應，可說是完全一致。
另在禮玉制度中，「以蒼璧禮天，以黃琮禮地，以青圭禮東方，

---

238 〔宋〕王應麟，〔清〕翁元圻注：《翁注困學紀聞》（臺北：大化書局，
　　1982 年），卷 4，頁 217。

239 見〈春官・小宗伯〉職：「毛六牲，辨其名物，而頒之於五官，使共奉
　　之」，鄭《注》引先鄭語云：「司徒主牛，宗伯主雞，司馬主馬及羊，
　　司寇主犬，司空主豕。」

以赤璋禮南方，以白琥禮西方，以玄璜禮北方。」（卷20，頁687），
五行與五方、五色的概念，亦是對應完整。

　　另方面，以禮制配合五行觀念，又擴及四時，這在《周禮》
中觸目皆是。如述諸侯朝聘禮，「春見曰朝，夏見曰宗，秋見曰
覲，冬見曰遇。」（卷19，頁666）；述田獵禮，「春曰蒐，夏
曰苗，秋曰獮，冬曰狩。」（卷33，頁1109）；述祭先王禮，「以
祠春享先王，以禴夏享先王，以嘗秋享先王，以烝冬享先王。」
（卷19，頁660），每項儀典名稱，皆構築在四時規律的基礎上，
對應陰陽分類、五行流轉的觀念，形成一套結構縝密的循環系統。
這說明《周禮》作者有意識採納先秦流傳已久的陰陽五行學說，
並成熟運用在制定國家禮制的佈局上。在東漢讖緯盛行的年代，
緯書所反映出的是漢人對宇宙萬物關係的思辨，和《周禮》以陰
陽五行的表述形式，確有觀念契合的地方。如此說來，無怪乎鄭玄
會援引緯書注經。所謂一代有一代之學問，後人讀緯書，固然訕
笑其內容奇詭不經，有違情理者多。但這正是鄭玄所處時代對自
身學問之框限，就像人稱「五經無雙」的許叔重，尚且援引《太
一經》釋字的道理無異。皮錫瑞有如是云：「古禮失亡，通定禮
采秦儀，鄭注禮用漢事，襃與鄭又引及讖緯，皆不得不然者。」[240]
不因此以廢言，近於實情，為持平之論。

　　再者，漢代誦習《周禮》經文與注文，各自為書，自馬融欲
省學者兩讀之勞，遂將經注俱載同書，後漢經師始就經撰注，從
而形成一種「隨文立訓」的注解方法。這種方法的特點，在從上

---

[240]　〔清〕皮錫瑞：〈論鄭注引漢事引讖緯皆不得不然，習禮記者，當熟玩
　　　注疏，其餘可緩〉，《經學通論》，頁74。

下文意的關係推定某一字詞實際的語意功能。由於字詞的解釋是因語境而定，並不拘泥所謂通例原則，故時常發生同一字詞出現兩種以上不同的解釋。這在《周禮注》中屢見不鮮，如〈地官・胥師〉職：「察其詐偽、飾行、儥慝者，而誅罰之」注，鄭云：「飾行儥慝，謂使人行賣惡物於市，巧飾之，令欺誑買者。」（卷16，頁 536），釋「儥」為賣義。同例，見於〈賈師〉職：「凡天患，禁貴儥者，使有恆賈」注，鄭亦曰：「貴賣之」（卷16，頁537）。然而在〈司市〉職：「掌其賣儥之事」及〈賈師〉職：「凡國之賣儥，各帥其屬，而嗣掌其月」職文中，鄭玄因見經文既有「賣」字，只好釋「儥」為「買也」（卷15，頁525；卷16，頁538）。同一職官中同一字詞出現兩種不同的解釋，能看出鄭玄「隨文立訓」注經方法的運用。但經分析，「買」、「賣」在表達交易關係時，確實有別，就連一向闡揚鄭學的賈公彥，亦以為鄭《注》「此字所訓不定，望文為義」（卷15，頁517），讓人無所適從。事實上，此處故書「賣」為「買」字，職文原作：「凡國之儥儥」，鄭訓「儥」為賣義，文從字順，固不必強加曲解。[241]

---

[241] 「儥」為「鬻」之異體，乃古今字關係。〈地官・司市〉職：「以量度成賈而徵儥」，鄭云：「徵，召也。儥，買也。物有定賈則買者來也。」案所謂「以量度成賈而徵儥」，指標價吸引買者。著一「徵」字而有「經營」之意，故云「徵儥」，而不說「徵買」。賈《疏》謂鄭玄「望文為義」，正是由於「儥」字因認知角度不同而派生兩種詞義。作為後起字的「鬻」，於後世的文獻用法，似乎也不是指單純的交易行為，而是經過包裝、美言、宣傳，冀能以小博大，為己謀求私利的買賣行為。例如賣出者「鬻良雜苦」，買入者「以少買多」，似乎都有「貪多」、「不實」的算計。由是可知，因「儥」字涉及施受雙方，因此又可訓為賣，又可訓為買，須視上下文義加以判斷。有關「儥」字的釋讀問題，筆者

由上述可知，「隨文立訓」的釋經方法，實際依靠經師自身對文獻解讀的能力，卻時有望文生訓之弊。因而後來清儒作新《疏》，常根據全書通例判定詞義後，善加補正。這確為鄭《注》訓解方法，容易造成經文理解矛盾之處，需要細心分辨。

最末，簡單交代鄭玄《周禮》學的影響。大凡一學派之興起，皆須有一套完整的學說體系，與從學唱和者之宣揚，鄭玄學說的形成發展，亦不例外。鄭玄治經，泯除今、古文經說之分際，史家言其「括囊大典，網羅眾家，刪裁繁誣，刊改漏失，自此之後，學者略知所歸。」[242]視鄭玄經術為總結兩漢經學的最高成就。魏晉之交，有王肅好賈、馬之學，每與鄭氏立異，因身挾外戚之勢，故所撰經注皆立學官，一時流風所扇，幾乎欲奪取鄭學之席。然而，王氏爭勝之心盛，猖狂而吠，不惜偽造羣書以駁鄭氏，絕非篤實者言，終隨政權易人，學說迹息。南北朝經學繼起，各有好尚，但《三禮》同遵鄭氏。逮及唐代《正義》祖尚江左，《禮記疏》及賈氏二《疏》猶宗鄭氏，故時人有「禮是鄭學」之謂，闡明後世治《禮》，當以鄭玄《三禮注》為不祧之祖。然宋人治經「擺落漢唐，獨研義理」，[243]新意迭出，卻有疑經、改經之弊。其風氣下沿元、明兩代，不僅為「經學積衰時代」，[244]亦為《三禮》研究的衰微時期。梁啟超（1873-1929）曾喚明清之交的中國

曾口頭請教臺灣大學中文系楊秀芳教授，於此註記，敬致謝忱。

[242] 語見《後漢書》〈張曹鄭列傳〉，卷 35，頁 1213。

[243] 〔清〕永瑢等人奉敕纂：《四庫全書總目提要》〈經部總敘〉（臺北：藝文印書館，1970 年），卷 1，頁 62。

[244] 皮錫瑞云：「論宋元明三朝之經學，元不及宋，明又不及元」，說見氏著：《經學歷史》，頁 310。

思想界為「黎明時代」，[245]這固然是推崇清代考證學能以「無徵
不信，崇實黜虛」的科學精神，重啟古典文獻研究。對於矯正明
末學術風氣與學科開創，如久居暗室，初見曙光，前景一片看好。
在此「以經學濟理學之窮」的學術潮流影響下，也引起士人對《三
禮》原典研究的注目與提倡。反觀《周禮》學的發展，因元、明
兩代不入科場制義的緣故，士人所見經說大體承襲宋人割裂竄
亂、以義解經的學術傳統。此般景況至清代，終有根本轉變。借
梁氏所言，亦可說是《周禮》經典研究復興的「黎明時代」。尤
其清中葉乾、嘉以後，在「尊古崇漢」學術風氣下，學界漸成一
股「家家許鄭，人人賈馬」，以漢學為標幟的學術傳統，隨著漢
學地位之抬升，也連帶影響對於漢代經學家的價值評判。於是，
凡探討語言文字結構，多鑽研許慎《說文解字》；治經則不離漢
唐《注疏》為根柢，促使清儒對鄭玄《周禮》學釋經方法的解讀
與考索，從校勘訓詁到經義輯佚，都較以往有更全面的認識。官
修《四庫全書總目・周禮注疏提要》評論鄭玄禮學，曰：

> 玄於《三禮》之學，本為專門，故所釋特精。惟好引緯書，
> 是其一短。……然緯書不盡可據，亦非盡不可據，在審別
> 其是非而已，不必竄易古書也。又好改經字，亦其一失，
> 然所注但曰：「當為某」耳，尚不似北宋以後，連篇累牘，
> 動稱錯簡，則亦不必苛責於玄矣。[246]

245　〔清〕梁啟超：〈明清之交中國思想界及其代表人物〉，《飲冰室文集》
　　（臺北：臺灣中華書局，1965年），第14冊，頁27-36。
246　〔清〕永瑢等人奉敕纂：《四庫全書總目提要》〈周禮注疏〉，卷19，
　　頁399。

固然對於鄭玄《三禮》經注略有微詞，但與宋人動輒竄易古經之陋習相比，四庫館臣對鄭玄的批評，趨於平緩，透露出調停漢、宋經學問題時，明顯選擇祖護鄭玄的官方態度，也呈現出當時學術趨向之一斑。

　　總而言之，歷代經師詮釋經典，都帶有各時代獨特的學風表現與個性好惡，其中夾雜的議論批駁，正是學術發展活絡的最佳表徵。直至今日，談論《周禮》反映的古代典制與社會現象時，仍須透過鄭玄的注釋，纔能窺知一二。鄭《注》雖不無可議之處，但誠如陳澧所言：「自非聖人，孰無參錯？前儒參錯，賴後儒有以辨之。辨其未明者而明者愈明，辨其未合者而合者愈合，故足貴也。」[247]鄭玄在辨正杜子春、二鄭學說之餘，不隱沒其善，足見治經有從善之公心。後人若善循其法，亦能從中繼起研究之途。換言之，從事《周禮》研究能夠推陳出新，鄭玄《周禮注》不僅是前儒的經驗總結，在歷經唐、宋儒是鄭非鄭，到清儒的解鄭揚鄭的過程中，其文獻價值及對後世的影響，無疑不可抹滅。後世論《禮》，自不容輕忽鄭《注》重要的經學地位。

---

[247] 〔清〕陳澧：〈鄭學〉，《東塾讀書記》，卷 15，頁 255。

第叁章　鄭玄經注訓詁：《周禮注》對《周禮》「古文奇字」的辨析

　　本章的研究範疇，將探究《周禮》「古文奇字」的真偽疑案。首先鋪敘歷代經學家對《周禮》經文用字疑信參半的言論，結合傳統字學與出土文獻辨析《周禮》「古文」，判斷個別形體來源及語用關係；再透過歸納《周禮注》「以今釋古」的方法與條例，梳理鄭玄的「古今字」訓詁理論，試以重新評估《周禮》「古文」的學術價值。

第一節　歷來對《周禮》經文用字「奇古」的質疑

　　六藝經籍遭嬴秦燔書，復出漢世。孝惠始除挾書律令，文、景大搜篇籍，漸開獻書之路。至孝武獎掖興學，廣招賢良文學之士，特建藏書之策，置寫書之官，自此以往，先秦經史及諸子傳說文獻，皆藏秘府。[1]儒家講授六經，因受到主政者的扶植，成為

---

[1]　《漢書》〈藝文志〉，卷30，頁1701。

規範漢代社會與國家治理的思想指導。與此同時，傳經之儒非出
於一人一地，[2]經書取得來源不同，既有先秦耆老口授的今文隸書
本，又有景、武帝年間出於孔壁、魯淹中，及河間獻王得自民間
等三宗古文經本。兩漢經學今、古文之分，肇因於同一部經書以
不同書體繕寫而成。舉凡文字記載，便於誦讀者，最利流傳。因
此利用漢代通行文字寫定的隸書經本，自然流通最廣，先秦古文
經本則未必人人盡識。今、古文經除了文字書體、篇章結構有差
異外，傳授經師又各據經本衍生出章句解說，形成學派，終因是
否將古文經立於學官的爭端，引發兩派學術勢力，此消彼長的對
立拉鋸。

　　《周禮》在兩漢傳授過程中引起的爭議，正由此背景下展開。
回顧兩漢經師傳授《周禮》的情況，由於該書晚出，在西漢尚無
師說傳授；[3]西漢末年，新莽假托符命自立，盛倡古學，舉朝政令
仿效《周禮》。劉歆推為「周公致太平之迹」，置學官流傳。其
後兵革迭起，經員子弟死喪頗眾，劉歆弟子杜子春、鄭興父子、
賈逵、衛宏、馬融等人，仍續傳其學。《漢書・藝文志》著錄眾
家傳注有《周禮解詁》、《周官傳》等書，蓋以《周禮》「經文

2　《史記》〈儒林列傳〉：「及今上即位，趙綰、王臧之屬明儒學，而上
　　亦鄉之，於是招方正賢良文學之士，自是之後，言《詩》於魯則申培公，
　　於齊則轅固生，於燕則韓太傅。言《尚書》自濟南伏生。言《禮》自魯
　　高堂生。言《易》自菑川田生。言《春秋》於齊魯則胡母生，於趙則董
　　仲舒。」及劉歆〈移太常博士書〉並云：「至孝武皇帝，然後鄒、魯、
　　梁、趙頗有《詩》、《禮》、《春秋》先師，皆起於建元之間。」可知
　　漢初經學的傳授，並非定於一尊，有地域性的特徵。

3　參〔清〕俞正燮：〈周官西漢無傳授義〉，《癸巳類稿》，卷3，頁115-117。

古字不可讀」，[4]故各書皆以諟正字體，發疑音讀為旨，乃由經本文字訓詁著手，存古字，別聲類，粗揭經義。至於經籍家法之建設，則有待鄭玄撰成《周禮注》纔陸續完成。由於鄭玄學術的影響，編著《三禮目錄》以《周禮》冠禮經之先，亦使《周禮》古學一躍而為三禮之首，成為漢朝儒學的煌煌大典。

　　關於《周禮》「古文」的問題，歷代學者除了從學派分野、思想及制度層面考察外，就文字結構而言，多談及《周禮》本經用字一項有異於其他經籍的特色。如南宋洪邁（1123-1202）即認為，「《周禮》一書，世謂周公所作，而非也，昔賢以為戰國陰謀之書，考其實，蓋出於劉歆之手。」[5]以《周禮》是劉歆偽託周公，佐莽篡政之作，為多數宋儒一貫論調。洪邁《容齋三筆・周禮奇字》又云：

> 六經用字，固亦間有奇古者，然惟《周禮》一書獨多。予謂前賢以為此書出於劉歆，歆常從揚子雲作奇字，故用以入經。如法為灋、柄為枋、邪為衺、美為媺、呼為嘑、拜為捧、韶為聲、怪為傀、暴為虣、攫為籍、風為颲、鮮為鱻、槁為薧、螺為蠃、脾為臁、魚為歔、埋為貍、吹為歙、陔為祴、暗為闇、柝為檬、探為撢、翅為翨、摘為𢱢、駁為駮、擊為毄、葦為樺、掬為匊、暴為㬮、藻為薻、吳為虞、叩為敂、艱為囏、魅為彪，與夫庌、𤟭、胖、鱐、齏、眠、𠜶、酏、槀、鬹、𥂖、䳜、柶、絇、𪋻、㷭、𥰧、棟

4　〔清〕阮元：〈十三經注疏校勘記序〉，《揅經室一集》（北京：中華書局，1993年），卷11，頁23。

5　〔南宋〕洪邁：〈周禮非周公書〉，《容齋續筆》，卷16，頁411。

> 之類，皆他經鮮用，予前已書之而不詳悉。若《考工記》
> 之字，又不可勝載也。[6]

　　古代經籍用字情況，因成書年代有先後，又受作者語用習慣的影響，在經書的文字修辭、語法結構上，都呈現個別的篇章特色。洪邁批判《周禮》，重點主要有三：

　　第一，以為《周禮》經文用字「奇古」者眾多。洪邁雖指出「奇古」為《周禮》的用字特徵，但語多空泛，意義不明。綜覽全文，似乎只著重在《周禮》文字結構的「奇異」上講，泛指《周禮》存在較多有異於其他經書的用字習慣。自秦入漢，文字形體伴隨政局更易，變革劇烈。據《說文解字·敘》云：「及亡新居攝，使大司空甄豐等校文書之部，自以為應制作。頗改定古文。時有六書。一曰古文，孔子壁中書。二曰奇字，即古文而異者也。」[7]是說新莽攝政曾改定既有文字的傳統寫法。此時通行書體有六，一是「古文」，就許君理解，特指孔壁所出一批古籍上的簡冊文字，範圍狹隘；二是「奇字」，新莽時好古、好奇，將某些筆劃特異而無法分析的古文字形，歸此一類。考《說文》明言為「奇字」者，共得「倉（仺）」、「儿（�）」、「涿（𠕒）」、「𢍰（㒸）」四字。此外，舉凡許書所載「古文」與殷商卜辭、兩周金文不合者，皆可視為「古文」的別字。嚴格從字學觀點講，洪邁所稱《周禮》古字，當歸入「奇字」，指的是「古文」一類而與之結構有所差異的古字。若從經學觀點看，則通謂之「古文」。

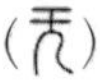

6　〔南宋〕洪邁：〈周禮奇字〉，《容齋三筆》，卷 15，頁 591-592。
7　〔漢〕許慎撰，〔清〕段玉裁注：《說文解字注》，15 篇上，頁 761。

　　第二，交代師授來源。洪邁認為劉歆曾受學於揚雄作奇字，有造偽嫌疑。然核審《漢書‧揚雄傳》原應作：「劉歆子劉棻嘗從雄學作奇字」，明文為歆子就學，並非劉歆本人，此誠為洪氏誤記，臆想劉歆造字援以入經之情事。此說到了清末康有為《新學偽經考》書中又獲闡發，或謂漢興所徵通小學者皆歆偽遣，又謂雄從歆學，則奇字亦出歆手。錢穆反駁此說，云：「棻何忘其家丘而轉學從雄？豈歆既偽造奇字欺子雲，又偽令其子棻往從子雲以欺天下後世者耶？歆之作偽，曲折深心如此，然雄亦何愚？棻亦何順？」[8]據情理推敲，當知洪、康二氏之言，不可信從。

　　第三，洪邁列舉《周禮》書中所見奇字，以為他經罕用。然其中不乏正、俗字互見（如藻—藻、柄—枋）、字形繁簡互易（如飌—風、虞—吳），更多的是音近假借的現象。不獨《周禮》如此，若將《儀禮》今、古文傳本對照，也易得出上述情形。蓋因先秦古籍流傳，口耳誦讀倉促記錄之際，音讀難免出入，吾儕自可將《周禮》古字形構，依「六書」條例與他經文字校讎勘正，維護古經本之原貌，豈可以後律前，謂他經罕用而《周禮》獨用，便有作偽嫌疑。再者，漢儒以《考工記》補〈冬官〉之闕，與《周禮》殘存五篇聯綴成書，內容顯與前五篇結構不同，用字習慣亦當有別。洪邁只說：「《考工記》之字，又不可勝載」，此篇是否一併經由劉歆改作？亦是語焉不詳。

　　南宋時期，同樣察覺《周禮》多古文奇字的學者，尚有陳振孫（1183-1262）。陳撰《直齋書錄解題》為宋代著名私人藏書目錄，其談及《周禮》：

---

[8]　參閱錢穆：〈劉向歆父子年譜〉，《兩漢經學今古文平議》，頁94。

> 此書多古文奇字，名物度數可考不誣，其為先秦古書，似
> 無可疑。[9]

陳氏以寥寥數語，就其文字書體、名物度數制度對應先秦文獻記
錄，推斷《周禮》確為先秦古書。雖無實質舉證，但由此觸發兩
條考證《周禮》成書年代的途徑，一是通過撰述者特殊的用字習
慣，二是藉由比對同時代的名物制度，來確認古書的真實性。

至明代，著名考據家楊慎（1488-1559）《周禮音詁‧自序》
中也談到：

> 《周禮》……其中多奇字古音，蓋劉歆受學於揚雄，其《訓
> 纂》之遺有在於是者，存而論之，固可以補天祿校文之缺，
> 為召陵公乘之禆矣。其書不用於科舉，不列於學官，幸未
> 經學究金根之謬改，麻沙俗字之訛刊，亦古典之巋然靈光
> 也。[10]

楊氏雖沿襲前人舊說，亦以《周禮》奇字的制作淵源，託之劉歆，
卻不否定《周禮》「古文」足可補闕漢代字書所遺漏，表明其客
觀價值。唐代科舉以九經取士，按經文字數計，分為大、中、小
三等，據鄭耕老（1108-1172）統計《周禮》共四萬五千八百六字，
[11]屬於中經。《周禮》、《儀禮》因牽涉過多古代禮制與行禮的

9　〔宋〕陳振孫：《直齋書錄解題》（北京：書苑出版社，2009年），卷
　　2，頁35。
10　引自〔清〕朱彝尊撰；林慶彰等人編：《經義考新校》，卷127，頁2348。
11　同前註，卷120，頁2221。

儀節規範，加上文句古奧，實在難讀。學人出於功利考量，往往
致力深究《詩》、《春秋》等利於口誦傳播或易於理解的古書。
因此隋唐後，禮學研讀風氣日漸凋敝，士子罕通而幾乎廢絕。不
過，正因《周禮》未列學官，反倒免除刊刻妄改之弊，能保留原
書的古樸與真實。

　　降至清代，經學的發展，承晚明積衰之勢而復盛。清儒為矯
正明末心學空疏之遺害，推崇實學致用。在思想上，極有利於《三
禮》研究的開展。尤其乾、嘉以後，吳、皖兩派漢學家，喜好推
闡古義，關於《周禮》制度與考訂注疏的著作，屢見不鮮。學人
以鑽研小學為治經門徑，嗜之甚篤，對《周禮》古字的體會，也
益加深入。其中，惠士奇《禮說》於古字音義多有疏通；段玉裁
《周禮漢讀考》疏解漢儒經注「讀如」、「讀為」、「當為」等訓
詁用語，對古字之形音義，頗多補正。江藩（1761-1831）為吳派
惠棟（1697-1758）的再傳弟子，所撰《經解入門》述及群經今、
古文之別，曰：

> 《禮》則《周禮》古文多奇字，鄭康成所云：故書者，是今
> 文，即康成所據本也。王氏《困學紀聞》則云：《周禮》
> 劉向未校之前為古文，校後為今文。[12]

江藩承襲賈公彥《周禮疏》觀點，認為漢代時《周禮》亦有今、
古文之分。但事實上，所謂「故書」、「今書」名稱，不過是鄭玄

校讀經書版本所作的權宜區分,並不影響《周禮》初為古文經本的認識。換言之,民間使用隸書寫定的《周禮》經本,是在劉向校書著錄後纔陸續出現,後為鄭玄注經所採用。這點在下文會再說明。

　　《周禮》古字的價值,已為明代學者所揭示。到了晚清,孫詒讓留意到《說文》「奇字」一類收錄字數過少的問題,並嘗試補遺。其謂:

> 古文自倉史迄秦,歷年數千,遞更傳寫,遒異間出,此「奇字」所由孳也。以新改定古文,別有六書,而「奇字」為其一,則其數必甚多。而今《說文》所錄唯「儿」、「无」、「叱」、「仚」、「𣍘」諸文,則知凡古文而異者,皆宜入「奇字」之科,許書不悉識別也。今所見金文、龜甲文亦恒覯變體,繁則偏旁重複,駢枝為累;省則璪畫刪簡,形聲并隱。考釋者目眩思眢,率從蓋闕,或強以它字傅會之。然悉心推校,形義可說者尚多。雖篆勢奇譎,有佹正體,而揆之字例,各自有精義,固非鄉壁虛造比也。[13]

蓋文字之創制,作為先民表情達意的語言載體,其形體結構常因應書寫工具與材料的改良,有歷時性的細微調整。自殷商初民以龜骨鑽鑿刻字,到兩周銅器鑄銘,再到秦漢時人使用毛筆書寫。文字的筆劃從方折生硬,漸變為圓潤流暢,風格也日益規整。文

---

[13] 〔清〕孫詒讓:〈奇字發微〉,《名原》,收錄《孫籀廎先生集》(臺北:藝文印書館,1963年),第1冊,下卷,頁96。

字的發展歷史，源遠流長，非僵化固定一時，所以不管是從縱向繼承，抑或橫向對比的關係中考察，往往可以發現，同一文字在各時期都有偏旁繁簡、形構互異的字形。在文字學上「奇字」與「古文」反映的關係，便是如此。孫氏以為，《說文》雖立「奇字」名目，但所舉字例無多，因此從出土龜甲獸骨、青銅彝銘文字中，梳理出一些看似「篆勢奇譎，有佹正體」的字形，其中即援引不少《周禮》古字為證，肯定絕非「鄉壁虛造」之作，從而開拓探索先秦古文奇字的取材範疇，予以後人無限啟發。

可惜的是，並非所有經學家對《周禮》古字都抱持認同。早在明代，胡應麟（1551-1602）《四部正譌》已提出「偽書多怪字」之論，[14]作為判別偽書的根據之一。到了晚清，以康、梁為首的維新分子，考證文獻，復就文字風格論斷古文經傳真偽。康有為即指出，後漢雅士好古成風，金石碑帖之學，應運而生，讓竄附變亂之士得以趁隙偽造奇字，託之古文。康在〈漢書藝文志辨偽〉文中寫道：

> 歆既好奇字，又任校書，深窺其旨，藉作奸邪，乃造作文字，偽造鐘鼎，託之三代，傳之後世，徵應既多，傳授自廣。以奇字欺人，借古文為影射，《左氏春秋》乃其竄偽之始，共王壞壁，肆其烏有之辭。……〈保氏〉「六書」之說，條理甚備，唯古書絕不之及；唯許慎《說文》、鄭康成注《周官》稱焉；然皆出歆之傳；蓋創造於歆而偽

14　〔明〕胡應麟撰，顧頡剛校點：《四部正譌》，收錄自顧頡剛主編：《古籍考辨叢刊》（北京：社會科學出版社，2010年），第1集，頁194。

> 附於《周官》者也。……古文、奇字本於鐘鼎，今《說文》
> 所載，古文千餘，無奇字，蓋即八體六技之書。許慎說經
> 皆從古學，則是盡見古文；劉歆以古文之體寫其偽經，然
> 字數不過千餘，其中又多劉歆所偽造，則三代金石異文亦
> 僅矣。[15]

由上述可知，康氏抨擊劉歆既偽造孔壁古文經傳，又造作文字欲
以輔成，藉提倡訓詁之學，惑亂聖道；且其分析文字形義之依據，
則來自《周禮·保氏》的「六書」說。按《周禮·保氏》只見「六
書」總名，未詳其目，後來明確標明「六書」分目的學者，在許慎
之前，劉向父子及班固、鄭眾等人各有解說。雖然諸生所列「六
書」名稱、次第有異有同，但同將《周禮》「六書」解釋成六種
創制文字的方法，並無出入，當知後漢古文家釋字理論的基礎及
精神，全在《周禮》。由於康氏主觀認定劉歆曾偽造三代鐘鼎彝
銘，因此亦懷疑《說文》「古文」、「奇字」的來源，認為《說
文》「古文」不過千餘字，劉歆草創群經，勢必自行造作古字。
這些字體即後來文字學上所稱的「奇字」，並大量保存於《周禮》
之中。此項論斷，是康氏吸收宋儒「劉歆偽造群經」學說之後，
從小學觀點推測《周禮》「六書」與東漢古文學派的思想淵源。
康有為辨證古文經傳偽作的結論，日後受到民初胡適（1891-
1962）、疑古學派顧頡剛（1893-1980）等人的信從。他們對古學
家標榜的古文字體系，或認為「劉歆等曾頌王莽發得《周禮》，

15　〔清〕康有為：〈漢書藝文志辨偽〉，《新學偽經考》（北京：中華書
　　局，2012年），頁59、103、109。

書中用古文字；也很像王莽的仿古風格」；[16]或稱：「這些古文奇字有的是雜湊起來的；有的是完全杜撰的；也有是從古器上抄寫來的」，[17]這些名家見解，足以撼動東漢古文家苦心經營的基礎，可謂是近代古籍考辨史上的一大問題。直至民國七零年代，徐復觀與陳勝長（1946-）兩人還在為《周禮》是否為「真古文」的問題，各自就少數字例，往復討論。[18]清末學說影響所及，可見一斑，亦表明《周禮》古字的真偽判定與造作源由，確為中國經學史上聚訟多時又不得碻解的疑難課題。

梁啟超《近三百年學術史》談到《周禮》成書真偽問題時，曾明確表明此書「應為漢劉歆雜采戰國政書，附以己意偽撰」之作。[19]但到後來寫《古書真偽及其年代》時，出現折衷說法。原因便是殷商甲骨文字出土，學者發現有部分字形與《周禮》古字的構形相近，這自然直接挑戰康氏主張劉歆「偽造鐘鼎，造作文字」，援以入經的論點。於是，梁啟超對舊說稍試修正，他說：

今文家說《周禮》是劉歆偽造的，我們可以公平點說，非

---

16 胡適：〈論秦時及《周官》書〉，《二十世紀中國禮學研究論集》（北京：學苑出版社，1998 年），頁 305。

17 顧頡剛：〈經古文學的建立〉，《漢代學術史略》（北京：人民出版社，2008 年），頁 75。

18 雙方論辯內容，參陳勝長：〈《周官》非古文質疑——從文字學角度討論徐復觀先生的「論證方法」〉，《考證與反思：從《周官》到魯迅》（臺北：東大圖書公司，1995 年），頁 1-21。及徐復觀：〈答陳勝長先生「周官非古文質疑」〉，《中國思想史論集續編》（臺北：時報文化出版公司，1982 年），頁 613-623。

19 〔清〕梁啟超：《近三百年學術史》，頁 362。

歆自造,也許有所憑藉。最近出土的甲骨文,《周禮》有
幾個字和他的字相近,就如「覿」、「戲」,別書沒有,
《周禮》和甲骨文都有。因此,擁護《周禮》的人大喜,以
為從此無人敢攻擊他了。其實這點微小的證據,是不能救
《周禮》是周公所作一說的命,不過可以減輕劉歆全偽之罪
罷了。[20]

梁氏對劉歆偽造《周禮》古字觀點的轉變,反映清代學者對既有
學說的批判精神與省思態度。清末考證學派本著無徵不信、取材
宏富的特長,善於利用出土考古文獻,作為證經考史可資徵引的
憑據。[21]有鑑於此,黃季剛曾說:「治《禮》次第,竊謂當以辨
字讀、析章句為先務」,[22]強調禮學的研究次第,應以「辨字讀、
析章句」為先務。吾人對《周禮》的理解,除掌握兩漢經今、古
文流傳的根本差異外,也應針對經文用字進行探索。由歷代經師
所言「《周官》多古文奇字」的普遍論說中,就爭議點「奇」字
而言,多僅從文字形體結構特異,且他經罕用的基礎上講,不自
深剖。因此,仍可進一步思考、研究的方向有:

第一,《周禮》既存在大量的「古文奇字」,其字體構形來

---

20 〔清〕梁啟超;周傳儒等人筆記:《古書真偽及其年代》(北京:中華
　　書局,2012 年),頁 140。

21 羅振玉〈本朝學術源流概略〉論清代學術得失,說:「前代學者於名物
　　制度,多憑經注為圖,非實見其物」,「近三十年洹陽之卜文,西陲之
　　簡牘,中州關中所出吉金石刻、古器物,可據以考證古文字經史者不少,
　　又為以前學者之所未及見。」參汪學群主編:《清代學問的門徑》(北
　　京:中華書局,2009 年),頁 9-32。

22 黃季剛:〈禮學略說〉,《黃侃論學雜著》,頁 454。

源與特點究竟為何？能否先與近出古文字材料比對，溯其字源；復就後世傳鈔古文字書所載，衍其流變，稽核同性質的古籍中是否存在類似的書寫模式，進以判讀字形的合理性。

　　第二，東漢經師多深究章句訓詁，古字音義因能辨明。鄭玄盡注三《禮》，發揮旁通，千古之下，無人能出其右。由鄭《注》文字訓釋中，或可窺知漢代經師對《周禮》古字的觀念取捨，從現有經學注疏成果對傳統字學界說，進行補充。

　　綜此，不僅關涉古籍文字的實質考證，亦為禮學研究基礎之所在，逐一解決這些問題，信能使中國經學史上流傳劉歆偽造《周禮》「古文奇字」之說法，就此平息。

第二節　《周禮》「古文」真偽考實

　　「古文」一詞含意廣泛。大體而言，流通於先秦史籍中載錄的文字，都可稱為「古文」，也就是相當於與隸書、楷書相對的古文字。漢人所謂的「古文」內容，就目前所見資料，大都是以《說文》壁中書的古文為主，還包括石經古文、漢人經注中的古文，及《汗簡》、《古文四聲韻》等書中《說文》未見的傳鈔古文字體。[23]這些資料都與《周禮》「古文」的時代相近，足供後人參照比對。

　　關於《周禮》「古文」的綜合研究，目前僅見臺灣大學黃秀燕《從文字演進看周官古文》學位論文一篇。該文首先援引漢代歷史

23　漢人所謂「古文」的內容，參張富海：《漢人所謂古文之研究》（北京：線裝書局，2007 年），頁 6-7。

學家、文字學家、注疏家等人意見，探述「古文」意涵。其後從
文字演變的脈絡，指出《周禮》古字有合於出土甲骨、金文者 16
例；《說文》所無之字，列舉約 20 例，推論《周禮》的成書年代
不能早於戰國。[24]但因其研究成果，尚處於初步探索的階段，選
用字例多有重複，不盡完備。其次，近年地下戰國出土簡牘甚多，
各系文字形體具有地域特徵，能充分補足甲、金文至篆體間文字
形體演變的環節。受限時空條件，該文作者亦未見及，顯示《周
禮》「古文」的研究，尚有進一步研討的空間。本章擬進行具體
討論前，將從《周禮》經本的「古文」性質談起，權當後續研究
的背景基礎。

一、《周禮》「古文」性質的界定

　　研究漢代經學，今、古文經學的對立，無疑是個重要課題。
然回顧其時間點，它卻是發生在景、武年間大量古文經傳發掘出
土後，纔日漸突顯出的學術分歧。皮錫瑞認為，「當古文未興以
前，未嘗別立今文之名」。[25]換言之，正因古文經的出現，不僅
文字書體由古籀而篆隸，漸有隔閡，就連篇章結構也與經師所傳
有出入，漢人纔須別稱「今文」，自名其學，與「古文」區隔。
若由經今、古文學引起的爭議，觀察它的性質，其實不外乎文字
及經說兩類。東漢荀悅（148-209）《申鑒·時事篇》云：

　　　仲尼作經，本一而已，古今文不同，而皆自謂真本經。古

24　黃秀燕：《由文字演進看周官古文》（臺北：臺灣大學中國文學研究所
　　碩士論文，1983 年），頁 58-91。

25　〔清〕皮錫瑞：《經學歷史》，頁 82。

今先師，義一而已，異家別說不同，而皆自謂古今。[26]

古人撰寫書籍，原只用當時通行的字體書寫成一種本子流傳，何嘗有後世所謂的今、古文之分。講述的古書大義，應當也只有一種正確解釋。後世家法刻意分立，遂使經說紛紜，莫衷一是。荀悅所說：「古今文不同」，是指傳抄文字的形體變異；「異家別說不同」，是指講授經說分為今、古學。荀悅是東漢人，他把漢代經今、古文的爭論，歸因於文字和經說兩類。起初，源於經書書寫字體各異，後演為學統宗派及經學上一切問題，亦隨之對峙，是最能反映兩漢經學史實的一段敘述。若從這個層面上思考，任何一部先秦典籍，進入到漢代學術體系以前，都必先經歷文字傳抄及學說分派上的洗禮。向時，學者講「今文」與「古文」，係從字體、學派區分。若要合理界定《周禮》的「古文」性質，則須考量以下幾方面：

（一）以出處論：《周禮》出於民間所藏，與孔壁「古文」的性質相似

六藝經籍遭嬴秦焚書，復出於漢。學人誦讀經書，傳習自先秦耆老口授寫定之本，所持章句訓解，皆淵源有自，由是形成西漢今文學講究「師法」的特色。然而，反觀古文經的來源，不僅多為偶然發現，篇章結構零星破碎，加上文字不易通讀，故在大多數漢人眼中，只能籠統地將這類經書視作相同性質，統稱為「古文」。關於《周禮》出處，賈公彥《周禮義疏‧序周禮興廢》引

---

[26]　〔漢〕荀悅：《申鑒》，錄自《諸子百家叢書》（上海：上海古籍出版社，1990 年），卷 2，頁 17。

馬融《周官傳》有段記述。云：

> 《周禮》後出者，以始皇特惡之故也。秦自孝公已下，用商
> 君之法，其政酷烈，與《周官》相反，故始皇禁挾書，特
> 疾惡，欲絕滅之，搜求焚燒之獨悉，是以隱藏百年。孝武帝
> 始除挾書之律（【筆按】：漢惠帝四年始除秦挾書律令，見《漢
> 書‧惠帝紀》），開獻書之路，既出於山巖屋壁，復入于秘
> 府，五家之儒莫得見焉。[27]

馬融這段話，旨在回顧秦漢時期《周禮》的傳授始末，以為《周
禮》思想與秦政不合，遂遭焚禁。據《漢書‧景十三王傳》載，
武帝朝，河間獻王劉德經民間蒐羅《周禮》殘篇，奏書朝廷。後
因武帝不喜《周禮》，遂將書轉入府庫，不為西漢今文禮家傳授。
此處馬融說《周禮》「出於山巖屋壁」的描繪，實易啟人疑竇。
因該書既不能同出自山巖，又出自屋壁，顯示馬融對《周禮》的
來源，立說兩可，實未究明原始出處。到了馬融弟子鄭玄作《六
藝論》時，又云：「《周官》，壁中所得六篇」，[28]則直指《周
禮》得之於壁中。可是誠如孫詒讓分析，馬融陳述重點「祇謂薶
藏荒僻，與淹中、孔壁，絕無關涉。」[29]因此《周禮》「出於山
巖屋壁」的說法，僅為譬況之辭，絕非與漢代出土古文經的魯淹
中及孔壁兩地有關連。馬融與鄭玄雖無從考究《周禮》的出處，
但無論是出於「山巖屋壁」或自「壁中所得」，都旨在說明《周

27　〔漢〕鄭玄撰，〔唐〕賈公彥疏：《周禮注疏》，頁9。
28　〔漢〕鄭玄撰，〔清〕皮錫瑞疏證：《六藝論疏證》，頁52。
29　〔清〕孫詒讓：《周禮正義》〈天官‧冢宰〉，卷1，頁5。

禮》與孔壁所得古文《尚書》、《禮記》、《論語》、《孝經》等典籍的出處相類似。由於孔壁古文經出土，後漢「古文」之名，遂為壁中書之類的簡冊文字所專有。《周禮》得自民間，相對今文經的傳授途徑，漢人將《周禮》視為「古文」，與孔壁諸經同具廣義的「古文」性質，也是必然的結果。[30]這些基本上全都是根據經籍文獻的出處，作出判定。

（二）以著錄論：班固編錄《周禮》，雖未以「古文」相稱，無妨其初為古文本

漢代初年，朝廷大收篇籍，孝武帝特建藏書之策，置寫書之官，下及諸子傳說，皆藏秘府。宋王應麟引《通典》曰：「漢氏圖籍所在，有石渠、延閣、廣內，貯之於外府。又御史中丞居殿中，掌蘭臺秘書及麒麟、天祿二閣，藏之於內禁。」[31]漢廷賡續藝文之不墜，建藏書諸閣，居功厥偉。成帝時，劉向（約 77B.C-6B.C）奉詔領校經傳、諸子詩賦，每校一書，輒條其篇目，撮其旨趣，曰《別錄》。後由劉歆分門別類加以簡化，寫成《七略》。班固在《七略》基礎上，又將《七略》裁合省併，寫進《漢書》，顯係有嫡傳關係。觀察班〈志〉著錄排序，特標明「古文」，且錄於一家之首；未標古文者，則皆為「今文」，附列漢儒傳記章句於後，體現出東漢古文家「以史為綱」的意識形態。清臧琳

30　關於《周官》「古文」的性質討論，參拙文：〈徐復觀先生〈周官非古文〉讀後──兼論許慎《說文敘》稱引《周官》之經學意義〉，收入國立成功大學中文系編：《雲漢學刊》（臺南：成功大學中文系，2013 年），第 26 期，頁 128-145。

31　〔宋〕王應麟著；張三夕，楊毅點校：《漢藝文志考證》（北京：中華書局，2011 年），頁 120。

（1650-1713）曾引張景陽雜詩十首注，轉錄《風俗通義》曰：

> 「劉向為孝成皇帝典校書籍，皆先書竹，為易刊定，可繕寫
> 者以上素也。」今東觀書竹素也，此亦當本劉氏《別錄》。
> 西漢無紙，故先書於竹簡，有誤者用書刀刊削之，及讎校
> 已定，則繕寫於縑素，此劉氏校書之示例也。[32]

當知漢人校書所施，兼用竹簡及縑素，而各以「篇」、「卷」統
計。據近人分析，舉凡目中所錄，稱「篇」者，盡是竹書；稱「卷」
者，則是帛書或帛圖。[33]漢代《周禮》經本，最早著錄於《漢書·
藝文志》中。班〈志〉著錄《周禮》為「《周官經》六篇」，[34]當
是以竹書寫定之版本。就內容劃分，計有六篇，正合〈天官〉、
〈地官〉、〈春官〉、〈夏官〉、〈秋官〉五篇，補《考工記》為
〈冬官〉一篇之數。漢人欲將《考工記》與《周官》殘存五篇，編
綴成書，整理者勢必重新謄寫，以便保存。因而，班〈志〉著錄
「《周官經》六篇」之記載，即透露該書為漢廷典藏時，早已經過
人為編聯與校訂，信是劉向父子校讎後，額外寫定之傳本，遠非
漢初河間獻王得自民間的古文祖本。

　　可是，班〈志〉著錄《周官經》，何以不標明為「古文」呢？
箇中緣由，正如王國維所說：「《周官經》無今學，自毋庸冠以

32　〔清〕臧琳：〈劉向校書〉，《經義雜記》（臺北：鐘鼎出版社，1967
　　年），第3，頁86-87。

33　李零：《蘭台萬卷：讀〈漢書·藝文志〉》（北京：三聯書店，2011年），
　　頁10。

34　《漢書》〈藝文志〉，卷30，頁1709。

古文二字」，[35]以示區別。要知道傳統目錄學，講求按部分類，以闡揚各門學術源流始末。班〈志〉所以在六藝經籍上標明今、古文，非特以文字書體為分界，更為彰顯東漢學派經說之間的差異。西漢武帝既視《周官》為「末世瀆亂不驗之書」，今文家多有毀棄，其學未興，自毋須以今、古文對稱。儘管班〈志〉未以「古文」相稱，並不妨礙《周禮》初為古文寫本的認識。

（三）以字體論：劉向校訂後《周禮》的文字，應為「隸定古文」

古代經傳原本皆用古文字體書寫，然至秦漢之際，形體變革最為劇烈。《說文‧敘》云：「是時，秦燒滅經書，滌除舊典，大發吏卒，興戍役，官獄職務繁。初有隸書，以趣約易，而古文由此絕矣。」[36]自漢以後，學者接觸多為隸書，除了前代遺老外，真正讀得懂先秦古文字的人，少之又少。出於誦讀方便，漢人習慣將先秦經傳上的古文字改寫成當時通用的隸書，這也就產生後來的今文本。而古文經傳亦有傳寫本，尤其《毛詩》、《周官》，後漢已難見祖本原貌，諸儒所見，大抵為傳寫隸定之本，[37]此王國維所論甚詳。至於《周禮》經本的字體，賈公彥《周禮‧天官‧大宰》疏中指出：

> 鄭注《周禮》時有數本。劉向未校之前，或在山巖石室有

35　〔清〕王國維：〈漢時古文本諸經傳考〉，《觀堂集林》，卷7，頁325。

36　〔漢〕許慎撰，〔宋〕徐鉉校定：《說文解字》，卷15上，頁315。

37　〔清〕王國維：〈漢時古文諸經有轉寫本說〉，《觀堂集林》（北京：中華書局，2006年），卷7，頁327-330。

　　古文；考校後為今文。古今不同，鄭氏據今文注。（卷 2，
　　頁 53）

賈氏認為，《周禮》經劉向父子校讎後，已將原先秘府所藏的古
文本，改寫成今文本，似乎意謂《周禮》在漢代亦有今、古文之
分。對此，清徐養原駁斥賈說，謂：「《周禮》乃古文之學，何
今文之有！」[38]孫詒讓也申言：「《周禮》則自劉歆以來，止有
古文之學，無所謂今文。」[39]然而，細審賈《疏》稱《周禮》有
今、古文，當就漢人校訂經本文字前後的差異上講，實即古字與
今字之別，並非是說《周禮》在漢代有今文學說。徐、孫二人不
悟賈《疏》原意，批評稍嫌含混，難以憑依。而後人對古文本與
今文本的認識，多由文字書體區分，似乎將兩種本子講成每字都
截然不同。實際上，根據段玉裁對「古文」經傳的觀察。他說：

　　古書之言「古文」者有二：一謂壁中經籍，一謂倉頡所製
　　文字，雖命名各本相因，而學者當區別。如古文《尚書》、
　　古文《禮》；此等猶言古本，非必古本字字皆古籀；今本
　　則絕無古籀字也。[40]

說明今、古文本的差異，不盡然在字體上相隔甚遠。說古本必字
字皆為古、籀，固非；反之，說今本絕無古、籀字者，亦非是。

38　〔清〕徐養原：《周官故書考》〈敘〉，，頁 113。
39　〔清〕孫詒讓：《周禮正義》〈天官・大宰〉，卷 3，頁 105。
40　〔漢〕許慎撰，〔清〕段玉裁注：《說文解字注》，15 卷上，頁 765。

如同段玉裁分析，「小篆因古籀不變者多」的道理一樣，[41]李斯之書同文，亦有與秦文相合者。《說文·敘》所謂「或頗省改」，即不盡省改，意指有省有不省，有改有不改之意。凡是《說文》正篆未明言「古文某者」、「籀文某者」，則小篆或承襲古籀，寫法並同。同理，漢人儘管以今文隸書改定古本，萬不能一一自作，難免襲用古籀、小篆寫法，此為字形演變不可割裂之定律。更別說漢代有種特殊的古文本，即以隸書轉寫古文，並保留部分的古字古言。這種處於今、古文過渡的經本類型，在漢人眼中確實存在。偽孔安國古文《尚書·序》云：

> 魯共王好治宮室，壞孔子舊宅，以廣其居，於壁中得先人所藏古文虞、夏、商、周之書及傳，《論語》、《孝經》皆科斗文字……科斗書廢已久，時人無能知者，以所聞伏生之書，考論文義，定其可知者，為隸古定，更以竹簡寫之。[42]

由這段文字，可得出以下兩個信息：

第一，文中談及「科斗文字」，據王國維考證，此名為前漢所未有，當起於後漢，而大行於魏晉以後。[43]按鄭玄《尚書·贊》云：「《書》初出屋壁，皆周時象形文字，今所謂科斗書」，[44]始以古文《尚書》為科斗書，因其字形頭麤尾細，似科斗之蟲，故

---

[41] 同前註，15卷上，頁763。

[42] 〔漢〕孔安國傳，〔唐〕孔穎達等正義：《尚書正義》，卷1，頁10-11。

[43] 〔清〕王國維：〈科斗文字說〉，《觀堂集林》，卷7，頁337-339。

[44] 見《尚書正義》引，卷1，頁11。

有此名。嗣後,漢人言科斗書,亦延及他經,如《後漢書‧盧植傳》有「古文科斗,近於為實」之語,[45]奏請將《毛詩》、《左氏》、《周禮》立於學官,與《春秋》共相表裏。當知盧、鄭等輩所見古文經,尚有用「古文」書寫。「古文科斗」名稱,雖為後起,然文字本身為前漢所固有,盧、鄭兩人於舊稱「古文」外,特詳文字形體特徵,可證兩人皆曾目驗「古文」書體,抑或古文經傳者所書如是,故以名之。

第二,談及孔安國傳抄古文經,持今本文義與之對校,定其可識者,以隸書改寫為「隸古定」本。若論其文字書體,當稱為「隸定古文」。所謂「隸定古文」是相對於篆體「古文」而言,是用隸書或楷書筆法轉寫的古文字形。[46]對先秦典籍中的「古文」,漢人經由與今本對校,大都可以直接轉錄,唯古文形體特異者,會以隸書筆法摹寫。東漢時為利於流傳,古文經大體皆經後人改定。有今、古文並存者,如鄭玄注《儀禮》有「古文某為某」體例,顯示《儀禮》尚有今、古異文之別。然,鄭注《周禮》卻只講「故書某為某」,實因鄭玄所見經本,已非《周禮》「古文」舊觀,故變稱「故書」,此勢所不得不然。因此有理由推斷,賈《疏》所謂《周禮》經劉向考校後成了「今文」,即指以隸書筆法轉寫古文的情況,此「隸古定」本後為鄭玄所沿用。

由於西漢初年河間獻王奏藏秘府的《周禮》古文祖本,已難得見。因此研究《周禮》「古文」,必先留意到一項重點,它是屬於將傳抄古文隸定後的書體,也就是所謂的「隸定古文」。目

[45] 《後漢書》〈吳延史盧趙列傳〉,卷 64,頁 2116。

[46] 「隸定古文」定義,參徐在國:《隸定古文疏證》〈前言〉(合肥:安徽大學出版社,2002 年),頁 1。

前僅能從鄭玄持用的「隸古定」經本，來掌握它的內容。

（四）以學說論：《周禮》屬「古文」學說，始於許慎《五經異義》之後

舉凡一學派之興起，其學說思想必然經歷不斷醞釀的演進過程。東漢古文學派的確立，也是透過統治者對古文經傳的認可，從伏流躍上主流。西漢末年，劉歆建請將「《左氏春秋》及《毛詩》、《逸禮》、古文《尚書》列於學官」，[47]遭到今文博士排詆，揭開經今、古文學對立的序幕。上述四部古文經，平帝時雖立學官，然不久即罷廢。因此東漢光武立十四博士，仍擁戴今文學說。至章帝建初八年（82），出於「扶微學，廣異義」之目的，正式明「令群儒選高才生，受學《左氏》、《穀梁春秋》、古文《尚書》、《毛詩》。」古文經傳纔真正獲得公開傳授的機會。由劉歆到賈逵，不難看出當時認知的古文經傳種類，主要有《左氏春秋》、《毛詩》、《逸禮》、古文《尚書》四部典籍。在爭論過程中，都未談到《周禮》，顯示將《周禮》列屬古文學說，是後來纔逐漸興起的觀念。

東漢經今、古文學，走向會通的契機，始於建初四年（79）冬十一月，漢章帝為網羅遺逸，扶翼微學，「於是下大常，將、大夫、博士、議郎、郎官及諸生、諸儒會白虎觀，講議五經同異」，又親自「稱制臨決，如孝宣甘露石渠故事。」[48]章帝舉辦經學講論的用意，是為彌合當時今、古文經學的分歧，故由官方欽定《白虎通義》刊布於世，供學人參酌。在與會成員中，「本從逵受古

47　《漢書》〈楚元王傳〉，卷 36，頁 1970。

48　《後漢書》〈章帝紀〉，卷 3，頁 78。

學」的許慎，亦列席聽聞諸儒講議五經同異，後以「五經傳說，臧否不同」，撰成《五經異義》，折衷羣言。許慎有意區別今、古學，書中每論證一事，輒列今、古文家法，以明統緒源流。據陳壽祺歸納，書中所謂「古說」者，包含：「古《尚書》說」、「古《毛詩》說」、「古《春秋》左氏說」、「古《孝經》說」、「古《周禮》說」等五種古文學說，比對上述劉歆至賈逵所稱的古文經傳，當知增列《周禮》為「古文」學說的人，始自許慎。在《五經異義》書中，除了將「古《周禮》說」與「今《易》孟、京說」、「今《尚書》歐陽、夏侯說」、「今《韓詩》說」、「今《禮》戴說」、「今《春秋公羊》說」等今文家言，逐一比對在婚冠、聘問、賜命、田役、器物等經說解釋的差異外，亦申明《周禮》與其他古文經傳相合處。之後，《說文·敘》談及引經家法，於《禮》僅稱：「禮《周官》」，說明許慎引《禮》證字，多用「古《周禮》說」，至此遂明定《周禮》為古文經。

綜合上述，由「出處」、「著錄」、「字體」、「學說」等四點，界定《周禮》的「古文」性質。再依照漢人論說之時代先後，梳理《周禮》為「古文」性質的觀念演進。起初，劉向父子及班固著錄《周禮》，僅著錄篇目，並未明確指出《周禮》為「古文」，一因《周禮》在漢無今文學說，故毋須標明；二因文字之今、古，於一般讀者而言，實無關宏旨，且校讎後的《周禮》經人為轉抄，已成為後來的「隸古定」本，遠非先秦古文祖本原貌，故不必著「古文」字樣，冠其書首。逮及東漢，《周禮》始有釋詁之作，但杜子春、鄭興父子等傳經大儒，皆以審音辨字為務，未遑經義之深究。真正將《周禮》視作「古文」學說的一環，要到許慎撰寫《五經異義》纔正式確立。在此之前，東漢學者兼習

今、古文的風氣，及講論五經異同的時代需求，已為界定經籍屬性發起先聲。西漢時，《周禮》無今文家言，毋須區別異同的情況，至此丕變。《五經異義》中，如：「今《易》孟喜、京房說」，「今《尚書》歐陽、夏侯說」，「今《韓詩》說」，「今《禮》大戴說」，及「今《公羊春秋》說」，都與《周禮》所載經說，解釋不同。許慎首將《周禮》納入「古文」學說統系中，對學科內涵當有深刻體會。至於馬融與鄭玄就文獻出處定《周禮》為「古文」，無非是後漢儒生對孔壁這類「古文」經傳的附會，對於界定經書的性質，實際意義與作用不大。

二、尋覓《周禮》「古文」的篩選原則

《周禮》在東漢為古文學，古籍流傳民間，曠時既久，其經本文字屢經傳寫、改易，不知凡幾。當時為方便學人誦讀，原本用六國古文抄寫的儒家典籍，多數都已改為隸定本。其祖本中的古體文字，也因奇譎難識，外界不復誦習而深藏秘府。目前通行使用的《周禮》經本，是早經馬融、鄭玄等人重新考校，雜揉今、古文的綜合體。[49]要想從中尋覓《周禮》「古文」的真實原貌，進而明瞭今、古文本子前後的變遷沿革，確有一定難度。近世，黃季剛曾歸納《說文》「古文」的七種類型，他說：

---

[49] 金德建曾製成〈西漢各經傳今、古文沿革表〉，獨闕《周禮》一書，認為：「漢代人概念中對於《周禮》當作基本上古文本的書，似無疑義」。然就文字書體而言，《周禮》於漢代流傳過程中，實際上已逐漸改造成為一部以隸書筆法改寫的古文經典，金氏說法稍失。說見氏著：《經今古文字考》〈自序〉（濟南：齊魯書社，1986 年），頁 20。

「古文」有七：一、相承之古文，二、書中所得古文，三、
有今文可以比較者，四、有文義可推尋者，五、有能確說
其形聲者，六、不能確說其形聲者，七、無文義可推尋
者。[50]

他將《說文》「古文」分成七類，實際上應歸納為三類：第一，
《說文》所稱「古文」，有相傳鑄刻在鼎彝上的前代古文，又或擷
取自書中抄錄的古文為大宗。第二，有透過今、古文本對照，推
尋文義可考而形體結構明確的古文。第三，是既無文義可循，也
無從分析形構的古文。這三種「古文」類型，雖為講解《說文》
所專設，卻能轉作吾人評估《周禮》「古文」的借鑑經驗。本章
論證《周禮》「古文」，如何判別某個字形性質為今字，另一字
形為古字，主要採取下列幾項材料，作為依據：

（一）對應《說文》古籀、小篆字體者

《說文解字》首創以五百四十部，統攝九千三百五十三字，為
前代所未見。各部「同條牽屬，共理相貫，襍而不越，據形系聯」，
部屬字「方呂類聚，物呂羣分」，[51]條理分明。後世研究古音諧
聲、古義訓釋，或上溯甲、金文字之源頭，推求歷史語言之變遷，
都應從《說文》入門。[52]眾所周知，《說文》收錄字形的體例是

---

50 黃季剛述，黃焯編輯：《文字聲韻訓詁筆記》（臺北：木鐸出版社，1983
年），頁 20-21。

51 〔漢〕許慎撰，〔清〕段玉裁注：《說文解字注》，15 篇下，頁 781。

52 參閱胡樸安：《中國文字學史》（臺北：臺灣商務印書館，2006 年），
頁 40-43。

「敘篆文，合以古籀」。根據王國維研究，所謂的古、籀字體，皆為傳抄古文材料。兩種字體「乃戰國時期東、西土文字之異名，其源皆出於殷周古文。」[53]王氏以文字使用地域不同，區別秦國用籀文、六國用古文的觀察，確為卓識。該學說下開戰國文字分域研究之先河，影響甚大。姑不論王氏立說是否周延，《說文》載錄的古、籀字形，實是漢儒保存戰國傳抄古文字的吉光片羽，至今仍不失為一筆可供比勘的重要資料。若將《說文》收錄的古、籀及小篆字體與《周禮》「古文」對照，則不難發現《周禮》「古文」與《說文》這些形體結構的關係，其因襲痕跡，至為明顯。試分類梳理如次：

　　首先，《周禮》的隸定「古文」與《說文》「古文」字體合證的例子，[54]有：

字頭	《周禮》隸定「古文」	《說文》「古文」字體
御	馭	（古文字形）
視	眠	（古文字形）
礦	卝	卝
驅	敺	（古文字形）
畎	甽	（古文字形）

據《說文・敘》解釋，新莽時頗改定古文，有六種書體。一曰：

53　〔清〕王國維：〈戰國時秦用籀文、六國用古文說〉，《觀堂集林》，卷7，頁306。

54　以下引用《說文》古籀、小篆與石經古文，引自臺灣大學中國文學系、中央研究院歷史語言研究所、資訊科學研究所、數位文化中心共同開發之「小學堂文字學資料庫」。網址為：https://xiaoxue.iis.sinica.edu.tw。

「古文，孔子壁中書」，具體有《禮記》、《尚書》、《春秋》、《論語》、《孝經》等多部典籍，當知《說文》收錄的「古文」內容，主要來源於壁中書的傳抄文字。不過，壁中書並非《說文》「古文」的唯一來源，[55]其中還涵蓋張蒼所獻、河間獻王所得來自民間傳抄的簡冊文字。因此，王國維認為：「其全書中正字及重文中之古文，當無出壁中書及《春秋左氏傳》以外者，即有數字不見於今經文，亦當在逸經中。」[56]這裡所說的《逸經》，當然包含許慎對於「禮《周官》」的引述內容。從比對上列字形，能發現除了《周禮》「古文」作「𡰯」，為《說文》小篆「畎」字古文「𤰔」之省體外，其餘字形結構的對應，皆吻合無間。這充分說明，目前所見《周禮》隸定「古文」的前身，確實是《說文》「古文」取材的另一來源，因而能夠在《說文》中覓得《周禮》「古文」的蹤跡。

其次，《周禮》的隸定「古文」與《說文》「籀文」字體合證的例子，有：

字頭	《周禮》隸定「古文」	《說文》「籀文」字體
折	𣂾	𣂤
韜	聲	𥱻
副	畐	𣂫
姻	婣	𡆀

---

55 曾憲通考究《說文》古文及石經古文內容，證明「古文」確有多頭來源，當不以壁中書為限。酌參氏著：〈三體石經古文與《說文》古文合證〉，《古文字研究》（北京：中華書局，1982 年），第 7 輯，頁 273-285。

56 〔清〕王國維：〈說文所謂古文說〉，《觀堂集林》，卷 7，頁 317。

| 柩 | 匚 | 匚(篆) |
| 艱 | 囏 | 囏(篆) |

一般傳統的觀念，都認為籀文來源於《史籀篇》。考《漢書‧藝文志》著錄「《史籀》十五篇」，班固注云：「周宣王時太史，作大篆十五篇，建武時亡六篇矣。」[57]《說文‧敘》也說：「宣王太史籀著大篆十五篇」，可見這一相沿已久的舊說，並非無稽之談。班〈志〉謂：「《史籀篇》者，周時史官教學童書」，說明其內容為教導西周晚期貴族子弟習字的教本。儘管流傳至漢代，多有亡佚，但許慎當時仍見有殘存的九篇，故能引錄書中。由於籀文字體，與《說文》壁中「古文」不盡相同，因此許慎時常標舉古、籀字體的不同寫法，以示區別。如同清王筠（1784-1854）指出「籀文好重疊」，[58]及王國維說籀文「大抵左右均一，稍涉繁複。象形象意之意少，而規旋矩折之意多」的情況，[59]講究線條美觀及堆疊部件為籀文的主要特徵。從比對上列字形，能發現《周禮》若干具有標誌性的隸定「古文」，像「聲」、「匚」、「嫺」等字例，多與《說文》籀文形體暗合，這顯示傳抄《周禮》「古文」的寫手，對於《史籀篇》的內容，必定相當熟悉，因而能夠在《說文》籀體中尋得《周禮》「古文」的殘存樣貌。

　　再者，《周禮》的隸定「古文」與《說文》「小篆」字體合證的例子，有：

57　《漢書》〈藝文志〉，卷30，頁1719。

58　〔清〕王筠：《說文釋例》（臺北：世界書局，1984年），卷5，頁31-35。

59　〔清〕王國維：〈史籀篇疏證序〉，《觀堂集林》，卷5，頁254。

字頭	《周禮》隸定「古文」	《說文》「小篆」字體
兆	玼	（篆文字形）
栗	桌	（篆文字形）
災	栽	（篆文字形）
鱻	鱻	（篆文字形）
拜	捧	（篆文字形）
罪	皋	（篆文字形）
煮	鬶	（篆文字形）

據《說文‧敘》所言，秦之小篆是李斯等人在史籀大篆基礎上創制的文字，流傳於秦代，下及新莽「六書」之列，亦有見及，是知秦篆與籀文形體當有因承。從比對上列《周禮》諸多「古文」字形，其經本文字除了參雜《說文》古、籀形體外，也相對保留了小篆的傳統寫法。由此推斷，漢代民間傳抄《周禮》的過程必定經歷相當時日，絕非短時間完成；且出於時代需求，《周禮》經過不同書手一次次的繕寫，由古籀而小篆，小篆而隸書，日積月累，於是產生出各種不同書體的寫本。逮及東漢，鄭玄注經，特加蒐羅異本，考訂成另一精校本，為求完整保存古文經字原貌，絕不妄改。寫本中多種文字書體雜陳、不相統一的現象，因能如實保留下來，形成《周禮》「古文」的一大特色。對漢人來說，隸書為今字，隸書以上舉凡古籀、小篆等書體，皆為古字。鄭玄注經，務求存真，固不必逐一審辨《周禮》「古文」的形體特徵及與其他傳抄古文的關係。如今看待《周禮》的隸定「古文」，一方面既不宜盲目地將其作成時代提的太早，也毋須籠統推之過晚。而必先留意到，它並非是像壁中「古文」這類屬於來源單一、

自成體系的文字材料，其實際內涵應當泛指隸、楷以前的古漢字。經參酌《說文》現有的傳抄古文，不僅有助於確認《周禮》「古文」的特質，瞭解到經學文獻與傳統字書互為依存的關係外，也從中證明《周禮》「古文」的真實性，絕非子虛烏有。

（二）《周禮注》引「通人說」定為古文者

《周禮》為古文經，早在鄭玄注經以前，杜子春、鄭興父子便以「存古字，發疑正讀」的方式，[60]判讀經書文義。讀者因而能透過《周禮注》引「通人說」的意見，[61]得知《周禮》「古文」的用字情形。這個辨識方法的表現形態，主要有三種：

第一，經由漢人經注中，以今義訓解古字得出的例子，如：

《周禮》隸定「古文」	杜氏、鄭司農的訓釋內容
蠯	蜌也（即蚌）；蛤也

漢儒從事經典訓讀，為使今人更容易理解文意，起初只在解釋古字古音，略作翻譯。因此，對古文經傳中生僻的用字，往往會以意義相近的詞語解釋。換言之，凡是需要特加釋義的字形，對漢人來說，可能便是罕見古字。以「蠯」字為例，《周禮·天官·鱉人》：「祭祀，共蠯、蠃、蚔」注，援引鄭司農謂：「蠯，蛤也」，又引杜子春云：「蠯，蜌也」（卷4，頁141）。按「蠯」

60　〔漢〕鄭玄撰，〔唐〕賈公彥疏：《周禮注疏》〈序周禮廢興〉，卷1，頁10。

61　「通人說」原是許慎《說文解字》的訓解體例，其謂：「博采通人，至於小大。信而有證，稽譔其說。」據王充《論衡·超奇》曰：「夫能說一經者為儒生，博覽古今者為通人」，則所謂「通人」，泛指博覽古今之人。本書援用此名，是指與鄭玄同時代經師訓釋《周禮》的成果。

字從蚰，《說文》小篆作「蠦」。古從蚰、從虫偏旁，每多互作。小篆「蟲」字，或從虫作「蝨」，即其證。段玉裁引《爾雅》郭璞《注》云：「今江東呼蚌長而狹者為蠦」，[62]知「蠦」為蚌屬。杜子春、先鄭因見古文「蠦」字未識，遂以義近之字解釋。

有透過漢人經注中，以今字替換古字得出的例子，如：

《周禮》隸定「古文」	鄭司農的訓釋內容
飌	風師，箕也

除了以義近字訓釋經文古字外，漢儒注釋古字，有時也於《注》中直接將古字轉譯成為通俗易懂的今字。兩相對照下，即知前者為古字，後者為今字。以「飌」字為例，《周禮‧春官‧大宗伯》：「飌師」注，援引鄭司農謂：「風師，箕也」（卷18，頁646）。案《說文》未見「飌」字，後世傳抄古文字作「䰠〈汗6‧72〉」及「䰠〈韻1‧11〉」等形，[63]皆出自《周禮》。考《說文》「風」字古文作「凬」，《周禮》「飌」疑為古文或體。先鄭因見「飌」字形體特異，遂於注釋易字為「風」，當知「飌」字為古文無疑。

第三，有從漢人經注中，明言某為古字，某為今字得到的例子，如：

---

[62]　〔漢〕許慎撰，〔清〕段玉裁注：《說文解字注》，13篇上，頁671。

[63]　傳抄古文字形，均掃描自〔宋〕郭忠恕，夏竦編；李零，劉新光整理：《古代字書輯刊：汗簡、古文四聲韻》（北京：中華書局，2010年）。其中，「〈汗6‧72〉」是指出自「《汗簡》卷下第6第72頁」。「〈韻1‧11〉」指出自「《古文四聲韻》卷1第11頁」。以下皆簡稱，不煩細注。

《周禮》隸定「古文」	鄭司農的訓釋內容
藻	藻，古字也，藻，今字也

這類明白標列出一字古今用法不同的例子，並不多見。以「藻」字來說，《周禮・夏官・弁師》：「藻旒皆就」注，援引鄭司農謂：「藻，古字也，藻，今字也，同物同音」（卷37，頁1221）。按「藻」字俗作「繰」，鄭玄訓「藻」為「雜文之名」（卷37，頁1220），《說文》訓「藻」為水草，其篆體作「藻」，从艸水，巢聲；或从澡作「藻」。段玉裁以為，「凡禮經文采之訓，古文多用藻字，今文多用藻璪字是也。蓋漢人已分別藻為華藻，藻為水草。」[64]是知「藻」、「藻」本同字，其後各自承擔分化語意，由本義指「水草」，緣水草飄揚交雜的模樣，引申有錯綜繁茂之意。先鄭因見古文「藻」字罕用，而借「藻」字釋之，以為今字。

從具體分析漢人經注的表現形態，以第三種類型最能明確辨識《周禮》「古文」的用字情況，可惜例不多見。因而也將經本中某些字形罕見，漢儒以義近字詞解釋，或直譯為今字的字體，也納入《周禮》「古文」的討論範疇。

（三）《周禮注》明言為古文者

除了從漢儒對《周禮》古字的訓釋成果來辨識外，鄭玄《周禮注》也同樣側重訓讀經典古、今用字的前後關係。有直接分析經文古字的結構者，如：

---

[64]　〔清〕段玉裁：《周禮漢讀考》，卷636，頁1007。

《周禮》隸定「古文」	《周禮注》的訓釋內容
𥒥	𥒥，古字从石；折聲

以「𥒥」為例，《周禮・秋官・𥒥蔟氏》注，引鄭司農云：「𥒥讀為摘」，玄謂：「𥒥，古字从石，折聲」（卷40，頁1311）。案《說文・石部》：「𥒥，上摘山巖空青、珊瑚，墮之。从石，折聲」，許意空青、珊瑚皆石類，取石投之，故字从石，與鄭玄解析並同。鄭司農讀「𥒥」為「摘」，《說文・手部》曰：「摘，一曰投也」。段玉裁以為，「鄭君謂『𥒥，古字』者，此因大鄭義申之，謂𥒥、摘為古今字，非有二字也。」[65]是知舉凡經典以投擲為義，古字用「𥒥」，今字用「摘」。古人既有投石毀折之事，《周禮》「𥒥蔟氏」掌覆妖鳥之巢，遂援以訂立官名。

另一方面，鄭玄還時常以「古文」一詞作為注釋之用。《周禮注》所稱「古文」的含義，據近人李玉平分析，當屬於歷時溝通字際關係的訓詁術語，[66]目的是用來說明文獻中在某個特定語境下，兩個不同的字具有共同記錄某一義項的使用關係。讀者因能透過這些例子，得見《周禮》「古文」的語用情形。比如：

《周禮》隸定「古文」	《周禮注》的訓釋內容
志	志，古文識。識，記也。
槀	古文或作歷
衡	衡，古文橫，假借字也
笴	笴讀為槀，謂矢幹，古文假借字

---

[65]　〔漢〕許慎撰，〔清〕段玉裁注：《說文解字注》，9篇下，頁452。

[66]　參李玉平：〈試析鄭玄周禮注中的「古文」與「故書」〉，《古籍整理研究學刊》第5期（2009年5月），頁50-54。

槷	古文臬，假借字
荼	古文舒，假借字

這類例子，主要側重說明文獻中兩字語用功能的變遷。鄭玄這裏說的「古文」，是指古漢字，性質如同《儀禮注》中的「古文作某」，用來稱呼古文經上的文字。

首先，以「志」字來說，《周禮・春官・保章氏》：「以志星辰日月之變動」注，鄭云：「志，古文識。識，記也。」（卷31，頁1019）。《說文・心部》未收「志」字，而訓「識」為「知也」。古書凡言意志之「志」與記識之「志」，用字並同。出土文獻郭店《老子甲》篇云：「深不可志」，[67]即古文用「志」為「識」之證。其次，談「㮚」字，《周禮・冬官・㮚氏》注，鄭云：「古文或作歷」（卷47，頁1592）。「㮚」為小篆「栗」之隸寫，鄭玄稱「古文或作歷」，是指古文「栗」、「歷」兩字音近而通。考《儀禮・燕禮》曰：「凡公卿所辭，皆栗階」，[68]栗階為升階之法，凡君有命，則栗階而上，始升連步，後則左右足各一級升堂，表示急趨君命。《禮記・檀弓》或作「歷階」，[69]是「栗」、「歷」相通之證。其餘四例，鄭玄除了揭示古、今用字的差異外，也試圖告訴讀者造成用字不同的原因，是出於語音近似，轉相假借所致。舉「笴」字為例，《周禮・冬官・矢人》：「以其笴厚為之羽深」注，鄭云：「笴讀為槀，謂矢幹，古文假借字」（卷

67　本書采用通俗隸定字，參閱劉釗：《郭店楚簡校釋》（福州：福建人民出版社，2005年），頁9。

68　〔漢〕鄭玄注，〔唐〕賈公彥疏：《儀禮注疏》，卷15，頁181。

69　〔漢〕鄭玄注，〔唐〕孔穎達疏：《禮記正義》，卷9，頁177。

48，頁 1636），謂「笴」為「槀」字古文假借。然「笴」从可聲，「竿」字纔有矢幹意。「笴」、「竿」二字，古音同在見紐，韻部歌元對轉，此似應為「竿」之古文假借纔是。鄭玄善察古文經傳好用假借，因能透過訓詁還原本字義訓，進而通讀全經。

　　凡此，皆由《周禮注》明言古文用例，尋覓《周禮》「古文」字體。

（四）《儀禮注》明言為古文者

　　漢人名《儀禮》，但稱《禮》經。關於《儀禮》傳授情況，《漢書》曰：「漢興，魯高堂生傳《禮》十七篇」，是為今文。武帝末年，魯恭王壞孔子宅，又得《禮》古經五十六篇，字體皆以先秦文字書寫，是為古文。古《禮》經十七篇，雖與高堂生所傳基本相同，然當中用字尚有差異。因此鄭玄治《禮》，特於今文《禮》外，又「以古經校之，取其義長者」，[70]鎔鑄今、古文而自成定本。鄭玄《儀禮注》校勘經文，每以「古文作某」及「今文作某」相對。若從今文不從古文，即今文在經，於《注》內疊出古文；反之亦然。鄭玄羅列今、古《禮》經寫本文字差異，也搭起溝通今、古文語用的橋樑，能援以推知其他古文經傳的書寫情形。[71]像在：

70　《後漢書》〈儒林列傳〉，卷 69，頁 2577。

71　范常喜在〈《儀禮》鄭玄注今古文新證〉以出土文字論證《儀禮》古文形訛現象，其中像「王玉」、「傳傳」、「更受」等今古文訛混的例子，也能於《周禮》中得見，是知古文經之間的書寫習慣定有聯繫。參氏著：《簡帛探微──簡帛字詞考釋與文獻新證》（上海：中西書局，2016 年），頁 289-301。

《周禮》隸定「古文」	《儀禮注》的訓釋內容
齎	「問幾月之資」注：古文資作齎。〈聘禮〉
朞	「度茲幽宅兆基」注：古文基作朞。〈士喪禮〉
軌	「宰夫設黍稷六簋」注：古文簋皆作軌。〈公食大夫禮〉

透過簡單對照，不難看出《儀禮注》言「古文作某」者，經文用字皆與《周禮》「古文」冥合。首先，以「齎」字來說，《周禮・天官・外府》：「共其財用之幣齎」注，援引鄭司農云：「齎或為資，今禮家定齎作資。玄謂齎、資同耳」（卷6，頁219）。案《周禮》古文「齎」字，《說文》篆體作「𧶜」，為小篆之隸寫。出土文獻馬王堆帛書《老子》甲本云：「善人之齎」，[72]亦古文用「齎」為「資」之例。其次，《周禮・地官・質人》：「邦國朞」，《釋文》云：「國基，本或作朞」（卷16，頁534）。「朞」為「期」字異構，和「基」字古音，同在見紐之部，得相假借。郭店簡《忠信之道》云：「信，義之期也」，[73]亦即借「朞」為「基」之例，與《儀禮》正合。復如，《周禮・春官・小史》：「以書敘昭穆之俎簋」注，引鄭司農云：「九（原誤几，據段玉裁《漢讀考》校改）讀為軌，書亦或為軌（原脫軌字，從段氏校補），簋古文也。」（卷30，頁1006），謂古文「簋」作「軌」。《說文》「簋」小篆作「𥪧」，古文作「𣪘」，字从軌聲。則古文寫本當從《周禮》作「軌」無疑。

　　凡此，透過《儀禮注》的異文比對，足以推究《周禮》「古

72　陳松長：《馬王堆簡帛文字編》（北京：文物出版社，2001年），頁265。
73　劉釗：《郭店楚簡校釋》（福州：福建人民出版社，2005年），頁166。

文」的內容。

（五）由《禮記注》異文定為古文者

在《禮記注》中，鄭玄特設「某或為某」體例，兼記別本《禮記》經文之同異，此雖無明言為「古文」，但依然能串聯起和《周禮》的字用關係。像是：

《周禮》隸定「古文」	《禮記注》的訓釋內容
捖	「童子曰：華而睆」注：字或為刮。〈檀弓上〉

《禮記》載曾子寢疾，初臥大夫席，聞童僕言席之華美明亮，與士之身分不符，遂易席就正。「睆」、「捖」音同，別本或作「刮」，王夢鷗引俞樾《禮記異文箋》云：「睆與刮，一聲之轉。〈考工記〉：『刮摩之工五』注，曰：『故書刮作捖』，疑此睆亦捖之假字。」以為《周禮》刮之與捖，當是古今字殊。[74]考「捖」、「刮」二字，古音疑見旁紐，韻部元月對轉，義同為摩也，凡物經刮摩後，必顯光滑，故與「睆」字義近。《周禮》故書用「捖」，今字改作「刮」，是古文借「捖」為「刮」之例。

（六）由《經典釋文》校語定為古文者

陸德明《經典釋文》是部集結漢魏、六朝傳注訓詁的書籍。

---

[74] 王夢鷗分析《禮記注》「或為」條例，分成三類：一、「別本字正義長之類」。二、「別本異文通用之類」。三、「別本與鄭注字誤之類」。其中分析第二項異文情況，又有「古今文不同之例」，此處酌參考釋成果。見氏著：《鄭注引述別本禮記考釋》（臺北：臺灣商務印書館，1969年），頁84。

它不僅總匯兩百三十餘家的音韻切語，又兼載諸家義訓，考證傳本異同，集訓詁、音韻、校勘所長於一書。清代四庫館臣盛稱：「後來得以考見古義者，注疏以外，惟賴此書之存。」[75]想探索古漢語形音義之變遷，《經典釋文》（簡稱《釋文》）保留的豐富語料，信是唐以前除《注疏》外最重要的參考依據。全書三十卷，《周禮音義》計兩卷。透過《釋文》對《周禮》經字校語的提示，有裨於鑑別《周禮》「古文」的內容。分析校語體例有：

第一，《釋文》言「某，古某字」例

《周禮》隸定「古文」	《經典釋文》的校語內容
灋	灋，古法字
毓	毓，古育字
晦	百畮，本亦作古晦字
宓	崇於，本亦作古宓字

這類校語體例，是採用「某，古某字」的形式，來表現古、今字形上的演變。分為兩組討論：其一，是直接轉譯古字為今字，如：「灋→法」、「毓→育」例。其二，即據今文為本，羅列古字異文，如：「畮→晦」、「崇→宓」例。不論以今釋古，或以古證今，皆能由此推知《周禮》「古文」的字形。以下各舉一例說明：

首先，以「毓」字來說。《周禮・天官・大宰》：「毓草木」，《釋文》云：「毓，古育字」（卷2，頁47）。《說文》小篆收「育」字，甲骨文作「𣱟」、「𠫓」，從女、從人同意，皆象產了之

75　〔清〕永瑢等人奉纂：《四庫全書總目提要》〈經典釋文〉，卷33，頁664。

形，[76]金文字體略同。小篆或體作「毓」，「毓」从每，即母形訛變，从㐬，即古文「𠫓」，呈倒子添附羊水流淌之形的隸定。後世以「育」為生養字，「毓」為蕃育字，語義略有分化。然就字形而言，古「毓」、「育」同出一源。

其次，以「崧」字來說。《周禮・冬官・考工記》：「崧於軹四尺」，《釋文》云：「崧於，本亦作古崈字」（卷46，頁1532）。《漢書・郊祀志》顏師古《注》亦曰：「崈，古崧字」，《說文》小篆「崧」字，重文無「崈」，兩字形構上下互易，實屬異體。傳抄古文或作「崈〈汗4・15尚〉」、「崈〈韻1・11尚〉」。古「山（山）」、「火（火）」形近易訛，此處援引傳鈔古文《尚書》，可隸作「崈」，為古文用「崈」為「崧」之證。

第二，《釋文》言「某，音某」例

《周禮》隸定「古文」	《經典釋文》的校語內容
啪	禁啪，音叫
翟	翟氏，音翅

這類校語體例，是採以「某，音某」直音形式，利用同音或音近的字來標注古字的語音，其中往往有以古、今字相互證解的例子。以「翟」字來說，《周禮・秋官・翟氏》注，援引鄭司農云：「翟讀為翅翼之翅」（卷5，頁1309）。《說文・羽部》分立「翟」、「翅」兩字，訓「翟」為「猛鳥也，彊羽（據段《注》校改）」。《周禮》「翟氏」掌攻猛禽之職，取鳥之猛者為名。先鄭謂「翟」、

---

76 「毓」字本義，參〔清〕羅振玉：《增訂殷墟書契考釋》（臺北：藝文印書館，1981年），卷中，頁52。

「翅」音近，「翄」從是聲，「翅」從支聲，是、支古音，同在支佳部。段玉裁認為，「翄當即是翅之奇字」，[77] 蓋因古書言鳥翼習用「翅」字，「翄」字《周禮》獨見，可推知「翄」為古文或體無疑。

第三，《釋文》言「某，本作某，亦作某」例

《周禮》隸定「古文」	《經典釋文》的校語內容
歔	歔，本又作魚，亦作歔同
衺	衺，亦作邪
阠	阠，本又作戺
含	含玉，本又作唅
邍	原，本亦作邍
枋	八柄，本又作枋
眚	省牲，本亦作眚

古籍流傳久遠，因後人傳抄或者師授來源不同，常有一字異文的現象。《釋文》標注這類異文的體例為「某，本作某，亦作某」，皆是陸氏當時親見的經注文字，可藉此考察傳抄《周禮》古今用字的變遷情形。分為兩組討論：其一，標舉《周禮》古字，附今字於後，如：「歔→魚」、「衺→邪」、「阠→戺」、「含→唅」例。其二，據今字為本，附列古字異文於末，如：「原→邍」、「柄→枋」、「省→眚」例。各舉一例說明：

首先，以「衺」字來說。《周禮·天官·宮正》：「掌萬民之衺惡過失」注，鄭云：「邪惡，謂侮慢長老、言語無忌而未麗

77　〔漢〕許慎撰，〔清〕段玉裁注：《說文解字注》，4篇上，頁138。

於罪者。」《釋文》曰：「褱，亦作邪」（卷 3，頁 102）。《說文·衣部》小篆「褱」字作「𧞤」，从衣牙聲；《說文·邑部》曰：「邪，琅邪郡」，屬地名。《周禮》經用古字，鄭《注》借用「邪」，改為今字。後世傳抄古文或作「𧝑〈汗 3·44 尚〉」、「𧝑〈韻 2·11〉」等形，前者出自傳鈔古文《尚書》，字形與篆體相近，後者所从牙形稍有訛變，然此可證《周禮》經字為古文。

　　其次，復以「枋」字來說。《周禮·春官·內史》：「掌王之八枋之灋」，《釋文》云：「八柄，本又作枋」（卷 31，頁 1024），〈大宰〉職亦作「八柄」，同文互見。《說文·木部》曰：「枋，木可作車」，義與「柄」字有別。古音方聲、丙聲同部，作偏旁時可互通，如小篆「仿」字，籀文作「𠈃（𠈃）」，即「方」、「丙」互通之證。《周禮》及《儀禮·士昏禮》皆以「枋」為「柄」，足見兩書互用古字之例。

　　總體而言，運用上述五種材料作為篩選依據，竊以為尋覓《周禮》「古文」的範圍應當擴大，除了比對《說文解字》載錄的古、籀字體外，還宜借重漢人經注對於文字訓詁、異文校勘的成果，來發掘《周禮》的「古文」內容。更重要的是，文字既是記錄語言的載體，在判定字形的過程中，也不能脫離對語言現象的分析。透過與《儀禮》今、古文寫本的聯繫，大體可印證《周禮》「古文」的語用習慣，基本上與古本《儀禮》用法一致。要知道，今文學家指控劉歆偽造古文奇詭難識之字，眩惑世人倒容易，但要想仿效古人口吻偽造羣經，除非起古人之身以相學舌，否則實難瞞混杜鄭、賈馬等名儒耳目。藉由《釋文》對《周禮》經字音韻、異文的校語，對核驗《周禮》「古文」當起有補充作用。

三、《周禮》「古文」形體溯源舉隅

　　有宋以來，疑古學者即以「古文」形體奇詭，不合六書，頗感疑惑。下及晚清今文學家、民初古史辨學者極力抨擊劉歆偽竄古文經之餘，也認為劉歆造作出一批古文奇字，藉此拉抬古文經傳的學術地位。而歷來早已飽受爭議的《周禮》，亦因經文多「古文奇字」的刻板印象，使其文字之真偽，蒙上疑雲。錢玄同（1887-1939）在〈重論經今古文學問題〉文中，對於康有為力翻二千年來經今、古文舊案，盛讚《新學偽經考》是部「極重要、極精審的辨偽專著」，錢氏自然擁戴劉歆偽造「古文奇字」的說法。由於康氏認為，劉歆不但「多搜鐘鼎奇文以自異，稍加竄偽增飾，號稱古文」，又「日作偽鐘鼎，以其古文刻之，宣於天下以徵應。」[78]如此一來，就連同鐘鼎彝銘，亦為歆所偽造。對此，錢氏不為尊者諱，而指出「尊彝銘文是周代的真古字；而古文經中所用的則是劉歆的偽古字」，兩者實不能混為一談，且認為「要打倒劉歆的偽古字；尊彝銘文實在是最有效的武器」，[79]倒是平實的見解。準此，要判定《周禮》「古文」的真偽，仍須通過出土文獻的實際檢驗。下面是系統排比字形後的結果：

（一）最早可溯及商代甲骨金文、兩周青銅彝銘

　　上文曾將《周禮》的隸定「古文」與《說文》古籀、小篆對比，證實《周禮》「古文」的內涵，大多指的是隸、楷書以前的

78　〔清〕康有為：〈漢書藝文志辨偽〉，《新學偽經考》，頁 110。
79　錢玄同：〈重論經今古文學問題〉，《古史辨》（上海：上海古籍出版社，1982 年），第 5 冊，頁 87。

古漢字。那麼，《周禮》「古文」的形體來源，究竟可溯及《說文》以上哪些古文字系統呢？竊以為，最早可以上溯至商代甲骨文，延及晚商及兩周鐘鼎彝銘中，皆見有因襲痕迹。比如：

《周禮》隸定「古文」	商代甲骨金文		兩周青銅彝銘	
邍		〈集 5415〉		春秋早〈陳公子邍父甗〉
鬻		〈四祀𠤕其卣〉		春秋中〈庚兒鼎〉
斨		〈集 20594〉		春秋晚〈洹子孟姜壺〉
眚		〈集 9641〉		戰國晚〈中山王𧊒鼎〉

《周禮》有些隸定「古文」的來源甚早，由於這些字體往後的變化不大，能輕易找出它們的根源。就像「邍」字，甲骨字形从夂从豕，會追趕野豕之意。金文添「田」為聲符，字復增辵旁，可隸定作「邍」，字與《周禮》隸定「古文」全同。《說文》篆體「㞕」訛為「彔」，形義遂不可解。「鬻」字，从𧁒者聲。甲骨文本象鬲器以火烹煮之形。至金文，字體僅存象徵鬲器之兩耳，而火形尚在。《說文》篆體「𧁒」字作「𩰡」，其兩旁从弜，正是鬲器兩耳之孑遺。又，「斨」字，甲骨文象以斧斷木之形。至金文字形，於斷木之處每添飾筆「＝」加強表意，字體形近同化，故訛成二「屮」。《說文》籀文作「𣂪」，正因承金文而來。最後，「眚」字，甲骨文从目从屮，會省察意。西周中期金文「眚」字作「𣌰〈曶鼎〉」，習慣於「屮」形中央加畫虛點，其後字形化點為橫，逐漸聲化，至《說文》篆體作「眚」，為从目生聲字。藉由比對諸例，可略見自商周以降《周禮》隸定「古文」字形的演變脈絡。

　　不過，從實際情況來看，《周禮》隸定「古文」多數的形體來源，主要落在兩周金文系統中。橫跨時限起自西周早期，迄至戰國晚期彝銘之中，皆能得見。如：

《周禮》隸定「古文」		兩周青銅彝銘
捧		西周早〈靜簋〉
灋		西周早〈大盂鼎〉
鱻		西周中〈公貿鼎〉
晦		西周中〈賢簋〉
馭		西周晚〈禹鼎〉
敔		春秋晚〈沇兒鎛〉
眠		戰國晚〈兆域圖銅版〉
匿		戰國晚〈中山王䘮壺〉

上述這些金文字形，大致反映《周禮》「古文」經過漢人隸定以前可能的樣貌。但嚴格來說，這些字形本身在金文中的語用功能，跟《周禮》之間還有一段距離。這是因為古代文字較少，古人須借用同音或音近的字，來表達更多的語義內涵，因而雖說金文系統與《周禮》「古文」同見某字，不見得即代表兩者用法必然相通。比如說，西周早期金文以「灋」為「廢」，但《周禮》卻只用為法令字。此外，金文有「鮮（鱻〈盞壺〉）」字，所在文句為「以取鮮薑」，[80]與《周禮‧天官‧庖人》：「鱻薧」一語，互為異文，是知《周禮》以「鱻」為「鮮」，而金文直用「鮮」字。復次，春秋晚期金文以「敔」為「吾」，《周禮》以「敔」為「漁」，

80　參容庚編著；張振林，馬國權摹補：《金文編》，卷 11，頁 757。

皆為同音假借。由此可見，透過單純字形比對，只能證實《周禮》「古文」的形體來源，絕非鄉壁虛造，但不可大膽斷定《周禮》的作成年代，必合於金文分期中的哪個階段。

（二）晚出字形分佈於六國古文及秦系文字

其次，《周禮》有些隸定「古文」的來源，出現時間較晚。從若干具時代特徵的字例中，也反映出《周禮》「古文」與戰國文字的因承關係。依照王國維將戰國文字分為東、西土文字的觀念，[81]能較明顯看出箇中形體間的異同。比如：

《周禮》隸定「古文」	六國古文	秦系文字
含	𠙵 〈信陽 1.032〉	
皋	皋 〈郭店·老子〉	皋 〈睡虎地·效律〉
霝	霝 〈信陽 2.01〉	霝 〈睡虎地·日書·甲〉
齎	齎 〈包山 2.129〉	齎 〈睡虎地·法律〉
箁	箁 〈上博·周易〉	箁 〈睡虎地·日書·甲〉

上列字形中，六國古文與秦系文字除了在書寫「齎」、「箁」字形有些微差異外，其他字的形體結構，基本都能與《周禮》「古文」對應上。如：「含」字，古文從口今聲，後世傳抄古文作「〈石經·無逸〉」，形體趨於穩定，變化不大。又「皋」字，《說

---

81 近代學者對於戰國文字的認識，已進入分域斷代的研究，區分為齊系、燕系、晉系、楚系、秦系等五大文字系統。本書為敘述方便，不另行細分，採用「六國古文」的泛稱，與「秦系文字」對比，示其異同。有關戰國文字分系說，參李學勤：〈戰國題銘概述〉，《李學勤早期文集》（石家莊：河北教育出版社，2008 年），頁 301-330。

文》曰：「秦以皋似皇字，改為罪」，[82]今秦簡仍見「皋」字，
未知改字起於何時。傳抄古文或作「〈石經・無逸〉」，拓本文
字漫漶，字所从辛旁下方橫寫出一撇，字形稍訛化。「霝」字，
甲骨文作「」，字从申。西周中期金文已有「〈閖駒尊〉」形，
申聲之形尚存。至戰國文字从晶、从晶無別，已與篆體近似。又，
「齎」字，楚簡字形貝旁稍有省略，不似秦簡文字形體規整，直與
後來篆體相合。

其中特別值得一提的，要屬「簭」字。《說文・竹部》曰：
「簭，易卦用蓍也。从竹筮。筮古文巫字。」許書以古文「筮」為
構形基礎，增从竹旁，構成篆體。按甲骨文未見筮字。周金文「筮」
字作「〈史懋壺〉」，下从廾，所从巫旁仍保留甲文寫法。發展
至簡牘文字，基本結構雖承襲金文，然如晉系〈侯馬盟書〉字體
作「」，中間筆劃已訛寫成兩「入」形；或有繁化作「〈上
博・周易〉」、「〈郭店・緇衣〉」，近於後世篆體。春秋戰國
時期的「巫」字，普遍都有偏旁繁化，增添口形的習慣。如楚系
簡牘「巫」字作「〈天星觀簡〉」、「〈包山簡〉」、「〈望
山簡〉」；晉系也作「〈侯馬盟書〉」。唯獨秦系文字中的「筮」
及所从「巫」旁不加口形，作「」、「」，[83]為後世隸楷所
沿用。經對照上述字形，當知《周禮》「簭」字巫旁底下的兩撇
筆劃，其實就是「廾」旁的遺存。段氏改《說文》「噬」字篆體
作「」，以為《周禮》「簭」字，當分析作从簭聲而省吅形，

82　〔漢〕許慎撰，〔清〕段玉裁注：《說文解字注》，14篇下，頁741。
83　上列戰國字形，參閱高明編：《古文字類編》（上海：上海古籍出版社，
　　2008年），頁276、1053。

且認為《周禮》以「簪」為「笧」應是假借。[84]不過，考量六國古文「笧」字，有口形繁化的現象，《周禮》以「簪」為「笧」，亦可能為一字異體關係。該字不單保留六國時人的書寫原貌，對辨識《周禮》「古文」的分域特徵，當具有重要的標幟性意義。

（三）見於後世傳鈔古文字

辨析《周禮》「古文」的形體來源，以《說文》為界線，往上可追溯至殷商甲骨、兩周彝銘及戰國文字，皆有與之相對應的字形。往下還必須留意一批較特殊的文字資料，也就是漢以後歷代輾轉抄寫的先秦文字，簡稱為「傳抄古文」。[85]根據近人研究，「傳抄古文」的內容，雖然來源駁雜，形體奇詭不正，但仍有基本規律可循，適足與《說文》、《三體石經》的「古文」相互比勘。此外，對於釋讀新出戰國文字，「傳抄古文」也具有重要的參考價值，這點已為學界所公認。[86]因此，藉由「傳抄古文」察看其他同是古文性質的典籍中，是否保存和《周禮》「古文」類似的字形，也不失為一可相印證的途徑。下面，試以北宋兩部著名傳鈔

84　〔漢〕許慎撰，〔清〕段玉裁注：《說文解字注》，2 篇上，頁 55。

85　曾憲通：〈傳抄古文字編·序〉，《中國文字學報》第 1 輯（北京：商務印書館，2006 年），頁 199。

86　有關傳抄古文的內容與學術價值，學界討論頗多。如何琳儀：《戰國文字通論（訂補）》（南京：江蘇教育出版社，2003 年），第 2 章〈戰國文字與傳抄古文〉，頁 34-83。黃錫全：〈利用《汗簡》考釋古文字〉，《古文字研究》第 15 輯（北京：中華書局，1986 年），頁 135-151。黃錫全：〈《汗簡》、《古文四聲韻》中之石經、《說文》「古文」的研究〉，《古文字研究》第 19 輯，頁 509-536 等文章，不及備載。其餘篇目論著，參徐在國：〈傳抄古文論著目〉，《中國文字學報》第 1 輯，頁 214-231。

古文字書：郭忠恕（生年不詳-977）《汗簡》及夏竦（985-1051）《古文四聲韻》為對照底本，找到的例子有：

《周禮》隸定「古文」	《汗簡》		《古文四聲韻》	
栽	𣏒	〈汗 4 · 55 尚〉	𣏒	〈韻 1 · 30 尚〉
桌	桌	〈汗 3 · 30 尚〉	桌	〈韻 5 · 8 尚〉
齍	齍	〈汗 2 · 24 石〉	齍	〈韻 1 · 39 石〉
鱻	鱻	〈汗 5 · 63 尚〉	鱻	〈韻 4 · 24 老〉
厄	厄	〈汗 4 · 52〉		
咄			咄	〈韻 4 · 26〉

上面特意遴選出兩部傳鈔古文字書中《三體石經》及古本《尚書》、《老子》的古文字形，來與《周禮》的隸定「古文」對比，藉以破除過去認為《周禮》「古文」罕見於經史典籍，而有經後人偽造的疑慮。這些自漢以後傳鈔的古文字形，其實絕大部分都導源於戰國時期的簡帛文字，也最接近《周禮》隸定「古文」的原貌。其中特別值得注意的是，「栽」、「鱻」、「桌」三字的傳鈔古文，與《說文》小篆形體基本相同，顯示《說文》篆體中確有一部分的形體來源，得自古文。《周禮》隸定「古文」的字形又與此正合，這能說明《周禮》「古文」的作成年代，必不會太早。要知道，晚出的典籍存在前代遺留下的文字痕跡，實屬正常，但早期的典籍要寫出後世纔會產生的字形，則難以成立。這是從對比過程中可以得出的可靠結論。

四、結語

經由篩選及追溯《周禮》隸定「古文」的形體來源，可得出以下幾點結論：

第一，《周禮》「古文」的性質，基本屬於隸、楷以前的古漢字。字形與《說文》中的古、籀、篆體，均有相合的字例。

第二，前人說《周禮》「古文」奇詭不經，必由劉歆所偽造。然而，經由溯源甲骨文、兩周彝銘、戰國簡牘及傳鈔古文字等出土材料，釐清其形體嬗變之迹，可以證明《周禮》隸定「古文」的形體，基本不偽，而且來源多元。

第三，在對比字形過程中，儘管多數《周禮》的「古文」形體發生在兩周金文時期，但實際上，兩者語言應用的層次有落差，並無法斷言《周禮》「古文」的作成年代，必於兩周金文早、中、晚三期的哪個階段。

第四，《周禮》有些晚出的「古文」證實與戰國文字及傳鈔古文契合，語用也相當，基本可以認定它和六國古文屬於同時代的產物，而又與秦系文字接軌。若就地域考量，《周禮》的流通亦應在東土一帶，自山東拓展至中原三晉和南方楚地，正與傳統儒學發展的軌跡相似，也和錢穆、楊向奎等人論定《周禮》成書年代約在戰國時期的結論相一致。

第三節　《周禮注》「以今釋古」的訓詁理論

上文充分論證《周禮》「古文」的字形，基本不偽，接下來

再透過漢人經注的訓詁成果，考察《周禮》這批古字。眾所周知，兩漢時期是訓詁學興盛的時代，由於上位者獎掖學術，重視文化建設，漢儒亟力整理秦火殘存典籍，維繫文化於不墜，居功厥偉。除了產生大量儒家經典注釋的著作外，也編寫出如《爾雅》、《說文解字》、《方言》、《釋名》等多部通釋語言文字的專書，奠定各種訓詁條例及術語的基本形式，[87]可說是中國訓詁學發展史上一個重要的里程碑。

　　漢代注釋古籍的特點，多數學者已認識到漢儒能運用「以今釋古」的方法，整理古書。具體操作上，大致包括「以今語釋古語」、「以今制關況古制」、「以今字釋古字」三種形式。[88]陳澧說：「時有古今，猶地有東西南北，相隔遠則言語不通矣。地遠則有翻譯，時遠則有訓詁。有翻譯則能使別國如鄉鄰，有訓詁則能使古今如旦暮。」[89]語言傳遞受制於古今時空的隔閡，訓詁作為溝通語義的工具，等同是一種翻譯。訓詁學家的責任，無非是將古書中原先不為時人理解的文字，轉譯成淺顯易懂的內容。由此理解，當漢儒面對《周禮》大量「古文奇字」時，須優先處理的工作，即盡可能將古字翻譯成漢代通行的字體。這般做法，基

---

[87] 漢代訓詁學興盛原因與特點，學界所論頗多，參閱周大璞：《訓詁學初稿》（武漢：武漢大學出版社，1987年），頁277-292。及孫永選：《訓詁學綱要》（濟南：齊魯書社，1996年），頁156-166等書。

[88] 漢人注釋古籍運用「以今釋古」方法，參何宗周《訓詁學導論》（臺北：聯經出版事業公司，1981年），頁105。趙振鐸：《訓詁學史略》（鄭州：中州古籍出版社，1988年），頁66-70。李建國：《漢語訓詁學史》（上海：上海辭書出版社，2002年），頁67-76。胡楚生：《訓詁學大綱》（臺北：華正書局，2005年），頁94-105。

[89] 〔清〕陳澧：〈小學〉，《東塾讀書記》，卷11，頁204。

本已合乎「以今字釋古字」的訓詁原則。

　　鄭玄作為兩漢經學的集大成者，《周禮注》對經文古字的訓釋，可視為漢儒對《周禮》「古文」研究的總結，重要性自然不可言喻。目前學界針對鄭玄經注「以今字釋古字」的討論，近人大多僅在綜述「古今字」的發展演變時，略及鄭玄承先啟後的地位，但普遍篇幅短小，討論並不充分。[90]真正成系統敘述的，唯見王曉嵐的《鄭玄注古今字的研究》，算的上是綜合研討鄭玄「古今字」理論的專文。該文雖對鄭玄「古今字」術語及概念作了扼要陳述。但誠如作者所觀察，「雖然鄭玄是第一個使用『古今字』這一術語的人，但是他卻沒在鄭玄注中大量使用」，主張「研究鄭玄注中的古今字，不能僅僅侷限於典型的『古今字』術語，表述性的注解也能很好地反映鄭玄注中古今字的情況。」[91]因此，該如何判定哪些是鄭玄心目中的古今字，光是從鄭玄經注中明言「某為某之古字」及「某某，古今字」的少數例證考察，似乎不足以歸納出結論。以下，擬先從《周禮注》「以今釋古」的思想為起始，透過釐定《周禮注》中對經文古字的注釋條例，藉此探尋

---

[90]　專書、學位論文，如有洪成玉：《古今字》（北京：語文出版社，1995年），頁 6。南基琬：《說文段注古今字研究》（臺北：輔仁大學中國文學研究所碩士論文，1989 年）。及陳美琪：《古今字之研究》（臺北：文化大學中國文學研究所碩士論文，1996 年）。單篇論文，與《周禮》相關具代表性的，如李玉平：〈試析鄭玄《周禮注》中的「古文」與「故書」〉，《古籍整理研究學刊》第 5 期（2005 年）。及李玉平：〈鄭玄《周禮注》從歷時角度對字際關係的溝通〉，《古漢語研究》第 3 期（2009年）。

[91]　參閱王曉嵐：《鄭玄注古今字的研究》（鄭州：河南大學碩士論文，2011年），頁 19。

後世如何繼承及發揮鄭玄「古今字」理論，纔能真正掌握鄭玄看待《周禮》隸定「古文」的實際態度。

一、《周禮注》「以今釋古」的訓詁緣起

三代以前，人事質樸，先民初制文字只為表情達意，複雜性不高，無須特別解釋，時人即能明瞭。然逮及東周以降，諸侯力政，不統於王。列國之間漸發展成「田疇異畝，車涂異軌，律令異法，衣冠異制」的混亂情形，亦因交通閉塞，人民來往不易，造成南北方域之間極易產生「言語異聲，文字異形」現象，[92]也增添了書寫及語言溝通上的困難。於是《周禮》記載，有「外史」之官「掌達書名于四方」，又有「大行人」佐王輔恤邦國諸侯，掌「諭言語、協辭命」及「諭書名、聽聲音」等職務，乃因應當時社會情勢需要，立有專職。為了消除文字書寫及方言雅言的隔閡，尤須仰仗訓詁作為溝通媒介，隨著兩漢經學的興盛，也帶動了經典詮釋的發展。漢人之所以運用「以今釋古」的訓詁方法，可從外在環境及內在語文兩大變遷因素觀察：

（一）秦火之後經籍文字各異、師說各別，急待會通

中國學術的發展，在嬴秦焚書後，遭受莫大災厄。漢儒為求瞭解古聖先賢的微言大義，開始對殘存的古書進行整理。然遺留下的典籍不僅殘破不全，多數文字也以先秦古文寫就，與漢代通行的隸書有別。此外，經書來源，有憑藉記憶口誦抄寫的今文本，復有出土於孔壁、魯淹中，獻王得自民間的古文本，兩者不獨文

92　〔漢〕許慎撰，〔清〕段玉裁注：《說文解字注》，15篇上，頁757。

字各異，篇章亦多錯亂。西漢今文經師治學，嚴守師說，多偋棄古文不講；直至東漢，學貴兼通，學者聞見既多，能以此釋彼，以彼證此，各抒心得，今古文家法的界線，纔逐漸泯除。

　　胡樸安（1878-1947）將訓詁學興起的緣由，歸結於「文字異同」、「師說各別」及「簡策錯亂」三項成因。[93]誠然，漢儒實為解決這些問題，投注不少的心力。舉例來說，為因應經籍文字各異的問題，班〈志〉著錄《孝經》之末，列有「《古今字》一卷」。[94]這是漢儒將古文本和今文本對讀，製作的首份古今字對照表，此書雖部分佚失，但已顯示漢儒溝通今、古文的用心。這樣的理念，到了東漢為許慎所繼承。《說文解字》自述作書之例為「敘篆文，合以古籀」。段玉裁解釋道：「許重復古而其體例不先古文籀文者，欲人由近古以及古。」[95]班固時代的學者，單純將古文本與今文本比對，得出的對讀成果，已無法滿足許慎對文字演變知識的渴求。因此許慎的編書體例，排除隸書，補足從小篆上至古籀的演變途徑，正為溝通經籍文字提供重要的形體根據。此外，漢人傳注本為輔翼古經而作，凡持用今人所說之義，講論古經，都可視為「以今釋古」的具體實踐。但自西漢以來，今文家顓守一經，恪遵師說，造成「一經說至百餘萬言」，[96]「章句漸疏，而多以浮華相尚」的現象，[97]著實妨礙經學的發展。於是為因應兩漢經師學說互異的問題，東漢學者初以兼習羣經為

93　胡樸安：《中國訓詁學史》（上海：上海書店，1984 年），頁 5-9。

94　《漢書》〈藝文志〉，卷 30，頁 1718。

95　〔漢〕許慎撰，〔清〕段玉裁注：《說文解字注》，15 篇上，頁 763。

96　《漢書》〈儒林傳〉，卷 88，頁 3620。

97　《後漢書》〈儒林列傳〉，卷 79 上，頁 2547。

務，後至各家經說皆能熟習。如馬融、賈逵致力春秋《三傳》的會通，許慎《五經異義》折衷今、古文羣說的做法，都是站在整合今人傳注以詮釋古經的立場，來看待經學問題。

　　由此看來，漢人從事訓詁之目的，一是因應外在環境古書遭受破壞所延伸的問題，因而小至經字書體，大至解經學說，都必須透過有效的訓詁方法來解決。

（二）文字之形音義、語詞文法及物名皆有遞嬗

　　就語文演變而言，戴震曾言道：「士生三古後，時之相去千百年之久，視夫天地之相隔千百里之遠，無以異。昔之婦孺聞而輒曉者，更經學大師轉相講授，而仍留疑義，則時為之也。」[98]時間造成的語文隔閡，是訓詁興起的緣由。因為時間一久，文字的形音義必然生變，生於現代，必以今語釋古語，以今字釋古字，這也造就「以今釋古」訓詁方法的產生。如《爾雅・釋天》曰：「載，歲也。夏曰歲，商曰祀，周曰年，唐虞曰載」，[99]同指稱十二個月，因時代先後則各有稱謂，此時便需要訓詁的溝通。

　　除了時間因素外，中國幅員遼闊，各地風俗民情不同，也影響到語言的表達及對客觀事物的稱呼。如《說文・聿部》曰：「楚謂之聿，吳謂之不律，燕謂之弗，秦謂之筆」，[100]對書寫工具的稱呼，因地域而有差別。對漢人來說，楚、吳、燕、秦等地之人皆為「古」，所說皆為古言，要想瞭解當時的古事，就必須透過「以今釋古」，謀求今人理解的基礎。簡言之，時空地域交錯的因

---

[98]　〔清〕戴震撰：〈爾雅文字考序〉，《戴震集》，卷3，頁51。

[99]　〔晉〕郭璞注，〔宋〕邢昺疏：《爾雅注疏》，卷6，頁96。

[100]　〔漢〕許慎撰，〔清〕段玉裁注：《說文解字注》，3篇下，頁117。

素，讓語文的自然變遷，持續存在。漢儒「以今釋古」的訓詁方法，強調歷時溝通的理念。舉凡古書中牽涉的古今語言現象，涵蓋一字形音義，延及語詞文法、物名的變易情況，都是訓詁學家必須解釋的內容。

綜合上述，漢人所以運用「以今釋古」方法詮釋經典，是出於切身的歷史經驗，秦代禁毀書籍造成的文化斷層，正是促進漢人致力開創訓詁方法的一大近因。其次，在語言發展過程中，因時空隔閡產生的字形變易、聲韻轉移、語義變遷、語詞文法改易及名物殊制等現象，則是潛藏於表層底下的遠因。不過，即便缺少外在環境推進，語言內在的演變機制，也會自然催生出漢人的訓詁行為。這兩大因素既交互作用，也相輔相成，由是造就漢代訓詁學的繁盛榮景。

二、《周禮注》標明「古今字」的方法

「古今字」的概念，產生於訓詁學盛行的漢代。就普遍認知，鄭玄是最早在古書注釋中留意到「古今字」的經學家。[101]多數學者提出的例證，每以《毛詩・小雅・鹿鳴》：「視民不恌」，鄭《箋》曰：「視，古示字也」，及《禮記・曲禮下》：「予一人」，鄭《注》曰：「余、予，古今字」兩則為主。但嚴格來說，西漢末年，便有學者收集經書中的「古今字」匯為一卷，著錄於班〈志〉之列，這顯示早在鄭玄以前，漢儒已留意到經籍中存在的「同詞異字」現象。由於《古今字》已失傳，鄭玄以後的訓詁家大多沿用其注經的訓釋體例，稱「某為某的古字」，或稱「某某為

---

[101] 蔡信發：《訓詁答問》（臺北：臺灣學生書局，2004 年），頁 106。

古今字」，遂將「古今字」術語的發明，歸功於鄭玄。對此，宜當釐清鄭玄應是古書注釋中運用「古今字」概念最為成熟、頻率最多的經學家，但他既不是最早，更不是唯一掌握這個觀念的人。要知道任何成熟思想的背後，都有過蒙昧探索的時期。鄭玄遍注羣經，採用的注釋方法，深受推崇。但這並非一蹴可幾，是經過不斷汲取前人經驗，纔能奠定的結果。

　　《周禮》為古文經，西漢未立學官，民間流傳既久，經文自然保留大量先秦古文字，其中即存在後世罕見的語用情形。惠棟便曾發覺，「《周禮》多古字，如械作職，職字作識，識字作志。漢時已不能盡攷，況後世乎？」[102]如此則有待訓詁加以疏通。目前從《周禮注》能看到杜子春、鄭興父子訓釋《周禮》古字的成果，為鄭玄所沿用。至於如何尋覓鄭玄對《周禮》古字的轉譯內容，則主要根據注語來判定。首先，《周禮注》明言為「某，古字某」、「某，古文某」者，當然是「古今字」的基本類型，可惜例子不多，僅得七條。其次，鄭《注》有以「讀為」轉讀字義，如「裸讀為灌」、「禩讀為祀」等，被後人認定是「古今字」。因目前尚無法確認是否為鄭玄專門用來解釋「古今字」的術語，只能就個別字例討論。再者，也有學者將同一經典不同傳本的用字情況也納入「古今字」的範疇，[103]這在《周禮注》固然有些例子，如「故書受為授」、「故書位作立」等。但實際上，鄭玄使用「故書某作某」的術語，旨在標示傳本異文，屬於校勘性質，

---

[102]　〔清〕惠棟：《九經古義》（北京：中華書局，1985 年），卷 8，頁 92。

[103]　如李雲光將「故書」中「立、位」，「工、功」，「儀、義」，「簠、軌」等異文內容，皆納入「古今字」的討論，本書不加取用。參閱氏著：《三禮鄭氏學發凡》，頁 129-131。

不見得是用來講明「古今字」觀念，故本書亦不加採用。

　　誠如齊佩瑢指出，「漢儒訓詁之學，雖然還沒有完全達到細密周備的境界，可是他們所用的術語也有一定不易的相沿習慣。」[104]對鄭玄而言，用來說明「古今字」的術語，毋須像後人理解的那樣複雜。《周禮注》中真正算是標明「古今字」的體例，唯有一種類型例子最多，便是以古字與今字對舉的方式呈現。如：

《周禮》經文	《周禮注》訓釋內容
〈天官・大宰〉：三曰官**聯**	**聯**，謂**連**事通職相佐助也。

由經注兩相對照，可知《周禮》經文「聯」為古字，《注》改為今字作「連」。段玉裁《周禮漢讀考》云：「漢人注經之例，經用古字，注用今字」，[105]即在本經保存古字，於注釋易以通行諧俗之今字。孫詒讓循此義例，遍尋《周禮注》以今釋古之例，凡四十餘字。且云：「今字者，漢人常用之字，不拘正假」，[106]申明鄭玄注釋羣經，旨在通讀篇章文義，不以正字為目的。後世對鄭玄「經用古字，注用今字」的注釋方法，評價極高。清臧庸（1767-1811）援引段玉裁之言。謂：

> 段若膺云：今儒好用古字。凡講小學，必宗《說文》；然究其意旨，不可拘其形體。凡一代有一代之字；何必盡泥《說文》。如《周官》為古文，康成於經則仍古字，於注則易今字。正以今證古，在古為某，在今作某。故經用古，

104　齊佩瑢：《訓詁學概論》（臺北：華正書局，2006 年），頁 200。

105　〔清〕段玉裁：《周禮漢讀考》，卷 625，頁 977。

106　〔清〕孫詒讓：〈周禮正義略例十二凡〉，《周禮正義》，頁 4。

於注易以今。於經用古「灋」，於注易以今「法」。可見康成之不似今人徒好寫古字也。[107]

這段文字大意是，乾嘉時人治小學宗仰《說文》，致使講經說字每據《說文》為正。凡《說文》所無之字，則恣意改動以合己意，此一弊也。因而，段氏以《周禮》多古字，鄭《注》易為今字為例，揭示漢儒傳注有「以今證古」之法，莫不以淺近之語，解釋奇詭難識之字，俾使誦讀古書者，無古今隔閡之患。緣是之故，使《周禮》於東漢人盡可讀，至今昭然可考，鄭玄有功於古籍甚鉅，當在此處。後儒雖深研漢學，卻未得漢儒精髓，悉以復古相尚，炫博有之，實無心得，此誠段氏肺腑之言。近人李雲光亦談到鄭玄「經用古字，注用今字」的注釋方法，「惟《周禮》有之，以其為古文經也。今此經文，雖盡失古文之形貌；惟此諸字，猶存古經之遺迹。是傳經諸儒，不忍易之，非徒好古，蓋有深意焉。」[108]稱許鄭玄維護《周禮》「古文」，僅於《注》中轉譯今字，不好改易。儻論其核心精神，一言以蔽之，曰「尊經」二字可矣。

　　由於《周禮》特殊的「古文」性質，漢儒勢必進行「以今釋古」的訓詁工作。本書依據《周禮注》「經用古字，注用今字」注釋方法，整理出的例證，也比過去單從《禮記注》、《毛詩傳箋》得到的例子要多。就目前情況，《周禮注》的訓釋內容，更適用闡發鄭玄的「古今字」理論，亦能從中瞭解漢儒如何看待《周禮》這批古字。

---

[107] 〔清〕臧庸：〈周禮以今證古〉，《拜經日記》（臺北：藝文印書館，1970年），卷2，頁14-15。

[108] 參閱李雲光：《三禮鄭氏學發凡》，頁22。

三、《周禮注》釐定「古今字」的條例

鄭玄博通淵深，精小學，長訓詁，解讀古經文字，卻少有傳統小學家「析形解義」的訓釋語言。據其自陳訓詁原則，云：「文字自解，故不言之。凡說不解者」，[109]鄭玄注經用字簡樸，旨在解說經文語意不明之處，其他為時人熟知者，茲不贅述。儘管鄭玄對《周禮》的「古文」，每於《注》中改字，能直接反映對譯古、今文字的具體認知。但因鄭《注》始終不曾明言說字條例，隱沒於經、注之間的對譯成果，甚難為人察覺，致使後人對鄭玄「古今字」術語的理解，尚有分歧。正如段玉裁宣稱：「凡讀經傳者，不可不知古今字。」[110]漢儒校理《周禮》，就屬鄭玄從事「古今字」的對譯，最為辛勤，吾人正能循此發掘箇中內涵。以下，試析《周禮注》「以今字釋古字」的類別，條列如次：

（一）以一字之異體為古今字

① 「虤」—「暴」

按：《周禮‧地官‧司虤》注，鄭云：「司暴禁暴亂」（卷9，頁318），「司虤」掌理市中禁令，防範暴亂及侵凌之事。《說文》未收「虤」字，徐鉉《說文新附》曰：「虤，虐也、急也。从虎从武。見《周禮》。」[111]知「虤」字為《周禮》獨見。甲骨文字作「⿰⿱⼽虎」，象持戈搏虎之形，為「暴」字初文。《說文‧本部》曰：「暴，疾有所趣也」，引申有迅疾之稱。《說文‧日部》

---

[109] 參《鄭志》鄭玄答張逸語，《詩‧螽斯‧疏》引。

[110] 〔漢〕許慎撰，〔清〕段玉裁注：《說文解字注》，3篇上，頁94。

[111] 〔漢〕許慎撰，〔宋〕徐鉉校定：《說文解字》，卷5上，頁103。

另有「暴」字，從日，與「暴」字從本，二篆形義俱殊，然漢隸同作「暴」，後人遂混同無別。《周禮》用「戫」，鄭《注》改作「暴」，「戫」與「暴」乃一字之異體，為古今字。

② 「㜺」—「美」

按：《周禮‧地官‧大司徒》：「以本俗六安萬民：一曰㜺宮室」注，鄭云：「美，善也。謂約椓攻堅，風雨攸除，各有攸宇。」（卷10，頁365），「大司徒」依六種舊俗安養萬民，一為修築宮室使之和美。鄭玄改「㜺」為「美」，〈旅師〉、〈天府〉、〈行夫〉注中皆同。《說文‧羊部》訓為「甘也」，引申凡好皆謂之「美」，「美與善同意」。[112]重文失收「㜺」字，傳抄古文有作「𡜉〈汗‧5‧66尚〉」，知古文經以「㜺」為「美」為常態用法。「㜺」為「美」之異體，古用「㜺」，今用「美」，為古今字。

（二）以《說文》重文為古今字

③ 「鬱」—「𤐫」

按：《周禮‧春官‧肆師》：「及果，築鬱」注，援引鄭司農云：「築𤐫，築香草，𤐫以為鬯。」（卷21，頁721），古代宗廟行祼禮，築鬱金香草烹之，以為鬯酒。《說文‧𩰪部》「鬱」字篆體作「𩰪」，段玉裁云：「惟《周禮》作鬱」，[113]知篆體與《周禮》「古文」相承。正篆之下附列重文或體，從火作「𤐫」。《周禮》經用古字，《注》易為今字，「鬱」與「𤐫」乃重文關係，為古今字。

---

112 〔漢〕許慎撰，〔清〕段玉裁注：《說文解字注》，4篇上，頁146。
113 同前註，3篇下，頁113。

④「眡」─「視」

按：《周禮‧天官‧大宰》：「王眡治朝，則贊聽治」注，鄭云：「治朝在路門外，羣臣治事之朝。王視之，則助王平斷。」（卷2，頁67）。《注》中改「眡」為「視」，〈司服〉注同。《說文‧見部》「視」字篆體作「視」，並列有古文「眎（𥄙）」、「眡（𥄎）」二形。唐釋慧琳（737-820）《一切經音義》引魏張揖《古今字詁》曰：「古文眎、眡二形，今作視」，[114]古文从示聲、氏聲，同在脂部，可互通。《周禮》用「眡」，鄭《注》用「視」，易古文為小篆，為古今字關係。

⑤「媚」─「姻」

按：《周禮‧地官‧大司徒》：「二曰六行：孝、友、睦、婣、任、恤」注，鄭云：「姻，親於外親」（卷10，頁370）。《說文‧女部》「姻」字篆體作「𤣱」，列籀文作「婣（𤕈）」，从因聲、㐭聲，古音同在真部。《周禮》用「婣」，鄭《注》用「姻」，易籀文為小篆，為古今字關係。

⑥「匫」─「柩」

按：《周禮‧地官‧鄉師》：「執纛以與匠師御匫而治役」注，鄭玄引《禮記‧雜記》云：「升正柩，匠人執翿以御柩」（卷12，頁408），證天子喪禮，恐柩車傾覆，「鄉師」有指麾役人輓柩

---

114 魏博士張揖《古今字詁》，〈隋志〉著錄為三卷，書已久佚，清人由歷來羣書徵引輯錄殘文成書，並附考證，參〔清〕許瀚：《古今字詁疏證》，收錄《山東文獻集成》（濟南：山東大學出版社，2006年據山東省圖書館藏民國二十三年瑞安陳氏袞殷堂排印本影印），第1輯第4部，頁743。

之職。鄭玄改「匭」為「樞」，〈大師〉注同。《說文・匸部》正篆作「匢」，重文从木作「樞」，但日後「樞」行而「匢」廢。又列籀文作「匭（匭）」，从舊聲。《周禮》用「匭」，鄭《注》用「樞」，易籀文為小篆，為古今字關係。

　　以上皆將《周禮》相對《說文》古籀形體的古字，改為小篆，但「視」、「姻」、「樞」等字的小篆與隸書基本同形，因此也不能排除鄭玄是以隸書改寫的可能性。

（三）以易小篆為隸書為古今字

⑦「灋」—「法」

按：《周禮・天官・小宰》：「以灋掌祭祀、朝覲、會同」注，鄭云：「法，謂其禮法也。」（卷3，頁84）。《說文・廌部》「灋」字篆體作「灋」，下收省形「法」，段玉裁曰：「許書無言今文者，此蓋隸省之字」。[115]考察漢碑隸字「灋」、「法」俱見，分別作「灋〈華山亭碑〉」、「法〈白石神君碑〉」，[116]「法」即古「灋」字之形省，見隸書寫法。《周禮》用「灋」，鄭《注》用「法」，易小篆為隸書，為古今字關係。

⑧「靁」—「雷」

按：《周禮・春官・大司樂》：「靁鼓」注，鄭云：「雷鼓八面」（卷25，頁846）。《說文・雨部》「靁」字篆體作「靁」，漢

---

[115]　〔漢〕許慎撰，〔清〕段玉裁注：《說文解字注》，10篇上，頁470。

[116]　隸書文字，引自〔清〕顧藹吉：《隸辨》（臺北：臺灣商務印書館，1983年影印《欽定四庫全書》本），卷5，頁86。

隸承小篆省形，作「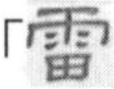〈武榮碑〉」。[117]《周禮》用「靁」，鄭《注》用「雷」，易小篆為隸書，為古今字關係。

⑨「㮚」—「栗」

按：《周禮・天官・籩人》：「加籩之實：蔆、芡、㮚、脯」注，鄭云：「栗與饋食同」（卷 5，頁 181）。《說文・鹵部》「㮚」字篆體作「」，許云古文㮚作「」，字从西从二鹵。又傳抄古文有作「〈汗・3・30・尚〉」，从三鹵，字見《玉篇》，謂之籀文。段玉裁據此，「疑許書本一古一籀並載，轉寫佚亂之」，[118]說亦可從。考「㮚」字，所从「西」之古文為「」，疑篆體當从鹵，非从鹵。漢隸承小篆，作「〈無極山碑〉」，即其證。字或隸變為「〈柳敏碑〉」，[119]經典借為戰慄之「慄」。《周禮》用「㮚」，鄭《注》用「栗」，易小篆為隸書，為古今字關係。

⑩「𢱭」—「拜」

按：《周禮・春官・世婦》：「凡王后有𢱭事於婦人，則詔相」注，鄭云：「拜，拜謝之。」（卷 24，頁 813）。《注》中改「𢱭」為「拜」，〈大祝〉注同。《說文》「𢱭」字篆體作「」，下收古文為「」。據石經古文有「〈石・附・2・下〉」形，字雖漫漶，但仍可辨識出字从古文二手（），當知《說文》古文形體，稍有訛變。漢隸承古文構形，將曲筆拉直作「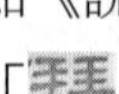〈衡方碑〉」，

117 〔清〕顧藹吉：《隸辨》，卷 1，頁 66。

118 〔漢〕許慎撰，〔清〕段玉裁注：《說文解字注》，7 篇上，頁 317。

119 〔清〕顧藹吉：《隸辨》，卷 5，頁 22。

120 後為楷書沿用。《周禮》用「捧」，鄭《注》用「拜」，易小篆為隸書，兩者為古今字。

（四）以正字和俗字為古今字

⑪「貍（薶字假借）」—「埋」

按：《周禮·春官·大宗伯》：「以貍沈祭山林、川澤」注，鄭云：「祭山林曰埋，川澤曰沈，順其性之含藏。」（卷19，頁657）。《說文·豸部》訓「貍」為伏獸，《周禮》借為「薶」，許慎云：「薶，瘞也。」即經文本義。段玉裁曰：「今俗作埋」，**121** 《周禮》用「貍」為「薶」之借字，鄭《注》用「埋」，乃以正俗字為古今字。

（五）以正字和借字為古今字

⑫「頒」—「班」

按：《周禮·天官·大宰》：「八曰匪頒之式」注，援引鄭司農云：「匪，分也。頒讀為班布之班，謂班賜也。」（卷2，頁51），「大宰」掌理王分賜羣臣用財之節度。《注》中改「頒」為「班」，〈宮伯〉、〈內府〉、〈典枲〉、〈大宗伯〉注同。「頒」，幫母之部字；「班」，幫母元部字，雙聲假借。「班」從玨刀，刀所以分也，《周禮》假「頒」為「班」，鄭《注》改用正字，兩者為假借關係。

⑬「劀」 　「刮」

---

120 同前註，卷4，頁44。

121 〔漢〕許慎撰，〔清〕段玉裁注：《說文解字注》，1篇下，頁44。

按：《周禮・天官・瘍醫》：「劀殺之齊」注，鄭云：「劀，刮去膿血。」（卷5，頁157），謂「瘍醫」用刮除法治療瘍瘡含膿血之症。「劀」，古音在見母質部；「刮」，在見母月部，雙聲假借。《周禮》用「劀」，鄭《注》改用「刮」，《說文》訓「刮」為「掊杷」，意為收割米麥器具，因與「劀」字音義俱近，遂得假借。

⑭「敘」─「序」

按：《周禮・天官・小宰》：「七曰胥，掌官敘以治敘」注，鄭云：「治敘，次序官中」（卷，頁91），「小宰」掌官府之徵令，遴選胥人具才智者，備列次第於官中，以供驅役。鄭玄改「敘」為「序」，〈眡祲〉注同。「敘」與「序」，古音同在邪母魚部，雙聲疊韻。《周禮》用「敘」，經傳則多假「序」為「敘」，遂定為古今字。

⑮「示」─「祇」

按：《周禮・天官・大宰》：「祀大神示亦如之」注，鄭云：「大神祇謂天地」（卷2，頁64）。鄭玄改「示」為「祇」，〈大宗伯〉、〈大司樂〉注同。《說文》訓「示」為「神事也」，凡天垂象交感靈驗者，皆謂之「示」；「祇」字從示，許訓為地祇，和天神相對。「示」與「祇」，古音同在羣母支部，雙聲疊韻。《周禮》用「示」為「祇」，與《尚書・中侯》曰：「示乃天」同例。鄭玄改用正字，視為古今字。

⑯「攷」─「考」

按：《周禮・天官・司書》：「凡邦治，攷焉」注，鄭云：「考

其法於司書」（卷7，頁229）。鄭玄改「攷」為「考」，〈鄉師〉注同。《說文》訓「攷」為「敂也」，有叩擊義。段玉裁云：「攷，引申之義為攷課，《周禮》多作攷，他經『攷擊』、『攷課』皆作考，假借也。」[122]「考」字，原為壽考之義，與「攷」字古音同在溪母幽部，雙聲疊韻。《周禮》用「攷」為正字，鄭《注》用「考」，以假借為之。

⑰「洒」──「灑」

按：《周禮・秋官・赤犮氏》：「掌除牆屋，以蜃灰攻之，以灰洒毒之」注，鄭云：「洒，灑也」（卷43，頁1429），謂「赤犮氏」掌除牆屋縫隙之蟲，以蜃灰沃水灑之即死。鄭玄改「洒」為「灑」，〈隸僕〉注同。《說文・水部》：「洒，滌也。古文㠯為灑埽字」，段玉裁曰：「凡言某字古文以為某字者，皆謂古文假借字也。」[123]「洒」、「灑」兩字殊義，但古音皆在山母支部，雙聲疊韻，《周禮》用「洒」，鄭《注》改用正字「灑」，因假借視為古今字。

⑱「敂（訓字假借）」──「叩」

按：《周禮・地官・司關》：「凡四方之賓客敂關，則為之告」注，鄭云：「叩關，猶謁關人也。」（卷16，頁547），謂畿外賓客來朝，至關門，先謁見關人，由關人奔走告王。《說文》訓「敂」為「擊」，《周禮》不用本義，乃用「敂」為「訓」，[124]《玉

122　〔漢〕許慎撰，〔清〕段玉裁注：《說文解字注》，3篇下，頁125。

123　同前註，11篇上，頁563。

124　〔清〕朱駿聲：《說文通訓定聲》（北京：中華書局，1998年），頁355。

篇》云：「訋，問也」，經傳皆以「叩」字為之，如《論語・子罕》曰：「我叩其兩端而竭焉」，即其例。「敂」與「叩」，古音同在溪母侯部，雙聲疊韻。《周禮》用「敂」，鄭《注》用「叩」，皆為有本字（訋）前提下之用字假借，兩者為古今字。

（六）以正字和互訓字為古今字

⑲「讎」─「仇」

按：《周禮・地官・調人》：「凡和難，父之讎辟諸海外」注，鄭云：「和之使辟於此，不得就而仇之」（卷 15，頁 506），「調人」協調萬民報怨之事，依親疏遠近，使其離鄉避難。《說文・言部》訓「讎」猶「𧩙也」，「讎」乃以言語對應，引申有報應義。又，《說文・人部》：「仇，讎也」，段玉裁曰：「仇讎本皆兼善惡言之，後乃專謂怨為讎」，[125]故經典言仇讎者，多怨懟之事。《周禮》用「讎」，鄭《注》用「仇」，音義皆同，乃以兩者互訓關係，定為古今字。

（七）以引申義相同或義近之字為古今字

⑳「聯」─「連」

按：《周禮・天官・大宰》：「三曰官聯，以會官治」注，援引鄭司農云：「聯讀為連，古書連作聯。」又云：「聯，謂連事通職相佐助也。」（卷 2，頁 40）。《說文・耳部》：「聯，連也」，許析字為从耳从絲，然金文多作「〈任鼎〉」，當从絲，非从絲，字形以雙股絲線相連表意，引申有接續義。又《說文・辵部》：

---

[125]〔漢〕許慎撰，〔清〕段玉裁注：《說文解字注》，3 篇上，頁 90。

「連，負車也」，段玉裁曰：「連，即古文輦也。負車者，人輓車而行，車在後如負也。人與車相屬不絕，故引申為連屬字。」[126]「聯」與「連」，前者會束絲相連之意，後者會人負車相屬之意，古音同在元母來部，故經傳每相通用。[127]《周禮》用「聯」，鄭《注》用「連」，以兩字引申義相同，視為古今字。

㉑「歙（籥字之省）」──「吹」

按：《周禮‧春官‧籥師》：「掌教國子舞羽歙籥」注，鄭云：「文舞有持羽吹籥者，所謂籥舞也。」（卷 27，頁 906）。《說文‧龠部》：「籥，音律管壎之樂也」，「龠」為竹管樂器，因其質地，字或從竹作「籥」，「籥」即吹龠之本字，《周禮》「歙」則為「籥」字省體。「吹」從口從欠，開口呼氣為吹，與「籥」以人氣作音者，義本相因。《周禮》用「歙」，鄭《注》用「吹」，因兩字義近，視為古今字。

㉒「嘑」──「呼」

按：《周禮‧春官‧雞人》：「大祭祀，夜嘑旦以嘂百官」注，鄭云：「呼旦，以警起百官，使夙興。」（卷 21，頁 738）。鄭玄改「嘑」為「呼」，〈巾車〉注同。考《說文‧口部》訓「嘑」為號也，與「號」字轉注，是古之號叫字，本當作「嘑」，與呼吸字有別。《周禮》用「嘑」，保存古義，鄭《注》易以人氣外息之「呼」，因人號叫，氣息自然由口鼻排出，與「呼」義近，

---

[126] 同前註，2 篇下，頁 73。

[127] 「聯」、「連」二字經典通用之例，參王輝：《古文字通假釋例》（臺北：藝文印書館，1993 年），頁 861。

遂視為古今字。

（八）以典籍用字不一為古今字

㉓「齋」—「粢（齋字或體變易）」

按：《周禮・天官・甸師》：「以共齋盛」注，鄭云：「齋盛，祭祀所用穀也。粢，稷也。穀者稷為長，是以名。」（卷 4，頁 133）。鄭玄改「齋」為「粢」，〈舂人〉、〈肆師〉、〈大祝〉注同。據〈大宗伯〉職：「六齋」注，鄭云：「六粢謂六穀：黍、稷、稻、粱、麥、苽。」（卷 20，頁 703）「齋」本為稷類穀物，因穀者以稷為長，故統言六穀名為六齋。《說文・皿部》訓「齋」為黍稷器，因字從皿，遂由黍稷之屬，引申凡盛裝黍稷之器，並謂之「齋」。段玉裁曰：「考《毛詩・甫田》作齊，亦作齋，用古文；《禮記》作粢盛，用今文，是則齋、粢為古今字憭然。《左傳》作粢盛，則用今字之始。」[128]當知齋、粢同字，《周禮》同《毛詩》用「齋」，與經傳《禮記》、《左傳》用「粢」，或有不同。「粢」從禾，為《說文》「齋」字或體，經傳每從米作「粢」。古用「齋」，今用「粢」，經早於傳，鄭玄見典籍前後用字不一，視為古今字。

㉔「于」—「於」

按：《周禮・天官・大宰》：「正月之吉，始和布治于邦國都鄙」注，鄭云：「大宰以正月朔日，布王治之事於天下」（卷 2，頁 56）。鄭玄改「于」為「於」，例多不備載。考《說文》訓「于」

---

128 〔漢〕許慎撰，〔清〕段玉裁注：《說文解字注》，5 篇上，頁 212。

為於也，「於」為古文「烏（烏）」之形省。「于」與「於」，古音同在匣母魚部，經傳多用「於」為「于」。段玉裁謂：「凡《詩》、《書》用于字，凡《論語》用於字，蓋于、於二字，在周時為古今字。」[129]《周禮》同《詩》、《書》均用「于」，《詩》、《書》成書先於《論語》，古用「于」，今用「於」，鄭玄見典籍前後用字有別，定為古今字。

（九）以古今人用字不一為古今字

㉕「辠」─「罪」

按：《周禮‧天官‧甸師》：「王之同姓有辠，則死刑焉」注，援引鄭司農云：「王同姓有罪當刑，斷其獄於甸師之官。」（卷4，頁135）。謂王之同姓有罪，既經審理，著令「甸師」行刑於隱蔽處，不使國人顧慮兄弟。《說文‧辛部》訓「辠」為犯灋也，並曰：「秦以辠佀皇字，改為罪」。「罪」字从网非聲，本義為捕魚竹網，秦以後將「罪」代「辠」。段玉裁稱許慎之說，「以志改字之始，始皇易形聲為會意，而漢後經典多從之。」[130]秦以前用「辠」，自秦人改字為「罪」，漢人經傳相沿用，鄭玄因見古今人用字不同，視二者為古今字。

㉖「覈」─「核」

按：《周禮‧地官‧大司徒》：「三曰丘陵，其植物宜覈物」注，鄭云：「核物，李梅之屬。」（卷9，頁337）。「大司徒」掌理分辨國中山林、川澤、丘陵、原隰名物之職，選擇以利生長之地，

---

[129] 同前註，5篇上，頁204。

[130] 〔漢〕許慎撰，〔清〕段玉裁注：《說文解字注》，14篇下，頁741。

培植萬物。考《說文·襾部》訓「覈」為實也，謂：「攷事襾笮，邀遮其辭，得實曰覈」，考校文辭裡外，定於一是，為「覈」字本義。其後，乃引申出「凡物包覆其外，堅實其中曰覈」，[131]明草木之實，亦謂之「覈」。許書雖有「核」字，但不以為果實字。「覈」與「核」古音，一在匣母錫部，一在匣母職部，雙聲假借。漢以前用「覈」，入漢後皆用「核」，除見於經傳外，《漢書·刑法志》曰：「其審核之」，亦其例。蓋因古今人用字有別，鄭玄視二者為古今字。

（十）小結

綜上所述，分析《周禮注》「以今字釋古字」凡二十餘例，歸納鄭玄釐定「古今字」的九項原則，由此能概括出鄭玄「古今字」訓詁理論的特點，茲有數端：

第一，說明「古今字」的形成，應與文字本身的結構變異，及人們使用古、籀、篆、隸等不同書體有關。古人造字過程中，在既有文字基礎上增省改易，使得一字之形體產生歷時性的演變，古用某形，今用某形，因而造就「古今字」。

第二，「古今字」也可以藉由兩字音近通假的方式產生。古書中凡言通假，兩字古音必有雙聲抑或疊韻之聯繫。不同於本無其字的假借類型，「古今字」中的通假現象，往往屬於有本字前提下的借代情形，或古為正字，今用借字；或古為借字，今用正字；或古今皆為借字，正字已不見用等，此皆能透過音韻對照，認識到「古今字」應具備一定的聲音關係，只是文獻用法積習如

---

131 〔清〕朱駿聲：《說文通訓定聲》，頁339。

常，遂有時以為同字。

第三，「古今字」有時可以是兩字的同義互訓，又或是一字意義的引申，也就是由另一個字承擔原有的字義。在這個層面觀察「古今字」的關係，兩者應具有共同核心的義項，雖然古用某字，今用某字，但表達的語言概念卻是近似的。

第四，「古今字」的產生，也因為典籍用字及古今人等通用不一所造成。「古」與「今」的概念是相對而言，乃從典籍成書、人物年代的先後來界定。如經書先於傳注，則經為古，傳為今；又如周人為古，則漢人為今。從這個層面觀察，便能發現「古今字」並不限於一古一今兩個字，會隨著時間推移而增加字數。

鄭玄注釋古書使用「古今字」的術語，是為解讀文獻語言演化過程中可能產生的字形變異、聲音借代、意義互涉等現象。因涵蓋一字形、音、義古今變易的情形，所以牽涉層面較廣，內容也較龐雜。若用一句話來定義漢儒講「古今字」之目的，主要是為反映古人記錄某一語言概念與今人不同的用字習慣。誠如段玉裁指出：「凡鄭言古今字者，非如《說文解字》謂古文、籀、篆之別，謂古今所用字不同。」[132]段氏將文字書體差異造成「古今字」的因素，排除在外，雖不盡合乎實際，但從訓詁學的角度來看，鄭玄所謂「古今字」的內涵，絕大部分確實是講古今「用字」的差別，而不在於解決「造字」孰先孰後的問題，這點可以肯定。

---

[132] 〔清〕段玉裁：〈曲禮君天下曰天子朝諸侯分職授政任功曰予一人。注曰覲禮曰：伯父實來余一人嘉之。余予古今字〉，《經韻樓集》，卷11，頁274。

四、鄭玄「古今字」理論對後世的影響

自鄭玄廣泛運用古今對譯方法，注釋羣經，便受到後世訓詁學家的效仿。鄭玄以後，魏人張揖《古今字詁》及宋人婁機編撰《班馬字類》，也曾收集過一些古今字。若進一步談鄭玄「古今字」理論的後續發展，則會發現從清代迄今，學者們對「古今字」的定義及與其他語言現象的關係，認知上仍存在分歧。

首先，「古今字」的性質，究竟屬於「造字」還是「用字」的原則呢？清儒通過音韻訓詁的研究成果，為漢唐典籍重新注譯，同時也從事「古今字」理論的探索與總結。關於「古今字」性質的討論，以段玉裁的意見，最具代表。段氏校讀《說文》，特別留意「古今字」。根據南基琬統計，段《注》中直接援用「古今字」術語多達三百一十九處。[133]簡單歸納段玉裁的「古今字」理論觀點，主要有四：

第一，所謂古、今無定於一時，乃相對而言。

> 段《注》云：「今者，對古之偁，古不一其時，今亦不一其時也。」（《說文·亼部》「今」字注）

第二，「古今字」大多具有聲音關係。

> 段《注》云：「凡言古今字者，主謂同音，而古用彼、今用此，異字。」（《說文·八部》「余」字注）

---

[133] 南基琬：《說文段注古今字研究》（臺北：輔仁大學中國文學研究所碩士論文，1989 年）。

第三，「古今字」可由假借形成。

> 段《注》云：「《顏氏家訓》曰：《莊子》魍二首。魍即
> 古尫字，見《古今字詁》。按《字詁》原文，必曰：古魍
> 今尫。以許書律之，古字假借也。」（《說文・虫部》「魍」
> 字注）

第四，「古今字」是講古今人「用字」不同，無關文字書體。

> 段《注》云：「古今人用字不同，謂之古今字。（《說文・
> 亼部》「今」字注）」

> 又云：「古今無定時，周為古，則漢為今，漢為古，則晉、
> 宋為今，隨時異用者，謂之古今字，非如今人所言古文、
> 籀文為古字，小篆、隸書為今字也。」（《說文・言部》
> 「誼」字注）。

以此對照鄭玄的「古今字」理論，除第一點屬通論原則外，第二、
三點均說明「古今字」在聲韻上多具備音同或音近的特徵，這和
鄭玄的理念相合。至於「古今字」的性質，段氏認為「古今字」
屬於「用字」原則，非關文字書體，則與鄭玄理論中以一字異體
造就「古今字」的觀點違背。可是，不論古人用字如何取捨，古
往今來任何漢字流變，必然牽涉形音義，特別是字形變化，表現
於外，最易為人察覺。豈能說「古今字」屬於「用字」原則，即
與文字書體的變遷無關呢？由此可見，段玉裁對鄭玄「古今字」

的理論既有繼承，也有發揮，但實際上也存在不少內在矛盾，可待商榷。[134]

段玉裁之後，王筠分析「古今字」的關係，又從文字孳乳分化的角度，提出「分別文」的說法。他說：

> 字有不須偏旁而義已足者，則其偏旁為後人遞加也。其加偏旁而義遂異者，是為分別文。其種有二：一則正義為借義所奪，因加偏旁以別之者也；一則本字義多，既加偏旁，則祇分其一義也。[135]

簡單來說，王筠認為「古今字」的範疇，應當限定在某些造字相承的字。這些文字，有的因假借義另造新字，有的新字則為分擔古字某一字義而分化，皆透過增益偏旁作為語義區隔。由這個觀點看待「古今字」，則「古今字」的關係，便不是如段玉裁所說的是「隨時異用」，反倒是關係固定，具有嚴格的時間先後且造字相承的一批字。這個觀念為近代學者王力、[136]洪成玉、[137]楊潤陸

---

[134] 段玉裁「古今字」理論的缺失，參閱蔡信發：〈段注《說文》古今字商兌〉，收錄於中國文字學主編：《文字論叢》第 2 輯（臺北：文史哲出版社，2001 年），頁 301-315。及劉志剛：〈《說文》段注古今字考〉，《江西社會科學》（2008 年 5 月），頁 225-228。

[135] 〔清〕王筠：《說文釋例》，卷 8，頁 1。

[136] 王力將「分別文」視為同源字的一部分。參閱氏著：〈同源字論〉，《同源字典》，頁 6-7。

[137] 洪成玉認為，「古字和今字有著造字相承的關係，兩者是歷時關係。」參閱氏著：《古今字》，頁 4。

等人所接受，[138]於是「古今字」的性質，似乎又朝向從「造字」原則來理解。

只能說自漢儒提出「古今字」術語後，歷時既久，表達範圍與內涵已產生變化。鄭玄是就「用字」而言，今人則就「造字」來講。若以經學家的眼光，正如裘錫圭所說，古人講「古今字的目的主要在於注釋古書字義，而不在於說明文字歷史，所謂『古今』並不一定反映一個詞的不同書寫形式開始使用的時間早晚。」[139]因此，鄭玄眼中所謂的「古今字」，側重闡釋古籍一切語言現象的變遷，主張明辨古人「用字」之別，這點段氏早已揭櫫。另方面，王筠以小學家的觀點，由「造字」原理界定「古今字」的關係，則將範圍限縮在少部分古今意義產生分化的文字上，這是兩種學說最大不同之處。那麼時至今日，吾人又該如何理解「古今字」的性質呢？事實上，如同黃季剛談道：「用字之理與造字之理不必符同」，[140]不管是從「造字」或「用字」原則來定義「古今字」，兩者於同一術語中的意義不該衝突，當是體用關係。只須稍微分辨古人是站在何種立場解釋「古今字」，就不至於顧此失彼，互有分歧。

此外，隨著古漢語知識的普及，事物日漸趨繁，驅使人們從事分工愈細的研究。近代學者除了關注「古今字」的定義及特點之餘，也著重分析「古今字」與「異體字」、「通假字」、「同

---

[138] 楊潤陸認為，「從文字學的角度觀察古今字，必須有嚴格的時間觀念，今字必須晚出。」參閱氏著：〈論古今字〉，《訓詁研究》第 1 輯（北京：北京師範大學出版社，1982 年），頁 290-299。

[139] 裘錫圭：《文字學綱要》（北京：商務印書館，1988 年），頁 271。

[140] 黃季剛述，黃焯編輯：《文字聲韻訓詁筆記》，頁 192、219。

源字」等文字現象的差異。這類研究成果相當豐碩，粗略蒐集所
得，約莫有十五餘人撰寫過相關論題，[141]顯示近代「古今字」研
究已進入系統比較的成熟階段。通過分析鄭玄「古今字」理論的
特點，會發現鄭玄所謂的「古今字」，大致已牽涉文字異體、音
近假借、音義同源等現象，上述經由後人對個別文字現象研究後
的概念，基本已為鄭玄理論所涵蓋。只是鄭玄不曾將每種現象設
立專名，易於忽略。本章無意對近人成果多著墨，僅藉以推闡鄭玄

---

141 這類論文，有李戎：〈「蚤」通「早」與「白汗」、「白殺」辨疑──兼
論通假字、區別字、假借字、異體字、古今字之實質〉，《社會科學研
究》第 2 期（2000 年）。朱聲琦：〈《玉篇》中的古今字、通假字和異
體字〉，《江蘇教育學院學報》第 3 期（1995 年）。黃文龍：〈也談古
今字與通假字之辨別〉，《河南師範大學學報》第 6 期（1998 年）。郭
敏厚：〈古今字、通假字的區分與標注〉，《商洛師範專科學校學報》
第 1 期（1997 年）。李進：〈古今字與通假字〉，《山西成人教育》第
12 期（1998 年）。謝永玲：〈古今字與通假字、異體字〉，《北京印刷
學院學報》第 3 期（2000 年）。韓偉：〈古今字與通假字比較〉，《河
南師範大學學報》第 1 期（1996 年）。周蓬華：〈古漢語中容易混淆的
用字現象──古今字、通假字、異體字辨〉，《邢台師範高專學報》第
3 期（2002 年）。趙學清：〈古漢語辭書對古今字、通假字的處理〉，
《辭書研究》第 5 期（2002 年）。陳坤德：〈如何教學生辨別古今字與
通假字〉，《惠州大學學報》第 2 期（1994 年）。方麗娜：〈吳玉搢《別
雅》研究──兼談通假字與假借字、古今字的相互關係〉，《高雄師大
學報》（2001 年 4 月）。蔣書紅：〈重審通假字與古今字〉，《廣州大
學學報》第 10 期（2001 年）。趙鴻君：〈略析通假字古今字異體字的
異同〉，《遼寧中醫學院學報》第 3 期（2001 年）。李欣、王云貞：〈通
假字與古今字辨〉，《語文世界》第 11 期（1999 年）。劉仁江：〈試
論古今字與通假字的區別〉，《湘潭師範學院學報》第 2 期（2000 年）。
劉忠華：〈談古今字與通假字的劃界原則與方法〉，《吉林師範大學學
報》第 1 期（2003 年）。

「古今字」理論對後世辭典編纂、古籍訓釋，以及古漢語知識擴展的啟發與重要性。

第四節　綜合評議《周禮》「古文」的學術定位

《周禮》自漢代重出後，環繞在這部經書的爭議，便始終存在。周予同《經今古文學》談到漢代經今、古文的爭論，「就史籍的文字上觀察，很少說到古文學中心的、重要的一部書——《周官》」，認為「因為這部書的內容、文字及出處大不足取信於人，所以古文學家不敢求立於學官以自弱其論證。」[142]說明《周禮》雖作為一部囊括古代禮樂文明核心的經典，卻深刻存在不易取得歷史定位的難題。過去學者受經學史上流傳劉歆偽造古文經的觀點影響，普遍對《周禮》不信任。於是《周禮》多「古文奇字」的說法，不脛而走，其「古文」結構特異，且他經罕用的印象，也深植人心。

本章由辨析《周禮》「古文」的真偽談起，先判讀字形的合理性，復整理《周禮注》「以今釋古」的訓詁理論。由此概觀《周禮》「古文」的價值，約有數端：

第一，《周禮》的「古文」，能作為傳世與出土文獻之間用字習慣的橋樑。比對《周禮》「古文」與近出古文字材料，不難發現存在許多相合的形體，可印證《周禮》的「古文」基本不偽。

---

[142] 周予同：《經今古文學》，收錄《萬有文庫彙要》（臺北：臺灣商務印書館，1965 年），頁 13。

傳統學者直指《周禮》「古文」特異，為他經罕見而有造偽嫌疑的說法，恐不能成立。而過去只能在《說文》和傳鈔古文字書中纔能看到的「古文」，在經典文獻中唯獨《周禮》尚有遺留，這是目前現存能概見先秦「古文」原貌的典籍。其珍貴價值，自然不言而喻。[143]

第二，透過《周禮》的「古文」，除了得以驗明其真實性外，書中某些具時代標誌的晚出字形，證實與戰國文字相合，語用也相當，基本可以認定它的屬性，也能藉以強化近代學者從制度、思想層面判定《周禮》的成書，約於戰國時代的字學理據。

第三，窺知漢代經學家對《周禮》「古文」的解讀。東漢大儒杜子春、鄭興父子、賈逵、馬融等人對《周禮》皆有故訓，至鄭玄董理舊文，集眾家所成，聞見所及，自然較眾人寬廣。鄭玄考辨遺編，於書之可疑者，多有辯證。如辨析《禮記‧月令》晚出，非周時之書的結論，猶為後人信從。鄭玄識見卓絕，不為俗說所欺，可以得見。假使《周禮》「古文」真為劉歆有心偽作，豈有視而不見，反加推崇之理，足見在鄭玄眼中，《周禮》為真「古文」，絕非鄉壁虛造。

第四，透過漢人經注對《周禮》「以今釋古」的訓詁實踐，在經注一古一今對照下，得見鄭玄「古今字」理論形成的初始觀念，從而能歸結出《周禮》「古文」形體多變、假借頻繁的用字特徵。不可諱言，當一套理論處於構築階段時，界定任何術語，都需有個認識過程，學者解釋紛陳不一為必然現象，不足為怪。

---

[143] 王靜芝亦曾強調存在於《周禮》他書不見的古字，對研究古代語言文字有相當價值。參氏著：《經學通論》（臺北：國立編譯館，1992 年），上冊，頁 366。

本章從現有注疏成果對傳統字學界說進行補充，延伸出以「造字」及「用字」等雙重原則，瞭解歷來「古今字」理論的發展脈絡。回頭想，向使無《周禮》這批古字為基礎，漢人自毋須訓詁，又何來延伸之後深密的學理討論。由此當知，《周禮》「古文」片言居要，後人受之啟益甚鉅，萬不得因視為紙上之材料而輕忽其價值。

第肆章　鄭玄經注校讎：
《周禮注》的校讎法及其影響

　　本章的研究範疇，將探討鄭玄校讎《周禮》的學術貢獻。首先說明歷來「校讎」一詞名義的演變歷程，瞭解在古籍文獻整理的重要意義。再透過漢代校讎學形成的背景，剖析鄭玄校讎《周禮》的方法次第，歸結《周禮注》承先啟後的文獻成就，藉此闡明鄭玄學說對後人從事校讎事務時，諸如方法實踐、施用原則等啟蒙影響。

第一節　「校讎」名義析解

　　中國古代圖書原集中於官府收藏，官守其書，分部職掌。就六藝情況而言，「《易》掌太卜，《書》藏外史，《禮》在宗伯，《樂》隸司樂，《詩》領于太師，《春秋》存乎國史。」[1]學問授受以吏為師，師傳其學，弟子承業，民間既缺乏簡冊流傳，更無私家著述。先秦經學的傳播，最初經歷了一段學在官府、官師合一的時期。

---

[1]　〔清〕章學誠著，王重民通解：《校讎通義通解》（上海：上海古籍出版社，2009 年），頁 2-3。

　　然至「孔子之時，周室微而《禮》、《樂》廢，《詩》、《書》缺」，[2]由於周室衰靡，官失司守，典藏圖籍佚失散亂者，不知凡幾。古書流傳日久，文字訛舛滋多，必經校讎，始能無誤，由此促進周秦時期頻繁的校讎活動。章太炎（1869-1936）曾說：「校莫審於〈商頌〉。大夫正考父校商之名頌十二篇於周太師，以〈那〉為首。」[3]宋國大夫正考父釐定〈商頌〉篇次，為典籍所見最早從事校讎之史事。正考父為孔子七世之祖，史家相傳孔子錄《詩》有四始，雅、頌各得其所，刪《尚書》為百篇而首列〈堯典〉之事，[4]影響深遠。是故，俞樾（1821-1907）曰：「校讎之法，出於孔氏」，[5]斯可謂稟承庭訓，淵源有自。

　　孔子以自身整理過的六藝定本，教授學生，在孔門四科中，文學子夏亦深明校讎之法。據《呂氏春秋・察傳》記載，子夏往晉，過衛，有讀國史之人曰：「晉師三豕涉河」。子夏聞之，即知辭不達意，認為「己與三相近」，「亥與豕相近」轉相致誤，於是改為「晉師己亥涉河」，[6]通讀文義。由此可見，孔門對六藝之學不獨有傳續之功，亦於董理經文，發皇章句，研而益精。可

2　〔漢〕司馬遷撰，〔日〕瀧川資言考證：《史記會注考證》〈孔子世家〉，卷47，頁759。

3　〔清〕章太炎：《國故論衡》〈明解故上〉（北京：商務印書館，2015年），卷中，頁97。

4　《漢書》〈藝文志〉，卷30，頁1706。

5　〔清〕俞樾：〈孫仲容《札迻》序〉，《春在堂襍文》，收入《春在堂全書》（臺北：中國文獻出版社，1968年影印光緒25年重定本），第4冊，6編之7，頁2918。

6　〔戰國〕呂不韋編著，陳奇猷校釋：《呂氏春秋校釋》（上海：上海古籍出版社，2002年），卷22，頁1537。

惜圖書散亡途徑眾多，私家校書之業，雖復可觀，然僅以一己之力，杯水車薪，終無濟嬴秦燔滅文章之浩劫。

漢興，天下初定，圖籍散亂如昔，雖有「蕭何次律令，韓信申軍法，張蒼為章程，叔孫通定禮儀，文學彬彬稍進，《詩》、《書》見出。」[7]但此時尚有兵革，百廢待興，加上文景之際，雅好黃老，「諸博士具官待問，未有進者」，[8]重建文教，遠不及穩定政局迫切，故武帝繼位猶有「書缺簡脫」之嘆。[9]及至成帝河平三年（26B.C），始「以書頗散亡，使謁者陳農求遺書於天下，詔光祿大夫劉向校經傳諸子詩賦，步兵校尉任宏校兵書，太史令尹咸校數術，侍醫李柱國校方技。」[10]前有求書之舉，後設官分任，合眾人所長於校讎一役，有統籌，有分工，趨於完備，因能造就一代圖書校錄之偉業。章太炎嘗評之曰：「劉向父子總治《七略》，入者出之，出者入之，窮其原始，極其短長，此即與正考父、孔子何異？辨次眾本，定異書，理謿亂，至於殺青可寫，復與子夏同流。」[11]將劉向父子校書功績，與古之聖賢相比擬，可謂推崇備至。

校訂古書的理念，周秦之際早有實踐，但是真正合「校讎」為一詞，並作出具體解釋，則要到西漢之世。清嚴可均（1762-1843）《全漢文》據《文選魏都賦注》及《太平御覽》引《風俗通》，明白敘述「校讎」詞義的本源。文曰：

7　《史記會注考證》〈太史公自序〉，卷 130，頁 1379。

8　《史記會注考證》〈儒林列傳〉，卷 121，頁 1286。

9　《漢書》〈楚元王傳〉，卷 36，頁 1970。

10　《漢書》〈藝文志〉，卷 30，頁 1701。

11　〔清〕章太炎：《國故論衡》〈明解故上〉，頁 97。

劉向《別錄》：校讎，一人讀書，校其上下得謬誤為「校」；
一人持本，一人讀書，若怨家相對，故曰「讎」也。[12]

照字面解釋，「校」是指一人從事校勘，「讎」指兩人對校，均
是比勘篇籍文字同異，將謬誤、衍奪之處改正，此誠劉向所說「校
讎」之原義。但由於劉向校書過程，涉及層面不止勘訂文字。據
孫德謙（1873-1935）研究劉向校書之法，細分為 23 項條例。[13]經
排比先後次第：劉向從事校書以前，「備眾本」為第一步驟，而
後「訂脫誤」、「刪復重」、「待刊改」，屬於文字校勘，延及
「定書名」、「條篇目」、「謹編次」、「分部類」為第二步驟。
最後「通學術」、「述源流」、「撮指意」、「撰序錄」為第三
步驟，合三者始完成一部書的校錄工作。由此當知，劉向父子領
校秘書，初以蒐羅異本為始，校勘文字、篇次為中繼，終以編目
撰序，解析篇旨為結尾，實際上則涵蓋一切治書之法。[14]

自此以降，私家精於校勘編目者，代有人出，但談到發揚校
勘目錄理論且撰成專書者，當推之二人：一為鄭樵（1104-1162）

12　〔清〕嚴可均校輯：《全上古三代秦漢三國六朝文》（北京：中華書局，
　　1958 年），卷 38，頁 337。

13　孫德謙：〈劉向校讎學纂微〉，《校讎學系編》（臺北：鼎文書局，1977
　　年），頁 23-48。

14　曾貽芬認為，「劉向所以要把校勘（指校讎）、編書（指條理篇章）、
　　目錄（指編目）三項工作統一進行，完全是簡策時代的特定歷史條件決
　　定的。這就是說，如果把校勘、編書、目錄三項工作，三位一體稱作『校
　　讎學』，那麼也僅僅是簡策時代的特定歷史產物。」這從劉向校書過程
　　特有的歷史背景界定「校讎學」的範圍，與本書探討鄭玄校讎理念相合。
　　參氏著：《古籍校勘說略》（成都：巴蜀書社，2011 年），頁 185。

的〈校讎略〉，二為章學誠（1738-1801）的《校讎通義》。南宋鄭樵《通志》，有鑑於「學術之苟且，由源流之不分；書籍之散亡，由編次之無紀」，[15]因而專設〈校讎略〉諸篇。其中除了詳論求書、校書方法外，更兼及圖書編次分類之事。於是「校讎」之名，始由單純校訂文字之原義，擴充內涵。逮至清代中葉，乾嘉學人精於考覈，考覈之事，必自審文字之異同。因而舉凡究心於經史子集者，莫不兼擅文字校勘，於是「校讎」本業，復彰顯於世。如惠棟、戴震、錢大昕（1728-1804）、段玉裁、王念孫（1744-1832）等人學問，皆長於文獻比勘，時有不刊之論。然繼大師之後，學風盛極而衰，承學者僅能拾其唾餘，未能深造自得。劉師培追憶此事，嘆言：「自徵實之學既昌，疏證羣經，闡發無餘，繼其後者雖取精用弘，然精華既竭」，從事「校讎」之人，「鳩集眾本，互相糾核，或不求其端，任情刪易以失本真」，[16]顯見校讎之業，在乾嘉以後已呈頹勢。章學誠譏訕說道：

> 校讎之學，自劉氏父子，淵源流別，最為推見古人大體；而校訂字句，則其小焉者。……世之論校讎者，惟爭辯于行墨字句之間，不復知有淵源流別矣。近人不得其說，而於古書有篇卷參差、敘例同異當考辨者，乃謂古人別有目

15　〔南宋〕鄭樵：《通志》〈總序〉（臺北：臺灣商務印書館，2002 年影印《文淵閣四庫全書》本），第 374 冊，頁 372。

16　〔清〕劉師培：〈近代漢學變遷論〉，《左盦外集》，收入《儀徵劉申叔遺書》，卷 9，頁 4654。

錄之學，真屬詫聞。[17]

又於《校讎通義・自序》開宗明義言道：

> 校讎之義，蓋自劉向父子部次條別，將以辨章學術，考鏡
> 源流；非深明于道術精微，羣言得失之故者，不足與此。
> 後世部次甲乙，紀錄經史者，代有其人，而求能推闡大義，
> 條別學術異同，使人由委溯源，以想見于墳籍之初者，千
> 百之中不十一焉。[18]

章氏批評時人未能承繼劉向父子校書宗旨，心中只知追逐文字勘
訂之末技，未能從書籍的部居編次，以小見大，推尋道術源流之
異同，誠可嘆矣。章氏此論，在鄭樵的基礎上，將「校讎」的積
極意義，向外推闡至「辨章學術，考鏡源流」一途，從而廓清長
久以來對「校讎」學的狹隘理解。因此，朱一新（1846-1894）盛
讚道：

> 劉中壘父子成《七略》一書，為後世校讎之祖，班〈志〉
> 撮其精要以著於篇。後惟鄭漁仲、章實齋能窺斯旨，商榷
> 學術，洞澈源流。……世徒以審訂文字為校讎，而校讎之
> 途隘；以甲乙簿為目錄，而目錄之學轉為無用。多識書名，

---

17 〔清〕章學誠：〈信摭〉，《章氏遺書外編》（臺北：漢聲出版社，1973
　　年），卷1，頁822。
18 〔清〕章學誠著，王重民通解：《校讎通義通解》〈自序〉，頁1。

辨別版本，一書賈優為之，何待學者乎？[19]

這裏值得注意的是，章氏認為「校讎」之外，不當別立「目錄」之學。「校讎」應包含「目錄」，也應以「目錄」為重。朱氏卻仍以「校讎」與「目錄」對舉，說明「校讎」的價值，不應拘限於勘訂文字，雖與「目錄」之學，關係密切，但宗旨畢竟不同，義界應當區隔。由此看來，自鄭樵、章學誠沿用「校讎」之名，拓展義界，使「校讎」原先實際指稱的範圍，產生變異。影響所及，後世學者當談到「校讎」名稱時，也演變成主分、主合兩派，各自承繼「校讎」狹義及廣義範圍的說法。

首先，主分派持狹義的「校讎」界說。認為「校讎」之名，專指比勘篇籍文字異同，加以改正。這也就是清儒所擅長的「校勘」，與「目錄」學有著根本不同。主張此說的代表人物，如：蔣伯潛《校讎目錄學纂要》將「目錄」別立「校讎」外；[20]王叔岷《校讎學》申明，「校訂字句乃校讎所重，淵源流別當別為目錄之學，理不容相溷」；[21]向宗魯《校讎學》批評，「彼徒見向、歆之業，著於《錄》、《略》，而不知簿錄之始，必於校讎之終。事或相資，而名不可貿。辨章學術者，校讎之餘事；是正文字者，

19 〔清〕朱一新：《無邪堂答問》（臺北：廣文書局，1969 年），上冊，卷 2，頁 34-35。

20 蔣伯潛：《校讎目錄學纂要》（臺北：正中書局，1972 年），頁 1-4。

21 王叔岷：《校讎學》（臺北：中央研究院歷史語言研究所，1995 年），頁 7。

校讎之本務」等說，[22]皆主張將「校讎」與「目錄」名義分立。

其次，主合派則持廣義的「校讎」界說。大致認為「校讎」即是治書之學，因此從蒐集底本，辨別真偽，考訂誤謬，釐次部類，暨於裝潢保存等流程，均在「校讎」學研究範圍之內。主張此說的代表學者頗多，如：胡樸安《校讎學》、[23]蔣元卿《校讎學史》、[24]張舜徽《廣校讎略》、[25]程千帆《校讎廣義》、[26]劉咸炘《續校讎通義》和《校讎述林》等書，[27]則皆蒙「校讎」為共名，籠括一切治書之學。

綜言上述，自劉向校書提出「校讎」一詞，初為勘訂文字之義，後因鄭樵、章學誠偏重講述目錄源流，從而擴大「校讎」的實際範圍，卻也使得「校讎」名義紛亂，不能統一。平情而論，「校讎」之名，歷時既久，學者各依學問根柢，搜討發揮，彼此陳述要點不同，指涉範圍有別，是學科發展中概念詮釋的問題。目前只需將專事勘訂文字訛誤者，定名為「校勘」，其餘凡是牽涉版本、目錄、辨偽、輯佚、典藏等事，則一併納為「校讎」之分支，即能免於歷來「校讎」名義牽轕難分的問題。本章亦採納廣義「校讎學」的理念，檢核鄭注《周禮》的校讀方法。

22　向宗魯著，陳曉莉點校：《校讎學（外二種）》（北京：國家圖書館出版社，2012 年），頁 1。

23　胡樸安，胡道靜合著：《校讎學》（臺北：臺灣商務印書館，1968 年），卷上，頁 1。

24　蔣元卿：《校讎學史》（上海：上海書店，1991 年），頁 3-4。

25　張舜徽：《廣校讎略》（上海：上海古籍出版社，2013 年），頁 1-2。

26　程千帆，徐有富著：《校讎廣義》（濟南：齊魯書社，1998 年），頁 1-9。

27　劉咸炘著，黃曙輝編校：《劉咸炘學術論集·校讎學編》（桂林：廣西師範大學出版社，2010 年）。

第二節　鄭玄校讎《周禮》的方法流程

　　西漢劉向父子領校羣書，著《七略》，集漢代校讎事業之大成。至王莽篡漢，天下散亂，典文殘落，不少圖籍毀於兵燹。及「光武中興，愛好經術，未及下車，而先訪儒雅，採求闕文，補綴漏逸。先是四方學士多懷挾圖書，遁逃林藪。自是莫不抱負墳策，雲會京師」，[28]集於石室、蘭臺典籍充盈。章帝建初中，於「東觀及仁壽閣集新書，校書郎班固、傅毅等典掌焉。並依《七略》而為書部，固又編之，以為《漢書・藝文志》。」[29]則下開正史立〈藝文志〉、〈經籍志〉之濫觴，後世因能考見羣籍授受源流，明學術興替之始終。另方面，東漢人君獎掖學術，禮賢下士，一改漢武以來「通經致用」的傳統，轉為「經明行修」之學。此時「尊經必尊其能實行經義之人」，[30]讀書不為利益，講求品德兼修，因能充實儒學的精神內涵。在具體經學政策上，光武帝恢復西漢五經博士，依家法立十四博士，教授生員；明帝永平元年（58），長水校尉樊儵與公卿定郊祠禮儀，以讖記正五經異說；[31]章帝建初四年（79），詔令諸王諸儒，會白虎觀，講五經同異；[32]和帝永元十三年（101），帝親幸東觀，覽書林，博選術藝之士以充其官；[33]安帝永初四年（110），詔謁者劉珍及五經博士，校定東觀

28　《後漢書》〈儒林列傳〉，卷69上，頁2545。
29　《隋書》〈經籍志〉，卷32，頁906。
30　引自〔清〕皮錫瑞：《經學歷史》，頁125。
31　《後漢書》〈樊弘陰識列傳〉，卷62，頁405。
32　《後漢書》〈章帝紀〉，卷3，頁78。
33　《後漢書》〈和帝紀〉，卷4，頁92。

五經、諸子、傳記、百家藝術，整齊脫誤，是正文字；[34]靈帝熹平四年（175），詔令諸儒正定五經，刊於石碑，撰古文、篆、隸三體書法以相參驗，樹之學門，使晚學咸能取正。[35]由此可見，東漢君王重視經學，於經說傳佈、經義講論、勘訂經文等皆有顯著功績。尤以經術作為修身治國之方略，褒揚士人節義情操，對社會風俗醇厚之轉移，更有積極提升作用。

　　正所謂上有好者，下必有甚焉。受此風氣驅使，私家從事經書校讎者，亦不乏其人。顧炎武說：「凡勘書必用能讀書之人」，[36]校書之業，談何容易，非任用博學廣覽，深究學問本原者，不足以明辨是非。[37]西漢劉向等人各以專長分任經傳諸子、兵法數術、方技校錄等職，說明校書須委任專才，方知圖籍何處有誤和因何致誤，以求改正。試觀西漢經師白首顓守一經，縱有兼習二至三經者，已屬難得。到了後漢，士人學貴兼通，如：何休精研六經、許慎五經無雙，均有出世之才。逮至鄭玄出，淹貫六藝，先習今文，後通古文，傾一生心力注釋羣經，集漢學之大成。其經術湛深，受人宗仰，適足任校經之不二人選。段玉裁曰：「校書何放乎？放於孔子、子夏」，「而千古之大業，未有盛於鄭康成

34　《後漢書》〈安帝紀〉，卷 5，頁 102。

35　《後漢書》〈儒林列傳〉，卷 69 上，頁 2547。

36　〔清〕顧炎武，黃汝成集釋：〈勘書〉，《日知錄集釋》（長沙：岳麓書社，1994 年），卷 18，頁 670。

37　王叔岷指出校書有五難：第一，不譌不漏之難。第二，資料不備之難。第三，資料太多之難。第四，無資料可憑之難。第五，資料是否可信之難。當知校書之業，絕非易事，參氏著：〈論校書之難〉，《校讎別錄》（臺北：華正書局，1987 年），頁 49-58。

者也。」[38]段氏精於校讎，對於康成校書要訣，心領神會，不在
話下，因其推尊之至，由是引發世人探索鄭玄經注「校讎」內涵
的興趣。

　　近人有關鄭玄經注「校讎」學的研究成果，在專書方面，
李雲光《三禮鄭氏學發凡》、[39]楊天宇《鄭玄三禮注研究》，[40]都
設有專章討論。李書偏重鄭玄校勘方法的詮釋，楊書則專就《周
禮》傳本互勘所得異文，探討鄭玄校書取決的觀念，各有貢獻。
單篇論文方面，有屬於通論介紹，如：李秀娥〈鄭玄整理圖書的
方法〉、[41]王霞及黃光〈鄭玄與校讎學〉；[42]或就《三禮注》、《毛
詩箋》評議鄭玄的校勘成就與原則，如：李雲光〈從三禮鄭注看
鄭玄在校勘學上的成就〉、[43]李世萍〈鄭玄《毛詩箋》校勘成就
初探〉、[44]楊天宇〈略述鄭玄校勘《三禮》所遵循的原則〉等篇。[45]
綜觀近人討論重點，多只從勘正文字一處著手，儘管校勘字句確
實是治書之學的基礎，但近人研究，大多直接套用陳垣《元典章

---

[38]　〔清〕段玉裁：〈經義雜記序〉，《經韻樓集》，卷8，頁188。

[39]　李雲光：《三禮鄭氏學發凡》，頁24-92。

[40]　楊天宇：《鄭玄三禮注研究》，頁385-490。

[41]　李秀娥：〈鄭玄整理圖書的方法〉，《南都學壇》第22卷第6期（2002
　　　年11月），頁14-16。

[42]　王霞：〈鄭玄與校讎學〉，《蘭臺世界》第1期（2008年），頁58-59。
　　　黃光：〈鄭玄與校讎學〉，《檔案》第2期（2008年），頁21-23。

[43]　李雲光：〈從三禮鄭注看鄭玄在校勘學上的成就〉，《禮學論集》，頁
　　　123-131。

[44]　李世萍：〈鄭玄《毛詩箋》校勘成就初探〉，《古籍整理研究學刊》第
　　　5期（2007年9月），頁52-54。

[45]　楊天宇：〈略述鄭玄校勘《三禮》所遵循的原則〉，《井岡山大學學報》
　　　第31卷第3期（2010年5月），頁115-120。

校補釋例》（後改名《校勘學釋例》）的校法四例，[46]分析方法陳陳相因。誠然，陳垣對於傳統校勘方法的總結，確實值得借鏡，但每部古籍面臨的校勘問題，終究不同，必須具體闡釋問題，纔能真正發掘校勘方法的層次與內涵。若僅流於片面而零星的討論，不能有助於後人瞭解鄭玄校書的總體歷程和精神。

　　張舜徽在〈鄭玄校讎學發微〉自序中，曾談到：「世人徒以康成注經，兼錄異文，考訂疑誤，大有裨於遺經，而不知其不可泯沒之功，固猶在考鏡源流，釐析篇帙間也。」[47]長久以來，世人忽略「鄭氏校注羣經實寓辨章學術之義」，[48]評論固然不少，卻也失之狹隘。張舜徽對鄭玄校經內涵的體認，發前人所未發，該文所得十五條例，足以張皇鄭玄校讎理念的深意。質言之，談到鄭《注》的組成結構，主要包括「校訂」與「釋義」兩個要素。如遇經文疑誤，鄭玄通常採取先「校」而後「釋」的解經策略。即以校訂文字言，鄭玄施用方法周延，若非貫徹全書首尾，通達學說之人，不足以窺知一二。今考察鄭玄校讎《周禮》的方法流程，主要有：

---

[46] 陳垣在校勘《元典章》的基礎上，條列舊刻致誤的類例，並概括校勘學中的四種校勘方法，分別為「對校法」、「本校法」、「他校法」、「理校法」，為後人談論校勘方法所沿用。參氏著：《校勘學釋例》（上海：上海書店，1997 年），卷 6，頁 118-122。

[47] 張舜徽：〈鄭氏校讎學發微·自序〉，《鄭學叢著》，頁 27。

[48] 張舜徽：〈鄭氏校注羣經實寓辨章學術之意〉，《廣校讎略》，卷 5，頁 76-77。

一、廣備眾本：以「故書」及「今書」互勘

古書流傳，初以口誦，後寫定於竹帛，文字屢經傳鈔，譌文奪字亦多相隨。從事校書，必先刊正古本舊槧之訛誤，使其恢復原貌，纔能進行義理分析。段玉裁曾說：

> 校書之難，非照本改字不譌不漏之難也，定其是非之難。是非有二：曰底本之是非，曰立說之是非。必先定其底本之是非，而後可斷其立說之是非。二者不分，轇轕如治絲而棼，如算之淆其法實而瞀亂乃不可理。[49]

由此當知，底本校勘是極重要的先行工作。至於該如何校勘底本，則宜先儲備副本。將副本與選用的底本對照，凡眾本皆同者，可據為定本；所不同者，則據理加以訂正。此種校勘方法，起源甚早。章學誠指出：

> 劉向校讎中秘，有所謂「中書」，有所謂「外書」，有所謂「太常書」，有所謂「太史書」，有所謂「臣向書」、「臣某書」。夫中書與太常太史，則官守之書不一本也；外書與臣向、臣某，則家藏之書不一本。夫博求諸本，乃得讎正一書，則副本固將廣儲以待質也。[50]

---

[49]　〔清〕段玉裁：〈與諸同志書論校書之難〉，《經韻樓集》，卷12，頁332-333。

[50]　〔清〕章學誠著，王重民通解：《校讎通義通解》〈校讎條理第七〉，頁37。

說明官守、家藏典籍之傳續，非獨用孤本，劉向廣備眾本從事校勘，為漢人校書之成法，後世校勘者莫不奉為楷式。

　　《周禮》漢初流傳民間，即便武帝時獻王劉德奏上朝廷，然而旋入秘府，今文禮家無緣得見，更遑論校勘。至劉向父子校書，《周禮》文字始經初步整理。嗣後，王莽簒政，將包括《周禮》在內的古文經傳立於學官，東漢傳授《周禮》的家法源流，始能確立。鄭注《周禮》引述杜子春、二鄭父子的訓釋中，也將眾儒所見異文記錄下來，顯示當時傳本眾多，經字尚未統一。《周禮注》便以「故書」及「今書」的體例，標明異文。據筆者統計，書中這類勘訂《周禮》版本異文的校語，多達兩百餘條，可見鄭玄校書前蒐羅副本的工作，與劉向相比，有過之而無不及。由於鄭玄並無解釋版本術語的內涵，自古學者說法，各不相同，可延伸出幾個討論重點：

(一)「故書」、「今書」用語的性質

　　《周禮注》中，鄭玄所謂「故書」和「今書」的定義為何？據筆者聞見，歷來學者討論頗多，主要有幾種理解方向：

　　第一，認為鄭玄區別「故書」與「今書」的標準，是據文字書體來界定。即「故書」為劉向未校之前的古文寫本，「今書」則是考校後的今文寫本。主張此說的代表人物為唐代賈公彥。不過若稍加思考，鄭玄注《儀禮》已分今、古文，假使「故書」和「今書」關係，也僅是古、今文字體的差異，鄭玄何不直接標明而要別立專名呢？賈氏固無法自圓其說。但此說仍舊啟發後人從書體來區分「故書」與「今書」。如：李雲光即認為，「所謂故書，蓋皆由秘府鈔出之古文本，此本字形未必大篆或科斗之文，殆

《書序》所謂隸古也」，「因所出較以通行隸法寫之者略前，故自杜子春以來，二鄭等悉以故書稱之。」[51]無獨有偶，丁進也認為，「故書是河間獻王所發現先秦古文《周禮》的傳鈔本，盡可能保持了原書的版本特徵，保存了原書大量的通假字、誤字。」[52]由此看來，《周禮》「故書」是經校定後以隸書轉寫古文，並保留部分古字的「隸古定」本；「今書」則是用漢代通行用語全面改寫的今文隸定本。

　　第二，或認為鄭《注》所謂「故書」與「今書」，實際是指新、舊版本的不同。有主張「故書」是出於秘府所藏的舊帙，或抄錄自秘府轉寫之本，如阮元曰：「故書者，謂初獻於秘府所藏之本。」[53]段玉裁亦云：「鄭君所見故書，非真秘府所藏也，亦轉寫之本，目為秘府本」等說，[54]皆為代表。或主張「故書」是指在鄭玄以前，杜子春等人持用的《周禮》校本，如徐養原曰：「凡杜子春、鄭大夫、鄭司農所據之本，並是故書。故書、今書，猶言舊本、新本耳」，「杜、鄭之本，故書也，賈、馬之本，今書也。故書，周壁中書，今書為隸古定。」[55]孫詒讓承襲徐說，卻不以家法、字體界定「故書」和「今書」的差異。經分析，「所

51　李雲光：《三禮鄭氏學發凡》，頁 26-27。另有金春峰：《周官之成書及其反映的文化與時代新考》（臺北：東大圖書公司，1993 年），頁 245-255。亦持相同見解。

52　丁進：〈《周禮》「故書」的性質與兩漢之際的《周禮》學〉，《阜陽師範大學學報》第 2 期（2020 年），頁 77-83。

53　〔漢〕鄭玄撰，〔唐〕賈公彥疏，〔清〕阮元校記：《周禮注疏校勘記》〈序〉，頁 20。

54　〔清〕段玉裁：《周禮漢讀考》，卷 634，頁 961。

55　〔清〕徐養原：《周官故書考》〈序〉，頁 113。

謂故書者，有杜及二鄭所據之本，有後鄭所據之本，要皆不必祕
府舊帙，不過校之今書，所出略前耳。今書則鄭玄所見同時傳寫
之帙。蓋故書、今書，皆不能塙定其為何家之本」，由此判斷《周
禮注》所言「故書、今書不過新、舊本。」[56]

　　總的來說，歷來學者從字體、家法、版本等面向，試圖推敲
鄭《注》「故書」、「今書」用語的內涵，實際卻留下更多疑問，
迄無定論。竊以為，掌握鄭玄使用術語的時機，纔是解讀的關鍵。
質言之，《周禮注》引述「故書作某」、「今書作某」時，雖不
免牽涉字形上的差異，但歸源側重點，主要在彰顯鄭玄當時所見
和先前民間流傳的《周禮》經本用字究竟有何不同，此並不直接
涉及所謂今、古文學說的課題。簡單來說，《周禮注》中「故書」
和「今書」的關係，當是鄭玄進行兩種經本對照時用來表明異文
的校勘術語。從行文中以「故書」、「古文」對舉的情況，也說
明鄭《注》所言「故書」，非僅專對文字形體而言。至於前輩學
人欲深究兩者各自因承家法淵源為何？又各以何種書體撰寫？竊
以為鄭玄既無明說，頗難考證，則毋須求深反惑。

（二）《周禮》「故書」的用字情形

　　《周禮注》引述先儒或自身所見傳本異文，相互對勘，是鄭玄
廣受後人推崇的校書方法之一。由於鄭玄校改《周禮》，多建立
在「故書」的版本基礎上。[57]透過《周禮注》大量的比勘成果，
足以揭櫫「故書」版本的用字特徵，從中獲知鄭玄校經取決的過

---

[56]　〔清〕孫詒讓：《周禮正義》〈天官・大宰〉，卷 3，頁 105。

[57]　鄭玄校訂《周禮》「故書」異文考證，參閱李國英：《周禮異文考》（臺
　　北：臺灣師範大學國文所碩士論文，1966 年）。

程。經分析，《周禮》「故書」本存在以下幾種現象：

1、形近訛誤字多

　　古書中，因文字形體筆劃相似，致使不少轉寫乖異的例子。鄭玄將《周禮》「故書」和「今書」對勘時，也同樣發現「故書」有這類問題。由各組異文現象中，可看出「故書」多數的字例，是處在漢隸結構下所產生的字形訛寫，顯示「故書」遠非初獻於秘府所藏之先秦古文經本（例證以①、②……依序標注，前者「」為《周禮》今本用字，後者「」為故書用字）。如：

①「玉」—「王」形訛

《周禮・天官・九嬪》：「凡祭祀，贊玉齍」，鄭《注》曰：「玉齍，玉敦受黍稷器。故書玉為王，杜子春讀為玉。」（卷 8，頁266）

按：「王」與「玉」形體，自甲骨文至小篆，均作三橫一豎的寫法。就小篆而言，區別特徵僅在於「王（𝕋）」字上方兩橫劃相近，「玉（𝕋）」字三橫等距，兩字形近易混。因而，漢隸將「玉」字加點劃，以別「王」字。古書「王」、「玉」訛混，不獨見《周禮》。如《儀禮・士喪禮》：「決用正，王棘若檡棘」注，鄭云：「古文王為玉」，[58] 檡棘為樹名，木質細密堅韌，可用為製作王射箭扳指所用的材料，此處《儀禮》古文亦訛「王」為「玉」。《周禮》「九嬪」於祭祀助王后薦玉齍。故書作「王齍」不成辭，「玉齍」之名，見〈大宗伯〉職，故鄭《注》從杜說，以字之誤為由，

58　〔漢〕鄭玄注，〔唐〕賈公彥疏：《儀禮注疏》，卷 35，頁 413。

加以改正。

②「焉」—「馬」形訛

《周禮・天官・縫人》：「喪縫棺飾焉」，鄭《注》曰：「孝子既啟，見棺猶見親之身，既載，飾而以行，遂以葬。若存時居于帷幕而加文繡。故書焉為馬，杜子春云：當為焉。」（卷 8，頁 284）

按：「馬」、「焉」兩字，音義絕遠。甲骨文已有「馬（𩡋）」字，金文「焉（𢊁）」字則取象鳥形，後借為助詞，本義遂廢。兩字形體於甲金文時，顯有差異。唯小篆字形，一作「𥳑」，另一作「𢉖」，結構近似；乃至漢隸「焉」字，或作「**鳶**〈陽君石門頌〉」，[59] 字訛从馬，遂與「馬」字易混。《周禮》「縫人」掌王宮縫線之事，值喪期間縫製文繡以為棺飾。「焉」猶「也」，[60] 用為句末語助詞。故書作「喪縫棺飾馬」，語意無從理解，故鄭玄從杜說，校改經字訛誤。

③「吉」—「告」形訛

《周禮・春官・大宗伯》：「以吉禮事邦國之鬼神示」，鄭《注》曰：「故書吉或為告，杜子春云：書為告禮者，非是。當是吉禮，書亦多為吉禮。」（卷 18，頁 646）

按：「吉」、「告」小篆字形，一作「**吉**」从士，一作「**告**」从牛，本有差異。然至漢隸「吉」字有作「**吉**〈尹宙碑〉」，字訛从土；「告」字有作「**吉**〈石經公羊殘碑〉」及「**吉**〈桐柏廟

59　〔清〕顧藹吉：《隸辨》，卷 2，頁 12。
60　〔清〕王引之：《經傳釋詞》（臺北：漢京文化事業公司，1983 年），卷 2，頁 50。

碑〉」，[61]從牛豎劃或不貫穿，與「吉」字差別僅多出左上方一短豎，甚易混同。《周禮》「大宗伯」掌吉、凶、賓、軍、嘉五禮，吉禮是國中鬼神之祭典，與凶禮前後相對。杜子春見經本多作「吉禮」，故鄭玄從杜說而改字。

④「更」—「受」形訛

《周禮・春官・巾車》：「歲時更績，共其弊車」，鄭《注》曰：「故書更績為受讀。杜子春云：受當為更，讀當為績，更績，更受新。玄謂俱受新耳。更，易其舊。績，績其不任用。」（卷32，頁1050）

按：「更」、「受」兩字起源甚早，甲骨文「更（）」字，從丙從攴，「受（）」字則呈兩手交付予物之形。小篆字形，一作「」，一作「」，形體尚有差異。然至漢隸，「更」字或作「〈陽君石門頌〉」，與「受」字有作「〈堯廟碑〉」，[62]兩字結構趨於近似，極易混同。古書「更」與「受」訛混，除《周禮》外，又見《儀禮》。如〈燕禮〉：「更爵洗升」、〈特牲饋食禮〉：「主人更爵」注，鄭玄皆云：「古文更為受」，[63]知古文亦訛「更」為「受」。《周禮》「巾車」歲時將車輛汰舊佈新，故書作「受讀」，文義不明。段玉裁曰：「一為字誤，一為聲誤」，[64]鄭玄依杜說改為「更績」，文從理順。

---

[61] 〔清〕顧藹吉：《隸辨》，卷5，頁21。

[62] 同前註，卷4，頁82。

[63] 〔漢〕鄭玄注，〔唐〕賈公彥疏：《儀禮注疏》，卷14、45，頁163、534。

[64] 〔清〕段玉裁：《周禮漢讀考》，卷636，頁1008。

⑤「傳」—「傳」形訛

《周禮・夏官・訓方氏》：「誦四方之傳道」，鄭《注》曰：「傳道，世世所傳說往古之事也。為王誦之，若今論聖德堯、舜之道矣。故書傳為傳，杜子春云：傳當作傳，書亦或為傳。」（卷32，頁1050）

按：「傳」、「傳」篆體，一作「𫝀」，从人專聲；一作「𫝀」，从人專聲。專、專形近，漢隸「傳」字有寫作「傳」〈尹宙碑〉」，「傳」字有寫作「傳」〈校官碑〉」，[65]兩字已難分辨，僅能從上下文義判別。《儀禮・覲禮》：「四傳擯」注，鄭云：「古文傳作傳」，[66]是知古文亦嘗訛「傳」為「傳」。《周禮》「訓方氏」傳誦古之善道於王，通達君臣上下情志，故書作「傳道」不比「傳道」文義通達，故鄭玄依杜說，校正訛誤。

2、同音訛誤字多

古書用字，多以假借字入文，語言中同音字頗多，古人因為兩字音近訛寫的例子，亦是多見。鄭玄校經參酌「故書」和「今書」，也透過訓詁將「故書」音近訛誤之字改正，通讀文句，一來能夠彰顯本經原意，亦使同音字各自回歸應有的語意功能。這類校例，佔鄭玄底本勘訂內容的最多數，例如：

⑥「襲」—「習」音訛

《周禮・地官・胥》：「掌其坐作出入之禁令，襲其不正者」，鄭

65　〔清〕顧藹吉：《隸辨》，卷2，頁11。
66　〔漢〕鄭玄注，〔唐〕賈公彥疏：《儀禮注疏》，卷27，頁329。

《注》曰：「故書襲為習，杜子春云：當為襲，謂掩捕其不正者。」（卷 16，頁 539）

按：故書「襲」為「習」，職文原作：「習其不正者」。賈公彥《疏》曰：「杜子春從『襲』不從故書『習』者，『習』是習學之習，『襲』是掩襲之義，故從『襲』。是以《左氏》、《公羊》皆有『不聲鐘鼓為襲』，是掩其不備也。」（卷 16，頁 539）。《周禮》「胥」隸屬「胥師」，掌市中刑禁之政令，糾察奸人詐偽等情事，掩其不備而誅罰之。「襲」與「習」，古音同在邪母緝部，雙聲疊韻，字可通假。然據文義，當以「襲」字為正，故書用「習」為同音之訛，故鄭玄從杜說，改為「襲」，不從故書。

⑦「贈」—「矰」音訛

《周禮・春官・男巫》：「冬堂贈，無方無筭」，鄭《注》曰：「故書贈為矰，杜子春云：矰當為贈。堂贈，謂逐疫也。玄謂冬歲終，以禮送不祥及惡夢，皆是也。其行必由堂始。」（卷 30，頁 995）

按：故書「贈」為「矰」，職文原作：「冬堂矰」。杜氏以為故書作「矰」，義無所取，《周禮》「占夢」有「贈惡夢」明文，遂改為「贈」字。鄭玄曰：「贈，送也。欲以新善去故惡。」（卷 28，頁 942），「男巫」所司鬼神之事既廣，除送惡夢外，亦兼送不祥。「矰」字之用，別見〈夏官・司弓矢〉有「矰矢」，鄭云：「矰，高也」（卷 38，頁 1235）。考《說文・矢部》：「矰，隹射矢」，[67]「矰矢」以絲繫矢，用於射擊飛鳥。「矰」與「贈」，古韻同在蒸部，精從旁紐，聲音相近。據本經文義，當以「贈」

67　〔漢〕許慎撰，〔清〕段玉裁注：《說文解字注》，5 篇下，頁 226。

字為正，故書用「䚉」，乃音近訛誤所致，故杜子春、鄭玄皆校改經字為「贈」。

⑧「弊」——「獘」音訛

《周禮・秋官・大司寇》：「凡庶民之獄訟，以邦成弊之」，鄭《注》曰：「故書弊為獘。鄭司農云：獘當為弊。弊之，斷其獄訟也。」（卷40，頁1326）

按：故書「弊」作「獘」，職文原作：「以邦成獘之」。「大司寇」掌國中法典，舉凡諸侯、卿大夫、萬民獄訟皆由其治理。「弊」與「獘」，古韻同在月部，皆唇音，聲音近似。徐養原曰：「《列子・力命篇》：『獘獘』訓急速，《方言》云：『鉗疲，獘惡也』，皆非此經之義。」[68]先鄭改「獘」為「弊」，訓為斷，正與上文「凡卿大夫之獄訟，以邦灋斷之」文意相承。此當以「弊」字為正，故書誤用同音的「獘」字。

⑨「躃」——「避（辟）」音訛

《周禮・秋官・大司寇》：「凡邦之大事，使其屬躃」，鄭《注》曰：「故書躃作避。杜子春云：避當為辟，謂辟除奸人也。玄謂：躃，止行也。」（卷40，頁1329）

按：故書「躃」作「避」，職文原作：「使其屬避」。段玉裁曰：「〈小司寇〉職：『大賓客前王而辟』，『凡國之大事，使其屬躃』。辟與躃並見，知其制不同」，[69]表明經文用「辟」或「躃」字，

68　〔清〕徐養原：《周官故書考》，卷3，頁149。
69　〔清〕段玉裁：《周禮漢讀考》，卷628，頁1022。

各有義例。孫詒讓申論云：「蓋辟者，唯辟除奸人，猶〈祭義〉云：『見老者則車徒辟』，是彼此相遇，禁其干犯，不干犯者自得行。蹕為止行，則猶〈祭義〉云：『八十九十者，東行西行者弗敢過，西行東行者弗敢過。』蓋凡當道者人皆不得行，二字義本異。」[70]段、孫之說極是。《周禮》用「辟」，有迴避義，表示向前驅散當道行人；用「蹕」，則表示夾道止行，淨空行人，用義有別。「辟」與「避」，古韻同在錫部，皆發唇音，與「蹕」字同音通轉。故書作「避」，與辟義同，然據本經文例，當以「蹕」字作止行之義為正，故鄭玄不從杜說。

⑩「舟」—「周」音訛

《周禮・冬官・考工記》：「作舟以行水」，鄭《注》曰：「故書舟作周。鄭司農云：周當為舟。」（卷46，頁1525）

按：故書「舟」作「周」，職文原作：「作周以行水」。「舟」字，甲骨文作「◊」，取象船形。因與「周」字，古音同在章母幽部，雙聲疊韻，多有假借。清惠棟曰：「《詩・大東》：『舟人之子』，鄭曰：『舟當作周』。《詩》以舟為周，《考工》以周為舟，義並通。」[71]又，武億（1745-1799）云：「〈焦山鼎銘〉：『王各于舟廟』、〈漢孟郁修堯廟碑〉：『委曲舟匜』，洪景伯釋舟為周」，[72]知「舟」、「周」古音相同，每多通用。此經當以「舟」字為正，故書用「周」乃同音訛字，故鄭玄從先鄭改字，不

---

[70] 〔清〕孫詒讓：《周禮正義》〈秋官・大司寇〉，卷66，頁2761-2762。

[71] 〔清〕惠棟：《九經古義》（北京：中華書局，1985年排印《貸園叢書》本），卷8，頁98-99。

[72] 〔清〕武億：〈三禮鄭註考序〉，見程際盛：《周禮故書考》，頁95。

從故書。

3、字用不符禮制

　　古禮書記載有關先秦時人行禮的規範，誤寫一字往往影響整段禮文儀節的判讀。鄭玄校經，在對勘《周禮》「故書」和「今書」異文之餘，也同時校訂「故書」中一些不符禮文規範的用字訛誤，以恢復禮書原貌。例如：

⑪「珠槃」─「夷槃」

《周禮・天官・玉府》：「若合諸侯，則共珠槃、玉敦」，鄭《注》曰：「故書珠為夷，鄭司農云：夷槃或為珠槃。玉敦，歃血玉器。」（卷6，頁213）

按：故書「珠」為「夷」，職文原作：「共夷槃、玉敦」。「珠」、「夷」二字音義絕遠，且禮經「珠槃」和「夷槃」用途，本不同。「珠槃」者，用於諸侯盟禮，《說文》曰：「盅，殺牲歃血，朱盤玉敦，以立牛耳」，[73]「朱」即「珠」字之省，珠盤、玉敦二器皆為盟禮而設。「夷槃」者，為供新死之人寒尸之用，形制頗大。〈天官・凌人〉職：「大喪，共夷槃冰」注，鄭云：「夷之言尸也。實冰於夷槃中，置之尸牀之下，所以寒尸。尸之槃曰夷槃」，又引《漢禮器制度》擬況夷槃形制，謂：「大槃廣八尺，長丈二尺，深三尺，漆赤中」（卷5，頁176），知「夷槃」當用於喪禮，與「珠槃」絕無關涉。鄭玄因名物用途有別，判定故書以「珠」為「夷」必為誤字，故從先鄭校改經字。

73　〔漢〕許慎撰，〔清〕段玉裁注：《說文解字注》，7篇上，頁315。

⑫「豹侯」─「虎侯」

《周禮・天官・司裘》：「王大射，則共虎侯、熊侯、豹侯，設其
鵠。諸侯則共熊侯、豹侯」，鄭《注》曰：「故書諸侯則共熊侯、
虎侯，杜子春云：虎當為豹。」（卷7，頁236）

按：《周禮》「司裘」於王大射時，供給虎熊豹麋等毛皮，裝飾
於射侯之側。依本經禮制，鄭玄曰：「王之大射：虎侯，王所自
射也；熊侯，諸侯所射；豹侯，卿大夫以下所射。諸侯之大射：
熊侯，諸侯所自射；豹侯，羣臣所射。卿大夫之大射，麋侯，君
臣共射焉。」（卷7，頁236），《周禮》以虎侯為貴，熊侯次之，
豹侯再次，麋侯更次，禮有上下之別。故書作：「諸侯則共熊侯、
虎侯」，賈公彥《疏》云：「虎侯是天子之大侯，不宜在諸侯熊
侯之下」（卷7，頁240），倘若諸侯所射，亦有虎侯，且置於熊
侯之下，與天子禮數又有何異？故鄭玄依杜說改字，不從故書。
又，《說文・矢部》曰：「矦，天子射熊虎豹，服猛也。諸侯射
熊虎。大夫射麋。麋，惑也。」[74]許慎以熊侯為貴，書中所言「諸
侯射熊虎」，正與《周禮》「故書」記載相合。對此，段玉裁校
閱曰：「今書經文天子侯以虎居首，故杜知其最貴，不得為諸侯
之次侯。許陞熊虎上，然無解於諸侯與天子弗殊也。」[75]是知《說
文》言天子射侯「熊虎豹」當為「虎熊豹」之倒文，諸侯射侯當
從杜子春、鄭玄改為「熊豹」，纔合乎君臣禮數隆殺次第。

⑬「贊洦」─「贊攝」

74　同前註，5篇下，頁226。
75　〔清〕段玉裁：《周禮漢讀考》，卷634，頁967。

《周禮‧春官‧小祝》：「大喪，贊渳」，鄭《注》曰：「故書渳
為攝，杜子春云：當為渳，渳謂浴尸。」（卷 29，頁 972）

按：故書「渳」為「攝」，職文原作：「贊攝」。〈春官‧肆師〉
職：「大喪，大渳以鬯，則築鬻」注，鄭云：「築香草，煮以為
鬯，以浴尸。」（卷 21，頁 725），謂天子崩殂，煮鬱金香草，
取汁和以秬鬯而浴尸，使尸芳香，該儀節稱為「大渳」。「大祝」
於「大喪，以肆鬯渳尸」，「小祝」從旁佐助「大祝」，故經言
「大喪，贊渳」。故書作：「贊攝」，因與禮制不符，義不足取，
段玉裁以為「字之誤也」，[76]鄭玄不從故書。

4、字詞脫落、語序倒置

　　古書傳世日久，訛舛亦多，舉凡字體缺謬，語句脫落，乃至
衍文增句、篇次錯亂等類問題，無所不有。鄭玄校經，通過「故
書」和「今書」底本對勘，也一併釐清《周禮》「故書」流傳過
程產生的行文問題。如：

⑭「酒正奉之」—「正奉之」

《周禮‧天官‧酒正》：「凡王之燕飲酒，共計之，酒正奉之」，
鄭《注》曰：「故書『酒正』無酒字，鄭司農云：正奉之，酒正
奉之也。」（卷 5，頁 169）

按：經言王與羣臣燕飲酒，計獻酬多少於簿冊，由「酒正」奉之。
故書無「酒」字，單言「正」，鄭云：「正，長也」（卷 1，頁
10）。《周禮》設官有尊卑之分，正與副貳之官，共承眾事，此

76　同前註，卷 636，頁 1003。

指酒官之長，即「酒正」。孫詒讓曰：「先鄭依故書無酒字，則官名未著，故特釋之。後鄭則以故書、今書義並通，而有酒字，文尤詳備，故不從故書。」[77]是知故書脫「酒」字，文義不盡完備，故鄭玄補字以「酒正」為是。

⑮「觵撻罰之事」──「觵撻之罰事」

《周禮・地官・閭胥》：「凡事，掌其比觵撻罰之事」，鄭《注》曰：「觵、撻，失禮之罰也。觵用酒，其爵以兕角為之。撻，扑也。故書或言『觵、撻之罰事』，杜子春云：當言觵撻罰之事。」（卷 13，頁 437）

按：經言「閭胥」掌理比觵撻罰之事，故書「罰之」倒文作「之罰」。考〈小胥〉職：「掌學士之徵令而比之，觵其不敬者，巡舞列而撻其怠慢者」，與「閭胥」所任職事相類。賈《疏》曰：「凡有失禮者，輕者以觵酒罰之，重者以楚撻之，故雙言觵撻罰之事。」（卷 13，頁 438），「觵」以罰酒，「撻」以楚荊扑擊，均用為懲罰失禮者，故字當與「罰」字連文。段玉裁曰：「所以必從杜者，嫌觵撻之外別有罰事」，[78]杜氏以為「撻罰」在「之」字之上，不易旁生歧義，故鄭玄從杜說，改故書。

⑯「豆籩」──「籩豆」

《周禮・春官・內宗》：「掌宗廟之祭祀薦加豆籩」，鄭《注》曰：「故書為籩豆，杜子春云：當為豆籩。」（卷 24，頁 814）

77　〔清〕孫詒讓：《周禮正義》〈天官・酒正〉，卷 9，頁 362。

78　〔清〕段玉裁：《周禮漢讀考》，卷 635，頁 976。

按：經言「內宗」掌宗廟祭祀薦獻之加豆、加籩。故書「豆籩」
倒文作「籩豆」。段玉裁曰：「下文兩言豆籩，不當乖異，故杜
據以改易」。[79]據本經文例，《周禮》凡言「豆籩」者有五，分
別出自〈春官·內宗〉兩見，〈天官·九嬪〉、〈春官·大宗伯〉、
〈春官·外宗〉各一見，無一作「籩豆」，故鄭玄依杜說改字。

　　有鑒於《周禮》「故書」內容，存在上述諸如文字錯訛、脫
落、倒置等問題，比起其他的校勘法，鄭玄運用底本對勘校正經
文的例子，為數可觀。這種方法的長處，主要有兩方面：一是藉
由比對兩種以上經本字面上的異同，較容易發現錯誤，且在校正
錯誤時，皆有其他經本的文字，作為直接證據，能大幅降低人為
主觀刪改舊文的弊病。另一優點，還在於校書者將所見異文，照
本迻錄，匯為一編，讀者手持一編，即等同掌握多部《周禮》經本。
古書流傳不易，今人能得見《周禮》眾多傳本異文，全賴鄭玄校書
之業，可說嘉惠後人無數。這種底本對勘法，相當於葉德輝（1864-
1927）說的「死校」。葉氏指出，「死校」之特徵，即「據此本
以校彼本，一行幾字，鉤乙如其書，一點一畫，照錄而不改，雖
有誤字，必存原本」，認為「鄭康成注《周禮》，取故書、杜子春
諸本，錄其字而不改其文」，[80]亦是奉行「死校」的典型例子。
與葉氏觀念相承的，還有陳垣說的「對校法」。陳氏說「對校法」
的「主旨在校異同，不校是非。故其短處在不負責任，雖祖本或
別本有訛，亦照式錄之。」[81]葉、陳兩人，都談到底本互勘的宗

79　同前註，卷 636，頁 994。

80　〔清〕葉德輝著，紫石點校：《藏書十約》〈校勘第七〉（北京：燕山
　　出版社，1999 年），頁 339。

81　陳垣：《校勘學釋例》，卷 6，頁 118。

旨，是為保存各版本文字的原貌，並非以勘正經字為最終目的。透過上文分析，可知鄭玄對勘《周禮》「故書」和「今書」異文，背後蘊藏的意圖，更顯積極，不止摘錄版本文字異同，亦同時審訂「故書」字句訛誤，保有個人判斷，最終自行編定出另一可靠的《周禮》定本。其校勘意識，可謂環環相扣，連動性高，正突顯出鄭玄運用底本校勘法，有別於他人的雙重意涵。

二、本經內證：以上下文互校，摘錄異同

　　鄭玄網羅眾本異文，擇善而從，是其校勘經書先行採取的方法。其次，循覽本經上下文義，找出各段落之間在思想和文字上的關聯，改正訛誤，則是鄭玄進一步採用的校勘方法。此種校勘法，意即劉向校書所說：「一人讀書，校其上下得謬誤」，也相當後來陳垣提出的「本校法」。眾所周知，一部結構完整的書籍，它的組織環節，由於受到作者行文風格的影響，語言形式和思想表達在不經意間都會產生某種聯繫。以本經內文互證，也正是利用這一特點，從事勘訂。運用這種校勘法的先決條件，是校書者對全書語言結構的掌握，必須熟悉，纔能透過上下文考訂訛誤。在鄭玄校注《周禮》的具體過程中，可分為幾種情形：

（一）同文字詞

　　同一詞彙、同一語句，有時一書之中往往屢見，如能充分掌握作者習用的構詞語式，即可利用前後文相互參照，勘正經字訛誤。鄭玄注《周禮》，運用同文字詞，校訂經文的例子，見於：

⑰「宮刑」──「官刑」

《周禮・天官・小宰》：「掌建邦之宮刑，以治王宮之政令」，鄭
《注》曰：「杜子春云：宮，皆當為官。玄謂宮刑，在王宮中者之
刑。」（卷3，頁75）

按：「宮」、「官」形近，杜子春皆改為「官刑」，鄭玄不從。
賈公彥《疏》申鄭義曰：「〈秋官・司寇〉已云：『四曰官刑』，
此小宰不往貳之，則不須重掌。又見下文觀治象『乃退，以宮刑
憲禁于王宮』，故知『宮刑』明矣。」（卷3，頁75），賈說分
析極是。「大司寇」明言專掌官刑，糾察失職，「小宰」為「大
宰」副貳，不當與「司寇」職掌疊出。且之後「小宰」職文曰：
「以宮刑憲禁于王宮」，正歲，「小宰」取新出刑禁文書，佈告王
宮，自與前文職掌相連貫，故鄭玄不依杜說改字。

⑱「禽獻」─「禽獸」

《周禮・天官・庖人》：「共喪祭之庶羞，賓客之禽獻」，鄭《注》
曰：「禽獻，獻禽於賓客。獻，古文為獸。杜子春云：當為獻。」
（卷4，頁124）

按：「獻」、「獸」形近，徐養原云：「獸為字之誤」，[82]即《周
禮》舊本字作「獸」。「庖人」供應朝聘賓客之禽，由主人獻之。
鄭玄解釋，蓋因「禽獸不可久處，賓客至，將獻之，庖人乃令獸
人取之，必書所當獻之數與之。」（卷4，頁124）至於禽數，
當如〈掌客〉所載上公乘禽日九十雙，侯伯七十雙，子男五十雙。
杜子春見經言「賓客之禽獸」，義無所取，又見下文言「凡令禽
獻，以灋授之」，「凡用禽獻，春行羔豚，膳膏香」等句例，遂

---

[82] 〔清〕徐養原：《周官故書考》，卷1，頁114。

改「禽獸」為「禽獻」，合於本經意旨，故鄭玄因承杜說改字。

⑲「牲十有八」──「腥十有八」

《周禮・秋官・掌客》：「子男……牲十有八，皆陳」，鄭《注》曰：「牲當為腥，聲之誤也。於侯伯云：『腥二十有七』，其故腥字也。諸侯禮盛，腥鼎有鮮魚、鮮腊，每牢皆九為列，設於阼階前。」（卷45，頁1495-1496）

按：「掌客」掌四方賓客牢禮、餼獻、飲食之等數。凡設置腥鼎，每牢以九為數，子男腥鼎十八，即腥二牢。鄭玄見上文已云侯伯「腥二十有七」，故知此段文句有誤。同例，見下文「遭主國之喪，不受饗食，受牲禮」注，鄭云：「牲亦當為腥，聲之誤也。有喪，不忍煎亨，正禮飧饗餼當孰者，腥致之也。」（卷45，頁1504）。謂主國君薨，禮畢歸賓，饗食不忍煎和，以腥禮為之。「牲」與「腥」二字，古韻同在耕部，心山同齒音，雙聲疊韻。鄭意以為，兩字音近致誤，雖不改本經，但據彼二文正讀音義，理據充分，故兩處「牲」字，皆當改為「腥」字，訓為生牲肉。

（二）對文字詞

「對文」是古代文獻書寫，經常被廣泛使用的修辭方法。傳統訓詁學上的定義，「對文」是指意義相反或關聯的詞句，相對成文。由於在語法結構上，表示「對文」關係的字詞，通常處於句中的對應位置，因此透過「對文」來考訂疑難字詞、剖析詞義，結論仕往往足以徵信。鄭注《周禮》運用對文字詞，校訂經文的例子，見於：

⑳「共豆脯」──「共羞脯」

《周禮・天官・腊人》：「凡祭祀，共豆脯，薦脯、膴、胖，凡腊物」，鄭《注》曰：「脯非豆實，豆當為羞，聲之誤也。」（卷4，頁142）

按：鄭玄改本經誤字，原因有二：一是以「脯」為乾肉，不應盛於豆器，當盛於籩。此據〈天官・籩人〉職：「加籩之實：菱、芡、栗、脯」，知「脯」屬籩實，為「籩人」所掌。二是以句中對文字詞考訂。賈公彥《疏》曰：「〈籩人〉職云：『凡祭祀，共其籩薦羞之實』，鄭云：『未飲未食為薦，已飲已食曰羞。』羞薦相對，下既言薦脯，明上當言羞脯也。」（卷4，頁143），是祭祀時有薦籩，即未獻前所薦之籩；又有羞籩，為尸食後，酳尸訖，所進加籩。「腊人」掌供祭祀薦籩、加籩所用乾肉，由下文言薦脯，推知上文為羞脯，賈氏析之甚精，說亦可從。經文書「豆」，因與「羞」字古音，定、心舌齒音為鄰紐，侯幽旁轉，聲音相近，故鄭玄以兩字為音近致誤。

㉑「五氣」—「五穀」

《周禮・天官・瘍醫》：「以五氣養之，以五藥療之，以五味節之」，鄭《注》曰：「五氣當為五穀，字之誤也。」（卷5，頁158）

按：「瘍醫」掌療瘍之事。經言療瘍之法，與〈疾醫〉職云：「以五味、五穀、五藥養其病」者略同。鄭意以為，「五氣」形虛，非養治之物，且「瘍醫」療瘍先施劀殺，攻除惡創肉，以下養治三法與「疾醫」所云，不應有異。由經文下已言「五藥」、「五味」，推知「五氣」當為「五穀」之誤，是據本經對文字詞，校訂訛誤。

㉒「受良功而藏之」──「受苦功而藏之」

《周禮·天官·典絲》：「及獻功，則受良功而藏之」，鄭《注》曰：「良當為苦，字之誤也。受其麤惡之功，以給有司之公用。其良功者，『典婦功』受之，以共王及后用。」（卷 8，頁 274）

按：「典絲」掌絲帛入藏出用之府，頒絲于內外嬪婦、女御製造縑帛。秋獻功於「典婦功」，以待王及后使用。鄭玄破「良」為「苦」，「苦」即「鹽」之借字。考《說文·鹽部》曰：「鹽，河東鹽池也」，段《注》云：「《周禮》苦良，苦讀為鹽，謂物之不佳者也。」[83]是知「典絲」所獻絲功，亦有良莠之別。鄭意以為，「典絲」主絲帛之屬，「典枲」主麻布之屬，及秋獻功時，由「典婦功」辨其品質，良美者留予王宮之用；其餘粗劣者，還以「典絲」、「典枲」受藏，共有司之公用；鄭玄因見下文「典枲」職有「及獻功，受苦功」而無良功，是知良者入「典婦功」受藏。「典絲」既與之同事，亦不得受良者。故以句中對文字詞校訂，解讀「良」為「苦」字之誤書。

　　《周禮注》以本經同文、對文字詞互證，摘錄異同，校正簡中謬誤。這種校勘方法的長處，在於能夠有效連結前後文義的緊密性，且由於舉證內文多與待勘正的語式有直接關係，更能集中反映各段經文共同的核心意旨。不過，這種校勘方法的侷限，是往往停留在單一經本的內文互證，因此，能發現的問題，也限於書中有明文記載可供甄別是非的地方，和前述網羅眾本匯校的形式相比，證據相對薄弱。以是之故，鄭玄運用上下文義，校正這些

83　〔漢〕許慎撰，〔清〕段玉裁注：《說文解字注》，12 篇上，頁 586。

疑誤字詞，態度謹慎，只於《注》中說明校改因由，絕不輕言改動經句，這也是在校經形式上最明顯的差異。作為「底本校勘法」下一層的校勘程序，運用「本經互證法」，亦顯示校書者已逐漸脫離照本謄錄異文的步驟，開始進入審核、研究文獻語意是否連貫的考辨工作。

三、羣籍鉤稽：以其他古籍核校經文

除了徵引本經內文，校正原書外，當無法憑藉一書判別是非時，就必須擴大援引其他書籍，作為參證。這種校勘方法，就是陳垣說的「他校法」，也可說是「對校法」進一步的延伸使用。這種校勘法的前提條件，在於認定古籍傳述的內容，基本屬於同一時空底下的產物，即便部分文字稍有出入，但對主體史實的描述，仍有共同旨歸，因能相互印證。在此條件下，校書者須具備廣博的學識涵養。顏之推（531-591）曾說：「校定書籍亦談何容易！自揚雄、劉向方稱此職耳。觀天下書未遍，不得妄下雌黃。」[84]正說明校訂古書，必先熟習羣籍，纔能多方考察，審定疑滯，考見古本之真實。《周禮注》如何博徵經史羣書，證成本經，於本書第貳章已有詳述。這裏僅就鄭玄鉤稽羣書校訂《周禮》，歸納其校勘成果：

（一）審訂文字錯訛

鄭玄注《周禮》引羣書為證，審訂經字錯訛，有因兩字形近而致誤者。如：

---

[84]　〔北齊〕顏之推撰，〔明〕趙敬夫注，〔清〕盧文弨補：《顏氏家訓》〈勉學〉（臺北：廣文書局，1977 年），卷 3，頁 124。

㉓「緣衣」─「褖衣」

《周禮·天官·內司服》：「掌王后之六服：緣衣」，鄭《注》曰：「〈雜記〉曰：『夫人復稅衣，揄狄。』又〈喪大記〉曰：『士妻以褖衣』。言褖者甚眾，字或作稅。此緣衣者，實作褖衣也。褖衣，御于王之服，亦以燕居。緣，字之誤也。」（卷8，頁278）

按：「內司服」掌理王后六服。鄭玄引〈雜記〉：「稅衣」、〈喪大記〉：「褖衣」為證。彼「稅」、「褖」兩字，古韻月元對轉，發音部位相近，故能通用。本經「緣衣」，實為「褖衣」，清馬國翰（1794-1857）《玉函山房輯佚書》輯錄鄭玄《三禮圖》曰：「褖衣，王后御于王之服，以從君助祭者也。」[85]知「褖衣」為王后燕居之服；諸侯夫人、士妻人等，亦可穿著。《周禮》用「緣」，《禮記》用「褖」，兩字皆从彖聲，从糸、从衣，亦俱關聯。鄭玄據《禮記》定「褖」為正字，於《注》中說明校改因由，認為本經用「緣」為字之誤，當從《禮記》易為「褖」字。

㉔「建綏」─「建緌」

《周禮·天官·夏采》：「掌大喪以冕服復于大祖，以乘車建綏復于四郊。」鄭《注》曰：「〈明堂位〉：『有虞氏之旂，夏后氏之綏』，則旌旂有是綏者，當作緌，字之誤也。緌以旄牛尾為之，綴於橦上，所謂注旄於干首者。」（卷8，頁297）

按：「夏采」於王初死時，以冕服及乘車行道之物，於王生平居處招魂。考《禮記·雜記》同載：「諸侯行而死於館，則其復如

85　轉引自唐文編著：《鄭玄辭典》，「褖衣」字條，頁452。

於其國；如於道，則升其乘車之左轂，以其綏復」，鄭玄《注》云：「綏，當為緌，讀如蕤賓之蕤，字之誤也。緌謂旌旗之旄也，去其旒而用之，異於生時也。」[86]此與《周禮注》用義相同。是知招魂於道以旌旗之旄復之，其字當作「緌」，而非「綏」。今《周禮》、《禮記》同用「綏」字，因與「緌」字形近致誤，故鄭玄於《注》中一再辨明。

㉕「其浸盧、維」──「其浸雷、雍」

《周禮・夏官・職方氏》：「其浸盧、維」，鄭《注》曰：「盧、維當為雷、雍，字之誤也。〈禹貢〉曰：『雷夏既澤，雍沮會同』。雷夏在城陽。」（卷39，頁1276）

按：「職方氏」掌天下地利之圖，周知利害。孫詒讓引胡渭（1633-1714）云：「《周禮》多古字，靐似盧，雦似維，以字形相近而誤」，[87]其說是也。蓋鄭玄見〈禹貢〉兗州之域無「盧維」，字形又與「雷雍」相似，故引《書》破「盧維」為「雷雍」，欲證「雷」即彼經之「雷夏」，「雍」即「雦」字隸變，《周禮》經文誤成「維」字。

　　其次，復有因兩字音近而致誤者。如：

㉖「衍祭」──「延祭」

《周禮・春官・大祝》：「辨九祭：二曰衍祭」，鄭《注》曰：「衍字當為延，聲之誤也。延祭者，〈曲禮〉曰：『客若降等，執食興辭，主人興辭於客，然後客坐，主人延客祭』是也。」（卷29，

86　〔漢〕鄭玄注，〔唐〕孔穎達疏：《禮記正義》，卷40，頁709。

87　〔清〕孫詒讓：《周禮正義》〈夏官・職方氏〉，卷63，頁2665。

頁 960）

按：「大祝」掌飲食之祭，分辨九種食祭儀節。鄭玄引〈曲禮〉之文，以為「衍」當為「延」之誤。同例，見〈男巫〉職：「望衍」注，鄭亦云：「衍讀為延，聲之誤也。」（卷 30，頁 994）。「衍」與「延」，古音同在餘母元部。清惠士奇曰：「《漢書·西域傳贊》有『曼衍』之戲，即〈西京賦〉所謂『巨獸百尋，是為曼延』。」[88]證「衍」、「延」音同古通。至於何謂「衍祭」？據凌廷堪解釋，「衍祭謂祭酒也」，「凡祭酒，皆左手執爵，於豆間祭之」，[89]是古代飲酒之禮，獻酒必祭，此與〈曲禮〉：「延祭」同事。孔穎達《疏》云：「若敵客，則得自祭，不須主人之延道。今此卑客，聽主人先祭道之，己乃從之，故云延客祭也。」[90]當主客尊卑不同時，由主人先祭，後引進賓客從而祭之，此乃「延祭」之原義。《周禮》用「衍」為「延」之同音借字，當以「延」字為正，故鄭玄以為聲誤。

㉗「搏之」─「膊之」

《周禮·秋官·掌戮》：「掌斬殺賊諜而搏之」，鄭《注》曰：「搏當為『膊諸城上』之膊，字之誤也。膊，謂去衣磔之。」（卷 42，頁 1397）

按：「掌戮」掌行刑之事。鄭玄引《左傳·成公二年》曰：「齊侯圍龍，頃公之嬖人盧蒲就魁門焉，龍人囚之，殺而膊諸城上」，

88　〔清〕孫詒讓：《周禮正義》〈春官·大祝〉，卷 49，頁 2003。

89　〔清〕凌廷堪：〈周官九祭解〉，《禮經釋例》，卷 5，頁 133。

90　〔漢〕鄭玄注，〔唐〕孔穎達疏：《禮記正義》，卷 2，頁 39。

杜預《注》云:「膊,磔也。」鄭意以為,《周禮》「搏」當為
「膊」。「搏」、「膊」二字,古韻同鐸部,幫滂旁紐,故能假借。
考訂本經文義,《說文·手部》曰:「搏,索持也」,〈掌戮〉
職既云斬殺賊諜,不當復云「搏」,此處與〈環人〉職:「搏賊
諜」之「搏」義有別。而「膊」字,《說文·肉部》曰:「薄脯,
膊之屋上」,引申有暴露、分裂肢體之義。《周禮》用「搏」,
義無所取,此當以《左傳》「膊」字為正。鄭玄只云「字之誤」,
實因兩字同音轉相致誤。

(二)核對禮文記載

除了校訂文字訛誤,鄭《注》也通過校勘,一併審訂《周禮》
載錄的禮文內容是否核實。從與其他古籍對照中,溝通異同,指
正經文失實或歧異之處,避免以訛傳訛,貽誤後人。例如:

㉘「受舉斝之卒爵」──「受舉嘏之卒爵」

《周禮·春官·鬱人》:「大祭祀,與量人受舉斝之卒爵而飲之」,
鄭《注》曰:「斝,受福之嘏,聲之誤也。王酳尸,尸嘏王,此
其卒爵也。〈少牢饋食禮〉:『主人受嘏詩懷之,卒爵,執爵以
興,出。宰夫以籩受嗇黍,主人嘗之,乃還獻祝。』此鬱人受王
之卒爵,亦王出房時也。」(卷 21,頁 734)

按:「鬱人」於祭祀宗廟時,與「量人」受尸嘏王之卒爵。賈《疏》
云:「鄭知斝是受福之嘏,非天子奠斝殷爵名者,案〈郊特牲〉
云:『舉斝角,詔妥尸』,其時無鬱人、量人受爵之法,唯有受
嘏時,受王卒爵之禮,故破斝為受福之嘏也。」謂鄭玄引〈少牢〉
之文,證王酳尸後有舉嘏之事。「斝」、「嘏」二字,形、義本

無涉，段玉裁云：「《說文》𥩲，从古叚聲。斚，从斗而象形。二字古音皆在魚模部，皆讀如古，故鄭君就其聲類而易其字。」[91] 同例，〈量人〉注，鄭亦云：「斚讀如𥩲尸之𥩲」（卷 35，頁 1153），均以「斚」、「𥩲」音近轉讀。鄭玄引書證字，屬聲誤，完全貼合禮意。

㉙「羅弊致禽以祀祊」──「羅弊致禽以祀方」

《周禮・夏官・大司馬》：「遂以獮田，如蒐田之灋，羅弊致禽以祀祊」，鄭《注》曰：「祊當為方，聲之誤也。秋田主祭四方，報成萬物。《詩》曰：『以社以方』。」（卷 34，頁 1122）

按：「大司馬」掌四時田獵政令。秋田謂之「獮」，其法主用羅網。待田畢，使獲者攜禽致於虞中，擇取若干以供獻祭。《周禮》作「祀祊」，考《禮記・禮器》曰：「設祭於堂，為祊乎外」注，鄭云：「祊，祭明之繹祭也。謂之祊者，於廟門之旁，因名焉。」[92] 是知「祊」者，本為廟門，以祭之明日又祭先祖於廟門外，名為「祊祭」。鄭玄因見經言秋田而祭，與宗廟禮無涉，故引《詩・小雅・甫田》為證，破「祊」為「方」。鄭《箋》云：「秋祭社與四方，為五穀成熟，報其功也。」[93] 知秋田主祭四方之神，報成萬物，當名為「方祭」，與「祊祭」屬於宗廟祭禮，用義有別。「祊」从方聲，鄭意以為「祊」與「方」音近致訛，遂引《詩》之禮文，糾正經字。

91　〔清〕段玉裁：《周禮漢讀考》，卷 636，頁 988。

92　〔漢〕鄭玄注，〔唐〕孔穎達疏：《禮記正義》，卷 24，頁 472。

93　〔漢〕鄭玄箋，〔唐〕孔穎達疏：《毛詩正義》，卷 14，頁 468。

經籍傳訛，日積月累，其失校者，有非後世古本所能指正，向使古籍無底本可供對勘，亦無從自本經內文定其是非，則必假諸同時之書，爬梳考索，相互證成。鄭注《周禮》不拘版本異文對校一事，時有援引他書引文，校改經字，不只改正字面訛誤，更考究禮文記載的可信性。綜合羣書之古義古例，證解《周禮》，是其貢獻所在。不過，由於古人同書一事，往往各取所需，或刪節文句，以省篇幅；或以意逆志，撮述大意，文字出入在所難免，萬不得一概以他書所用之字為是，臆改原書。故於上揭數例中，鄭玄校語雖言之鑿鑿，卻不曾改動舊文以就己意。由此當知，鄭玄的校勘精神，旨在創通羣籍相通之大義，明是非所持憑據，如此而已。

四、循聲辨義：以聲類為旁通，義理為準據

鄭玄注《周禮》前有所承，且善於排比先儒經說。嘗言道：「二鄭、衛、賈、馬之文章，其所變易，灼然如晦之見明；其所彌縫，奄然如合符復析；然猶有差錯，同事相違，則就其原文字之聲類，考訓詁，捃秘逸。」[94]是知鄭玄對《周禮》所見疑難字詞，必先審度文字音韻遠近，得文義之合理解釋，以論定眾說是非。此雖無他本文句為證，終能進以改正。這種校勘方法，葉德輝稱之「活校」，也相當後來陳垣說的「理校法」，可視為校勘工作的補充手段。此方法的特點，不同於上述具明文實據的分析策略，校書者的主觀意識，直接決定經義解讀的方向。因其所下判斷，

94　〔漢〕鄭玄撰，〔唐〕賈公彥疏：《周禮注疏》〈序周禮廢興〉，卷1，頁10。

存乎一念，若非學識精博，恐招致武斷，而以不誤為誤，橫生枝
節，徒增一惑。是故運用此法，戒之在慎。鄭注《周禮》透過推
理原則，辨正經書訛誤，主要從兩方面著手：

（一）據語言文字正讀

　　古籍中，如發現確有錯誤，卻無別本據以改正時，能根據個
別語言文字情況，推斷產生錯誤的原因。正如段玉裁所說：「漢
人作注，於字發疑正讀。『當為』者，定為字之誤、聲之誤而改
其字也。……形近而譌，謂之『字之誤』。聲近而譌，謂之『聲
之誤』。字誤、聲誤而正之，皆謂之『當為』。」[95]由此當知，
漢人勘正文字義例，均統言「當為」，其後加上「字之誤」、「聲
之誤」，用以表明古書致誤因由。鄭玄注經，也標註特定校語，
以陳己意。《周禮注》明言「當為某，字之誤」者，一般指的是
字面上發生的形體訛誤。如：

㉚「祼事」─「埋事」

《周禮・春官・鬯人》：「廟用脩。凡山川四方用蜃，凡祼事用概，
凡疈事用散」，鄭《注》曰：「祼，當為埋，字之誤也。」（卷
21，頁 736）

按：「鬯人」掌供秬鬯。鄭玄所以破「祼」為「埋」，賈《疏》
以為，「若祼則用鬱，當用彝尊，不合在此而用概尊，故破從埋
也。」（卷 21，頁 736）。考〈鬱人〉職：「凡祭祀、賓客之祼
事，和鬱鬯，以實彝而陳之」，謂「祼事」用鬱鬯，以彝尊承之，

---

[95]　〔清〕段玉裁：〈周禮漢讀考・序〉，《經韻樓集》，卷 2，頁 24。

與脩、蜃、概、散，皆漆尊之屬有別。「祼事」一詞，〈鬱人〉職三見，疑此涉彼文而誤。段玉裁云：「埋，經典多用狸，與祼字略相似而誤」，[96]「埋」為「薶」字之俗寫，經典或假「狸」為「薶」，字與「祼」形近致誤，故鄭云：「字之誤」。

㉛「九聲」—「大韶」

《周禮・春官・大司樂》：「九聲之舞」，鄭《注》曰：「九聲讀當為大韶，字之誤。」（卷25，頁846）

按：「大司樂」為樂官之長，掌以樂德、樂語、樂舞教授國子。「聲」字，《說文・革部》以為「韶」之籀文，鄭《注》改用今字「韶」，為同音借代。至於「九」、「大」互異，實因小篆「九（九）」、「大（大）」形近致誤。鄭玄見上文「六樂」名稱中，無「九聲」而有「大韶」，故破讀「九聲」為「大韶」，訓為舜樂。

㉜「九巫」—「九筮」

《周禮・春官・筮人》：「九筮之名：一曰巫更，二曰巫咸，三曰巫式，四曰巫目，五曰巫易，六曰巫比，七曰巫祠，八曰巫參，九曰巫環，以辨吉凶」，鄭《注》曰：「此九巫讀皆當為筮，字之誤也。」（卷28，頁937）

按：「筮人」掌筮法，就九種筮事，辨別吉凶禍福。經用「筮」，《注》用「筮」，為「以今釋古」之例，詳細論證見前述。鄭玄所以破讀「九巫」為「九筮」，賈《疏》云：「此筮人掌筮，不主巫事，故從筮也。」（卷28，頁937）。就字形而論，段玉裁云：

96　〔清〕段玉裁：《周禮漢讀考》，卷636，頁989。

「筮之古文作簭，巫之古文作筮，蓋故書脫竹頭，今書又改為小篆之巫矣。」[97]謂《說文》小篆「筮（簭）」字，所从偏旁據古文「巫（筮）」形構字，兩字形近易訛，鄭意以今書「巫」皆為「筮」之壞字，故定為「字之誤」。

又《注》中言「當為某，聲之誤」之例，多指音近或同音字的誤寫。比如：

㉝「腥」—「星」

《周禮·天官·內饔》：「豕盲眡而交睫，腥」，鄭《注》曰：「交睫腥，腥當為星，聲之誤，肉有如米者似星。」（卷4，頁128）

按：「內饔」掌辨肉物名。同文，見《禮記·內則》：「豕望視而交睫」注，鄭玄亦云：「腥當為星，聲之誤也，肉中如米者。」[98]謂豕視盲且睫毛相交者，其肉中如米，即今俗稱的米星肉，不可食用。考《說文·肉部》收有「胜」、「腥」二字，許訓「胜」為「不孰也」，訓「腥」為「星見食豕，令肉中生小息肉也。」知許慎以「腥」為《周禮》「交睫腥」之正字，以「胜」為生肉，與鄭說不同。段《注》云：「鄭意『腥』為腥孰字，豕不可食者當作『星』，與經傳及今俗字皆合」，[99]經傳用「腥」為生肉字，《說文》「胜」之本義為「腥」字所奪。鄭玄以「交睫腥」之「腥」為豬病名，有別於上文「辨腥臊」之「腥」，故改「腥」為「星」，定為「聲之誤」。

97　同前註，頁1000。

98　〔漢〕鄭玄注，〔唐〕孔穎達疏：《禮記正義》，卷28，頁529。

99　〔漢〕許慎撰，〔清〕段玉裁注：《說文解字注》，4篇下，頁175。

㉞「余聚」──「餘聚」

《周禮·地官·委人》：「凡其余聚以待頒賜」，鄭《注》曰：「余當為餘，聲之誤也。餘謂縣都畜聚之物。」（卷 17，頁 581）

按：「委人」掌收野地蔬材及木材等物。鄭玄因見上有「以稍聚待賓客，以甸聚待羈旅」之文，各以三百里稍地、二百里甸地畜聚之物，供賓客羈旅所需。由此推知，經言「余聚」，指稍甸以外，縣四百里及都五百里中畜聚之物。「余」、「餘」互異，段玉裁曰：「此蓋亦古文假借字。〈職方氏〉：『昭餘祁』，《淮南子》作『昭余』。徐鍇《說文》亦作余。」[100]為「余」、「餘」同音假借之證。據上下文義，對比「稍聚」、「甸聚」文例，此當以「餘」字為正，故鄭《注》改字，定為「聲之誤」。

㉟「信圭」──「身圭」

《周禮·春官·大宗伯》：「侯執信圭」，鄭《注》曰：「信當為身，聲之誤也。身圭、躬圭，蓋皆象以人形為琢飾，文有麤縟耳。欲其慎行以保身。」（卷 19，頁 680）

按：「大宗伯」以玉作六瑞，各依命數分為五等，使公、侯、伯、子、男於朝聘時各有所執。鄭玄破讀「信」為「身」，賈《疏》云：「古者舒申字皆為信，故此人身字亦誤為信。」（卷 19，頁 680）。清朱駿聲（1788-1858）云：「信，假借為身」，並引《周禮》為證。[101]「信」與「身」，古韻同在真部，心審鄰紐，兩字音近。鄭讀為「身圭」，與「躬圭」對比而言，兩者皆以人形為

100　〔清〕段玉裁：《周禮漢讀考》，卷 635，頁 982。
101　〔清〕朱駿聲：《說文通訓定聲》，頁 836。

飾，而紋理有黼綌之別。古者寓禮於器，鄭玄因兩字音近，判斷「信」當為「身」，定為聲誤。此謂諸侯執身圭，有慎行保身之意。

　　鄭玄藉由文字音韻途徑，校改訛誤，使經書原本滯礙難懂的文意，得以彰顯，能為後世校訂古書，立下典範。但漢儒提出的校勘術語，概念定義不甚明晰，用語模稜兩可，時有所聞。有鄭玄判讀為「字之誤」，經考察，實為「聲之誤」的例子，比如：

㊱「膏物」—「蕖物」

《周禮・地官・大司徒》：「二曰川澤，其動物宜鱗物，其植物宜膏物，其民黑而津」，鄭《注》曰：「膏當為蕖，字之誤也。蓮芡之實有蕖韜。」（卷9，頁337）

按：「大司徒」辨五地之物生，地有五等，依所生動、植物及民情不同，設貢稅之法。經言川澤植物宜種「膏物」，《說文》訓「膏」為「肥也」，段《注》云：「肥當作脂。膏謂人脂，在人者可假以物名。」[102]知「膏」的本義為油脂，〈天官・庖人〉四時以「膏香」、「膏臊」、「膏腥」、「膏羶」，煎和入膳，即用此義。鄭意「膏物」之「膏」，於植物之屬，義無所取。而謂川澤之實為蓮芡，其實皆有外皮包裹，故破讀為「蕖」，以為字誤。然「膏」與「蕖」字形不相似，兩字古音皆見母，雙聲，宵幽旁轉，音近所以致誤，當云：「聲之誤」，非「字之誤」矣。

　　除卻少數理解上有爭議的例子，漢儒為勘正經文提出的校勘術語，旨在說明古書流傳過程何以產生訛誤。由《周禮注》明言「字之誤」及「聲之誤」的例證中，可知造成經文訛寫的主因，不

---

[102]　〔漢〕許慎撰，〔清〕段玉裁注：《說文解字注》，4篇下，頁169。

外乎字形和字音兩方面。儘管《周禮注》在校勘用語的運用，確實不盡周延，但總體而言，小疵不掩大醇，既無損鄭玄致力文獻整理的實質貢獻，對於後世審訂古書傳訛之方法，亦多啟益。清代考據學，即以語言文字作為破讀古書疑難字詞的關鍵，惠棟治經，即云：「經之義存乎訓，識字審音，乃知其義」，[103]莫不遵循漢學門徑，率由文字、音韻入手，推求古書原義，而有更嚴謹的規範及體會。

（二）據古書義理勘誤

錢大昕嘗謂：「有文字而後有訓詁，有訓詁而後有義理。訓詁者，義理所由出，非別有義理出乎訓詁之外者也。」[104]當知運用義理校勘古書的先決條件，當根植於識字基礎上，須先辨明文字聲假，再通過訓詁解讀經義，斷定是非。鄭玄注經，除透過文字訓詁改正經字訛誤外，也藉由推敲《周禮》的義理結構，判讀字詞衍羨、闕脫現象。

首先，古人行文有一定體例，後人透過閱讀能提煉經文義例，作為校勘憑據。即如阮元所言：「經有經之例，傳有傳之例，箋有箋之例，疏有疏之例，通乎諸例而折衷於孟子『不以辭害志』，而後諸家之本可以知其分，亦可以知其一定不可易矣。」[105]說明熟悉古書義例，對校勘工作的重要性。鄭注《周禮》藉由辨析本

---

[103] 〔清〕惠棟：《九經古義》〈述首〉，頁1。

[104] 〔清〕錢大昕：〈經籍纂詁序〉，《潛研堂文集》，收入《嘉定錢大昕全集》第9冊，卷24，頁377。

[105] 〔漢〕鄭玄箋，〔唐〕孔穎達疏，〔清〕阮元校記：《毛詩正義校勘記》〈序〉，頁24。

經義例，校正文字的例子，見於：

㊲「上愿糾暴」—「上愿糾恭」

《周禮・秋官・大司寇》：「五曰國刑，上愿糾暴」，鄭《注》曰：「暴當為恭，字之誤也。」（卷40，頁1320）

按：「大司寇」以五刑糾察萬民之惡。鄭玄何以改「暴」為「恭」，賈公彥《疏》云：「知唯恭不作暴者，以其上四刑，皆糾察其善，不糾其惡，以類言之，故知是恭。」（卷40，頁1321）。考上文四刑內容，分別為野刑「上功糾力」、軍刑「上命糾守」、鄉刑「上德糾孝」、官刑「上能糾職」。「上」者，崇尚之謂，「上」之下一字，為所尚之美德；「糾」者，察也。俞樾曰：「〈大司徒〉以鄉八刑糾萬民，一曰不孝，二曰不睦，三曰不婣，四曰不弟，五曰不任，六曰不恤，七曰造言，八曰亂民。是所糾皆是不善者」，[106]駁斥賈《疏》所謂糾察其善，不糾其惡之說。據句中對文，「糾」之下一字，應為稽察萬民之不善，故農事不力，軍行失守，在家不孝，在官失職諸事，皆為「司寇」糾察的具體內容。鄭玄以「糾暴」不合本經義例，易為「糾恭」，意謂糾不恭。又「暴」與「恭」形體近似，故云：「字之誤」。

其次，古書傳寫常有衍羨。據清人研究，有因兩字形似、義同而誤衍；有因涉上下文、或涉注文而誤衍等情況。[107]這些訛誤，校勘時都必須刪去。鄭注《周禮》據本經義理刪去衍文的例子，見有：

106　〔清〕孫詒讓：《周禮正義》〈秋官・大司寇〉，卷66，頁2745。
107　相關例證，參〔清〕俞樾：《古書疑義舉例》，卷5，頁70-76。

㊳「車皆陳」—「皆陳」

《周禮·秋官·掌客》：「醯醢百有二十罋，車皆陳」，鄭《注》
曰：「醯醢夾碑從車，亦十為列，醯在碑東，醢在碑西。皆陳於
門內者，於公門內之陳也。言車者，衍字耳。」（卷 45，頁 1496）

按：「掌客」掌四方賓客饗禮飲食之等數。經言「車皆陳」，文
承牢、米、醯醢之下，皆設於門內。鄭玄何以知「車」字誤衍，
賈公彥《疏》云：「言車，載米之車，不合在醯醢之下言之。又
案『侯伯子男醯醢』下皆無『車』字，故知衍字。」（卷 45，頁
1500）。考下文言門外陳設米、禾、芻薪等物，皆載於車，承米
之車謂之「車米」，承禾之車謂之「車禾」。此處醯醢設於門內，
不以車載。段玉裁曰：「因下文車字多見而誤衍。」[108]乃上句涉
下文「車」字所誤，故鄭玄據理刪去。

　　再者，漢人校經，對照不同經本異文，也重視將經文字句闕
脫的情況，記錄下來。如《漢書·藝文志·易》類，即載：「劉向
以中古《易》經校施、孟、梁丘經，或脫去無咎悔亡。」又，《書》
類載：「劉向以中古校歐陽、大小夏侯三家經文，〈酒誥〉脫簡
一，〈召誥〉脫簡二。率簡二十五字者，脫亦二十五字，簡二十
九字者，脫亦二十九字。」[109]當知古書傳至漢世，不僅脫簡頻傳，
伴隨簡冊散亂，未經整理，也會造成文字脫落。與衍羨宜刪的情
況相反，若校勘時發現文字可能脫佚，則須適時增補。鄭注《周
禮》糾補經文闕脫之例，見有：

---

108 〔清〕段玉裁：《周禮漢讀考》，卷 638，頁 1028。

109 《漢書》〈藝文志〉，卷 30，頁 1704、1706。

㊴「條纓五就」——「條樊纓五就」

《周禮‧春官‧巾車》：「革路，龍勒，條纓五就，建大白，以即戎，以封四衛」，鄭《注》曰：「條讀為絛。其樊及纓，以絛絲飾之而五成。不言樊，蓋脫爾。」（卷31，頁1032）

按：「巾車」掌公車之政令。經言王之五路，有「玉路」、「金路」、「象路」、「革路」、「木路」，用於祭祀、賓客、朝聘、兵事、田獵之場合。「樊纓」為何物？〈秋官‧大行人〉職：「樊纓九就」注，鄭云：「樊纓，馬飾也，以罽飾之，每一處五采備為一就。」（卷44，頁1446），知「樊纓」為馬飾。至於何種馬飾？〈巾車〉職注云：「樊讀如鞶帶之鞶，今馬之大帶。」（卷31，頁1029）。段玉裁曰：「人大帶謂之鞶，因而馬大帶亦謂之鞶。不云讀為者，別人與馬也。古文作樊，聲類同也。《禮記》作繁。」[110]是鄭玄以「樊」為鞶帶。「鞶」為大帶，繫於馬腹之下。古文用「樊」為「緐」之借字，經傳當以「緐」為正。《說文‧糸部》：「緐，馬髦飾也」，則用於馬頸部，及其下垂之纓飾，與胸相當，為馬髦上飾，許、鄭釋義有別。鄭玄何以知「革路」之制，「樊」字或脫，因見上下四路言「樊纓某就」，不當少「樊」字，故疑文字闕脫，據理增補。

總的來說，鄭玄校注《周禮》，秉諸平日學問涵養，先通文字訓詁，辨聲韻之遠近，復推敲本經義理結構，校正經文衍羨奪脫，皆有功於古經。段玉裁曾評議「鄭君之學，不主於墨守，而主於兼綜；不主於兼綜，而主於獨斷」，[111]說明鄭玄注經的特點，

---

[110] 〔清〕段玉裁：《周禮漢讀考》，卷636，頁1005。

[111] 〔清〕段玉裁：〈經義雜記‧序〉，《經韻樓集》，卷8，頁188。

在於兼綜眾家所長，由博而返約，就己說為之補正以定去取。故而校勘文字，能實事求是，凡指正經文謬誤，必於《注》中闡明原因。對此，段玉裁說道：「校經者，將以求其是也，審知經字有訛則改之，此漢人法也。漢人求諸義，而當改則改之，不必其有左證。」[112]表彰漢儒校經改字的習慣，必審度再三，既不盲從墨守，也不妄下雌黃。所謂「當改則改，不必其有左證」，非無憑據，恣意改字，實因讀書聞見既廣，漸覯古書義理，故能於不疑處生疑。此純屬經驗之談，不假言傳，非具有「獨斷」是非之卓識，不能勝任此務。鄭玄治經，後世推為一代儒宗，其校勘之法精審，堪稱楷模，又遠非後人所能學步。

五、敘次篇目：編寫目錄，敘明篇旨

　　經書文字既已校正，進一步則須釐定篇次。古代圖書，初以絲及韋編綴竹簡成冊，日用益久，絲韋斷絕，竹簡散亂不經整理，則易成錯簡。鄭玄以前，劉向每校一書完畢，即條其篇目。蓋由於漢以前的古書，多無篇題，加上篇章次序各異，篇數或此多彼少，此有彼無，往往不一。因此，劉向撰述《管子》、《晏子》、《戰國策》等篇〈敘錄〉，每稱「定若干篇，以殺青書，可繕寫」云云，始知傳世今本之篇目次第，皆由劉向所定。而漢人校讎古書，皆將釐定篇次，視為首要工作。

　　《周禮》自西漢河間獻王上奏漢廷以前，〈冬官〉一篇早已佚失民間，其餘職官舊文脫落或闕，時有所見。至成帝綏和二年（7 B.C），向子歆卒父前業，集六藝羣書，別為《七略》，始著錄

---

[112]　〔清〕段玉裁：〈答顧千里〉，《經韻樓集》，卷11，頁298。

「《周官》六篇」。將《周禮》正式入藏天祿閣，也確立《周禮》篇目依照「天」、「地」、「春」、「夏」、「秋」、「冬」六官次第，各成一篇的版本格式。嗣後，鄭玄復於經文闕損處，加註「闕」字，重定各段經文。此「闕」字，是鄭玄用來釐定文句的校編術語。如：地官之屬〈司祿〉；夏官之屬〈軍司馬〉、〈輿司馬〉、〈行司馬〉、〈掌疆〉、〈司甲〉；秋官之屬〈掌察〉、〈掌貨賄〉、〈都則〉、〈都士〉、〈家士〉；冬官之屬〈段氏〉、〈韋氏〉、〈裘氏〉、〈筐人〉、〈椰人〉、〈雕人〉等職，皆註明「闕」字，意指今本獨存官名而職文佚失。上列職文何時亡佚？〈夏官‧小司馬〉注，鄭玄云：「此下字脫滅，札爛又闕。漢興，求之不得，遂無識其數者。」（卷34，頁1136）；又，〈司甲〉注云：「闕。此亦與〈冬官〉同時闕也。」（卷37，頁1224），當知韋編折爛是造成職文脫滅的主因。鄭玄謂：「漢興，求之不得」，眾職闕文當與〈冬官〉所亡同日，皆秦世燔書，流傳散佚，漢興購求遺書未得其全，故統稱「闕」。

　　《周禮》六官職文既定，鄭玄接著編寫目錄。鄭玄《三禮目錄》是中國經學史上首部由私家撰著的《三禮》總目。其標舉《周禮》、《儀禮》、《禮記》，合稱《三禮》，將內容條分縷析，使各篇章皆有門類可歸。《三禮目錄》於《隋書‧經籍志》及兩部《唐書‧藝文志》載為一卷。唐人《三禮》義疏曾引用，附於各篇題之下。可惜入宋以後，《三禮目錄》傳本佚失，不復流傳。直至清代，學者為表彰「鄭學」於經注訓詁之貢獻，致力輯佚鄭玄著作，纔使此書重見天日。相關輯佚成果，見有：王謨（1731-1817）《漢魏遺書鈔》、孔廣林（1745-1815）《通德遺書所見錄》、袁鈞（1752-1806）《鄭氏佚書》、臧庸（1767-1811）《拜經堂叢書》、黃奭

（1809-1853）《高密遺書》等書，[113]皆從賈、孔兩家《正義》鈔出《三禮目錄》佚文，依《釋文》校勘文字異同，廣為纂輯。統合《周禮目錄》6 條，《儀禮目錄》17 條，《禮記目錄》49 條，計收 72 篇，大致初步恢復《三禮目錄》原貌。在《周禮目錄》中分為：「天官冢宰第一」、「地官司徒第二」、「春官宗伯第三」、「夏官司馬第四」、「秋官司寇第五」、「冬官考工記第六」等篇目，可看出鄭玄條理禮書，基本承襲自劉向父子分篇別目的校錄成果。

古籍既經文字校勘、釐定篇次，著於目錄，之後則應撰述敘錄。南朝阮孝緒（479-536）《七錄·序》曰：「昔劉向校書，輒為一錄，論其指歸，辨其訛謬，隨竟奏上，皆載於本書。時又別集眾錄，謂之《別錄》。」[114]劉向每校理一書完畢，即撰述一錄，載於本書，是為〈敘錄〉。為了檢索方便，時人又謄寫一副本，集眾書〈敘錄〉合成《別錄》。校書者撰寫〈敘錄〉之目的，在於「論其指歸，辨其訛謬」，既要簡述文字校勘、篇章編次面臨之情形，也應敘明全書旨趣，評議價值。在《周禮目錄》各篇題底下，鄭玄寫有文長不到百字的篇敘。綜觀六篇內容重點，大致有三方面：

第一，運用字義訓詁，解釋篇題與六官職掌的意義。舉例來說，在「秋官司寇第五」篇題下，鄭玄《三禮目錄》云：「象秋所立之官。寇，害也。秋者，遒也，如秋義殺害收聚斂藏於萬物

---

113 眾書輯錄《三禮目錄》佚文內容，參閱古風主編：《經學輯佚文獻彙編》，第 14 冊，頁 595-647。

114 〔南朝梁〕阮孝緒撰，〔清〕臧庸輯考：《七錄》（上海：上海古籍出版社，2002 年影印《續修四庫全書》本），第 919 冊，頁 1-2。

也。天子立司寇，所掌邦刑，刑者所以驅恥惡，納人於善道也。」
（卷 40，頁 1297），解釋「秋」字之義，兼收割、殺害、斂藏萬
物。「司寇」為刑官之長，主刑罰教化，示人之所懼，導人於善，
故藉「秋」取象，稱之為「秋官」。其餘官屬職能，率皆因應天
地四時自然之特徵，鄭玄敘述形式，大致類此。

　　第二，講述〈冬官〉亡佚補闕之事。在「冬官考工記第六」
篇題下，鄭玄《三禮目錄》云：「司空之篇亡，漢興，購求千金，
不得。此前世識其事者，記錄以備大數，古《周禮》六篇畢矣。」
（卷 46，頁 1519），「前世」當指前漢，與范曄言《周禮》在「前
世傳其書，未有名家」同義，意謂西漢時期將《考工記》增補〈冬
官・司空〉事典之闕無，篇題由漢人自署，冠上〈冬官〉之目，
以別古經前五篇。

　　第三，總論「六官」，證六官之數為三代所固有。鄭玄《三
禮目錄》云：「古《周禮》六篇者，天子所專秉以治天下，諸侯
不得用焉。六官之記可見者，堯育重黎之後，羲和及其仲叔四子，
掌天地四時。《夏書》亦云：『乃召六卿』。商、周雖稍增改其
職名，六官之數則同矣。」（卷 46，頁 1519），述明《周禮》的
成書時代與作者身分。〈天官・敘官〉注，鄭云：「周公居攝而
作六典之職，謂之《周禮》。七年，致政成王，以此禮授之，使
居雒邑治天下。」（卷 1，頁 2），認為天下有道，禮樂征伐自天
子出，周公深懷明德，重建禮樂秩序，《周禮》當出自周公手筆。
但今文家何休卻認為《周禮》是「六國陰謀之書」，謂天下無道，
六國諸侯僭行天子之位，意欲圖謀天下而成此書。由此看來，鄭玄
揭明《周禮》為天子專行以治天下之書，非諸侯所用，正是暗批
何休之說。復以堯時，初用羲和及四子為「六卿」；舜時，以禹契

等人為「六卿」，證明「六官」之典，確為先王舊制。三代禮有因革，六官職名雖異，但其數則一。

由此觀之，鄭玄筆下的篇敍內容，企圖反映自身對《周禮》的評價與定位，此無疑是校讎古書的最後一道程序，後世所謂解題、提要等體例發想，大抵仿此。

六、結語

綜觀上述，大致梳理鄭玄校讎《周禮》的基本流程為：（一）「廣備眾本」。（二）「校勘文字」。（三）「釐析篇章」。（四）「編定目錄」。（五）「撰述篇敍」五道程序。其中「校勘文字」一項，為鄭注《周禮》全書著力所在。為敍述方便，本章將「校勘」中據底本對勘、本經內證、勾稽羣籍、循聲辨義等四法分立，個別闡明特點。實際上它們的關係，既有區別，也互為補充。質言之，鄭玄對《周禮》的校勘活動，是屬於一種綜合且嚴謹的工作。其綜合性，反映在方法的操作上，每一校勘法都是後一校法的前提與條件，進而構成完整的校勘程序。在拿捏取捨之間，凡是排列在愈前面的校法，愈是可靠。至少在鄭玄眼中，前三法都有古書作憑據，唯獨最末一法，根據學理原則，推斷訛誤，來自經師本身對經典詮釋的一種創造與革新。之所以說鄭玄校書嚴謹，是由經注改字與否這點得見。在四法中，鄭玄校訂經文訛誤，只在有其他版本文字作直接證據的前提下，纔進行改字。運用其他三法，只在《注》中表達意見，不曾擅以己見，掩蓋經文原貌，可謂體周思密，最為謹嚴。「校勘」本以求真為目的，鄭玄透過校勘活動，盡量釐清古書流傳過程產生的各種訛誤，確實為後人整理出一部較可信的《周禮》定本。不過，也不能忽略鄭玄在校

勘以外付出的心力，包括釐訂字句闕損、編訂《三禮目錄》、撰
述具題解性質的篇敘等，都可看出鄭玄有意識地將「校勘」、「編
書」、「目錄」三項工作整合起來。吾等既不能任意切割某個環
節獨立討論，而更應視此三者為鄭玄整理古書的總體歷程。職是
之故，鄭注《周禮》雖不以「校讎」名學，然「而千古之大業，
未有盛於鄭康成者也」，可謂知言。

第三節　鄭玄校讎理念對後世的影響

　　校讎之業，起於孔門，昌明於兩漢，極盛於有清一代。蓋由
於清初力矯晚明束書不學，流於空言之弊，以崇尚實學為號召，
力返於古書中求諸義理。然而，古書輾轉鈔刻，訛舛固多，累代
妄人據臆竄改，多失原貌，於是校勘訓詁成為通讀古書的不二法
門。清李慈銘（1830-1895）如是評論：

> 乾、嘉以來，諸儒專心考訂，周秦古籍，粲然具明，一洗
> 明刻之陋。其最以校勘名者，盧抱經、顧澗蘋兩家，蓋非
> 六朝以後人可及。他若惠松崖、江叔澐，則堅守古義，微
> 失之拘。孫淵如、洪筠軒則喜搜僻書，微失之雜。王石渠、
> 伯申父子，則喜為通論，微失之專。然亦百純而一疵。[115]

---

[115] 〔清〕李慈銘：《越縵堂日記》（臺北：文光圖書公司，1963 年），卷6，頁 245。

乾嘉學人特擅校注古籍，凡經史子書皆在研究之列，[116]終其一生，樂此不疲。彼等不僅校正版本縑素之誤，更能師法漢儒訓詁之學，轉益他書，以正古人立說謬誤，故言校讎者必歸於清世。章太炎云：「清儒以漢學植名」，[117]清儒研精故訓，說經根柢俱在注疏。《三禮》之學，自漢末鄭玄《三禮注》書成，始為一專門學科，雖歷經魏晉王肅與元代敖繼公與之立異，但「禮是鄭學」，後儒說禮大致本諸鄭氏。清人在漢儒校書基礎上，亦有傳承及深刻體會。主要反映在以下幾方面：

一則，清人能承繼漢儒貴求其是，不妄改字的校勘精神。自唐代孔穎達奉詔撰《五經正義》頒行天下，經學遂定於一尊。然其後學者說經，於經解之外偶出新意，往往質疑傳世書籍之作者與成書年代，更有因經文編次不當而罔加刪補改易。於是自漢、唐而下，經書的權威地位，日漸削弱，從而衍生出宋人疑經、改經一全面性的學術活動。[118]清初，學風歸於樸實，顧炎武嘗斥責昔人據意改書，「不考古而肆臆之說，豈非小人而無忌憚者哉！」[119]足正一時視聽。乾嘉學者也在日後的校勘實踐中，體認到校書堅守闕疑之義，不輕刪改的重要性。當時廣富盛名的盧文弨（1717-1795）在給王念孫的書信中即稱：

---

116 關於清儒校注經史子古籍之業績，參閱〔清〕梁啟超：《中國近三百年學術史》，頁 315-348。

117 〔清〕章太炎：〈漢學論〉，《太炎文錄續編》，收入《章太炎全書》（上海：上海人民出版社，2014 年），第 3 冊，頁 3。

118 關於宋人疑經改經的緣由及影響，參葉國良：《宋人疑經改經考》（臺北：臺灣大學出版委員會，1970 年）一書。

119 〔清〕顧炎武著，黃汝成集釋：〈改書〉，《日知錄集釋》，卷 18，頁672-673。

舊注之失，誠不當依違，但全棄之，則又有可惜者，若改
定正文而與注絕不相應，亦似未可，不若且仍正文之舊，
而作案語系于下，始知他書之文，固有勝于此之所傳者。
觀漢魏以上書，每有一事至四五見，而傳聞互異，讀者皆
當用此法治之，相形而不相掩，斯善矣。[120]

盧氏「相形而不相掩」的論見，實體悟到校書輕易刪改，更滋錯
誤。後來顧廣圻（1770-1839）亦標榜用「不校校之」的理念，整
理羣書，屢言道：「毋改易其本來，不校之謂也；能知其是非得
失之所以然，校之之謂也。」[121]與盧氏之論，頗相冥合。就連曾
與顧廣圻就校勘一事往來問難、爭鋒相對的段玉裁，也承認：

校定之學，識不到則或指瑜為瑕，而疵類更甚，轉不若多
存其未校定之本，使學者隨其學之淺深以定其瑕瑜，而瑕
瑜之真固在。古書之壞於不校者固多，壞於校者尤多。壞
於不校者以校治之，壞於校者久且不可治。[122]

實以校書者素養良莠不齊，識見未到，則易誤中添誤，不僅誣枉
前賢，也貽誤後人。同時期校讎名家輩出，朱一新認為其中佼佼

---

[120] 〔清〕盧文弨：〈與王懷祖庶常論校正大戴禮記書〉，《抱經堂文集》
　　（臺北：臺灣商務印書館，1967 年影印《四部叢刊初編》本），卷 20，
　　頁 174。
[121] 〔清〕顧廣圻：〈禮記考異跋〉，《思適齋集》（上海：上海古籍出版
　　社，2002 年影印《續修四庫全書》本），卷 14，頁 108。
[122] 〔清〕段玉裁：〈重刊明道二年國語序〉，《經韻樓集》，卷 8，頁 191。

者，「若高郵王氏父子之於經，嘉定錢氏兄弟之於史，皆凌跨前人。」[123]以王念孫父子為例，兩人運用的治經方法，舉凡參校經傳及類書，聯繫文字音韻關係等，方法堪稱嚴密。彼二人從事校勘，亦屬於「專門家之校勘」。[124]王引之幼承父訓，嘗自陳校經改字，有三改，亦有三不改的原則：

> 吾用小學校經，有所改，有所不改。周以降，書體六七變，寫官主之，寫官誤，吾則勇改；孟蜀以降，槧工主之，槧工誤，吾則勇改；唐、宋、明之士，或不知聲音文字而改經，以不誤為誤，是妄改也，吾則勇改其所改。若夫周之末，漢之初，經師無竹帛，異字博矣，吾不能擇一以定，吾不改；假借之法，由來舊矣，其本字十八可求，十二不可求，必求本字以改假借字，則考文之聖之任也，吾不改；寫官槧工誤矣，吾疑之，且思而得之矣，但羣書無佐證，吾懼來者之滋口也，吾又不改。[125]

由上文得見，王引之校經改字，謹慎細緻。歸納勇於改字者，有

---

[123]〔清〕朱一新：《無邪堂答問》，上冊，卷2，頁33。

[124] 張舜徽論清儒治學，蓋有「專門家之校勘」，「有博涉家之校勘」，兩者用力淺深不同，而收效自異。認為「如盧文弨、顧廣圻輩，遇書即校，不主一家，此所謂博涉家之校勘也」，而「若夫高郵王氏之于經，嘉定錢氏之於史，悉竭畢生精力以赴之，其能凌跨前人，夫豈偶然！乃所謂專門家之校勘。」參氏著：《廣校讎略》，卷4，頁64-65。

[125]〔清〕龔自珍：〈工部尚書高郵王文簡公墓誌銘〉，《定盦續集》，錄自《龔自珍全集》（臺北：河洛出版社，1975年影印《夏學叢書》本），卷4，頁148。

三種情況：其一，書體遞變，寫官一時傳鈔所誤，經字形比勘後改之；其二，版本校槧刊刻字誤，經異文比勘後改之；其三，後人不知文字聲韻而竄改經字，分析謬誤而後改之。另外，不輕言改字者，亦有三種情況：其一，周末漢興，經籍初出，異文備載而兩相存之，故不改；其二，假借用字沿襲日久，本字不易求得，故不改；其三，經文疑誤，思有所得，但無羣書佐證者亦不改。王引之此三改、三不改的校經原則，與盧文弨「相形而不相掩」、顧廣圻「不校校之」持平行事的言論，有勝之而無不及。蓋由於彼人博學返約，一心圖之，能悟古書義理，非徒以爭辯文字異同及宋元槧本精粗而已。將王引之所論，比諸漢人經注，諸如對版本訛刻或時人妄改之例，皆勇於辨明；對文義兩可的異文，互見并存；對相承已久的借字，維持原貌，不以己意妄改等處，不難看出清儒宗仰漢學，無形中不自覺地在校勘思想上，亦有直接承繼。這些嚴密的校勘理念，在漢人經注中時常被隱晦地運用，而真正要到清儒，纔將理論架構全盤托出。夫善學者，師其精神而非皮相。王引之此論，斯可謂深得漢儒校勘思想之精蘊。

　　二則，清人能發揚漢儒的校勘方法，以正舊說。孫詒讓曾綜論清世校讎名家及其運用方法，言道：

> 近代鉅儒，脩學好古，校刊舊籍，率有記述。……綜舉厥善，大氐以舊刊精校為據依，而究其微旨，通其大例，精思博考，不參成見。其謨正文字訛舛，或求之於本書，或旁證之他籍，及援引之類書，而以聲類通轉為之鈐鍵，故能發疑正讀，奄若合符。……乾嘉大師，唯王氏父子，郅為精博，凡舉一義，皆搰鑿不刊。其餘諸家，得失間出，

> 然其稽覈異同，啟發隱滯，咸足餉遺來學，沾溉不窮。我
> 朝樸學，超軼唐宋，斯其一尚與。[126]

孫氏揭示清代校讎家運用的方法，率皆以精校古書善本為依據，通達文章義例。儻論其勘訂文字之法，清儒或求之本書、旁考他籍，以唐宋類書引文為證，佐以「因聲求義」方法，訓讀古書疑誤。其中，求本經及他籍書證，屬「以本經自證」、「以他經證本經」之法，漢儒早有施用。不過清儒徵引材料，不限於此，復「聯繫四部文獻材料以釋經」，更是充分擴展漢儒校勘取材的文獻範圍。[127]是能超邁唐宋經學，直承漢學根柢。孫詒讓認為，王念孫父子運用上述諸法，最受推崇。若求諸《經義述聞》亦得見其承襲漢儒思想之形跡。王引之轉述父所教示，云：

> 故訓之旨，存乎聲音，字之聲同聲近者，經傳往往假借。
> 學者以聲求義，破其假借之字，而讀以本字，則渙然冰釋。
> 如其假借之字而強為之解，則詰牙為病矣。故毛公《詩》
> 傳多易假借之字而訓以本字，已開改讀之先；至康成箋
> 《詩》、注《禮》，屢云：「某讀為某」，而假借之例大明。
> 後人或病康成破字者，不知古字之多假借也。[128]

---

126 〔清〕孫詒讓：〈札迻序〉，《籀庼述林》（北京：中華書局，2010 年），卷 4，頁 150。

127 關於乾嘉諸儒治經方法的類別，近人已有研究，可參鄭吉雄：〈乾嘉學者治經方法與體系舉例試釋〉，《乾嘉學者的治經方法》（臺北：中央研究院中國文哲研究所籌備處，2000 年），頁 109-139。

128 〔清〕王引之：《經義述聞》〈序〉（臺北：廣文書局，1971 年），頁 2。

文字記錄語言，古代人們記錄語言時，或倉卒無字，或一時記憶
不清，往往借用同音或音近字代替原字。如此，固然能減少文字
孳乳，增加使用上的便利，但同時易造成一字形義分離之現象。
於是乎，自漢代毛公、鄭玄以降，說經皆以辨明古文假借用字為
要務。王引之以為，鄭《注》中屢言「某讀為某」之例，正是將
古書假借字還讀本字。鄭玄自言：「就其原文字之聲類，考訓詁，
捃祕逸」，清代則稱之為「因聲求義」，[129]兩者異曲同工，此方
法固由漢儒始發明，至清儒手中則更為發揚。

　　俞樾嘗引友人語盧文弨曰：「他人讀書，受書之益；子讀書，
則書受子之益。」[130]盧氏憮然，蓋知友人此言非譽而實諷。古人
讀書，校勘文字，務使前後文義怡然理順，確實有功於古書。因
此，張之洞（1837-1909）說道：「良庖炊飯先擇米，讀書須從校
勘始」，[131]不以校勘之事，枯燥乏味，也正是體認到校勘對講明
古書義理的重要性。鄭玄校注羣經，大率同此，書之受益於康成
匪淺，而鄭氏經注中留下大量的校勘示例，亦令清儒深獲啟迪，
進使古書流傳數千年的多種誤解，得以詮明。

---

129 關於王氏父子「因聲求義」的解經方法，參閱莊雅州：〈論高郵王氏父
　　子經學著述中的因聲求義〉，《乾嘉學者的治經方法》，上冊，頁 351-406。
130 〔清〕俞樾：〈孫仲容《札迻》序〉，《春在堂襍文》，收錄《春在堂
　　全書》第 4 冊 6 編之 7，頁 2918。
131 〔清〕張之洞：〈題潘侍郎《藤陰書屋勘書圖》詩〉，《張之洞全集》
　　（石家莊：河北人民出版社，1998 年），第 12 冊，卷 295，頁 10484。

第伍章　鄭玄引經釋義：
許慎《說文解字》與《周禮注》
引《周禮》之同異

　　本章的研究範疇，設定在東漢時期與鄭玄齊名的小學家許慎身上，探討兩人《周禮》學說之異同。首先敘述許慎、鄭玄在學術生平的思想淵源，確立彼此溝通基礎在《周禮》古學，並透過分析《說文解字》及《周禮注》引《周禮》本經異文的種類、成因，評判釋義優劣，藉此觀察從許慎到鄭玄短短數十年間東漢《周禮》學的發展梗概。

第一節　許慎、鄭玄之間的學術淵源
及其發展

　　許慎和鄭玄，是漢代學術史上極重要的代表人物。兩人在經史小學領域上之造詣，卓犖特出，煌耀於世，留予後世之著述，同樣具有高度的開拓思惟，及值得細細探索的內涵。歷史的長流，淙淙而卜，人的精神意志不曾消逝，尋繹許、鄭兩人生平與學術淵源的偶然交會，亦映射出後漢學術興替消長的一縷光影。

　　按梁啟超的說法，「漢代之經學」是我國先秦以後第一個確

能稱的上具有「時代思潮」的產物。[1]漢儒光是為釋經之書訂立的
體裁，已不下十餘種名目，[2]顯示漢儒對經書字句的分析方法，已
達嫻熟之境地，而逐漸成為當時普遍盛行的著述形式。在許慎、
鄭玄身處的東漢時代，因上位者有意提倡古文經傳，使儒林士人
除了傳承今文官學以外，也多兼習古文經。此時的解經方法，蓋
由於所傳經本多用先秦古文書體寫就，必先藉小學之資助，董理
文字，纔得以通讀經文。因此，王國維曾說：「兩漢小學家皆出
古學家中」，[3]經學與小學家融合兼通的身分，也開啟了後漢儒生
「以字解經」的理念先河，且在綿延近千年的經解傳統中，起有顯
著影響。《後漢書‧儒林傳》載錄許慎的生平事蹟，寫道：

> 許慎字叔重，汝南召陵人也。性淳篤，少博學經籍，馬融
> 常推敬之，時人為之語曰：五經無雙許叔重。為郡功曹，
> 舉孝廉，再遷，除洨長。卒於家。初，慎以五經傳說，臧
> 否不同，於是撰為《五經異義》，又作《說文解字》十四
> 篇，皆傳於世。[4]

在這短短不及百字的記錄中，簡單交代了關於許慎的性格特質、
人物交往及一生主要的學術著述。其中有數點值得注意：

第一，許慎博學經籍，史家引述時人讚語之意涵。據《後漢
書‧章帝紀》，建初四年（79），章帝為網羅遺逸，扶翼微學，

1　梁啟超：《中國近三百年學術史》（臺北：里仁書局，1995 年），頁 6。

2　漢儒說經書名及分類，參〔清〕劉師培：《國學發微》，頁 19-21。

3　王國維：〈兩漢古文學家多小學家說〉，《觀堂集林》，卷 7，頁 331-336。

4　《後漢書》〈儒林列傳〉，卷 79 下，頁 2588。

「於是下大常，將、大夫、博士、議郎、郎官及諸生、諸儒會白虎
觀，講議五經同異」，親自「稱制臨決，如孝宣甘露石渠故事」，
[5]此種本諸帝王意志，裁斷諸家經說優劣，彰顯漢代經學與政治的
關係，密不可分。本次與會人物中，除章帝及廣平王外，尚有名
儒班固、賈逵、魯恭（32-112）等人。「本從逵受古學」的許慎，
時年二十二，亦與會白虎觀，聽聞諸儒講議五經同異。巧合的是，
《後漢書》描述與會學者丁鴻（?-94）曾寫到，其人「以才高，論
難最明，諸儒稱之，帝數嗟美焉。時人嘆曰：殿中無雙丁孝公。」
[6]不難讓人聯想史家亦借時人之口，以「五經無雙許叔重」稱譽過
許慎。「無雙」二字，意謂無人能出其右，如此盛譽是否真實存
在，抑或史家欲突顯與會學者個個才高學博，巧心設計而成，表
彰白虎觀會議之隆盛，也未可知。但許慎確實參與過會議，撰成
《五經異義》折衷羣說。這部書的寫作，也為後世留下剖析漢代今、
古文學說一份可靠的依據。

　　第二，與通儒馬融的交往。據《後漢書‧馬融列傳》，安帝
永初四年（110），馬融時年三十二，「拜為校書郎中，詣東觀典
校秘書」，[7]同詔奉命校定五經諸子傳記者，尚有劉珍、劉騊駼等
人。慎子許沖上〈說文解字表〉亦云：「慎前已詔書校書東觀」。
段玉裁認為，「蓋此時分司其事者，史不盡載，許亦其一也。許
於和帝永元十二年（100）已剙造《說文》，歷十一年，至永初四
年（110）復校書東觀，其涉獵者廣，故其書以博而精也。又十有

5　《後漢書》〈章帝紀〉，卷 3，頁 78。

6　《後漢書》〈桓榮丁鴻列傳〉，卷 37，頁 455。

7　《後漢書》〈馬融列傳〉，卷 90 上，頁 694。

一年（121）而書成。」[8]顯見校書東觀的這段經歷，對正著手編寫《說文》的許慎而言，在廣攬典籍之餘，為該書博采眾說，審辨經義，都帶有特殊重要的意義。許慎時年五十三，本傳稱：「馬融常推敬之」，史家欲以一後學之姿，用「推敬」二字彰顯同任東觀校書之職，通儒馬融對許慎的崇敬之情。

第三，交代《五經異義》及《說文解字》兩部著作的流傳情形。許慎《五經異義》在范曄身處的南朝劉宋時代，仍有流傳。《隋書‧經籍志》及《舊唐書‧經籍志》、《新唐書‧藝文志》均著錄為十卷。但至宋代官方、個人藏書中，除鄭樵《通志》外，已罕見著錄。四庫館臣因此推測該書在宋代業已失傳，於是「學者所見《異義》，僅出於《初學記》、《通典》、《太平御覽》諸書所引」，[9]因而後人只能從較晚成書的《說文》來瞭解許慎的學問。儘管後世遵奉《說文》為字學專書之祖，但談到《說文》對東漢學界的影響，其實罕有重視。最先徵引《說文》通讀經書字句的人，萬不能忽略推廣許書的重要功臣——東漢一代名儒鄭玄。[10]鄭玄再三稱引《說文》，推重《說文》，可看出漢儒瞭解《說文》的撰作本意，在秉承「文字者，經藝之本」為旨趣，[11]通讀羣經

8　〔漢〕許慎撰，〔清〕段玉裁注：《說文解字注》，15 篇下，頁 786。

9　〔清〕永瑢等人奉敕纂：《四庫全書總目》〈經部‧五經總義〉，卷 33，頁 671。

10　清儒洪頤煊（1765-1833）曾稱舉鄭康成、劉淵林、邯鄲淳、嚴峻、江式、李鉉、趙文深諸家為漢魏六朝承傳《說文》學的代表人物，文中以「鄭康成」列居首位，說明鄭玄對許學發展的重要性，不言而喻。參氏著：〈漢魏六朝說文之學〉，《讀書叢錄》（北京：中華書局，1985 年），卷 9，頁 144。

11　〔漢〕許慎撰，〔清〕段玉裁注：《說文解字注》，十五卷上，頁 763。

以體察一字形音義之用法。文字訓詁與經學之間，當有秤不離砣的密切關係。可惜後世看待《說文》多僅視為字書，好古心切而深溺書中古籀、篆體文字點畫，斤較於偏旁橫豎的分析，不全為明經通義之資，頗失許君之原意。

許慎於桓帝建和元年（147），卒於家。鄭玄時「年二十一，博極群書，精曆數圖緯之言，兼精算數」。[12]據《後漢書》本傳，鄭玄「遂造太學受業，師事京兆第五元先，始通《京氏易》、《公羊春秋》、《三統曆》、《九章算數》。又從東郡張恭祖受《周官》、《禮記》、《左氏春秋》、《韓詩》、古文《尚書》」，是其先通今文，而後學古文。其後十餘年間，鄭玄「游學周、秦之都，往來幽、并、兗、豫之域，獲覿乎在位通人，處逸大儒，得意者咸從捧手，有所受焉。」至延熹二年（159），「以山東無足問者，乃西入關，因涿郡盧植，事扶風馬融。」鄭玄於馬融門下從學七年，盡得馬融親傳家法。年過四十餘，永康元年（167）復歸鄉里，客耕東萊。坐錮黨禁十四年，隱修經業，杜門不出。大將軍何進、董卓、袁紹先後延攬入幕，皆不就。後受袁紹逼迫隨軍，載病至元城，於建安五年（200）病歿。鄭玄一生好學，史家稱其「經傳洽孰，稱為純儒，齊魯間宗之」，[13]而「求學者不遠千里，贏糧而至，如細流之赴巨海。京師謂康城為經神」，[14]極盡推崇。王粲（177-217）亦稱：「世稱伊、雒以東，淮、漢以北，康成一人而已。」適足以反映漢魏儒生宗仰鄭玄學說之盛況。

12　見《世說新語》〈文學〉注引《鄭玄別傳》，參閱王利器：《鄭康成年譜》，頁 39。

13　分見《後漢書》〈張曹鄭列傳〉，卷 35，頁 1207、1209、1212。

14　見《拾遺記》卷 6，參閱王利器：《鄭康成年譜》，頁 76。

　　許慎與鄭玄，一為「五經無雙」，一為「經神」。鄭玄作為
後學，雖無緣親炙許慎，但亦與之有過一番問難，可惜許君不及
致辯即離世，僅留下鄭玄《駁許慎五經異義》一書，孤鳴以對。
清王鳴盛說：「古人意見不同，無妨論難」，并引《顏氏家訓·
書證篇》云：「許慎《說文》，鄭康成注書，往往引以為證」，[15]
是鄭玄未嘗不尊許慎。而從《駁許慎五經異義》中也能看出舉凡
鄭玄未駁者，多與許意相同。是知鄭君駁議，非特與許立異而作。
學者往復論難，欲見真理愈辨愈明，古人為學問而學問，其心篤
實如此。許慎憑藉《說文》「六書」條例，開後世字學理論之先
河，號為「許學」；鄭玄徧注羣經，廣備漢代通儒之高論，開創
以文字通經訓之傳統，號為「鄭學」。兩京墜緒，肯綮在茲，後
人稱頌「漢學」，遂視許慎、鄭玄學問為之雙璧。

　　另一方面，談到許、鄭學術對後世的影響，萬不能略過清儒。
在清中葉乾、嘉時期，考據學風，盛極一時，於經學考證最為昌
明。此時學人所學，大率取效漢儒治經之法，創由音聲、文字一
路以求索經籍詁訓，自號為「漢學」。劉師培即指出：

> 所謂「漢學」者，不過用漢儒之訓詁以說經，及用漢儒注
> 書之條例以治羣書耳，故所學即以「漢學」標名。[16]

於是世儒凡探討語言文字結構者，多鑽研許慎《說文》；治經則
不離以漢唐《注疏》為根柢，是時「家家許、鄭，人人賈、馬，

---

[15]　〔清〕王鳴盛：〈鄭玄著述〉，《蛾術編》，卷58，頁2180-2181。

[16]　〔清〕劉師培：〈近代漢學變遷論〉，《左盦外集》，收入《儀徵劉申
　　　叔遺書》（揚州：廣陵書社，2014年），卷9，頁4653。

東漢學爛然如日中天」，[17]彰顯出「尊古崇漢」的學術風氣。在眾多乾嘉清人文集中，如錢大昕主張「研精漢儒傳注，及《說文》諸書，由聲音、文字以求訓詁，由訓詁以求義理」。[18]焦循（1763-1820）以為許、鄭「兩君淵源先聖，總貫羣英，萬物咸覩，六藝遂明」，[19]這類大張「漢學」旗幟，誦法許、鄭學術之言論，儼然成為清代漢學家奉行不悖的金科律令。所謂眾志成城，羣眾日漸凝聚之力量，譬諸涓滴之流，可以成河，對一時代思潮之勃興，必帶來史無前例的影響。乾嘉清儒一心承繼許、鄭之學，為古典文獻學及研究方法的開拓，留下不少珍貴資產。但此時學風實事求是，不求致用，於章句名物訓詁之學以外，罕知有學術之心理，也引發時人對許、鄭學術異同的種種反思。

　　乾嘉漢學的興起，學分兩派，一自吳之蘇州，一自皖之徽州。章炳麟嘗評述：「吳始惠棟，其學好博而尊聞。皖南始江永、戴震，綜形名，任裁斷」，[20]直見吳、皖學派精神之差異。吳派學風凡漢皆好，尊古恪守漢家師法者有之，但個人省思無多，不比皖派眼界之開闊與平實。以戴震來說，對許、鄭學術的體會，多得自年少讀書之心得。其曾告友人云：

17　梁啟超：《中國近三百年學術史》，頁63。

18　〔清〕錢大昕：〈戴先生震傳〉，《潛研堂文集》，收入《嘉定錢大昕全集》（南京：江蘇古籍出版社，1997年），第9冊，卷39，頁672。

19　〔清〕焦循：〈代詁經精舍祭許祭酒鄭司農文〉，《雕菰集》（臺北：鼎文書局，1977年），卷24，頁392。

20　〔清〕章太炎：〈清儒〉，原載《訄書》，後改名《檢論》（上海：上海古籍出版社，2000年），第12，頁139。

> 僕自少時家貧，不獲親師，聞聖人之中有孔子者，定《六
> 經》示後之人，求其一經，啓而讀之，茫茫然無覺，尋思
> 之久，計於心曰：「經之至者道也，所以明道者其詞也，
> 所以成詞者字也。由字以通其詞，由詞以通其道，必有漸。」
> 求所謂字，考諸篆書，得許氏《說文解字》，三年知其節
> 目，漸覩古聖人制作本始。又疑許氏於故訓未能盡，從友
> 人假《十三經注疏》讀之，則知一字之義，當貫羣經、本
> 六書，然後為定。[21]

戴氏讀書方法之提煉，有個人吟詠沉潛的過程。初以為求字，當
考諸《說文》，但其後又疑心許書故訓未備，遂持漢唐《注疏》
讀之，始悟一字之義，當貫通羣經，本諸「六書」形義分析而後
定，是未嘗固守《說文》以自足。無獨有偶，戴震弟子段玉裁經
年累月披覽《說文》，深究許書著述旨趣，亦言道：

> 弟以注此書（【筆按】：指《說文解字》）為讀鄭之階級，讀
> 此注而知許、鄭之異，亦知許、鄭之同，而知天下之字無
> 不異，而知天下之字無不同，其要在以經注許，以鄭注許，
> 而尤要在以許注許。[22]

這段話透露出兩點信息：第一，段注《說文》的宗旨，不只停留

---

21 〔清〕戴震：〈與是仲明論學書〉，《戴震集》，卷9，頁183。

22 〔清〕段玉裁撰；鍾敬華校點：〈與劉端臨第二十三書〉，《經韻樓文
　　集補編》（上海：上海古籍出版社，2008年），卷下，頁409。

在分析許書的著述條例上，其積極目的更在於「羽翼漢注」，[23]即進一步讀懂漢儒鄭玄所撰經注。透過閱讀段《注》，不僅能獲知許、鄭二人於經說立場之差異，更能從中建立起漢儒共通的學術理念。第二，段注《說文》的方法次第，先以羣經校注許書，也通過與許慎同時期的鄭玄較之同異，瞭解許慎的著書原意，期能借許慎所言以自注，通讀《說文》。一般人對段玉裁孜孜矻矻三十餘年寫成《說文解字注》的中心思想，不解其意，多關注其對許書義例闡發及不足之處做文章。豈知段氏試圖溝通許、鄭學術的用心，實是全書著力處。許書並非無誤，借重鄭玄經注故訓，苴補許書所未逮。以許、鄭互濟，正是清儒闡揚「漢學」的觀念工具及一致心理。經由段氏的這段話，或可作一註腳。

　　基本上，乾嘉學者宗仰許、鄭之學，是當時讀書人的主流意識，但看在一向深嫉「漢學」的方東樹（1772-1851）眼中，頗不以為然。方氏在《漢學商兌》中常針對漢學家所持言論，痛斥批評。然因不一味盲從漢儒，對許、鄭學術內涵的缺陷，有異於旁人的獨到眼光。其談到許慎《說文》云：

> 許君本以「六書」之義，解說文字，謂聖人不虛作，必有
> 依據。所謂依據者，六義也；凡以明聖人作此字之義，有
> 一定依據也。若夫經義則不然，有一字作一義用，有一字

23　段玉裁與友人書云：「弟到今瘡不痊癒，客冬至今，勉治《說文解字》，成第二篇之上卷，胸中充積既多，觸處逢源，無所窒礙，言簡而明。此書計三年可成，足以羽翼漢注，足以副同志之望，看來有必成之勢矣。」可見段氏注《說文》所持宗旨。參氏著：〈與劉端臨第十四書〉，《經韻樓文集補編》，卷下，頁 402。

> 作數義用，今執《說文》以一字考經，所以致以文害詞，
> 以詞害意，穿鑿而不可通也。[24]

這段話的大意是，《說文》利用「六書」條例分析漢字，以推求
上古文字創制時之本義。儘管如此，透過書中說解文字「某，某
也」的基本體例，也只能說明一字一義之用法，不盡含賅經書中
的眾多字用。藉此譏諷漢學家拘守《說文》一訓為說經之本，凡
遇滯難不可通處，則專事穿鑿，曲為許君諱。方氏所言，對漢學
家崇信《說文》詁訓以定經義的風氣，足正一時視聽。但平情而
論，《說文》另有「某，某也，某也」，「某，某也。一曰某也」
體例，皆一字釋多義之例。對大多數的漢學家來說，以文字訓詁
經義，不過是極普遍而基本的方法，何嘗僅固守《說文》，無視
其他可用之書。方氏主觀意見之堅固，態度武斷，有見於此。談
到許、鄭學術，方東樹又云：

> 鄭氏為注經之宗，然不本之《說文》，偶有所引，甚少。
> 則于鄭學之不能通者，不可求之《說文》矣。故鄭注《三
> 禮》，賈《疏》多不能通。賈非不見《說文》者也。[25]

方氏認為，讀書以通經為本，通經則以識字為先，固為「漢學」
之一大宗旨。但試觀鄭玄本身的解經過程，不盡本諸《說文》，
就連為鄭《注》作疏解的賈公彥，也未嘗透過《說文》瞭解漢儒

24　〔清〕方東樹撰，徐洪興編校：《漢學商兌》（上海：中西書局，2012
　　年），卷中之下，頁305。

25　同前註，卷中之下，頁304。

經注。這不僅斷開許、鄭之間互有因承的學術影響，也將清代漢
學家持之在胸的治學基礎，掃蕩無餘。誠然，受限於編纂體例，
《說文》每字先解其義，次解其形，後解其音，與鄭玄撰注「隨文
立訓」的寫作方法，呈現截然不同的著述形式，想作為溝通許慎、
鄭玄學術的橋樑，自有難度。然而方氏忽略一個重點，那就是許、
鄭之間尚存在以「《周禮》古學」為中心的學術交集。

　　這還須從兩人各自的禮學背景說起。欲追溯許慎之禮學，《五
經異義》屬於博采漢儒經今、古文學說之彙編，不易從中鑑別，
只能從《說文》入手。誠如馬宗霍說：

> 書中俪引經文之處，經義字義，互相證發，以經證字，亦
> 即因字存經，尤為許君經學之所寓……許君經學即在《說
> 文》引經之中。[26]

許慎〈說文·敘〉自言引經家法，於《三禮》僅稱：「禮《周官》」。
段玉裁解釋，「禮」是指《儀禮》，且謂：「許《周禮》學無所
主」，[27]此不盡然。首先，循上下文義推敲，許慎自言：「俪《易》
孟氏、《書》孔氏、《詩》毛氏、《春秋》左氏」，前揭經書大
名，後舉所依家法，為《說文》引經義例。由此觀之，「禮」當
為「禮經」之泛稱，後舉《周官》，意謂《說文》引《禮》證字，
多主古《周禮》說。《說文》中「周官」、「周禮」名稱無別，
為避免行文重複，故言「禮《周官》」，而非「禮《周禮》」。

26　馬宗霍：《說文解字引經考》〈自序〉（臺北：臺灣學生書局，1971 年），
　　頁 1-2。

27　〔漢〕許慎撰，〔清〕段玉裁注：《說文解字注》，15 篇上，頁 765。

這點，馬宗霍、黃永武曾各自統計《說文》引《禮》之字數，亦得出相同結論：即「《說文》雖三禮竝引，然實以《周官》為大宗」，[28]可為〈說文・敘〉引經義例之一證。

其次，關於許慎《周禮》學的師承淵源。許沖〈上說文解字表〉述及：「臣父故大尉南閣祭酒慎，本從逵授古學。自周禮、漢律，皆當學六書，貫通其意，恐巧說衺辭使學者疑，慎博問通人，考之於逵，作《說文解字》。」[29]《周禮》雖於新莽朝立於學官，旋即見廢，僅於民間流傳，終未以一家之名立學，故〈說文・敘〉未稱家法。賈逵本為東漢《周禮》傳授譜系之一員，據情理推論，許君「本從逵授古學」，自應參酌賈逵學說。是故，段玉裁聲稱許君《周禮》學「無所主」之說法，有待商榷。

再說到鄭玄。鄭玄《周禮》學的形成，考證如前，主要呈現「師承」、「著述」兩線匯合為一的發展基調。由師承張恭祖、馬融，到撰寫《周禮注》時秉承劉歆、杜子春、鄭興父子一線觀念，包攬賈逵經說，全面囊括東漢《周禮》傳習經師之訓釋成果。並以《周禮》為核心，會通三禮異同。經此對照下，能得出一項結論：意即許慎與鄭玄兩人，不僅在各自經學著述上，皆以「《周

---

[28] 馬宗霍統計《說文》引《禮》字數，云：「《說文》雖三禮竝引，然實以《周官》為大宗。全書偁周禮者，凡九十五字。偁儀禮者止二十八字，有八字所引亦見《周官》，一字見《禮記》，兩字則說《周官》之事，兩字則稱禮兼偁《周官》，其專屬《儀禮》者僅七字，且無一字在鄭注所云古文之內。」說見氏著：《說文解字引經考》，頁 649。黃永武亦云：「《說文》引禮，則自敘明言禮稱《周官》，雖三禮并引，仍以《周禮》為主，蓋多本古文家說也。」說見氏著：《許慎之經學》（臺北：臺灣中華書局，1972 年），下冊，頁 426-427。

[29] 〔漢〕許慎撰，〔清〕段玉裁注：《說文解字注》，15 篇下，頁 785-786。

禮》古學」為主要取材對象。就連師承脈絡，都有顯著交集。這不僅反映東漢《周禮》古文學說在許、鄭之間的傳遞過程，也顯示清儒看待許、鄭學術的緊密程度，自有深刻體會，斷非方東樹能輕言駁倒。不過從另一角度而論，漢儒治經，家法各陳，文字不同者，動輒百數，即便同治一家之學，字句歧異，固亦恆有。蓋經學之傳播，由師弟授受，音讀稍異，形體遂生分別，故所傳經字差異，不知凡幾。由此看來，許、鄭二人禮學宗尚雖相近，但解讀經文，勢必存在所持經本文字或異，導致訓釋成果，各成優劣。因此，本章擬將《說文》及《周禮注》一起合讀，整理箇中徵引《周禮》的觀點及取決標準，由是重啟許、鄭當年未完之議論，以得見漢儒傳習《周禮》之梗概與溝通歷程。

第二節　《說文解字》與《周禮注》引本經異文之比勘

　　《周禮》晚出，自西漢河間獻王奏書後，即入秘府。至劉歆校書中秘，《周禮》始得列序，著于錄略。[30]該書於新莽朝請立於學官，不久兵革迭起，隨即見廢，於是只在民間寫定經本，加以流傳。此由東漢經師傳習《周禮》的途徑，一為師弟請業，一為父子家學的授受關係中，自可得見。如此一來，造成《周禮》經本文字互異的原因，不起於嬴秦焚書，漢興以「隸書」讀為今文的字體問題，而在於東漢流傳民間的《周禮》經本，傳寫轉抄未經校定，遂有文字歧出的情形產生。

30　〔漢〕鄭玄撰，〔唐〕賈公彥疏：《周禮注疏》〈序周禮廢興〉，頁7。

《後漢書‧儒林傳》云：「中興，鄭眾傳《周官經》，後馬融作《周官傳》，授鄭玄，玄作《周官注》。」[31]就著錄所見，東漢經儒各持傳本，皆以諟正字體，發疑音讀為旨；至於經籍家法之建設，則有待鄭玄集眾家所長，撰成《周禮注》後纔始立。《周禮注》中稱引杜子春、鄭興父子經說時，常將眾儒所見異文一併記錄，於《注》中或有審訂，自成一《周禮》精校本。隨著鄭玄的學術影響，漢魏南北朝至唐代，猶宗鄭學，由鄭玄校定的經本，也就成為日後刊行的「今本」。目前《周禮》「今本」，是由朝廷國子監刻印的書籍，統稱「監本」，為官刻本的一種，也是官刻本的代表。由此看來，談論《說文》引《周禮》與「今本」的差異時，也就關涉許、鄭二人如何擇取經本文字的觀念，以及私纂、官修經書之間的問題。這層重要意義須先說明。

早在宋代，洪邁已察覺到，「許叔重在東漢，與馬融、鄭康成輩不甚相先後，而所著《說文》，引用經傳，多與今文不同」的問題。[32]到了清中葉乾、嘉時期，出於推崇許慎，清儒以《說文》為中心研究傳統小學，可謂精審詳實。[33]當中在《說文》引經情況方面，清儒關注許慎引經證字的意圖，有篳路藍縷之功，不容忽視。試將眾家研究及取得成果，略分為三：

其一，依照《說文》部序，通盤羅列引經出處者，有吳玉搢

31　《後漢書》〈儒林列傳〉，卷 79 上，頁 2577。

32　〔南宋〕洪邁：〈說文與經傳不同〉，《容齋續筆》（臺北：臺灣商務印書館，1956 年），卷 6，頁 288。

33　清儒對《說文》的研究，包括字體、音韻、訓詁、增收、新附、逸字、引經、校勘、六書學說等方面。相關內容，參閱胡樸安：《中國文字學史》，頁 259-562。

《說文引經考》、[34]程際盛《說文引經考》等書。[35]

其二，專舉《說文》引經異文從事考校者，有吳雲蒸《說文引經異字》、[36]柳榮宗《說文引經考異》、[37]陳瑑《說文引經考證》等書。[38]

其三，側重歸結《說文》引經體例者，有雷浚《說文引經例辨》、[39]承培元《說文引經證例》等書。[40]

上列各書，或依《說文》部首，或者經書種類編次。如單就《說文》引《周禮》經文字例，據筆者統計，吳玉搢書計收 96 字，吳雲蒸書計收 20 字，柳榮宗書計收 14 字，雷浚書計收 82 字。當中，以吳玉搢書所收字例最廣博；柳書分析《說文》引經異文最精審；雷書所述《說文》引經體例，最富啟發。

可是，誠如楊樹達（1885-1956）評論，清人這些著作「或第舉諸經篇名，略無闡發；或僅臚異字，而於字同說異者則置之不

34　〔清〕吳玉搢：《說文引經考》（上海：上海古籍出版社，2002 年《續修四庫全書》本）。

35　〔清〕程際盛：《說文引經考》（上海：上海古籍出版社，2002 年《續修四庫全書》本）。

36　〔清〕吳雲蒸：《說文引經異字》（上海：上海古籍出版社，2002 年《續修四庫全書》本）。

37　〔清〕柳榮宗：《說文引經考異》（上海：上海古籍出版社，2002 年《續修四庫全書》本）。

38　〔清〕陳瑑：《說文引經考證》（上海：上海古籍出版社，2002 年《續修四庫全書》本）。

39　〔清〕雷浚：《說文引經例辨》（上海：上海古籍出版社，2002 年《續修四庫全書》本）。

40　〔清〕承培元：《說文引經證例》（上海：上海古籍出版社，2002 年《續修四庫全書》本）。

言；又或繁稱博引，漫無經界，違失許旨。」[41]會有此缺憾，蓋因各書撰述旨趣，專為研究《說文》引經而設，未能以許、鄭經說互較，深入考究，以致對於何以產生異文，偶有夾注淺說，但深意仍舊隱晦。職是之故，透過清儒幾部著作，只為後人點明一道課題，即如吳玉搢所言：「（《說文》）所引諸經數千餘言，按其同異，大約參半，非獨與宋人牴牾，亦多與漢儒刺謬，字殊義別，不可畫一」的現象。嗣後，馬宗霍《說文解字引經考》、[42]黃永武《許慎之經學》兩書，[43]體例皆依《說文》部序，就字論字，雖已留意援引東漢經師學說校對《說文》，但同樣對《說文》援引《周禮》異文的種類、成因，及與鄭玄所持「今本」用字之比較，發揮不足。以下，茲就簡中異文因由，分類說明：

一、因許慎對「周禮」一詞定義寬泛造成的異文

《說文》稱引羣經的基本編排，在每字形義說解後，纔引述經書原文。根據近代學者研究，《說文》徵引《周禮》之文，計有95條。倘若區分用語，一稱「《周禮》」及「《周禮》曰」者，為直述《周禮》內容，乃引經之正例。此外，或稱「《周禮》有」及「《周官》謂之」者，為節錄《周禮》部分文辭，乃引經之變例。[44]清王鳴盛指出，「《說文》所引《周禮》多今《周禮》。

---

[41] 楊樹達：〈說文引經考序〉，《積微居小學述林全編》（上海：上海古籍出版社，2007年），下冊，卷7，頁451。

[42] 馬宗霍：《說文解字引經考》（臺北：臺灣學生書局，1971年）。

[43] 黃永武：《許慎之經學》（臺北：臺灣中華書局，1972年）。

[44] 《說文》引《周禮》體例形式分析，參何昆益，呂佩珊合撰：〈《說文》引周禮條例考〉，《慈濟大學人文社會科學學刊》，第15期，頁124-141。

無此文者，并有引他經而謂之『周禮』者。許意約周家之禮為『周禮』，非指書名。」[45]是知《說文》所稱「周禮」，雖常直接引述《周禮》經文，但同時也夾雜泛指「成周之禮」，與書名無涉。

　　事實上，早在劉歆將《周官》改稱《周禮》以前，「周禮」一詞已見於經籍。《左傳・文公十八年》載，季文子使大史克對曰：「先君周公制周禮曰：則以觀德，德以處事，事以度功，功以食民。」此追溯周公制禮之事，當中所言「周禮」，關乎為人處事、田邑俸享的明文規範，名稱雖與劉歆提倡的《周禮》相當，其實並無關聯。朱彝尊《經義考》納此文於《周官經》字條下，似將《傳》文「周禮」等同於禮經《周官》。[46]但由於《左傳》的緣故，許慎界定「周禮」一詞範圍較為寬泛，除了劉歆倡言為「周公致太平之迹」的《周禮》外，文獻中反映周代禮文的內容，亦一併採納。此即造就《說文》引經，產生有別於今本《周禮》異文的成因之一。這類異文情況，可分兩組討論。

（一）見於後人界定的「三禮」內容

　　如在《說文》的「禡」、「杔」等字：

①《說文・示部》：「禡，師行所止，恐有慢其神，下而祀之曰禡。从示馬聲。周禮曰：禡於所征之地。」（卷1上，頁9）[47]

45　〔清〕王鳴盛：〈說文引周禮〉，《蛾術篇》，卷17，頁647-648。

46　〔清〕朱彝尊撰，林慶彰等編：《經義考新校》（上海：上海古籍出版社，2010年），卷120，頁2213。

47　〔漢〕許慎撰，〔宋〕徐鉉校定：《說文解字》（北京：中華書局，1963年），卷1上，頁9。凡本文所引《說文》均引自此書。以下引文不再出註，僅標注古籍卷數和頁碼，如（卷1，頁9）。

按：《說文》引周禮曰：「禂於所征之地」，段《注》本刪一「曰」字，無說。今《周禮》無此文，此見於《禮記‧王制》篇。是篇云：「天子將出征，類乎上帝，宜乎社，造乎禰，禂於所征之地」，鄭《注》曰：「禂，師祭也。為兵禱，其禮亦亡。」[48]考今本《周禮》無「禂」祭，而見有「表貉」之祭。〈夏官‧大司馬〉職：「遂以蒐田，有司表貉」注，鄭玄引鄭司農語曰：「貉，讀為禂。禂謂師祭也。書亦或為禂。」（卷33，頁1109），《周禮》別本作「貉」，與「禂」皆眀母魚部字，得以通用，取義應同。又，〈春官‧肆師〉職：「凡四時之大甸獵，祭表貉，則為位」注，鄭云：「於所立表之處，為師祭，祭造軍法者，禱氣勢之增倍也。」（卷21，頁728）。依鄭義，貉祭為古代出師、田獵的禱祀活動，祭祀造軍法者於立表教戰之地。孫詒讓以為，「祭當在事前」，[49]與許書言師行所止，下而祀之者，時序先後有異。《說文》作「禂」，今本《周禮》作「貉」，「貉」為「禂」之借字，許書擇用本字入文。《說文》引述《禮記》卻稱「周禮曰」，清桂馥（1736-1805）疑為後人所加；[50]嚴可均則主刪「周曰」二字，[51]不免有意彌縫。此固為許慎引禮書之例，舉大者以包羣小，名稱雖含混，但經仔細考察，無妨於經義之解讀。

②《說文‧禾部》：「秅，二秭為秅。从禾乇聲。周禮曰：二百四十斤為秉。四秉曰筥；十筥曰稯；十稯曰秅，四百秉為一秅。」

---

[48] 〔漢〕鄭玄注，〔唐〕孔穎達正義：《禮記正義》，卷12，頁236。

[49] 〔清〕孫詒讓：《周禮正義》〈春官‧肆師〉，卷37，頁1457。

[50] 〔清〕桂馥：《說文解字義證》，收入《說文叢刊》（臺北：廣文書局，1972年），卷1，頁95。

[51] 〔清〕嚴可均：《說文校議》，收入《說文叢刊》，第1上，頁15。

（卷 7 上，頁 146）

按：《說文》引周禮曰：「二百四十斤為秉」，段《注》本以此七字為妄人所增，議刪。[52]《五經異義》釋今《春秋公羊》、古《周禮》田稅之語，即見此語，但文字有出入。是書載：「有軍旅之歲，一井九夫，百畮之賦，出禾二百四十斛，芻秉二百四十觔，釜米十六斗」，鄭玄駁曰：「《周禮》六篇無云軍旅之歲，一井九夫百畮之稅，出禾、芻秉、釜米之事，何以得此言乎？」[53]此說《周禮》經文所無，疑許君聽聞古《周禮》禮家遺說，故引為證。惟彼「觔」訛為「斤」字，與禮經言斗斛之數名不合。考《儀禮・聘禮》曰：「十斗曰斛，十六斗曰籔，十籔曰秉，二百四十斗」，鄭《注》謂致饔餼之禮，「一車之米，秉有五籔」，[54]一秉一百六十斗，合五籔八十斗，計二百四十斗。是知《說文》「斤」字為「斗」字之誤，「為秉」二字當刪。禮經所言「二百四十斗」，應指一車之米數，而非一秉之米數。至於「四秉曰筥」以下之文，亦承接自〈聘禮〉。《說文》引述「周禮曰」，經考察乃本諸《儀禮》，實非《周禮》原文，即便清儒視為淺人所改、校者所加，[55]然許君《異義》言秉芻之數，已標舉為「古周禮說」，至為明白，不得遽持後人妄改之臆見，枉顧作者原意。

---

[52]　〔漢〕許慎撰，〔清〕段玉裁注：《說文解字注》，7 篇上，頁 328。

[53]　〔清〕陳壽祺撰，曹建墩點校：《五經異義疏證》〈田稅〉（上海：上海古籍出版社，2012 年），卷上，頁 1-2。

[54]　〔漢〕鄭玄注，賈公彥疏：《儀禮注疏》，卷 24，頁 291。

[55]　〔清〕嚴可均：《說文校議》，第 7 上，頁 292。

（二）見於其他文獻及《五經異義》對古、今禮制的詮釋

如在《說文》的「都」、「社」、「祏」、「禘」等字：

③《說文·邑部》：「都，有先君之舊宗廟曰都。从邑者聲。周禮：距國五百里為都。」（卷6下，頁131）

按：《說文》引周禮曰：「距國五百里為都」，段《注》云：「此周禮說也。」[56]今《周禮》無此文。考〈地官·載師〉職：「以大都之田任畺地」注，鄭玄援引《司馬法》曰：「王國百里為郊，二百里為州，三百里為野，四百里為縣，五百里為都。」（卷14，頁466）。孫詒讓引金鶚（1771-1819）之說，謂：「大宰九賦，有家稍、邦縣、邦都。邦都即畺地，以其在五百里為畺界之地，故曰畺。以其大都所在，為都之宗，故曰都。」[57]說明「載師」視土地所能培育之產物，制定貢賦，分國中、郊野、甸稍等地。以距離國中五百里之「都」為疆界，「都」即「畺」，其義一也。〈天官·司會〉職：「掌國之官府、郊野、縣都之百物財物」注，鄭云：「都五百里」（卷6，頁220），亦承襲《司馬法》之說而來。《說文》引述《司馬法》卻稱「周禮」，蓋《漢書·藝文志》著錄該書名為「《軍禮司馬法》」，列為禮類。[58]在漢儒觀念中，《司馬法》為周秦軍禮之實錄，故許、鄭兩人均引為證。箇中差別，只在於鄭玄如實指稱書名，而許慎引述時僅採用「周禮」一相對寬泛的禮書大名。

另一方面，許慎《五經異義》的成書時間在《說文》之前。

56　〔漢〕許慎撰，〔清〕段玉裁注：《說文解字注》，6篇下，頁283。

57　〔清〕孫詒讓：《周禮正義》〈地官·載師〉，卷24，頁944。

58　《漢書》〈藝文志〉，卷30，頁1709。

其主要寫作目的，是因許慎深感「五經傳說，臧否不同」，於是列舉賦稅、婚冠、聘問、喪祭、征役、器物等事，每論證一事，輒列出漢代今、古文經師學說，一來明其統緒源流，然後裁以己意，論斷是非。這些討論文字，不僅構築起許慎對經書禮制的一套認知，也在其後編寫《說文》時，成為一批可堪引用的素材，而一併納入《說文》的詮釋體系。因此，《說文》引經，有所謂廣義的「古周禮說」，這些引述原文多不見於《周禮》，而必於《五經異義》中求得。像是：

④《說文‧示部》：「社，地主也。从示土。《春秋傳》曰：共工之子句龍為社神。周禮：二十五家為社；各樹其土所宜之木。」（卷1上，頁9）

按：《說文》引周禮曰：「二十五家為社」，今《周禮》無此文。段《注》云：「周禮者，周禮說也。賈逵、杜預注《左傳》，高誘注《呂覽》，薛瓚注〈五行志〉皆同。」[59]可見許君所述，本諸賈逵遺說，非《周禮》原文。鄭玄駁議引〈州長〉職曰：「以歲時祭祀州社，是二千五百家為社也」，欲破許慎「二十五家為社」之說。[60]許、鄭言置社家數，各自為說，是兩人承傳師說或本經差異之處。由《五經異義》所舉經說，可知《說文》訓「社」為「地主」之義，為今文《孝經》說，後引古《左傳》說，解釋社神「句龍」之祀，則兼用今、古文學說。至於稱引「周禮」以下之文，來源非一，除賈逵舊說外，又引「各樹其土所宜之木」一句。見《周禮‧地官‧大司徒》：「樹之田主，各以其野之宜木」，鄭《注》

59　〔漢〕許慎撰，〔清〕段玉裁注：《說文解字注》，1篇上，頁8。
60　〔清〕陳壽祺：《五經異義疏證》〈社木〉，卷上，頁39-40。

云：「所宜木，謂若松、柏、栗也。」（卷2，頁335），申論《論語・八佾》：「哀公問社於宰我，對曰：夏后氏以松，殷人以柏，周人以栗」之義，謂樹立社主所用之木，三代各有所好。《禮記・祭法》孔《疏》引《異義》曰：「許君謹案：從《周禮》說，《論語》所云，謂社主也」，[61]古代祭神於無形，必假木主為之。許意將《周禮》「田主」與《論語》「社主」所用之木相合，鄭《注》亦然。不過《說文》引述內容，非全出於《周禮》，亦可確知。

⑤《說文・示部》：「祏，宗廟主也。周禮有郊宗石室。一曰：大夫以石為主。从示从石，石亦聲。」（卷1上，頁8）

按：《說文》言「周禮有郊宗石室」，今《周禮》無此文。段《注》云：「周禮者，說《左氏》家謂「成周之禮」，非謂《周官經》有此也。」[62]考《太平御覽・禮儀部》引《五經異義》云：「《春秋左氏傳》曰：『徙主祏於周廟』，言宗廟有郊宗石室，所以藏栗主也。」[63]「郊宗石室」，乃周代宗廟收藏遠祖神主之地。據《左傳・昭公十八年》：「使祝史徙主祏於周廟，告於先君」，孔穎達《正義》云：「每廟木主皆以石函盛之，當祭則出之。事畢則納於函，藏於廟之北壁之內，所以辟火災也。」[64]是知「祏」者，指古代宗廟藏神主之石函，因與神主一併儲藏，合稱為「主祏」。許君說字之訓，由本義宗廟神主，推及「石室」，又因「大

61　〔漢〕鄭玄注，〔唐〕孔穎達正義：《禮記正義》，卷46，頁801。

62　〔漢〕許慎撰，〔清〕段玉裁注：《說文解字注》，1卷上，頁5。

63　〔清〕陳壽祺：《五經異義疏證》〈虞主所藏〉，卷上，頁73。

64　〔周〕左丘明傳，〔晉〕杜預注，孔穎達正義：《春秋左傳正義》，卷48，頁841。

夫以石為主，禮無明文」，復引「山陽民俗，祠有石主」軼聞，[65]
證「祏」字从石會意之構形。觀《五經異義》成書在前，宗廟神
主之舊說，見收於是。此言宗廟有「郊宗石室」為《左傳》說，
《說文》引為「周禮」，顯見所稱「周禮」，意為《左傳》「成周
禮文」之省稱。據此，清儒議刪「周」字，[66]或易為「周廟」者，
[67]不啻削足適履，亦違失許君本意。

⑥《說文・示部》：「禘，諦祭也。从示帝聲。周禮曰：五歲一
禘。」；又《說文・示部》：「祫，大合祭先祖遠疏親疏遠近也。
从示合。周禮曰：三歲一祫。」（卷1上，頁8）

按：《說文》引周禮曰：「五歲一禘」、「三歲一祫」，今《周
禮》無此文。考《太平御覽》、《初學記》、《藝文類聚》並引
《五經異義》云：「三歲一祫，此周禮也；五歲一禘，疑先王之禮
也。」禘祫年期之說，蓋出於緯書禮家之言。馬宗霍曾引《後漢
書・張純傳》載，「建武二十六年，詔問純禘祫之禮，純奏曰：
禮：三年一祫；五年一禘。」證明當時諸儒議禮風氣，以《禮緯・
稽命徵》所述為「禮」，是屬平常。[68]鄭玄駁議許說，以為禘祫
之禮并不存在夏殷、周代之別，曰：「三年一祫，五年一禘，百
王通義。以為《禮讖》云：『殷之五年殷祭』，亦名禘也。」[69]亦
以《禮讖》為據。若拿《五經異義》核對《說文》，會發現《說

65　〔清〕陳壽祺：《五經異義疏證》〈卿大夫有主不〉，卷上，頁70。
66　〔清〕嚴可均：《說文校議》，第1上，頁11。
67　〔清〕桂馥：《說文解字義證》，卷1，頁67。
68　馬宗霍：《說文解字引經考》，頁657。
69　〔清〕陳壽祺：《五經異義疏證》〈禘祫〉，卷上，頁41-42。

文》「禘祫」之訓，一併引作「周禮曰」，與《五經異義》不合。清儒或議刪《說文》「周」字，[70]以求合之。但陳壽祺（1771-1834）疑心《五經異義》文有謁脫，將古《左傳》「三年一禘」之說補入，改作：「三歲一祫，五歲一禘，此周禮也。三歲一禘，疑先王之禮也。」[71]陳說論據充分，段《注》亦從。由此可見，許慎據《禮緯》以「三歲一祫，五歲一禘」為「周禮」，欲與「三歲一禘」的「先王禮」區別，非盡出於《周禮》原文。

從上揭異文例證得知，許慎《說文》引經之例，有所謂廣義的「古周禮說」，考察內容出處，多來自記載周家禮事之典籍。其中經傳方面，有援引《儀禮》、《禮記》、《春秋左傳》所載禮事，且廣泛涉獵《軍禮司馬法》及《禮緯》等禮類羣書。格外重要的是，許慎對同時代經師傳習的說禮言論，同樣重視，因此像是賈逵，或其他不具名的先儒舊說，亦見於《說文》。然由於許慎引《禮》說字，不拘泥於世人熟悉的禮書種類，使得後世學者，特別是清儒校勘《說文》時，凡遇到引述「周禮曰」，但《周禮》未見的異文情況，動輒疑為淺人妄加而刪改許書，殊不知此正是許慎博稽旁引、兼存漢家經今、古文學說的特色。時間稍晚，與許慎引經觀念不同，到了鄭玄注經，凡稱「周禮」，皆指《周禮》原書，無一例外。這是因為鄭玄從事《周禮注》撰寫時，早已為「周禮」一詞訂立明確定義。他曾說：「周公居攝而作六典之職，謂之《周禮》」（卷1，頁2），在鄭玄觀念中，《周禮》六篇為周公手定，承載了周代禮樂之遺制，隨著古文經典地位的

70　〔清〕嚴可均：《說文校議》，第1上，頁12-13。
71　〔清〕陳壽祺：《五經異義疏證》〈禘祫〉，卷上，頁43。

提升，透過東漢名儒大力推廣，「周禮」名稱指涉對象日漸固定，也是學科發展的必然趨勢。嗣後，鄭玄編錄《三禮目錄》，除了界定《周禮》為禮經，抑《儀禮》為曲禮之外，也意識到「三禮」循環論證的經傳關係及各自承擔的意涵。因此，相對於其他書籍，當鄭玄注經徵引《周禮》時，都會清楚交代出自《周禮》哪一條官屬職文，避免造成名稱使用上的混淆。不可諱言，在廓清基本界說和奠定後世以「三禮」為核心的禮學發展上，鄭玄的觀念都較許慎嚴謹且進步。

二、因許慎刪節改動經文造成的異文

張舜徽申論桂馥「古人引經，略舉大義，多非原文」之語，[72]說道：「古人引經，有但用其意者，有節取其辭者，有櫽栝其文而以己意申之者。自孟、荀以及漢儒引經，已多與原文不合。」[73]由此推論，考量《說文》引經與今本《周禮》產生異文的原因，也不應排除作者主觀裁切和濃縮原文的可能性。事實上，《說文》這類節錄《周禮》經文的例子，不在少數。分為幾種情形：

（一）節錄關鍵名物用語

當《周禮》涉及名物制度的敘述，過於冗長，許慎會擇要引述。如此一來，經改寫後的文字多只保留一連串的專名，自然就與原句語式不同。如此調整的用意，是為因應在單一字義解釋的

---

[72]　〔清〕桂馥撰，趙智海點校：〈引經〉，《札樸》（北京：中華書局，1992年），卷7，頁253。

[73]　張舜徽：〈札樸十卷〉，《清人筆記條辨》（北京：中華書局，1986年），卷3，頁134。

適用範圍內，盡可能網羅《周禮》的名物品項。像《說文·糸部》的「彝」字，本義為宗廟常器。許慎徵引「《周禮》『六彝』：雞彝、鳥彝、黃彝、虎彝、蟲彝、斝彝，以待裸將之禮。」（卷13上，頁277），此節錄〈春官·小宗伯〉職：「辨六彝之名物，以待果將」之文，增補「六彝」的實際名稱。〈司尊彝〉職掌六尊、六彝之位，辨其所用，在朝踐、饋獻、追享，皆有明文規範，許慎斷不能逐一詳述，故僅標舉「六彝」名稱。這種節錄《周禮》專名的類型，尚有《說文·鼓部》的「鼓」字，引〈地官·鼓人〉職：「六鼓」名稱；弓部的「弓」及「弩」字，引〈夏官·司弓矢〉職：「六弓」及「四弩」名稱；几部「几」字，引〈春官·司几筵〉職：「五几」名稱；酉部的「尊」字，引〈春官·司尊彝〉職：「六尊」名稱等，皆屬於此種節錄類型。

當然，這種節錄經文的原則，也非一成不變，許慎也會針對所選定的字頭，作有意義的裁剪。如《說文·衣部》的「褘」字，本義為蔽厀。許慎稱引「《周禮》曰：王后之服褘衣。謂畫袍也。」（卷8上，頁170），此節錄〈天官·內司服〉職：「掌王后之六服：褘衣、揄狄、闕狄、鞠衣、展衣、緣衣、素沙」之文，並省略其他五服的實際名稱。鄭《注》云：「王后之服刻繒為之形而采畫之，綴於衣，以為文章。」（卷8，頁277），王后之「六服」皆為袍制，鄭司農云：「褘衣，畫衣」，「褘衣」為畫翬之祭服，許慎承襲先鄭之說，引為「褘」字之第二義。這種從多取寡，有意挑選與字頭相關內文連綴成句的引述類型，還有《說文·艸部》的「蔆」字，省略〈天官·籩人〉職：「饋食之籩」其他如棗、粟、桃、榛實等物，只取「乾蔆」。示部的「禬」字，省略〈春官·詛祝〉盟、詛、類、造、攻、說、禬等祝號，只取「禬」之

祝號，皆屬於此種節錄類型。必須說明的是，許慎對原文進行增補、省略的動作，基本不影響閱讀，也都合乎《周禮》的行文語序，屬於字書編纂必要且合理的刪節，問題不大。

（二）以字詞跳接、經旨提煉、局部代全體之法節錄

與上文單純的節錄情況不同，許慎在某些情況下，會隱括原文而根據己意運用，例如字詞跳接、經旨提煉、以局部概括全體等方式改動經文，造成與今本文字產生歧異。這些異文見於「窀」、「盨」、「擊」、「筵」等字：

⑦《說文・穴部》：「窀，穿地也。从穴屯聲。一曰小鼠。《周禮》曰：大喪；甫窀。」（卷7下，頁153）

按：《說文》引《周禮》曰：「大喪，甫窀」，見〈春官・冢人〉職，經文原作：「大喪既有日；請度甫窀」。許書援引直接省略中間「既有日，請度」五字，跳接成文。鄭《注》引鄭司農云：「既有日，既有葬日也」，賈《疏》申注，亦以為「有日，謂葬日。言天子七月而葬，葬用下旬。」（卷24，頁820），古代掩埋棺柩謂之「葬」。葬有定期，按禮制，天子七月而葬，諸侯五月而葬，大夫以下三月而葬。然而，葬日之卜，應當在「甫窀」、「筮宅」之後。孫詒讓據〈既夕禮〉謂：「有日，乃據諏日言之，其時實尚未卜日，而甫窀則與卜宅同日，先於將葬之地掘土以發其功，至得吉後，乃竟其事，其節次不可易也。」[74]是知入葬的合理次序，當先諏日，商量謀定吉日，次甫窀而筮宅，然後卜葬日。鄭《注》云：「甫，始也。請量度所始窀之處地。」「窀」通「穿」，

---

[74]　〔清〕孫詒讓：《周禮正義》〈春官・冢人〉，卷41，頁1700。

許訓「窆」為「穿地也」，即掘地為墓壙。經言「請度甫窆」，是知掌管墓地的「冢人」須先劃定葬地區域，而後掘葬地四隅之表土層，以待占筮墓兆是否吉利，若不吉，則另擇葬地。許慎引經，以《周禮》「甫窆」一事，證「窆」字義訓，然其中有意省略之五字，恰是喪葬儀文不容忽略的環節，既有失經訓意旨，從而也阻斷本經原先銜接的語意。

⑧《說文·囧部》：「盟，《周禮》曰：國有疑則盟。諸侯再相與會，十二歲一盟，北面詔天之司慎、司命。盟，殺牲歃血，朱盤玉敦，以立牛耳。从囧从血。」（卷7上，頁142）

按：《說文》引《周禮》曰：「國有疑則盟」，見〈秋官·司盟〉職，經文原作：「凡邦國有疑會同，則掌其盟約之載及其禮儀，北面詔明神」。許書援引大幅刪節原文，濃縮經旨。鄭《注》云：「有疑，不協也」（卷42，頁1387），凡王與諸侯，或諸侯之間有起疑不協者，則盟詛告誓於神，以昭信實。而「諸侯再相與會」以下，隱栝《左傳》諸侯來王都「殷見」之事。合此二者，並用盟禮。許訓「盟」字，又約舉〈天官·玉府〉職：「若合諸侯，則供珠槃玉敦」，〈夏官·戎右〉職：「盟，以玉敦辟盟，遂役之，贊牛耳桃茢」，《禮記·曲禮》：「涖牲曰盟」等文句，裁量關鍵用語成十二字。然而，諦審《說文》「殺牲歃血，朱盤玉敦，以立牛耳」十二字，「朱」為「珠」之省，「立」當作「涖」，且整段釋義亦不比鄭《注》清楚。鄭《注》云：「盟者，書其辭於策，殺牲取血，坎其牲，加書於上而埋之，謂之載書。」（卷42，頁1386），而「古者以槃盛血，以敦盛食。合諸侯者，必割牛耳，取其血，歃之以盟。珠槃以盛牛耳，尸盟者執之。」（卷

6，頁 213），是知「盟載」之法，必先鑿地為方坎，殺牲於坎上，割牲耳盛以珠槃，盛血以玉敦。許慎引經，雖廣涉《周禮》、《禮記》、《左傳》之說成文，但更應額外區別「珠槃」盛耳、「玉敦」盛血的不同用途，整體釋義纔較周延。

⑨《說文・車部》：「轚，車轄相擊也。从車从毄，毄亦聲。《周禮》曰：舟輿擊互者。」（卷 14 上，頁 303）

按：《說文》引《周禮》曰：「舟輿擊互者」，見〈秋官・野廬氏〉職，經文原作：「凡道路之舟車轚互者」。兩相對照，《說文》「擊互」當從《周禮》改作「轚互」，方與本篆相合。大徐本誤「轚」字為「擊」，小徐本不誤，[75]是知《說文》初如是作。鄭《注》云：「舟車轚互，謂於迫隘處也。」賈《疏》申鄭義，「謂水陸之道，舟車往來狹隘之所，更互相擊，故云轚互。」（卷 43，頁 1412），謂「野廬氏」遇道路狹隘，有疏導舟車往來之職責。「轚」指兩車相會，車轂相互碰撞，為「轂擊」之專字。本經因車而連言及舟，故一併書之。許慎訓字為「車轄相擊」，寓意相同，皆由輪軸上的零件相撞，引申有迫隘之意。除了後人傳寫訛誤以外，《說文》引經復有「舟輿」對「舟車」之異文。考〈冬官・考工記〉：「輿人為車」注，鄭云：「車，輿也」（卷 46，頁 1553），「輿」指車箱，為人所居，是車的主要部分，可稱代車名。「車」、「輿」二字，對文則異，散文則通。許慎藉

---

[75] 宋太宗雍熙三年（986）命徐鉉等人校定《說文》傳譌遺脫，始得流傳於世。徐鉉弟鍇亦專研《說文》學，另作《說文繫傳》。世稱鉉所校定者為「大徐本」，《說文繫傳》為「小徐本」。參〔南唐〕徐鍇撰：《說文解字繫傳》〈通釋〉（北京：中華書局，1987 年），第 27，頁 274。

局部以概括全體之法改易經文,是前有所承,或本諸己意,莫敢
遽定。

(三)裁切詞組成單字

許慎在抄寫過程中,為了使引經文句更能貼合《說文》字頭,
又將本經原先上下意義相連的詞組,刪減成單字,來達到引經證
字之目的。由此觀之,《說文》引經的特點,不在忠實呈現經文
內容,而是從廣泛經說中揀選,裁切出適合闡釋文字者,作為引
證素材。如在「館」、「燧」、「涗」等字:

⑩《說文·食部》:「館,客舍也。从食官聲。《周禮》:五十
里有市;市有館;館有積,以待朝聘之客。」(卷5下,頁108)

按:《說文》引《周禮》曰:「五十里有市,市有館,館有積」,
見〈地官·遺人〉職,經文原作:「五十里有市,市有候館,候
館有積」。許書援引刪「侯館」成「館」字,以合本篆之訓。《周
禮》「遺人」掌道路委積,有儲聚禾米薪芻之職,以應國中賓客、
會同等事。據本經里數,供來往使者宿息飲食之客舍,由近而遠,
三十里宿有「路室」,五十里市有「候館」。鄭《注》云:「候
館,樓可以觀望者也。」(卷14,頁484),段玉裁、孫詒讓皆
謂「館」與「觀」聲近字通。「觀」者,能於上觀望也,[76]意謂
「候館」不只有居室,又有高樹樓台,供旅人寓望觀眺,較「路室」
高大。此即「路室」與「候館」建築結構不同處。《說文·人部》:
「候,伺望也」,意與鄭合。然許慎拘牽編纂體例,逐刪經文「候」
字,遂使登高觀望之意不存,與本經微異。

---

[76] 〔漢〕許慎撰,〔清〕段玉裁注:《說文解字注》,5篇上,頁221。

⑪《說文‧火部》：「焌，然火也。从火夋聲。《周禮》曰：遂鐯其焌。焌火在前，以焞焯龜。」（卷 10 上，頁 207）

按：《說文》引《周禮》曰：「遂鐯其焌」，見〈春官‧菙氏〉職，經文原作：「凡卜，以明火爇燋，遂龡其焌契，以授卜師」。今《周禮》「鐯」作「龡」，从炊之形省。鄭注「掌共燋契」，引杜子春云：「燋謂所爇灼龜之木也。契謂契龜之鑿也。」依杜意，「契」為鑽鑿龜甲之用。然鄭玄不從，復引「〈士喪禮〉曰：『楚焞置於燋，在龜東』，楚焞即契，所用灼龜也。」（卷 28，頁 933），《儀禮》有楚焞、燋，而無契，《周禮》有契、燋，而無楚焞。兩相對照下，楚焞即契，用以灼龜，殆無疑義。孫詒讓亦認為，「龜卜所用，有金契，有木契。金契用以鑽鑿，木契即楚焞，用以爇灼。以二者皆刻其耑使鐵銳，故同謂之契，實則異物也。」[77]顯然，《周禮》之「契」非金是木，若是金契，下文何須「吹之」。如依杜意，契以鑽鑿，不以灼龜，「契」字應屬下讀；許書讀「遂鐯其焌」句絕，蓋與杜同，此與鄭讀「遂龡其焌契」有異。此外，鄭《注》云：「焌讀如戈鐏之鐏，謂之契柱燋火而吹之也。契既然，以授卜師，用作龜也。」賈《疏》申鄭義曰：「後鄭讀從〈曲禮〉云：『進戈前其鐏』，意取銳頭以灼龜也。」（卷 28，頁 934），依鄭、賈之意，「焌」為契柱近燋火，柱上銳頭熾燒處，為契柱一部分，必以吹氣使助燃，故合稱「焌契」。段玉裁解釋，「焌者，謂吹而然之也」，[78]理解「焌」為一連貫動作，「吹而然之」僅為成因，非實指，意義不明。許

---

[77] 〔清〕孫詒讓：《周禮正義》〈春官‧菙氏〉，卷 48，頁 1957。
[78] 〔漢〕許慎撰，〔清〕段玉裁注：《說文解字注》，10 篇上，頁 480。

既將「焌」、「契」分讀，引《周禮》釋「焌」之意，似以「焌」為燋火之耑，焌焞不為一物，訓釋亦與鄭不同。許、鄭因句讀、訓解皆異，遂有異文。然禮經所載，以燋燃契，以契灼龜，敘次鮮明，「焌契」一詞確為灼龜之木，不當分讀。

（四）轉錄訛誤

古書在傳抄過程中，因人為疏忽產生字句訛誤，悉屬平常。《說文》後世流傳既廣，由於抄錄造成的引經異文，也須仔細辨明。這類情況可分為二種：其一，是經由後人傳抄《說文》產生的引經增省訛誤。如「訝」、「傀」等字：

⑫《說文・言部》：「訝，相迎也。从言牙聲。《周禮》曰：諸侯有卿訝發。」（卷 3 上，頁 53）

按：大徐本《說文》引《周禮》曰：「諸侯有卿訝發」，見〈秋官・掌訝〉職：「凡賓客，諸侯有卿訝」，鄭《注》云：「訝，迎也」（卷 40，頁 1316），與許訓合。引經所不同者，大徐本誤衍「發」字；小徐本不誤，改作：「諸侯有卿訝也」，謂「以言辭迎而勞之也」，[79]說明「訝」字从言之意。此段異文，為後人傳抄所誤，並非許書原貌。

⑬《說文・人部》：「傀，偉也。从人鬼聲。《周禮》曰：大傀異。」（卷 8 上，頁 162）

按：大徐本《說文》引《周禮》曰：「大傀異」，見〈春官・大司樂〉職：「凡日月食、四鎮五嶽崩，大傀異烖」，鄭《注》云：

79　〔南唐〕徐鍇撰：《說文解字繫傳》〈通釋〉，第 5，頁 46。

「傀，猶怪也。大怪異烖，謂天地奇變，若星辰奔霣及震裂為害者。」（卷25，頁853），許訓字為「偉也」，偉者，奇也。許、鄭皆訓為怪、奇之義。其中引經不同者，大徐本奪失「烖」字；小徐本不誤，改作：「大傀異災」。[80]今《周禮》作「烖」，篆體也，許書作「災」，為籀文，二者同字異構。顯見《說文》引經異文，確有因後人傳抄而致誤。

　　其二，排除他人因素，有出自許慎改動的引經訛誤。如「廄」、「幣」等字：

⑭《說文‧广部》：「廄，馬舍也。从广𣪏聲。《周禮》曰：馬有二百十四匹為廄；廄有僕夫。」（卷9下，頁192）

按：《說文》引《周禮》曰：「馬有二百十四匹為廄，廄有僕夫」，見〈夏官‧校人〉職，經文原作：「凡頒良馬而養乘之。乘馬一師四圉；三乘為皂，皂一趣馬；三皂為繫，繫一馭夫；六繫為廄，廄一僕夫。」許慎約取本經之數，試算成文，非經有明文。鄭《注》云：「二耦為乘，自乘至廄，其數二百一十六匹。」（卷38，頁1252），按計數，馬四匹為「乘」，馬十二匹為「皂」，馬三十六匹為「繫」，六繫即二百一十六匹馬為「廄」，與《說文》「二百十四匹」之數不合，「四」當為「六」之訛寫。小徐亦嘗據鄭《注》校訂《說文》，[81]知《說文》引經錯謬，為許慎自誤。

⑮《說文‧巾部》：「幣，繫布也。从巾辟聲。《周禮》曰：駹車犬幣。」（卷7下，頁160）

80　同前註，第15，頁161。

81　同前註，第18，頁187。

按：《說文》引《周禮》曰：「駹車犬幦」，見〈春官‧巾車〉職，經文原作：「駹車，萑蔽，然幦，髤飾」。許書引作：「犬幦」，段玉裁謂：「蓋許一時筆誤」，[82]是矣。古者王所乘喪車有五：依序為木車、素車、藻車、駹車、漆車。其中木車與素車覆於車軾上之皮，皆為「犬幦」，許慎蒙上文轉引而誤，當改從今本作「然幦」。許、鄭用字不同，還在於《說文》作「幦」，而《周禮》作「幦」。《儀禮‧既夕禮》：「主人乘惡車，白狗幦」，鄭云：「幦，覆笭也。以狗皮為之，取其臑也。古文幦為幦」。[83]《儀禮》「白狗幦」即《周禮》「犬幦」，為「幦」、「幦」互通之證。鄭玄指出「古文幦為幦」，「幦」從辟聲，「幦」從冥聲，古音一在支部，一在青部，支青對轉，得以通借。《說文‧衣部》無「幦」字，而有「幦」字，許慎引《周禮》有「幦人」，今本作「幦人」。「幦」、「幦」，不過所從巾旁上下、左右錯置，實為同字。「幦」從衣，為「幦」字別體。綜言之，「幦」、「幦」及「幦」三字通用，與「幦」字屬假借關係。孫詒讓謂：「此經則幦為巾幦字，而覆笭字作幦」，[84]雖有意區隔字用，但無論文字如何假借，車覆笭自古皆用獸皮製成，許慎引經與幦字「鬃布」本義不相應，是藉此證成文獻中「幦」字的假借用法。

　　早在清代，俞樾便曾指出「《說文》引《詩》，往往有合兩句為一句」的現象，[85]說明古人徵引文獻，往往採取較靈活的書

---

82 〔漢〕許慎撰，〔清〕段玉裁注：《說文解字注》，7篇下，頁362。

83 〔漢〕鄭玄注，〔唐〕賈公彥疏：《儀禮注疏》，卷41，頁482。

84 〔清〕孫詒讓：《周禮正義》〈春官‧巾車〉，卷52，頁2172。

85 〔清〕俞樾：〈古人引書每有增減例〉，《古書疑義舉例》（上海：上海古籍出版社，2007年），卷3，頁39。

寫形式。可是，許慎何止刪併經句，有時甚至憑藉己意改動經文，產生許多對《周禮》字義的不同解釋，這些因為裁切經文衍生出的爭議，實不能草率帶過。只能說，受限於編纂體例，在有限字數內，許慎既要析形釋義，兼及音讀，又要引證典籍，所謂「智者千慮，必有一失」，勢不能處處周全。反觀《周禮注》屬於注疏體裁，本為闡釋古籍涉及的人物姓字、史地沿革與名物度數而設，形式不拘。基於當時《周禮》的經典權威，使得鄭玄必須忠實看待經文異同，嚴守分際，即便有疑問，泰半也只在《注》中標明「當為某」，權當救正之辭。兩相比較之下，許慎、鄭玄對經書取捨的態度，一持進取，一持保守；一略引其意，一嚴守其詞，這不僅影響引經異文的表現形式，也突顯出東漢《周禮》的學科意識是如何在許、鄭之間日漸攀升的事實。

三、因許慎、鄭玄所依傳授有別造成的異文

　　漢承秦制，經書的來源，主要透過兩個途徑，一是由先秦耆老口述，寫定成書；二則是透過民間獻書朝廷，由國家館藏。《周禮》屬於後者，因為晚出，西漢罕有經師傳授。直至劉歆、杜子春初通古字，二鄭賈馬諸儒賡續解詁，始可通讀。嗣後，鄭玄網羅眾說，折衷其是，東漢《周禮》古文學說，自此大行於世。就目前所知《周禮》傳授譜系中，由於許慎沒有《周禮》專著，因此未被納入譜系，但透過《說文》引經與今本《周禮》的比較，還是能看出許、鄭二人對於先儒經說的取捨，及版本用字的選擇態度。有關這類異文，分為幾種情況：

（一）師說取捨不一

漢儒說經，首重師傳。許慎作《說文》，嘗自言「博問通人，考之於逵」，格外重視「師說」對章句訓解的指導作用。許慎本從賈逵受古學，而逵之《周禮》學，本乎杜子春；同時，鄭興父子亦從子春學，子春復上承自劉歆。《周禮》的師說源流，可謂昭然若揭，一脈相承，是故《說文》所釋，多與四家經說暗合。不過，到了鄭玄撰《周禮注》，致力於「思整百家之不齊」，對先前《周禮》譜系相沿之師說，專事考訂，確立一套具有「家法」特色的釋經體系。簡單來說，東漢《周禮》學，從許慎到鄭玄短短數十年間的發展，經歷從一字一句恪遵師法，蛻變成鄭氏的一家之言。鄭玄在整合眾家經說的基礎上，擇善而從，亦賦予個人更寬廣的詮釋空間。錢大昕曰：「漢儒雖同習一家，而師讀相承，文字不無互異」，[86]換言之，端看許、鄭兩人承傳師說與否，也成為分析《說文》引經異文的關鍵。舉例來說：

有許從杜子春經說改字，而鄭《注》不從者：

⑯《說文・車部》：「軹，車軾前也。从車凡聲。《周禮》曰：立當前軹。」（卷 14 上，頁 301）

按：《說文》引《周禮》曰：「立當前軹」，見〈秋官・大行人〉職，經文原作：「立當前疾」，鄭玄引鄭司農云：「前疾，為駟馬車轅前胡下垂拄地也。」（卷 44，頁 1446）。惠士奇據《論語・鄉黨・疏》及《詩・蓼蕭・疏》引《周禮》此文作「前疾」，因

---

86 〔清〕錢大昕：《十駕齋養新錄》，錄自《嘉定錢大昕全集》（南京：江蘇古籍出版社，1997 年），卷 4，頁 83。

古文「疒」、「疾」形近互譌，俗本傳誤莫辨，[87]故經文當作「立當前疒」。「前疒」之疒，字與「胡」通。「前胡」者，蓋指車軓前，車轅如頤下垂入輿下之處，[88]與上述先鄭用字雖異，義則實同。《說文》引作「前軓」，孫詒讓謂其「由所據本異，抑或經師異讀，皆未可定」，[89]未敢確信許書理據何在？段玉裁據《詩·匏有苦葉》正義校改〈夏官·大馭〉職：「祭軓乃飲」注，云：「故書軓為軧。杜子春云：軧當為軓，軓謂車軾前也。」[90]杜氏見故書作「軧」，而改為「軓」，說字本訓為《說文》沿用。考《禮記·少儀》：「祭左右軌范乃飲」，鄭云：「范，謂軾前也」，[91]又為「軓」之同音借字。鄭玄不改本經譌字；而許慎遵從杜說，易為「軓」字，當得其實。

　　有許從鄭大夫經說改讀，而鄭《注》不從者，如：

⑰《說文·肉部》：「膴，無骨腊也。揚雄說：鳥腊也。从肉無聲。《周禮》有膴判。讀若謨。」（卷4下，頁89）

按：《說文》引《周禮》有「膴判」，見〈天官·腊人〉職，經文原作：「膴胖」。鄭《注》引鄭大夫云：「胖讀為判」，又云：「胖之言片也，析肉意也。」（卷4，頁143），「胖」从半聲，與「判」字同音，具分、半義。禮家以「胖」為半體肉，稱左體謂之「左胖」，右體謂之「右胖」。《說文》引經，本鄭大夫轉

87　〔清〕惠士奇：《禮說》，卷13，頁27。

88　錢玄編著：《三禮辭典》（南京：鳳凰出版社，2014年），頁537。

89　〔清〕孫詒讓：《周禮正義》〈秋官·大行人〉，卷71，頁2933。

90　〔漢〕許慎撰，〔清〕段玉裁注：《說文解字注》，14篇上，頁721。

91　〔漢〕鄭玄注，〔唐〕孔穎達疏：《禮記正義》，卷35，頁636。

讀之說，易「胖」為「判」，以「膴判」為一事，訓為薄切無骨
之腊肉。復從揚雄之說，訓「膴」字為「無骨腊」。腊者，乾肉
之屬。惟鄭玄據〈公食大夫禮〉與〈有司徹〉二文，明「膴為朕
肉大臠」，且訓「膴」為大，則「膴」與「胖」實不同。鄭謂「胖
宜為脯而腥」，依其意，「薄析曰脯」，「胖」者，不乾而腥，
意即薄切不煮之生肉也。當知膴、胖雖有厚薄之分，但皆非乾肉
之屬。賈《疏》引《鄭志》弟子趙商問曰：「腊人掌凡乾肉而有
膴、胖何？」，鄭答：「雖鮮，亦屬腊人。」（卷4，頁142），
是鄭以膴、胖為鮮肉，非乾肉也。此段異文，許慎遵從鄭大夫、
揚雄之說轉讀立訓；鄭玄則依禮經所述，不改本經用字，且釋膴、
胖有厚薄之分，皆屬生肉，則又與許慎乾肉之說有別。

　　有許從鄭司農經說改字，而鄭《注》不從者：

⑱《說文・夲部》：「夲，气夲白之進也。从大从白。《禮》：
祝曰夲，登謌曰奏。故夲奏皆从夲。《周禮》曰：詔來鼓皋舞。
皋，告之也。」（卷10下，頁215）

按：《說文》引《周禮》曰：「詔來鼓皋舞」，見〈春官・樂師〉
職，經文原作：「詔來瞽皋舞」。鄭《注》引鄭司農云：「瞽當
為鼓；皋當為告，呼擊鼓者，又告當舞者持鼓與舞俱來也。鼓字
或作瞽，詔來瞽，或曰來，勑也」。據此，知先鄭破「瞽」為「鼓」，
以為擊鼓呼告舞者持鼓俱來，許書引作「來鼓」，正與先鄭同。
今《周禮》作「來瞽」，從本經別本，先鄭雖有「或曰」一說，
然文義未足。鄭玄增其義云：「詔來瞽，詔『視瞭』扶瞽者來入
也。皋之言號，告國子當舞者舞。」（卷26，頁867-868），「視
瞭」有「相瞽」之職，因瞽者無目，當由人從旁扶侍，登堂作樂，

此舉《禮》有明文，號為「扶工」。〈春官・大祝〉職曰：「來
瞽，令皋舞」，與此同事，鄭云：「皋讀為卒嘷呼之嘷。來、嘷
者皆謂呼之入。」（卷29，頁966），謂瞽者言來者，以來為入，
而令國子舞。言皋者，亦以號呼為入。段玉裁解釋，「古告、皋、
嘷、號四字音義皆同」，[92]用字雖異，實無差別。此處許慎從先
鄭改「瞽」為「鼓」；鄭玄不改字，乃補足文義，故有異文。然
訓皋為告，皆襲自先鄭，當知二人各有揀擇。

（二）經書版本不一

漢儒解經，除了倚重經師章句外，復以勘訂各家經本文字為
先務。《漢書・藝文志》稱劉向以中古文《易經》校施、孟、梁丘
《經》；又稱向以中古文《尚書》校歐陽、大小夏侯三家經文，特
詳於今、古文經字對勘。《周禮》晚出，無今、古文之別，但因
流傳民間既久，經師所持經本來源非一，若無細審，必有貽誤。
因此，鄭玄校注《周禮》，留意蒐羅異本，兼存「故書」、「今
書」，此般做法，堪稱後世《校勘記》之先導。許慎引《周禮》，
雖無表明底本為何，但從若干引經異文，核之鄭《注》，可推知
許慎所用經本，大抵為「故書」一類。許、鄭兩人所持經本固有
差異，加上鄭玄注書，特意揀擇，遂造成《說文》引經與今本產
生異文。像在「郡」、「旗」、「奴」、「觶」等字：

⑲《說文・邑部》：「郡，國甸，大夫稍稍所食邑。从邑肖聲。
《周禮》曰：任郡地。在天子三百里之內。」（卷6下，頁132）

按：《說文》引《周禮》曰：「任郡地」，見〈地官・載師〉職，

92　〔漢〕許慎撰，〔清〕段玉裁注：《說文解字注》，10篇下，頁498。

經文原作：「以家邑之田任稍地」。鄭《注》云：「故書稍或作削」（卷14，頁466），鄭玄以故書或作「削」，即〈天官・冢宰〉所稱「家削之賦」。言故書或作，知故書不必為一本，鄭玄以「削」為故書，「稍」當為今書。許書引作「郹」，《釋文》於「家削」下云：「本亦作稍，又作郹。」（卷2，頁50），「郹」、「削」、「稍」三字皆从肖聲，可通用。既以「稍」字為今書，則「郹」字為故書。阮元《周禮注疏・校勘記》云：「此『稍』字當以从邑作『郹』為正。『稍』，其義訓也。」（卷14，頁487），考《說文》訓「稍」字為「出物有漸也」；訓「削」字為「鞞也。一曰析也。」國甸食邑之正字，當作「郹」，从邑，「稍」、「削」應為同音借字，阮說甚是。再則，鄭《注》云：「四郊去國百里，邦甸二百里，家削三百里，邦縣四百里，邦都五百里。」（卷2，頁49），許慎以郹地「在天子三百里之內」，三百里之內，當合四郊、邦甸、家削等地。段《注》意此有奪文，增作：「國甸之外曰家郹」。[93]然以距國里數劃分，郊甸以外同屬野地，郹地亦在其中，許慎統言之，與鄭義並無不同，不必妄增。許、鄭引經，各有所據底本，作「削」或「郹」者，並為故書，鄭玄以今易古為「稍」字，遂成異文。

⑳《說文・㫃部》：「旟，熊旟五游，以象罰星，士卒以為期。从㫃其聲。《周禮》曰：率都建旟。」（卷7上，頁140）

按：《說文》引《周禮》曰：「率都建旟」，見〈春官・司常〉職，經文原作：「師都建旟」。王念孫云：「師，乃帥字之譌，

---

[93]　同前註，6篇下，頁284。

下〈大司馬〉：『師都載旝』，亦當作帥都。」（卷 32，頁 1069）。
古率、帥字通，〈春官‧樂師〉職：「帥射夫以弓矢舞」注，曰：
「故書帥為率」（卷 26，頁 869），許書引經作「率」，本於故書
無疑。至於「師都」是否真為「帥都」之誤，亦不盡然。考〈序
官‧族師〉注，鄭云：「師之言帥也」（卷 9，頁 307），師者，
猶言「帥也」。「司常」掌九旗物名，贊司馬頒旗物。以身分區
分，上自王、諸侯、孤卿、大夫、士各級；以區域劃分，師都、
州里、縣鄙等地，所持旗物皆有明文。鄭玄云：「師都，六鄉六
遂大夫也。謂之師都，都民所聚也」；賈《疏》申鄭義曰：「師，
眾也。都，聚也。主鄉遂民眾所聚，故謂之師都。」（卷 32，頁
1056-1057），鄭玄不從故書，定為「師都」，謂旗之所以畫熊虎，
蓋因「鄉遂出軍賦，象其守猛，莫敢犯也」，故以取譬。許、鄭
引經之異，在所據經本不同。然就文義推陳，許慎從故書作「率
都」，不比「師都」易於理解，此處鄭義尤勝。

㉑《說文‧女部》：「奴，奴婢皆古之辠人也。《周禮》曰：其
奴；男子入于辠隸；女子入于舂藁。从女从又。」（卷 12 下，頁
260）

按：《說文》引《周禮》曰：「其奴，男子入于辠隸，女子入于
舂藁」，見〈秋官‧司厲〉職。今本《周禮》「辠」字作「罪」，
「藁」字作「槀」。「辠」、「罪」為古今字，可互作。鄭《注》
引鄭司農云：「謂坐為盜賊而為奴者，輸於罪隸、舂人、槀人之
官也。由是觀之，今之為奴婢，古之罪人也。」（卷 42，頁 1392），
是知許書云：「奴婢皆古之辠人也」，即用先鄭說。《說文‧艸
部》無「藁」字，考〈春官‧小行人〉職：「若國師役，則令槁

襘之」注，鄭云：「故書槁為稾」（卷44，頁1464），「槁」與「稾」，从木偏旁呈左右、上下佈局，為一字異構。許慎引經作「藁」，為故書「稾」之借字，抑或故書別本如是作，不可臆決。經言「女子入于舂稾」，《周禮・地官》「舂人」屬職有「女舂抌」；「稾人」屬職有「女稾」，皆以女奴充當主要成員，即知古代女犯確有輸於官府從事勞動。許、鄭二人所據經本有異，但無論故書作「稾」，今書作「槁」皆同字，此當以鄭《注》本為正。

㉒《說文・斗部》：「斞，量也。从斗臾聲。《周禮》曰：桼三斞。」（卷14上，頁300）

按：《說文》引《周禮》曰：「桼三斞」，見〈考工記・弓人〉，今本《周禮》「桼」作「漆」。考〈地官・載師〉職：「漆林之征」注，鄭云：「故書漆林為桼林。杜子春云：當為桼林。」（卷14，頁473），知故書作「桼」，許慎從之，鄭玄易為从水之「漆」。考《說文・桼部》：「桼，木汁，可㠯髤物。」是指以樹皮採集的汁液為塗料。許書以「桼」為正字，「漆」為水名，乃「桼」之假借。又《說文・几字》引《周禮》「髤几」，今本又作「漆几」。《說文・桼部》：「髤，桼也」，段《注》解釋，「以桼桼物皆謂之髤，不限何色也。」[94]「桼」為物名，「髤」屬動詞，故从桼。依許意，「髤几」是以木汁塗料彩畫之几具。此外，「髤」亦作「髹」，〈春官・巾車〉職：「髹飾」注，鄭云：「故書髹作軟。杜子春云：軟讀為桼垸之桼，直謂髹桼也。」（卷32，頁

[94] 〔漢〕許慎撰，〔清〕段玉裁注：《說文解字注》，6篇下，頁276。

1045），故書「軟」从次聲，古音「次」同「㳄」，故可通假。
漢人分別「㳄」、「㳄」二字，本來嚴明，許慎引經遵從故書，
尚可識別；鄭玄均從俗作「漆」，則「㳄」字見廢。

　　過去對《周禮》版本流傳的情形，須由鄭《注》所列「故書」、
「今書」異文中推求。現以此與《說文》互較，能發現許慎引經確
實以「故書」為主。當然，這番論斷是在鄭玄明確指出「故書某
作某」的前提下，對比繫聯出的結果。值得強調的是，《說文》
引經，尚有些鄭《注》未指明的「故書」異文，像《說文·艸部》
的「茝」字，許慎引《周禮·醢人》有「茝菹」（卷1下，頁16），
今本「茝」字作「芹」。段玉裁、阮元皆謂「茝」為《周禮》故
書字，今本省作「芹」。[95]「茝」字，唯見《說文》，當是許君
自「故書」別本所得，而鄭《注》失收。凡此，皆有助於瞭解在
鄭玄正式勘訂經本以前，漢儒傳習《周禮》的異文情況。

（三）選用異體字

　　承上所述，既然東漢《周禮》流傳版本眾多，古籍中普遍存
在「同字異構」的現象，也就特別值得留意。許慎引經有一類的
異文現象，正是因為與鄭玄選用不同版本的字體所致。在《說文·
敘》中，許慎自言編錄原則，將正篆以外重複出現的古、籀字形，
一般稱「異體字」，附列於後，藉此保存文字形體演變的過程。
經由比對許、鄭引經異文，也確知《周禮》的某些古字，早已進
入《說文》體系，成為許書所謂的「重文」。如「副」、「㫃」、
「く」等字：

95　同前註，1篇下，頁24。

㉓《說文‧刀部》：「副，判也。从刀畐聲。《周禮》曰：副辜祭。𨐅籀文副。」（卷4下，頁91）

按：《說文》引《周禮》曰：「副辜祭」，見〈春官‧大宗伯〉職，經文原作：「以疈辜祭四方百物」。許、鄭所據經本用字不同，「疈」為籀文，篆文「副」字，乃「疈」之形省，疑古文和小篆同此。〈地官‧牧人〉注引杜子春語，亦作「副辜」（卷13，頁453），許書或從杜說，亦未可知。鄭《注》云：「疈，疈牲胷也。疈而磔之謂磔攘。」（卷19，頁657），謂「疈」為祭名，劈祭牲之胸，析其肢體以祭四方小神。又，《禮記‧曲禮上》：「為天子削瓜副之，巾以絺」注，鄭云：「副，析也」；[96]許書訓「副」為「判也」，析、判皆「分」義，是許、鄭引經之異，實一字的省略寫法，釋義無不同。

㉔《說文‧㫃部》：「旃，旗曲柄也。所以旃表士眾。从㫃丹聲。《周禮》曰：通帛為旃。𤭖旃或从亶。」（卷7上，頁140）

按：《說文》引《周禮》曰：「通帛為旃」，見〈春官‧司常〉職，經文原作：「通帛為旜」。許訓「旃」為「旗曲柄也」，乃就旗幟特徵而言。「旃」字从㫃，古「㫃」字作「𣃟」，本象旗幟飄揚之形，字从丹聲，形聲兼會意。丹者，赤朱色也。鄭《注》云：「通帛謂大赤，從周正色，無飾。」（卷32，頁1055），則赤色之義亦在字中。許、鄭所據經本不同，許以「旃」為正字，鄭作「旜」即「旃」字或體，兩人引經看似雖異，實為同字，《說文》皆併入同一字條。

㉕《說文・く部》：「く，水小流也。《周禮》：匠人為溝洫，耜廣五寸；二耜為耦；一耦之伐，廣尺，深尺，謂之く。倍く謂之遂；倍遂曰溝；倍溝曰洫；倍洫曰巜。凡く之屬皆从甽。甽古文く，从田从川。畖篆文く，从田犬聲。六畖為一畝。」（卷11下，頁239）

按：《說文》引《周禮》曰：「一耦之伐，廣尺，深尺，謂之く」，見〈考工記・匠人〉。今本《周禮》「く」作「甽」，「巜」作「澮」。許慎以「甽」為「く」之古文，「畖」為「く」之小篆。段玉裁「疑古文當作籀文，蓋く、巜皆古文也。」[97]依照《說文》收字條例，先古籀而後小篆者，以初文為部首，統攝所从部屬字，故「く」、「巜」皆古文象形字，則「甽」為籀文，「畖」為篆體。又，鄭《注》曰：「甽，畖也」，《釋文》云：「畖也，與甽同，古今字也。」（卷49，頁1673），「甽」為籀文「甽」之省形。依鄭意，「甽」與「畖」為一字，漢時通用「畖」，故鄭玄以今字釋古字。今本「巜」作「澮」，《說文》云：「巜，水流澮澮也」，段《注》謂：「澮澮當作浯浯。水部曰：浯浯，水流聲也。古昏聲、會聲通用」，[98]澮本為水名，假音近通用，借為「巜」字，本字亦當作「巜」。許、鄭用字之異，因所據經本不同。「く」作「甽」，為一字異構；「巜」作「澮」為同音假借。《說文》引經，兼存古籀、篆體字形，與鄭玄釋義相合。

97　〔漢〕許慎撰，〔清〕段玉裁注：《說文解字注》，11篇下，頁568。
98　同前註，11篇下，頁568。

四、因許慎明本字，鄭玄釋假借造成的異文

古書傳世，初憑口授，人有地域遠近，音有方言類別，其後寫定於竹帛，文字不同，勢所難免。陸德明《經典釋文·序》引鄭玄云：「其始書之也，倉卒無其字，或以音類比方假借為之，趣於近而已。」[99]可見鄭玄早已察覺古籍用字有「同音假借」之現象。據《說文·敘》云：「假借者，本無其字，依聲託事」，所謂文字假借，蓋由人們記錄語言時，借用已造出的同音字代替未造出的文字，依其聲音，寄託原欲表達的字義，此為「假借」之正例。段玉裁進而解釋：「大氐假借之始，始於本無其字；及其後也，既有其字矣，而多為之假借；又其後也，且至後代，譌字亦得自冒於假借。博綜古今，有此三變。」[100]古文經傳多不用本字入文，好用假借，此屬於段氏所稱有本字之假借。業經代代流傳，轉寫變異，後人竟不自知。因此，許慎撰著《說文》，為詮明文字之始，每字依形體說解本義，引經佐證，必選用合於初形本義之字。反觀鄭玄注經，雖有「讀為」、「讀曰」之例，透過訓詁將本有其字的假借，還原本字義訓。但出於尊經心理，不好改易經文。由此當知，造成許、鄭引經異文，蓋因兩人注述旨趣不同，許慎講究申明本字，鄭玄則在不改本經借字的情形下，率以當時所持傳本為之注釋。這類異文，有以下幾種情形：

（一）常見同音孳乳字

有古籍傳抄過程，常見的同音假借。如《說文·竹部》的

---

[99]　〔唐〕陸德明：《經典釋文》〈敘錄〉，頁6。

[100]　〔漢〕許慎撰，〔清〕段玉裁注：《說文解字注》，15篇上，頁757。

「簐」字，許慎引《周禮》：「仲秋獻矢簐」（卷5上，頁98），今本《周禮》「仲秋」作「中秋」。《禮記・月令》：「仲春之月」，鄭云：「仲，中也」，[101]「仲」从中聲，同音通用。

又如《說文・弓部》的「弓」字，許慎引《周禮》：「六弓」，云：「王弓、弧弓以射甲革、甚質；夾弓、庾弓以射干矦、鳥獸；唐弓、大弓以授學射者。」（卷12下，頁269），今本《周禮》「甚質」作「楷質」，「干矦」作「犴侯」。考〈夏官・圜師〉職：「射則充楷質」注，云：「楷質，所射者習射處」（卷38，頁1262），楷質者，為習射時所用，以樹楷為射的。《說文》無「楷」字，而有「甚」字，段《注》云：「引申凡殊尤，皆曰甚」，[102]非射質之義。許慎作「甚」，當為「楷」字假借。又，《說文》有「犴」字，字或从犬作「犴」，許慎訓為「胡地野狗」（卷9下，頁198），古以犴皮為鵠，為士所射之侯。《儀禮・大射儀》：「干五十」，鄭云：「干讀為犴」，[103]是許慎從《儀禮》原文，鄭玄改讀為「犴」。依本經原意，字當作「犴」，《儀禮》作「干」為同音借字。此種異文類型，能從字面上輕易辨識，當屬於同一語源的借代現象。

（二）以後起形聲字為本字[104]

《說文》為區別經傳古文省假字，有以後起形聲字為本字，設立字頭，一方面加強形符的表意功能，使引經內文與本篆釋義相

101　〔漢〕鄭玄注，〔唐〕孔穎達正義：《禮記正義》，卷15，頁298。

102　〔漢〕許慎撰，〔清〕段玉裁注：《說文解字注》，5篇上，頁202。

103　〔漢〕鄭玄注，〔唐〕賈公彥疏：《儀禮注疏》，卷16，頁187。

104　文字學上使用「本字」名稱的情況，有時是指一字較原始的書寫形式，或是分化字所从出母字，這裏所談的是與假借字相對的本字。相關討論，參裘錫圭：《文字學概要》，頁179-188。

合，來達到解說文字之目的。此處最能看出許、鄭之間著述理念的差異，像「瑁」、「僤」、「爆」、「挑」等字：

㉖《說文·玉部》：「瑁，諸侯執圭朝天子，天子執玉以冒之，似犁冠。《周禮》曰：天子執瑁四寸。从玉冒，冒亦聲。」（卷1上，頁11）

按：《說文》引《周禮》曰：「天子執瑁四寸」，見〈考工記·玉人〉，今本《周禮》「瑁」作「冒」。《說文》析字為「从玉冒，冒亦聲」，从冒者，聲兼義也，其義未揭明。鄭《注》云：「名玉曰冒者，言德能覆蓋天下也。」（卷48，頁1622），詮明「瑁」字何以从冒。考《書·顧命》曰：「上宗奉同瑁」，偽《孔傳》云：「瑁所以冒諸侯圭，以齊瑞信」，[105]古代諸侯來朝，天子執瑁，核對諸侯之圭，是否和賜與之圭，大小相當。「瑁」本器名，以玉為之，經文當以从玉之字為正。許慎引作「瑁」，正合本義，今本作「冒」，為「瑁」字假借。鄭言：「名玉曰冒者」，未嘗不以「瑁」字為正，其間差別只在許慎引經證本字形義，鄭玄雖知「冒」為借字，但不更動經文。

㉗《說文·人部》：「僤，疾也。从人單聲。《周禮》曰：句兵欲無僤。」（卷8上，頁163）

按：《說文》引《周禮》曰：「句兵欲無僤」，見〈考工記·廬人〉，今本《周禮》「僤」作「彈」。鄭《注》云：「故書彈或作但。鄭司農云：但讀為彈丸之彈，彈謂掉也。」（卷48，頁1652），

---

[105] 題〔漢〕孔安國傳，〔唐〕孔穎達正義：《尚書正義》，卷18，頁281。

段玉裁疑心「經文彈字本作「僤」，「彈」乃先鄭所易字」，[106]惠士奇同此說，[107]皆以故書「但」為「僤」之誤。然細審之，鄭玄謂故書或作，是故書外尚有別本，先鄭所見經本為「但」，鄭玄遵先鄭校讀，易為「彈」字。「但」從旦聲，「彈」從單聲，音近通假，不必為「僤」之字誤。故書作「但」，為古文借字；許慎引作「僤」，為本字。又，許慎訓「僤」為「疾也」，先鄭訓「彈」謂「掉也」，考《說文・手部》：「掉，搖也」，孫詒讓謂：「凡持長物，緩則定，疾則動掉，故僤訓疾，亦訓掉，二義相成」，[108]經文「句兵欲無彈」，蓋言戈戟之柲，欲其行動時堅固不掉於手，由是可知許、鄭引經用字雖異，釋義相承。

㉘《說文・火部》：「爃，火乾車網絕也。从火兼聲。《周禮》曰：爃牙外不爃。」（卷10上，頁209）

按：《說文》引《周禮》曰：「爃牙外不爃」，見〈考工記・輪人〉，今本《周禮》「爃」作「揉」，「爃」作「廉」。古代制輪，輪之外框謂之「牙」，合多數揉曲之木而成圓形，故「牙」亦從木作「枒」。而揉木之工，必用火炙燒，鄭玄云：「揉謂以火橋之」（卷46，頁1544）。《說文・手部》無「揉」字，〈火部〉有「煣」字，字訓為「屈申木」，段玉裁稱引《漢書・食貨志》：「煣木為耒」為證，[109]則當以從火之「煣」為正字。「揉」從手柔聲，為同音借字。《周禮》論用火煣牙之法，賈《疏》云：

---

[106] 〔漢〕許慎撰，〔清〕段玉裁注：《說文解字注》，8篇上，頁369。

[107] 〔清〕惠士奇：《禮說》，卷14，頁24。

[108] 〔清〕孫詒讓：《周禮正義》〈考工記・廬人〉，卷82，頁3408。

[109] 〔漢〕許慎撰，〔清〕段玉裁注：《說文解字注》，10篇上，頁484。

「古者車輞，要當木善，火齊乃得，乃可圓而得所也。」（卷 46，頁 1547），車輞即牙，此言用火屈木，善用火者，可得圓正。「燫」者，鄭《注》本作「廉」，云：「廉，絕也」，與許義相合。「廉」從兼聲，實「燫」之借字，知許慎引經以本字入文。

㉙《說文・土部》：「垗，畔也。為四時界，祭其中。《周禮》曰：垗五帝於四郊。從土兆聲。」（卷 13 下，頁 289）

按：《說文》引《周禮》曰：「垗五帝於四郊」，見〈春官・小宗伯〉職，今本《周禮》「垗」作「兆」。段《注》云：「今《周禮》作『兆』，許作『垗』者，蓋故書、今書之不同也。」[110]以所據版本不同作解釋。然阮元《校勘記》謂：「《說文》引此語，『兆』作『垗』，非改字，今亦未辨『兆』為故書與今書，不可臆決。」（卷 20，頁 712），又不以許、鄭用字之異，歸因於版本緣由。考〈春官・肆師〉職：「掌兆中廟中之禁令」，鄭云：「兆，壇營域」（卷 21，頁 722）；又《禮記・樂記》曰：「綴兆舒疾」，鄭云：「兆，其外營域也」。[111]古者於祭壇四周，封土為界。鄭言「營域」，蓋指四周界域，經傳謂之「兆」。段《注》改「四時」為「四畔」，云：「四畔謂有垗也」，[112]許慎引作「垗」，「垗」從土，以別龜卜吉凶兆象之「兆」，經傳借「兆」為「垗」。許、鄭引經用字雖異，釋義無不同，可視為許書明本字，鄭注釋假借之顯例。

（三）許意為正字，實為譌字同音假借

　　傳統字書肩負諟正字體之撰著目的，《說文》也透過引經字形的調整，提示讀者早已佚失於經典之中的文字初義，或可能存在的經字訛誤。這種特殊異文，經由許慎調整而成，與今本文字存在某種聲義關係。其中，不乏有段玉裁所稱「譌字亦得自冒於假借」的現象。比如「魃」、「臚」、「鰜」等字：

㉚《說文・鬼部》：「魃，旱鬼也。从鬼友聲。《周禮》有赤魃氏，除牆屋之物也。《詩》曰：旱魃為虐。」（卷9上，頁188）

按：《說文》引《周禮・秋官》有「赤魃氏」，今本《周禮》「赤魃」作「赤友」。鄭《注》云：「赤友猶言挦拔也，主除蟲豸自埋者。」依鄭意，本經作「赤友」，音義應同从手旁之「挦拔」，賈《疏》謂：「挦拔，除去之也。」（卷40，頁1311-1322），有除惡之義。許慎引作「赤魃」，「魃」字从鬼，復引《詩・大雅・雲漢》：「旱魃為虐」為證，訓字為「旱鬼」。段玉裁解釋道：「云除牆屋之物，物讀精物、鬼怪之物，故毆之之官曰赤魃氏」，[113]是許、鄭訓解所除牆屋之物，一為精怪，一為蟲豸，釋義有別。考〈赤友氏〉職曰：「凡隙屋，除其貍蟲」，「貍」為「埋」之借字，知其職掌，主除埋藏於牆屋中的蟲豸無疑。許慎連引《詩》、《周禮》作「魃」字，訓為旱鬼，解《詩》義尚可，但解《周禮》則誤。段玉裁或疑許書本賈侍中所傳，倘如其意，則《說文》作「魃」字，在許慎看來，為本經正字；但在鄭玄眼中，不過與今本「友」字一樣，皆為「拔」字假借。「魃」借為

---

[113] 同前註，9篇上，頁435。

「拔」，這種因同音字引發許、鄭經義解讀上的歧異，可以謂字同音假借視之。

㉛《說文·肉部》：「膴，乾魚尾膴膴也。从肉肅聲。《周禮》有腒膴。」（卷4下，頁89）；又，《說文·魚部》：「鱐，鮏臭也。从魚桌聲。《周禮》曰：膳膏鱐。」（卷11下，頁244）

按：《說文》兩處引《周禮》，此見〈天官·庖人〉職，經文原作：「夏行腒鱐，膳膏臊」。許慎引經「腒鱐」作「腒膴」，「膏臊」作「膏鱐」，从魚从肉，各與今本互異。鄭《注》引鄭司農云：「腒，乾雉。鱐，乾魚」，且謂：「腒、鱐暵熱而乾」（卷4，頁125），申明盛夏酷暑，所藏之物易乾，故夏用乾物。考《禮記·內則》曰：「夏宜腒鱐」，《釋文》載：「鱐本又作膴」，與許書合。「鱐」字从魚，〈天官·籩人〉職：「膴、鮑魚、鱐」注，鄭云：「鱐者，析乾之。」（卷5，頁178），以「鱐」為魚物，故从魚。許書作「膴」，因文字涉上下文而加偏旁，《說文·肉部》云：「北方謂鳥腊為腒」；同理，魚腊亦能从肉作「膴」。「膴」、「鱐」皆从肅聲，屬有本字的假借。許、鄭用字雖異，釋義無不同。其次，許慎引經作「膏鱐」，今本作「膏臊」。孫詒讓引阮元《校勘記》云：「《周禮》諸本不同。《說文》引經，每兼釋異本。蓋『膏臊』一作『膏鱐』，而其義為魚臭，與鄭以為豕膏，杜以為犬膏，俱互異。《說文》於『鱐』下引《周禮》，於『臊』下止存『豕膏臭』一義，則許氏所據古文本作『鱐』。」[114]阮說是也。惟〈天官·內饔〉辨腥臊羶香之不可食，談到辨識

---

[114] 〔清〕孫詒讓：《周禮正義》〈天官·庖人〉，卷7，頁265。

臭味的方法，云：「羊泠毛而毨，羶；犬赤股而躁，臊；豕盲視而交睫，腥。」（卷4，128），可知「羶」以言羊，「臊」以言犬，「腥」以言豕，則經言「臊」指犬臭，甚明。《說文・魚部》有「鮏」字，訓為魚臭，則不當別立从魚之「鱢」字。又許訓「臊」為豕膏臭，本先鄭說；鄭玄從杜說，訓為犬膏，亦較許訓為長。若進言之，「鱢」、「臊」皆从喿聲，今據〈內饔〉文，證「臊」應為犬臭。許引作「鱢」，以「鱢」借為「臊」，當視為譌字的同音假借。

　　從上揭異文例證，可見許、鄭引經最大的不同，在於《說文》盡可能選用合於經書語義的本字入文；鄭《注》則保留經典中的假借字。當知古人傳經，形諸文字，以「同音假借」為特徵的書寫形式，所見多有。質言之，許、鄭引經用字表面看似不同，但絕大多數的訓釋，少有牴觸，可謂大同小異，殊途同歸。清儒段玉裁治漢學，標榜既要「知許、鄭之異，亦知許、鄭之同」，也就是異中求同的理念，此不僅能概觀漢儒勘訂《周禮》經字的成果承繼與變革，進能探尋許、鄭兩人各自的著述深意。

第三節　《說文解字》與《周禮注》文字釋義之優劣

　　漢儒釋經體裁，無論是透過文字形體的分析，抑或「隨文立訓」的方法，用意皆為更精確地傳達經典文義。換言之，評定一部詁經著作之精粗，審斷其高下，必先由文字釋義的優劣談起。在實際分析《說文》及《周禮注》的釋義孰優孰劣以前，還應釐清某些觀念。首先，談到詮釋方法，《說文》與鄭《注》的寫作

模式不同。許慎徵引文獻，有時不全為解說文字本義、引申及假借義，而是有其他的證成目的：

其一，針對文字形構，特別是「會意字」的分析。如《說文・又部》的「取」字，許慎引〈夏官・大司馬〉職：「獲者取左耳」（卷 3 下，頁 64），證「取」字从又、从耳，蓋由戰場殺敵，以手割耳計功的行徑，引申有攫取之意。又《說文・网部》的「罷」字，許慎引〈秋官・小司寇〉職：「議能之辟」，云：「言有賢能而入网，而貰遣之」（卷 7 下，頁 158），證「罷」字从网、从能，會有道藝者入罪網而寬貸之意。復次，《說文・王部》的「閏」字，許慎引〈春官・大史〉職：「閏月，詔王居門終月」（卷 1 上，頁 9）。據禮制，歲終，天子向諸侯頒布曆法，諸侯藏之祖廟，告而行之謂「告朔」。每月舉行「告朔」禮，王居明堂，若逢閏月，王居於路寢之門。許慎析字為「从王在門中」，欲證「閏」之造字本意。

其二，針對文字音讀。如《說文・門部》「閭」字，許慎引〈地官・大司徒〉職：「五家為比，五比為閭」（卷 12 上，頁 248），言「閭，侶也」，二十五家相羣侶也，采聲訓之法。「侶」、「呂」同音，證「閭」字从呂之音義。凡此，或分析文字形構，或揭明文字音讀。具體編寫目的上，理解《說文》條例自比鄭《注》要複雜得多。[115]

職是之故，分析《說文》及《周禮注》的文字釋義時，必先

---

[115] 蔡信發曾歸納《說文》引經用意有六：（一）證字的本義。（二）證字的引申義。（三）證字的假借義。（四）證字的構形。（五）證字的音讀。（六）證字曾被引用。參氏著：《說文答問》（臺北：國文天地出版社，1993 年），頁 110。

排除上述特例，專以《說文》引經證文字本義、引申及假借義的
說解為主，方能與《周禮注》的釋義參照互較。綜覽許慎、鄭玄
對《周禮》字句訓釋，大致有幾種情形：

一、《說文》與《周禮注》釋義同承先儒經說

　　《四庫全書總目》評論漢代經學特色，「專門授受，遞稟師
承。非惟訓詁相傳，莫敢同異；即篇章字句，亦恪守所聞」。[116]
先秦經籍復出，漢儒學尚顓門，謹守師法，無敢踰越。一經既集
結眾人傳習，其中門庭派分，經說不相雜廁，經師的治學淵源，
也能從中考究。承上所述，許慎從賈逵受古學，逵與鄭眾之《周
禮》學，皆本於杜子春，此一傳授譜系，史籍明文可見。今逵書
雖不傳，但鄭《注》保留杜氏、鄭大夫、鄭司農等經說，仍能對
比出《說文》與《周禮注》的文字釋義，大抵同出劉歆以降弟子
所傳詁訓。舉例來說，兩書續傳杜氏經說者，見「柜」、「匣」
等字：

㉜《說文・木部》：「柜，行馬也。从木互聲。《周禮》曰：設
梐柜再重。」（卷6上，頁124）

按：《說文》引《周禮》曰：「設梐柜再重」，見〈天官・掌舍〉
職。鄭《注》云：「故書柜為拒。杜子春讀為梐柜，梐柜謂行馬。
玄謂行馬再重者，以周衛有外內列。」（卷6，頁198），古代會
同時，於王宮舍門外，設有交叉木製之警戒設施，攔阻可疑人馬，
謂之「梐柜」。「梐柜」亦稱為「閑」，考〈夏官・虎賁氏〉職：

116　〔清〕永瑢等人奉敕纂：《四庫全書總目》〈經部總敘〉，卷1，頁1。

「舍，則守王閑」，鄭玄即云：「閑，梐枑也」（卷37，頁1203），
漢代或稱「行馬」。此處許慎、鄭玄皆從杜說，改故書「拒」字
為「枑」，釋義俱同。

㉝《說文・匚部》：「匰，宗廟盛主器也。《周禮》曰：祭祀共
匰主。从匚單聲。」（卷12下，頁268）

按：《說文》引《周禮》曰：「祭祀共匰主」，見〈春官・司巫〉
職。鄭《注》引杜子春云：「匰，器名。主，謂木主也。」（卷
30，頁993），古代神主藏於宗廟，以石為室，故《說文》訓「祏」
字謂「周禮有郊宗石室」，即所藏處所。孫詒讓解釋，「當祭時
出主於室，則以匰盛之以授大祝，不敢徒手奉持，恐褻神也。」[117]
凡祭祀時，「司巫」以匰器盛主，來至祭所，「大祝」既得神主，
則匰器即退。「匰」字从匚，匚象受物之器形，如筐笥之屬，可
以納物。此處許、鄭所釋，皆從杜說。

　　再者，《說文》與《周禮注》續傳鄭司農經說者尤多，見「窆」、
「庌」、「酋」、「籍」、「稑」、「欁」、「璪」、「褘」、「莘」
等字。試舉兩例示之：

㉞《說文・穴部》：「窆，葬下棺也。从穴乏聲。《周禮》曰：
及窆，執斧。」（卷7下，頁153）

按：《說文》引《周禮》曰：「及窆，執斧」，見〈地官・鄉師〉
職。鄭《注》引鄭司農云：「窆，謂葬下棺也。《春秋傳》曰：
日中而偏，《禮記》所謂封者。」（卷12，頁409），謂「鄉師」
於棺柩入墓穴時，執斧從旁助之，臨視匠師下棺豐碑。《儀禮・

---

[117]　〔清〕孫詒讓：《周禮正義》〈春官・司巫〉，卷50，頁2067。

既夕禮》：「乃窆，主人哭踊無筭」注，鄭云：「窆，下棺也。今文窆為封。」[118]段玉裁解釋，「偪、窆、封三字，分蒸、侵、東三韻而一聲之轉」，[119]是「窆」、「偪」、「封」三字，聲音通轉，事義亦同。《說文·土部》另有「塴」字，許慎訓為「喪葬下土」，能與此互參。此處許、鄭所釋，俱從鄭司農。

㉟《說文·广部》：「𢉋，久屋朽木。从广酉聲。《周禮》曰：牛夜鳴則𢉋。臭如朽木。」（卷9下，頁193）

按：《說文》引《周禮》曰：「牛夜鳴則𢉋」，見〈天官·內饔〉職，謂「內饔」辨別牲肉不可食者，以牛隻無事夜鳴，其肉必𢉋。鄭《注》引鄭司農云：「𢉋，朽木臭也。」（卷4，頁128），知許慎所釋，本諸先鄭。「𢉋」字从广，本義為屋之朽木，朽木既久，氣味宜臭，許引經證「𢉋」字引申義。此段文字，亦見《禮記·內則》，鄭《注》云：「𢉋，惡臭也」，并引《春秋傳》曰：「一薰一𢉋」。[120]考《左傳·僖公四年》字作「蕕」，「蕕」字从草，杜預《注》云：「臭草」，[121]如同「𢉋」字，由朽木引申有惡臭義。《說文·艸部》「蕕」為水邊草，草浸潤益久，氣味不佳。鄭玄改「蕕」為「𢉋」，或「𢉋」與「蕕」音義略同，不煩重引先鄭語，自能與《周禮注》互參。又《釋文》引干寶注云：「𢉋，病也」，復由「惡臭」溯因於「病」。凡牲病，則失味惡臭，

118　〔漢〕鄭玄注，〔唐〕賈公彥疏：《儀禮注疏》，卷40，頁471。

119　〔漢〕許慎撰，〔清〕段玉裁注：《說文解字注》，7篇下，頁347。

120　〔漢〕鄭玄注，〔唐〕孔穎達疏：《禮記正義》，卷28，頁529。

121　〔周〕左丘明傳，〔晉〕杜預注，〔唐〕孔穎達疏：《春秋左傳正義》，卷12，頁204。

有害人疑慮，故「內饔」不予提供。「盾」之字義遞相引申，然本於同一語源，此處許、鄭所釋，俱從鄭司農。

二、《周禮注》因承《說文》增成釋義

《說文》成書未久，鄭玄即再三援引，《說文》為鄭玄寓目之書，不容置疑。誠如王利器推測，鄭玄注語「其他與《說文》相合，而未揭櫫其名者，尚非三數事也。」[122]今核對許、鄭原書，鄭玄撰注確實以《說文》義訓為基礎，或隱括其文，襲為己用，或於此之上有所附益。由是可知，《周禮注》的文字訓解，除卻因承先儒舊說，鄭玄在著述過程中與許慎也存在傳承關係。有直接引錄《說文》原文者，如：

㊱《說文‧鼓部》：「鼓，郭也。春分之音，萬物郭皮甲而出，故謂之鼓。从壴，支象其手擊之也。《周禮》六鼓：靁鼓八面；靈鼓六面；路鼓四面，鼖鼓、皋鼓、晉鼓皆兩面。」（卷5上，頁102）

按：《說文》引《周禮》「六鼓」言鼓面之數，見〈地官‧鼓人〉職。鄭《注》云：「雷鼓，八面鼓也。靈鼓，六面鼓也。路鼓，四面鼓也。」（卷13，頁444），與許書合。鄭玄云：「大鼓謂之鼖」，直接引錄《說文》「鼖」字義訓，因襲之迹至顯。考〈春官‧大司樂〉注，引鄭司農云：「雷鼓，皆六面有革可擊者。靈鼓，四面。路鼓，兩面」（卷25，頁846），鄭玄不從，說鼓面之數，同〈鼓人〉注。蓋古代用鼓，因其施用對象而有禮數降殺。

---

[122] 參閱王利器：《鄭康成年譜》，頁45。

雷鼓祀天神，靈鼓祀地祇，路鼓享人鬼，其他則為軍事用途。〈考工記・韗人〉掌三鼓，但經僅言「鼗鼓」、「臯鼓」之名，唯長六尺有六寸者未詳其名，鄭玄以六鼓配之，引賈侍中云：「晉鼓大而短」（卷47，頁1603），謂此鼓近於「晉鼓」，兩面。許慎受賈逵古文學，說鼓面之數或承賈氏，鄭《注》同此。

另外，有本諸於《說文》釋義，增成其義者，如：

㊲《說文・刀部》：「劀，刮去惡創肉也。从刀矞聲。《周禮》曰：劀殺之齊。」（卷4下，頁92）

按：《說文》引《周禮》曰：「劀殺之齊」，見〈天官・瘍醫〉職。鄭《注》云：「劀，刮去膿血。殺謂以藥食其惡肉。」（卷5，頁157），「瘍醫」掌腫瘍治療之術。鄭玄訓「劀」為「刮去」，與許說合。孫詒讓云：「鄭謂劀、刮古今字，經用古字，注用今字之例」，[123]以為「劀」、「刮」同字。但《說文・刀部》有「刮」字，今字「刮」為「刮」字隸省。許慎訓字為「掊杷也」，與「劀」字疊韻，義雖相通，實非同字。許慎訓「劀」為「刮去惡創肉也」，實兼「殺」義。鄭玄分釋劀、殺兩義，惠士奇云：「劀以砭，殺以藥，是為齊」，[124]是「劀」主砭割，「殺」乃傅藥以消腐惡之肉，為治腫瘍的兩道程序。鄭玄於《說文》基礎上，茞補原釋不足，對《周禮》「劀」、「殺」兩字釋義，益加精確。

㊳《說文・疒部》：「痟，酸痟，頭痛。从疒肖聲。《周禮》曰：春時有痟首疾。」（卷7下，頁154）

123　〔清〕孫詒讓：《周禮正義》〈天官・瘍醫〉，卷9，頁335。
124　〔清〕惠士奇：《禮說》，卷1，頁46。

按：《說文》引《周禮》曰：「春時有痟首疾」，見〈天官‧疾醫〉職。鄭《注》云：「痟，酸削也。首疾，頭痛也。」直接引錄《說文》本訓入注，分釋「痟」及「首疾」義訓。賈《疏》申鄭義，謂：「言痟者，謂頭痛之外，別有酸削之痛。」（卷5，頁153）。「疾醫」掌醫治四時癘疾，惠士奇謂：「癘疾者，四時之鬱氣」，[125]春之鬱氣在首，民感其氣，故酸痛在頭，非頭痛以外，別有酸削之痛，知賈說非是。孫詒讓引曾釗（1793-1854）云：「《素問‧金匱真言論》：『東風生於春，病在肝，俞在頸項，故春氣者病在頭』，是感春癘氣為頭痛。」[126]春時易有頭痛，明文俱在。許慎專釋一字，義能通貫；鄭玄則分釋「痟」及「首疾」義訓，以「削」釋「痟」，釋義更切實。

三、《說文》與《周禮注》釋義互有短長

《說文》成書在前，釋義內容固然能為鄭玄所參閱。但鄭《注》旨在明經，經文中本字和借字的區別，不在主要考量。因而，在訓解文字時，許慎的釋義有時比鄭玄更接近造字原義。《說文》釋義優於《周禮注》者，在「蜡」、「簝」等字義訓：

㊴《說文‧虫部》：「蜡，蠅胆也。《周禮》：蜡氏，掌除骴。从虫昔聲。」（卷13上，頁281）

按：《說文》引《周禮》曰：「蜡氏，掌除骴」，見〈秋官‧蜡氏〉職。鄭《注》云：「蜡，骨肉腐臭；蠅蟲所蜡也」，並引《禮記‧月令》曰：「掩骼埋骴」（卷40，頁1306），證「蜡氏」掌

---

125 同前註，卷1，頁40。

126 〔清〕孫詒讓：《周禮正義》〈天官‧疾醫〉，卷9，頁324。

埋葬路上死人骨及清除不潔之物。鄭玄僅言「蜡」從腐肉中生，未明「蜡」為何物，不及許書說字，直接點明為「蠅胆」。段《注》解釋云：「肉部曰：胆，蠅乳肉中也。蜡胆音義皆同。蠅蟲所蜡，即蠅乳肉之說。乳者，生子也。蠅生子曰蛆。蛆者俗字，胆者正字，蜡者古字」，[127]其說當是。「蜡」字後借為歲終祭名，〈春官・籥章〉職：「國祭蜡」注，鄭云：「故書蜡為蟈」（卷27，頁909）。王引之云：「蟈、蜡形聲俱不相近，蓋蜡之古文作蠹，故譌為蟈。」（卷27，頁917），「蠹」字從蚰，《說文》訓為「蟲之總名」，知《周禮》用法已非初義，用假借義。許慎引經，證文字本義，釋義較鄭《注》簡明。

⑩《說文・竹部》：「簝，宗廟盛肉竹器也。从竹尞聲。《周禮》：供盆簝以待事。」（卷5上，頁97）

按：《說文》引《周禮》曰：「供盆簝以待事」，見〈地官・牛人〉職。鄭《注》引鄭司農云：「盆、簝皆器名。盆所以盛血，簝，受肉籠也。」（卷13，頁457），「籠」字从竹，固為竹器，唯《說文》訓「籠」字，一為「舉土器」，一為「笭」，與「簝」字義殊。且〈夏官・繕人〉職：「凡乘車充其籠箙」注，鄭云：「充籠箙者以矢」（卷38，頁1240），是知籠器納物非僅藏肉，亦能藏矢，可視為竹器之統稱。《說文》訓「簝」字，一明所用處所為宗廟，二言器屬功用，與《周禮》言「盆」器所以盛血，義能相承。其釋義內容，亦較鄭《注》明確。

　　當然，在寫作宗旨上，《說文》偏重於字形分析，說解字義

---

127 〔漢〕許慎撰，〔清〕段玉裁注：《說文解字注》，13篇上，頁669。

有造字本義及經書本義的差別，加上經書字義的範疇，不限於本義，還有大量的引申及假借義。《說文》因囿於編纂體例，容易掛一漏萬，反不及鄭玄經注包含釋詞、釋句、分析句讀、修辭語法，解讀章節大義等內容，來的充實。《周禮注》釋義優於《說文》者，例見「槱」、「醫」、「爟」等字義訓：

㊶《說文・木部》：「槱，積火燎之也。从木从火酉聲。《詩》曰：薪之槱之。《周禮》：以槱燎祠司中、司命。」（卷6上，頁125）

按：《說文》引《周禮》曰：「以槱燎祠司中、司命」，見〈春官・大宗伯〉職。《周禮》分別以「禋祀」、「實柴」、「槱燎」三者祀昊天上帝、日月星辰及司中、司命諸神。鄭《注》云：「槱，積也。三祀皆積柴實牲體焉，或有玉帛，燔燎而生煙，所以報陽也。」賈《疏》申注，謂：「〈肆師〉職云：『立大祀，用玉、帛、牲牷。立次祀，用牲幣。立小祀，用牲。』……以〈肆師〉言之，禋祀中有玉、帛、牲牷三事，實柴中則無玉，唯有牲幣，槱燎中但止有牲，故鄭云實牲體焉。」（卷18，頁646-647）。據此，《周禮》「禋祀」、「實柴」、「槱燎」皆先積柴，次實牲，後取煙。三者差異只在於用玉、帛二物與否。許書訓字為「積火燎之」，「燎」字即有燔燒義，「積火」不免詞贅，故段玉裁依《玉篇》改為「積木燎之也」，[128]與敦煌木部殘卷遺文冥合。許慎引經證字，不盡明晰，依鄭玄所說禮義，當改為「積柴實牲燎之也」，更貼合經旨。

---

[128]〔漢〕許慎撰，〔清〕段玉裁注：《說文解字注》，6篇上，頁269。

㊷《說文・酉部》：「醫，治病工也。殹，惡姿也。醫之性然。得酒而使，从酉。王育說。一曰殹，病聲，酒所以治病也。《周禮》有醫酒。古者巫彭初作醫。」（卷14下，頁313）

按：《說文》引《周禮》有「醫酒」，見〈天官・酒正〉職。許慎釋義，一為殹病聲，段玉裁云：「亦謂癥之省」。[129]《說文・疒部》訓「癥」為「劇聲也」，乃病甚呻吟之聲，言「醫」為从酉从癥省。「酒正」掌酒之政令，辨清、醫、漿、酏四飲之物，可知「醫」為酒名。鄭《注》云：「醫，〈內則〉所謂『或以酏為醴』。醫之字，从殹从酉省也。醫與醴亦相似，文字不同，記之者各異耳，此皆一物。」（卷5，頁164），「醫」字从酉不省，疑此注有誤。孫詒讓引惠棟云：「文當云：从殹从酒省」，當是。[130]古「酉」字作「𠧪」，象酒瓶形，从酒省，於義相允。許意「酒所以治病」，引《周禮》「醫酒」為證。然四飲之物，用於賓禮，《周禮》「共后之致飲於賓客之禮，醫、酏、糟，皆使其士奉之」，知「醫酒」非用於治病。許慎牽合「醫」字本訓為「古治病之工」，以「醫」字从酉，用於治病。段《注》亦無辨明，且謂「醫者多愛酒」，釋義稍失。

　　漢代古文家注重從文字訓詁闡明經義，隨著注經活動的盛行，許慎《說文》擅長以解析字形來釋讀經義；鄭玄博采眾說，務求破除門戶之見，取他人之長，補己身之短，亦能為古典文獻整理作出貢獻。溝通許、鄭之異同，許由形而釋義，鄭集義而不偏，能反映古文學家整合經說的歷程。上文梳理《說文》與《周

---

[129] 同前註，14篇下，頁750。

[130] 〔清〕孫詒讓：《周禮正義》〈天官・酒正〉，卷9，頁351。

禮注》釋義共通處，有來自先儒舊說，或鄭玄參酌《說文》增補
而成。在其他各抒己見的釋義中，許、鄭往往瑕瑜互見，各有短
長。合之兩者，則漢儒說解《周禮》古義之全貌，可以略知。

第四節　從許慎、鄭玄引經同異
觀察東漢《周禮》學的發展

　　許慎與鄭玄，代表以文字詁訓解經的「漢學」傳統，對後世
影響甚鉅，素為清代乾嘉學人所樂道。迄今兩人重要的傳世著作，
有《說文解字》及《三禮注》。有鑒於世人對兩書的理解，向來
都視《說文》為文字學專著，又將《三禮注》置於禮學經解的範
疇去講，似乎同是東漢著名學者的兩人在學術上並無交集。但事
實上，鄭玄可說是東漢儒林中運用《說文》解經的第一人，鄭玄
對於許慎學術的體察，雖有時站在批駁的立場，實際心態卻是亦
步亦趨，甚至後出轉精，更勝於藍。因此，要全面評估東漢古文
經學家的具體成就，捨言許、鄭，如棄津筏而欲渡江海，必定徒
勞少功。為了探索兩人的學術特色，段玉裁曾揭櫫「以鄭注許」
的治學要道，真可謂善讀書者，值得後學細細體會。

　　本章綜理《說文》與《周禮注》引《周禮》本經之異同，可
得幾點結論：

　　第一，《周禮》成為經書專稱的學科意識，漸次成形。從《說
文》稱引「古周禮說」，非見諸《周禮》的異文情況，可看出許慎
是從文獻反映的時代來界定廣義的「周禮」，觀念較含糊。至鄭玄
纔開始對「周禮」的語義，進行專一嚴謹的規範。嗣後，又編述
《三禮目錄》，明定《周禮》為周公要典，冠於《三禮》之首，此

等高漲的學科意識，更延及自身「以《周禮》為核心，會通三禮異同」的注經理念，[131]從而形成鄭玄經學的一大特色。

　　第二，揭示東漢《周禮》學由「師法」到「家法」的發展歷程。從《說文》引經，遵循杜子春、鄭司農等先儒經說的情形，反映《周禮》訓詁相傳，代有人出，也證實許慎雖非《史》、《漢》〈儒林傳〉中承認的《周禮》傳經人物，但確實承傳前期經師義訓，無負其「五經無雙」之盛名。因與後來的鄭玄，志趣相承，研治禮學於是有同宗古文的傾向。正如同漢代經師傳習其他經典文獻，《易》學以齊田何為師，後分施讎、梁丘賀、孟喜，其後更有京房等四家；今文《書》學以濟南伏生為師，後分歐陽、大小夏侯三家；今文《禮》學以魯高堂生為師，後分大戴、小戴、慶普三家的發展相似。東漢的《周禮》學，也從許慎恪遵師法，到鄭玄迭出新義，演為鄭氏一家之學。鄭玄學說亙古而彌新，後世講《禮》獨尊鄭學，卻忽略漢儒傳習《周禮》，同樣是由謹守「師法」過渡到另立「家法」的階段，其演變軌跡，如出一轍。

　　第三，突顯許、鄭著述旨趣，及對《周禮》經文解讀、運用的差異。許慎引經證字，為顧及編纂體例及正字目的，嘗不惜更動經文；反之，鄭玄注經，求同存異，對所見經字縱有疑義，也只於《注》中略加申辨，絕不輕言臆改。相較許慎而言，鄭玄對《周禮》文獻的經典地位，確實抱持愈加尊崇的態度。

　　第四，《周禮》釋義成果的迅速積累。考察許、鄭引經之同異，雖側重在標舉其立「異」原因，但也必須留意兩人所「同」

---

[131] 鄭玄以《禮》統貫羣經，參羅健蔚：《鄭玄會通三禮研究》（臺北：臺灣大學中國文學研究所博士論文，2015 年）。

之處，勾稽闡微，然後得古《周禮》義訓於兩人傳遞之事實。從分析《說文》與《周禮注》的釋義優劣，可知許、鄭二人除了各自傳承一部分先儒經說外，鄭玄參酌《說文》，並非寥寥一二。事實上，鄭玄對《說文》的重視，如同杜氏、鄭興父子、賈逵等人著作，皆為鄭玄注書所參閱。鄭玄能廣納羣說，精益求精，所得既深且大，謂其為漢代《周禮》經注集大成者，信非虛言。

綜觀任何學術史的發展，都是和緩而漸進的，有其深刻複雜的背景成因。毋須諱言，經由許、鄭瞭解漢代經學，也僅能提供單一面向來呈顯漢儒某個治學理念的變化。如同皮錫瑞評議許、鄭學術，呼籲世人「不得拘古今之殊旨，強許、鄭以分門」的道理一樣，[132]裁量許、鄭引經問題，也須理性宏通，最忌黨同伐異。實因其間異同，正是通往解讀學術發展之要道，而唯此善觀者，得以一窺全豹。

---

[132] 〔清〕皮錫瑞：《駁五經異義疏證》〈自序〉（北京：中華書局，2014年），頁267。

第陸章　鄭玄佚著整輯：
《答臨孝存周禮難》、《鄭志》中
所見疑義駁辯

　　《周禮》自問世以來即爭議不斷，蓋由於該書的性質，有別於西漢今文家傳習自先秦耆老寫定的經本，缺乏系統條貫、清楚明晰的傳承脈絡。且《周禮》在漢代為古文學說，與當時主流的今文學有明顯差異，[1]直接導致今文家非議《周禮》之言論，史不絕書。漢儒考辨《周禮》的文字，首見史籍文獻載錄，圍繞在鄭玄與時人辯難、弟子問答的著作中。這類文獻主要有兩部：一是鄭玄《答臨孝存周禮問難》；二是由鄭玄的門弟子寫錄，再經鄭玄之孫鄭小同（193-258）編次成帙的《鄭志》。本章的研究範疇，即借重清人輯佚鄭玄遺著的成果，略窺漢儒在《周禮》經義解讀的思

---

[1]　《周禮》和西漢傳習今文五經的學說差異，許慎《五經異義》中舉證甚詳。書中曾舉賦稅、婚冠、聘問、喪祭、征役、器物等事，輒列出漢代今、古文學說差異，以明統緒源流。根據清人陳壽祺歸納，書中包含有「古《尚書》說」、「古《毛詩》說」、「古《春秋》左氏說」、「古《孝經》說」、「古《周禮》說」等五種古文學說，及「今《易》孟、京說」、「今《尚書》歐陽、夏侯說」、「今《韓詩》說」、「今《禮》戴說」、「今《春秋公羊》說」等七家今文學說，可知東漢學者已認識到當時流傳的今、古學說，應分別看待，不得強合為一。

想主張，從中瞭解鄭玄經解的詮釋脈絡與問答策略。

第一節　鄭玄《答臨孝存周禮難》及其問答重建

漢代考辨《周禮》的文獻記錄，最早見於漢末大儒鄭玄與時人辯難、弟子問答的著作中。唐賈公彥《周禮義疏・序周禮廢興》記載，云：

> 林（【筆按】：一作臨，「林」為字誤）孝存以為武帝知《周官》末世瀆亂不驗之書，故作《十論》、《七難》以排棄之。……唯有鄭玄遍覽羣經，知《周官》為周公致太平之迹，故能答林碩之論難，使《周禮》義得條通。[2]

這段文字是漢代學者詰難《周禮》的首次記錄，彌足珍貴。至於這部書籍的名稱，歷來著錄情況並不統一，《後漢書・鄭玄傳》有作「《答臨孝存周禮難》」；[3]《隋書・經籍志》及新、舊《唐書》皆無著錄；宋初邢昺（932-1010）《孝經正義》引《鄭志・目錄》或作「《答臨碩難禮》」，[4]至宋仁宗景祐元年（1034）官修《崇文總目》，又已不在編目之列。推估該書於唐、宋流傳之際，逐漸散佚殆盡，唐人《義疏》雖偶有徵引，但詳細書籍內容，

2　〔漢〕鄭玄撰，〔唐〕賈公彥疏：《周禮注疏》，卷1，頁10。
3　《後漢書》〈張曹鄭列傳〉，卷35，頁436。
4　〔唐〕玄宗御注，〔宋〕邢昺疏：《孝經正義》〈御製序并注〉（臺北：藝文印書館，影印清嘉慶二十年江西南昌府學版，1979年），頁5。

已無從獲知。

　　所幸，因為鄭玄在中國學術史上的崇高地位，自南宋王應麟開始，即有眾多學人致力輯錄鄭玄佚著的片言只語。尤其到了清代中葉，隨著「家道許鄭，世薄程朱」的學風盛行，學術圈高舉「漢學」旗幟之餘，有關鄭氏生平年譜的考證及編錄鄭氏遺書的周邊工作，也密集地展開，成為清代輯佚學中的一項重要內容。[5]其中，某些匯集鄭氏佚書的大部叢刊，例如有：王謨《漢魏遺書鈔》、[6]孔廣林《通德堂遺書所見錄》、[7]黃奭《高密遺書》、[8]袁鈞《鄭氏佚書》、[9]馬國翰《玉函山房輯佚書》、[10]王仁俊（1866-1913）《玉函山房輯佚書續編》等書，[11]皆廣泛輯錄鄭玄的佚著遺文，能

---

[5]　清代學者編錄鄭玄佚著的歷史成因、輯佚種類及遵循法則等內容，學界已有專論。可參看陳惠美：《清代輯佚學》（臺北：中國文化大學中國文學研究所博士論文，2004 年）、吳怡青：《清代鄭玄著作輯佚研究——以輯佚類叢書為中心》（臺北：臺北大學古籍文獻研究所碩士論文，2009 年）兩部論文。

[6]　〔清〕王謨：《漢魏遺書鈔》（臺北：藝文印書館，《四部分類叢書集成・續編》影印清嘉慶三年汝麏藏版之金谿王氏鈔本，1970 年）。

[7]　〔清〕孔廣林：《通德遺書所見錄》（京都：中文出版社，影印光緒十六年山東書局刊本，部分闕頁據清嘉慶十八年刊本影印，1973 年）。

[8]　〔清〕黃奭：《高密遺書》（臺北：藝文印書館，《四部分類叢書集成・三編》影印清道光中甘泉黃氏刊民國二十六年江都朱長圻補刻重印本，1972 年）。

[9]　〔清〕袁鈞：《鄭氏佚書》（東京：東京大學東洋文化研究所漢籍目錄所藏漢籍善本全文影像資料庫，影印光緒十四年浙江書局刊本）。

[10]　〔清〕馬國翰：《玉函山房輯佚書》（上海：上海古籍出版社，影印嫏嬛館本，1990 年）。

[11]　〔清〕王仁俊：《玉函山房輯佚書續編》（上海：上海古籍出版社，《續修四庫全書》影印上海圖書館藏稿本，1995 年）。

為後世從事「鄭學」研究提供不少幫助。只可惜這些本應重視的材料，大多零碎散落，加上原書來源不易取得，著實造成今人運用上的不便。竊思要使這批珍貴文獻在「鄭學」研究中發揮效用，乃至對建構整體經學史的發展有實質補充，針對這批文獻進行一番徹底整理便顯得格外重要。因此，本節試從臨孝存與鄭玄的人物關係談起，延及清代學者纂輯《答臨孝存周禮難》的成果，從事匯校；經由掌握的可靠文獻，分析雙方對《周禮》疑義解讀的思想主張。希冀透過這一系列研討，能夠補足現有《周禮》學史對於這段考辨史實的敘述空白，提供一時代的關照與省察。

一、臨孝存與鄭玄之人物關係檢討

在正式進入分析《答臨孝存周禮難》以前，有必要將前人對於臨孝存與鄭玄關係的諸說先行討論。據《後漢書・鄭玄傳》記載，桓帝永康元年（167），鄭玄結束了在外十餘年的遊學生活，復歸鄉里，客耕東萊，終日潛心撰述，以講學授徒為務，此時「學徒相隨已數百千人」。在鄭氏晚年自撰〈戒子益恩書〉中，曾追憶「年過四十，乃歸供養」，即言此事。古人學以年進，鄭玄六十歲時，「弟子河內趙商等自遠方至者數千」，[12]可以想見鄭玄以私家講學，盛極一時，其學說遠播，大行於世的情景。在鄭玄終七十餘年的學術生涯中，曾與許慎、馬融、何休等多位東漢知名學者，有過學問上的切磋駁難，和拜師從學的師友關係，與這些人物的交往，《後漢書》本傳中均有明文，毋須贅言。

然而，因為史籍中有關臨孝存的生平事蹟，始終缺乏具體文

---

[12] 上列引文，分見《後漢書》〈張曹鄭列傳〉，卷35，頁434。

獻，所以造成前人對臨孝存與鄭玄關係多存猜測之詞。以下，評述諸家說法，再提出個人見解。

臨碩，字孝存，北海人。《禮記・王制・正義》、《周禮義疏・序周禮廢興》、《周禮・女巫・疏》、《周禮・司馬序官・疏》，並作「林碩」，當同為一人。「臨」字作為姓氏，根據近人研究，原出自春秋初期衛國大夫姬大臨之後裔，因采地位於臨邑（今河北省臨城縣），其族人多分佈於「西河」、「北海」、「京兆」等郡望，[13]後世遂以先祖封邑之名為姓。唐儒撰《疏》或以為「臨」姓罕見，而均改作「林」字，不可採信。另一方面，前人對臨孝存與鄭玄關係的認定，主要分成兩種看法：

（一）主張臨孝存為鄭玄入門弟子

此說法，主要以清代學者鄭珍為代表。他在《巢經巢經說》云：「孝存，康成弟子」，[14]且於《鄭學錄・弟子目》明白將臨孝存列為鄭氏門弟子。[15]但細審鄭珍所說，除了辨析「臨孝存」姓名在文獻流傳過程造成的抄寫訛誤外，實際上並無提出任何足以說明兩人關係的具體佐證，此說應當存疑。

（二）主張臨孝存為鄭玄同郡學人

支持此說法的學者頗不少，如：惠棟《後漢書補注》即認為

---

[13] 姓氏資料，引自中華姓氏研究中心開發的《姓氏略考》線上版，第 2755「臨姓」詞條，《中華之骨》網址：http://zhummzyking.bokee.com/504080984.html，檢索日期：2017 年 8 月 12 日。

[14] 〔清〕鄭珍著，王瑛等人點校：《巢經巢經說》（貴陽：貴州人民出版社，1991 年），頁 31-32。

[15] 〔清〕鄭珍著，王瑛等人點校：《鄭學錄》〈弟子目〉，卷 4，頁 343-344。

甄子然與臨孝存同為康成之友；[16]再則，孔廣林《通德遺書所見錄·敘錄》曰：

> 《周官經》晚出，俗儒莫識其義，傳之者罕，或曰：「末世瀆亂不驗之書也。」或曰：「六國陰謀之書也。」臨碩孝存作《十論》、《七難》排棄之，厥尤妄矣。鄭君知為周公致太平之大經，用作訓注，又撰此答，理而董之，翼尊官禮，其功厥小。鳴呼！元聖之靈，不能庇其遺文，使不亡佚，可慨也夫。[17]

孔氏認為，由於《周禮》晚出，世儒多有排斥，流傳未廣。唯有鄭玄獨具慧眼，善察聖人制禮微旨，既撰注訓解經句，輔翼聖經，且能融通經義，「理而董之」，撰成答書，回應臨孝存之駁難。出於推崇「鄭學」的心理投射，在孔氏眼中，自然而然會將臨孝存的身分，定位成一名不明《周禮》深意的「俗儒」，而非一般恪遵師說，祖述鄭氏家法的門弟子。無獨有偶，清人編錄鄭氏遺書《鄭志》、《鄭記》時，也曾因關注兩書的性質差異，及就判別何人為鄭玄門生之事，有過一番討論。袁鈞《鄭氏佚書·序》中云：

> 嘗檢諸《正義》所引，與鄭君問答者：泠剛、張逸、趙商、韋曜、孫晧、劉琰、田瓊、炅模、王瓚、臨碩十人。鄭君

16　〔清〕惠棟：《後漢書補注》（北京：中華書局，1985 年），卷 16，頁 745。

17　《通德遺書所見錄》〈敘錄〉，卷 72，頁 9。

自有《答難禮》一書，則《鄭志》問答止九人。[18]

《鄭志》的性質，屬於門人相與撰寫鄭玄答諸弟子問五經的語錄體著作，[19]待鄭玄逝世後，方纂集結成書。因此，袁氏雖從《正義》中爬梳十名與鄭玄有過實際問答的人物，但因鄭玄生前已撰《答難禮》以應臨氏之問，故袁氏編錄《鄭志》時，即主動將《正義》中臨氏和鄭玄問答的字句逐一剔除。這樣的作法，傳達出一些信息：意即清儒輯錄《鄭志》佚文的理念，有以是否親炙鄭玄，作為衡量弟子身分的依準。但若進一步思考，雙方的問答行為，原可發生在師徒，亦或同輩學者之間。那麼，此時又該如何取捨呢？袁氏提出另一條件，是從鄭玄原有《答禮難》書，以推知臨氏和鄭玄不應等同於其他門弟子的授受關係。這道理，如同鄭玄生前曾作《駁五經異義》以應許慎；作《發墨守》、《鍼膏肓》、《起廢疾》以應何休一樣，似不宜遽為大膽斷定許慎和何休二人，亦必為鄭玄弟子。對袁氏而言，要合理界定弟子的身分，至少須符合兩項條件：第一，問答者是否親炙鄭玄本人？第二，雙方的問答行為，是屬於鄭玄講學時的隨機應對，還是有意為之的著作？要之，可看出袁鈞的輯佚理念，一不貪多務得，也不再秉持過去

18　《鄭氏佚書》〈序〉，頁1。

19　《後漢書》鄭玄本傳云：「年七十四，遺令薄葬。自郡守以下，嘗受業者，縗絰赴會千餘人。門人相與撰玄答諸弟子問五經，依《論語》作《鄭志》八篇。」又，唐劉知幾（661-721）《史通》稱：「鄭弟子追論師說及應答，謂之《鄭志》」，說明《鄭志》的成書，非鄭玄自撰，乃由門弟子追憶師說編撰而成。其內容大抵為鄭玄與門生間講學的問答記錄，是屬於語錄體的著作。

單純抄錄典籍、雜湊成文為目的，而能深入文本，釐清鄭玄及鄭氏弟子追憶「鄭學」等著作上的差異。不僅在質量上大為提升清儒輯佚工作的水平，也為考察東漢「鄭學」發展的歷史，提供一批立體宏觀的研究書目，值得後人表彰。

此後，沿襲孔、袁二人研究所得，為了考核「鄭學」源流的發展，張舜徽披覽史傳羣書，網羅鄭玄門弟子及歷代治「鄭學」卓越有成之人，匯為〈鄭學傳述考〉一文。他在文中指出，《後漢書·鄭玄傳》雖稱鄭玄弟子自遠方至者數千，但史傳中實際可考者不過僅三十人。且認為「他若甄子然、臨孝存，皆嘗與鄭氏往還，而年歲不在鄭下，乃同時之人，非其弟子」；[20]稍後，王利器《鄭康成年譜·弟子》中，雖未將臨孝存視為鄭玄弟子，卻根據《鄭志·目錄》有《答甄子然書》，認同鄭珍之說，置甄子然於鄭玄弟子之列。[21]張、王二書，皆側重蒐羅鄭玄弟子的生平軼事，同樣認為臨孝存與鄭玄可能僅為同郡學人，並無師承關係。但不同於清人以親炙鄭玄與否，及鄭玄面對提問是否撰有專書等判斷原則，張氏轉從兩人年歲遠近推敲，確實發人深省。

就目前最早談到臨孝存的可靠文獻，《後漢書·鄭孔荀列傳》曰：

> 融到郡，收合士民……稍復鳩集吏民為黃巾所誤者男女四萬餘人，更置城邑，立學校，表顯儒術，薦舉賢良鄭玄、彭璆、邴原等，郡人甄子然、臨孝存知名早卒，融恨不及

---

20 張舜徽：《鄭學叢著》，頁 108。

21 王利器：《鄭康成年譜》，頁 298。

之，乃命配食縣社。[22]

此段敘述背景為董卓（138-192）廢立少帝，孔融（153-208）與
之對答，輒有匡正之言。而此時黃巾為亂數州，北海最為賊沖，
卓乃諷三府同舉融為北海相。融在任時，起兵講武，表彰儒術，
文中舉薦賢良，如鄭玄等人皆一時名士。按孔融生於桓帝永興元
年（153），小鄭玄約二十七歲。融到北海時，年約三十八，[23]推
估鄭玄至此已六旬有五。據孔融聞見所及，且嘆甄、臨二人早逝，
恨不及見，則二人恐不得小於融之年歲。其次，據《世說新語·
言語篇》注，引《伏滔集·青楚人物論》曰：「後漢時鄭康成、
周孟玉、劉祖榮、臨孝存、侍其玄矩、孫賓碩、劉公山皆青士有
才德者也。」[24]東漢時，光武帝廢止王莽設立的州、郡、縣各級
區劃名稱。原青州刺史部，更立為「齊」、「濟南」、「樂安」、
「北海」等國，另設「東萊郡」。伏滔說：「青士有才德者」，即
指上述「齊」、「濟南」等區域內賢能有德之人。文中將鄭玄、
臨孝存並稱，顯然兩人年歲應不相上下。《後漢書》曰：「郡人
甄子然、臨孝存」，實指西漢「北海郡」名，該郡於東漢時併入
「菑川」、「高密」、「膠東」三國，合稱「北海國」，[25]由此當

22　《後漢書》〈鄭孔荀列傳〉，卷 70，頁 810。
23　〈孔融傳〉載，融任北海相「在郡六年」，北海是在建安元年（196）夏，
　　為袁譚所攻陷。由此推知，孔融出任北海相，約在中平六年（189）十一
　　月至初平元年（190）二月間。《魏志》〈崔琰傳〉注引《續漢書》云：
　　「孔融累遷……北海相，時年二十八。」此「二」當為「三」字之誤。
24　此條參考資料，引自王利器：《鄭康成年譜》，頁 281。
25　兩漢郡國分布圖，參譚其驤主編：《簡明中國歷史地圖集》（北京：中
　　國地圖出版社，1996 年），頁 19-20。

知，鄭玄與臨孝存應為同地域之學者。因獲地利之便，於是魚雁往返，辯難經義，固非難事！

那麼進一步來說，鄭玄究竟何時撰寫這部答覆臨孝存《周禮》疑義的著作呢？按鄭玄〈戒子益恩書〉自言：「遇閹尹擅勢，坐黨禁錮，十有四年」，[26] 歷來對鄭玄遭逢黨錮的起迄時間，意見紛陳，[27] 要皆以靈帝建寧四年（171）遭禁，至中平元年（184）禁解之說，最合乎鄭玄所述事實。玄於四十五至五十九歲之際，「逃難注禮」，[28]「隱修經業，杜門不出」，[29] 注其全精力在《禮》學，在數年間先後撰成《三禮注》之巨構。清儒將鄭玄著作編年時，迮鶴壽（1773-?）亦由此推論：

26　《後漢書》〈張曹鄭列傳〉，卷 35，頁 434。

27　鄭玄遭受黨錮的起迄時間，清人考證所得不一，說法大致有三：（一）、鄭珍《鄭氏年譜》標為靈帝熹平四年（175）至中平元年（184），但如其說，鄭氏被錮亦僅九年，與〈戒子書〉記載不合。（二）、王鳴盛《鄭康成年譜》或標為桓帝延熹九年（166）至靈帝光和二年（179），但如其說，鄭氏時年亦僅三十九歲，隔年才辭別馬融，賦歸鄉里，恐無可能於此時遭禁。（三）、龔道耕《鄭君年譜》則標為靈帝建寧四年（171）至中平元年（184），認為靈帝黨禁首尾凡十六年，始自建寧二年九月（169），此時鄭玄遊學初歸，客耕教授，名不顯達，故初舉鉤黨，尚未波及，經一二年後牽引愈多，始陷文網。以上三說，以龔說較合乎事理，本書茲從。

28　〔唐〕玄宗御注，〔宋〕邢昺疏：《孝經正義》〈御製序并注〉，頁 5。引鄭玄〈自序〉云：「遭黨錮之事，逃難注禮，至黨錮事解，注古文《尚書》、《毛詩》、《論語》，為袁譚所逼，來至元城，乃注《周易》。」是知鄭玄撰作《禮》注，當在遭受黨錮的十四年中無疑。

29　《後漢書》〈張曹鄭列傳〉，卷 35，頁 434。

案林孝存作《十論》、《七難》以排《周禮》，而康成答
之。今觀《自序》稱：「遭黨錮之事，逃難注《禮》。」
則與林孝存辨難，必在注《周禮》時，范蔚宗雖不言，要
與《發墨守》、《鍼膏肓》、《起廢疾》，同在此十四年
中。[30]

迮氏引述鄭玄駁難何休言《三傳》優劣之事，認為臨孝存和鄭玄
詰辯《周禮》，同發生在鄭玄遭受黨錮的十四年中。鄭珍亦云：
「康成《發》、《針》、《起》三書，蓋皆在禁錮時以《注》餘力
為之也」，[31]與迮說正同。按何休生於順帝永建四年（129），小
鄭玄約三歲。若此說無誤，臨孝存之歲數應與何休相彷彿。而從
事理上推敲，上文孔融云臨氏早卒，恨不得見，實因臨、鄭兩人
論學之時，融尚年少，且於京中為官，及融輾轉就任北海相之時，
逾年已久，遂引以為憾。

　　要言之，前輩學者曾將臨孝存視為鄭玄弟子的身分判定，亟
需正名。平情而論，臨孝存此人雖非鄭玄弟子，但也絕非清儒口
中貶斥的俗儒鄙夫。他是與鄭玄「才德」等量齊名的山東大儒，
和鄭玄問難《周禮》流傳至今的一二事，實揭開後世考辨《周禮》
疑義之先聲，其有功於學術，有益於讀者，不可誣也。

二、清儒纂輯《答臨孝存周禮難》五種斠訂

　　東漢鄭玄答臨孝存質難《周禮》所撰之書，約流傳至南宋以

30　〔清〕王鳴盛：《蛾術編》，卷58，頁2174。
31　〔清〕鄭珍：《鄭學錄》，卷1，頁275-276。

後漸已亡佚；元、明兩朝隱沒不彰；逮入清以後，借葉德輝《書林清話》所言：「有專嗜漢鄭氏學者，元和惠棟開山於前，曲阜孔廣林《通德遺書》接軫於後，而黃奭復有《高密遺書》之輯，皆不如袁鈞《鄭氏佚書》晚出之詳。」[32]概括呈現清代學者致力輯佚鄭玄遺著的執著心念，亦令後學得獲一窺鄭氏遺文之契機。今考清儒纂輯是書，有袁鈞、孔廣林、黃奭、王仁俊、皮錫瑞等五家。各家輯佚的類型，不僅有遺文殘句的叢抄，也有版本異文的考證，其中皮氏《答臨孝存周禮難疏證》更是後出轉精，根據孔氏輯本，按覆原文，參校訂補成一疏釋之作。下列依各版本之先後，製作清儒《答臨孝存周禮難》輯佚表：

【表 III】：清儒《答臨孝存周禮難》輯佚一覽表

輯者	袁鈞 (1752-1806)	孔廣林 (1745-1815)	黃奭 (1809-1853)	王仁俊 (1866-1913)	皮錫瑞 (1850-1908)
書名	《荅臨碩難禮》一卷	《荅臨孝存周禮難》一卷	《答臨孝存周禮難》一卷	《答臨碩周禮難》一卷	《䟽答臨孝存周禮難》
著錄	清光緒 14 年浙江書局刻本《鄭氏遺書》	清光緒 18 年山東書局刻本《通德遺書所見錄》	清光緒 19 年黃禮刻本《高密遺書》	上海圖書館所藏《玉函山房輯佚書續編‧周官禮類》	清光緒年間《皮氏經學叢書‧鄭志疏證䟽》
體例	難、答辭分別	難、答辭不分	難、答辭不分	難、答辭分別	難、答辭不分
條數	6	6	7	1	6

---

32 〔清〕葉德輝：〈輯刻古書不始於王應麟〉，《書林清話》（臺北：世界書局，1960 年），卷 8，頁 220。

觀察各家輯本的書名，孔、黃、皮等人皆依《後漢書・儒林傳》
立名，王本只是在人物姓氏上稱名不稱字，與前者基本無異；唯
袁本依《鄭志・目錄》立名，似乎見所輯錄出的佚文內容，不全
關乎《周禮》，遂從「禮」之泛稱，不用專稱。其次，就各家輯
本收錄體例言，大致皆按照佚文原書出處，依序以《毛詩正義》、
《周禮義疏》、《禮記正義》等先後排列。至於對輯錄的佚文編排，
則可分成以下兩種類型：第一，逐行抄錄經疏原文，不另區分何
為難辭，何為答辭，孔、黃、皮本即用此類。這種輯錄方法的長
處，在能真實保存唐人經疏的文字原貌，但可能產生的弊病正亦
由此，一來若唐人引述失察，如將「臨碩」寫作「林碩」，清儒
又如實抄錄，則易以訛傳訛，貽誤後學；二來也易將原屬於唐人
經疏中用來解釋經文傳義的某些語句，當成鄭玄答辭的內容收錄
其中而橫生枝節。也許，正為了排除上述弊病，以彰顯臨孝存、
鄭玄經義問答的實際情形，於是產生第二種輯錄類型，即於每段
佚文之前，冠上「臨碩難」，或省人名作「難曰」，再另起一行，
於鄭玄所答之處，書「答云」下接佚文；倘若難辭早已佚失，則
在每段「臨碩難」下注明「闕」字。袁、王二本，則皆採用主客
質難問答的編錄形式，使讀者甫一開卷，即有編排上眉目清楚，
行文朗暢之感。再則，就各家輯錄的佚文條數多寡言，以王本所
收最少，僅1條；其次以袁、孔、皮本居中，有6條；再次以黃
本最多，有7條。王本何以和各家輯錄條數如此懸殊，蓋因王氏
只收錄《周禮・女巫・疏》中唯一一則有完整記錄臨碩問難、鄭玄
作答的文字內容；而對於其他難辭殘闕、答辭見存的文句，則乾
脆連同答辭一併捨棄，這確實有失「輯佚」本身應當講究文獻蒐
羅完備，是王本美中不足之處。至於黃本所以較他本多出1條，

僅因同一佚文兩見，一在《詩疏》，另一在《周禮疏》，王氏一併謄錄，自可以校勘方式註明，毋須別出。由此觀之，各家從諸經疏中搜討康成所答之遺文，《毛詩正義》計收 2 條、《周禮》計 2 條、《禮記》計 2 條，共有 6 條。其大致內容，唯《周禮‧女巫‧疏》，引鄭玄答難歌哭而請一事，文字首尾完備；其餘多僅存鄭氏答辭一端，其事不全。由清儒輯錄出的文字，雖仍有不少殘闕，但原《七難》之中已得其五，適足以推究臨孝存質難《周禮》之梗概。下列再就清代各家《答臨孝存周禮難》輯本佚文，逐一匯校，更成新本：

【表 IV】：清儒纂輯《答臨孝存周禮難》佚文匯校表

編號	鄭玄《答臨孝存周禮難》佚文及出處
1	《公羊傳》[33]曰：「其言從王[34]伐鄭何？從王，正也。」諸侯不得專征伐，有從天子及伯者之禮。（《詩‧伯兮‧正義》）
2	〈魯頌〉：[35]公徒言三萬，是二軍[36]之大數。（《詩‧閟宮‧正義》，又見《左傳‧襄公十一年‧正義》）

---

[33] 袁本特意區別臨孝存難辭和鄭玄答辭，故於每段文字之前，皆冠以「臨碩難」，若難辭佚失，則書「臨碩難闕」四字，並另起一行寫鄭玄「答云」之辭，以下輯錄體例皆同此例，不再出註。

[34] 唯黃本「從王」作「從正」，似是衍下文「王」、「正」二字形近所誤。

[35] 黃本「魯頌」上有「答臨碩曰」三字，孔本、王本、皮本無此三字。

[36] 袁本按語曰：「《左疏》引答云，云『言其實二軍耳，言三是舉其大數言之』。《周禮‧大司馬序官‧疏》云：『鄭答臨碩為三萬之大數者，以實言之也。』『二軍』之『二』，似宜作『三』。」黃本同於袁說。然《毛詩注疏校勘記》引盧文弨（1717-1796）說，宜當作「二」，《正義》下文云：「故答臨碩謂此為二軍」，「二」字不誤，可證。

| 3 | 臨[37]碩難曰：「凡國有大菑，歌哭而請。魯人有日食而哭，《傳》曰：非所哭。哭者，哀也。歌者，是樂也。有哭而歌，是以樂菑。菑而樂之，將何以請？哀樂[38]失所，禮又喪矣。孔子曰：『哭則不歌』。歌哭而請，[39]道將何為？」
玄謂：[40]「日食異者也，於民無困，哭之為非。其所菑害，不害穀[41]物，故哭非禮也。[42]董仲舒曰：『雩，求雨之術，呼嗟之歌。』〈國風・周南〉、〈小雅・鹿鳴〉、燕禮、鄉飲酒，大射之歌焉。然則〈雲漢〉之篇，亦大旱之歌。《考異郵》曰：〈集二十四旱志〉[43]：『玄服而雩，緩刑[44]理察，[45]挺罪赦過， |

37　賈《疏》原作「林碩」，黃本、皮本均以為誤，改作「臨碩」，可從。

38　賈《疏》原作「哀未」，王本、皮本從之；袁本、孔本、黃本據上下文義改作「哀樂」，可從。

39　唯王本「歌哭而請」作「歌哭而情」，「情」當為「請」字形訛。

40　黃本「玄謂」上有「答曰」二字；王本省略「玄謂」僅作「答曰」，其餘諸本皆同上文。

41　唯王本「穀物」作「鼓物」，「鼓」當為「穀」字音訛。

42　賈《疏》原作「故哭必禮也」，王本、皮本從之；袁本、孔本、黃本作「故哭非禮也」，可從。

43　〈集二十四旱志〉為《考異郵》之篇名，出於《春秋緯》。孔本「集」字下有按語云：「疑誤」，似以「曰」字疑在「志」之下，宜當作「《考異郵・集二十四旱志》」曰」。

44　賈《疏》原作「立服則緩雲刑理察」，文辭不達。袁本「立服」作「元服」，「雲」作「雩」，又以「緩」字在「雩」下，「元服而雩」為句，與「緩刑理察」分讀，不誤。孔本、黃本、王本均從袁說，但不避「玄」字諱，「元服」作「玄服」。皮本雖援用賈《疏》原文，然於校注明引孔本，知其所主與諸本句讀相同。

45　唯黃本「理察」作「理瘵」，下出按語云：「瘵，一作察。案當是『理瘞』之譌。」

	呼嗟哭泣，以成發氣。』此數者，亦[46]大裁歌哭之證也。多裁，哀也。歌者，樂也。今喪家輓歌，亦謂樂乎！[47]『孔子哭則不歌』，是出何經？《論語》曰：『子於是日哭則不歌。』謂一日之中，既以哀事哭，又以樂而歌，是為哀樂之心無常，非所以譏[48]此禮。」（《周禮・女巫・義疏》）
4	軍者，[49]兵之大名。軍禮重言軍，為其大悉，故春秋之兵，雖有[50]累萬之眾，皆稱「師」。《詩》云：「六師」，即六軍[51]也。（《周禮・大司馬序官・義疏》）
5	孟子當赧王之際，《王制》之作復在其後。（《禮記・王制・正義》）
6	王畿方千里者，凡九百萬夫之地，三分去一，定受田者三百萬夫。出都家之田，以其餘地之稅。祿無田者，下士食九人，中士食十八人，上士三十六人，下大夫七十二人，中大夫百四十四人，卿二百八十八人。（《禮記・王制・正義》）

三、臨孝存與鄭玄對經義解讀之問答內容

　　古人撰寫著作，有時不會直白地敘述個人觀點，反而會將所

46　賈《疏》作「非大裁歌哭之證」，皮本從之；袁本、孔本、黃本、王本「非」作「亦」，可從。

47　賈《疏》作「亦謂樂非」，皮本從之；袁本、孔本、黃本、王本「非」作「乎」，嘆詞，可從。

48　袁本、王本「譏」作「難」，其餘諸本皆同上文。

49　黃本「軍者」上有「鄭答臨碩云」五字，孔本、王本、皮本無此五字。

50　《詩・棫樸・正義》引「鄭釋之云：《春秋》之兵，雖累萬之眾，皆稱師」，無「有」字。

51　《詩・棫樸・正義》引鄭氏云：「《詩》之『六師』，謂六軍之師」，可補足句意。「六軍也」以下，皮本又見「然軍旅卒兩皆眾名，獨舉師者」云云，此固是賈《疏》解釋之語，不當輯錄。

欲表達之意，藉用主客問答的互動形式呈現，使文章激起波瀾，引起讀者注意。在清人輯佚的鄭玄遺書中，像《駁五經異義》、《發墨守》、《鍼膏肓》、《起廢疾》，和接下來要討論的《答臨孝存周禮難》等類書，都是站在與時人辯論經義的立場撰寫而成。這種有別於自問自答的寫作模式，一來既如實列舉雙方問答過程所提出的證據，也能彰顯出參與辯論之雙方各自對於疑難經義的詮釋觀點，供讀者評斷是非。由於問答行為本身，提問之一方必懷有「疑情」在先，出以口頭或書面質疑，再由應答一方作出解釋，構成主客問答之全歷程。因此縱使文獻殘闕，依然能藉鄭玄之答辭，順藤摸瓜，約略推闡臨孝存內心的問題意識。以下，試就清人輯本匯校所得之《答臨孝存周禮難》，重建五項主題明確之內容，揭櫫臨孝存對《周禮》曾有過哪些疑惑？並從中考察雙方疏解經義時各自抱持的問答旨趣。

（一）難諸侯以下有從王征伐之禮

孔穎達《毛詩正義》於〈衛風・伯兮〉篇序，疏釋云：

> 《公羊傳》曰：「其言從王伐鄭何？從王，正也。」鄭答臨碩引《公羊》之文，言諸侯不得專征伐，有從天子及伯者之禮。[52]

按〈伯兮〉篇〈小序〉云：「刺時也。言君子行役，為王前驅，過時而不反焉。」鄭《箋》詳言本事，且云：「衛宣公之時，蔡

---

[52] 〔漢〕鄭玄箋，〔唐〕孔穎達疏：《毛詩正義》，卷3之3，頁139。

人、衛人、陳人從王伐鄭伯也，為王前驅久，故家人思之。」此事見於《春秋・桓公五年》經文。《正義》曰：「諸侯從王雖正，其時天子微弱，不能使衛侯從己，而宣公自使從之，據其君子過時不反，實宣公之由，故主責之宣公，而云：『刺時也』。」然而此時，天子威信既已微弱，宣公深明臣節，自使從之，詩人尤應美言，不當譏刺。孔《疏》說《詩》拘泥〈序〉言，乖違大義。

考全詩凡四章，每章四句，首章曰：「伯兮朅兮，邦之桀兮。伯也執殳，為王前驅。」《毛傳》云：「伯，州伯也」；鄭《箋》云：「伯，君子字也。」[53]是毛、鄭解「伯」字之義，各有不同，毛公訓「伯」為州伯；鄭玄則訓為伯仲長幼之字；朱熹《集註》云：「婦人目其夫之字」，[54]與鄭氏說同。由此當知，《詩》中「伯」字義訓，究竟為官職名，抑或長幼之序稱，頗有爭議。《正義》曰：「婦人所稱『伯』也，宜稱其字，不當言其官也。此在前驅而執兵，則有勇力為車右，當亦有官，但不必州長為之」，說明君子行役，執殳為王前驅，亦當有一官之職。考《周禮・夏官・司右》曰：「凡國之勇力之士能用五兵者屬焉」（卷36，頁1197），《詩》言「執殳」即此五兵之一；又〈大僕〉注云：「前驅，如今道引也」（卷37，頁1210），是《詩》之君子確為一有勇力之士，征伐時能執兵為王導引前路，估其官銜宜相當《周禮》之「司右」。據〈序官〉載列，「司右」之職，設有上士二人、下士四人，為諸侯之臣屬。今臨碩難《周禮》之辭雖已佚失，僅存鄭玄答辭，尋其所問，恐是以《毛傳》言「州伯」身分與《周

53　同前註。

54　〔宋〕朱熹，《詩經集註》（臺南：大孚書局，2006年），卷2，頁32。

禮・序官》設職為「士」階層不相符稱，故有疑惑。但實際上，鄭《箋》原不以「伯」作州伯解，而後又引《公羊傳》云云，言諸侯不得專征伐。蓋春秋時期，蔡、衛、陳三者，分別為姬姓及媯姓之諸侯國，〈伯兮〉既收入〈衛風〉，則君子身分宜為衛侯臣屬，故與諸侯同有從王征伐之禮。此處鄭玄援引《公羊傳》義疏理《詩》、《禮》語意，以解臨碩之質難。

（二）難「六師」、「六軍」異稱

孔穎達《毛詩正義》於〈大雅・文王之什・棫樸〉篇：「周王于邁，六師及之」句，疏釋云：

> 臨碩并引《詩》三處「六師」之文，以難《周禮》。鄭釋之云：春秋之兵，雖有累萬之眾，皆稱師。《詩》之「六師」謂六軍之師。[55]

按〈棫樸〉篇〈小序〉云：「文王能官人也。」全詩凡五章，每章四句，三章曰：「淠彼涇舟，烝徒楫之，周王于邁，六師及之。」此乃敘述文王出兵伐崇，六師等眾與之俱進。蓋眾人歸於文王德化，因能不令而使之從也。鄭《箋》云：「二千五百人為師，今王興師行者，殷末之制，未有《周禮》。《周禮》五師為軍。軍，萬二千五百人。」據《周禮》記載，凡制軍，萬有二千五百人為「軍」，二千五百人為「師」，各有定制。鄭玄因見《詩》言周文王「六師」與《周禮》天子「六軍」名稱，不相統一。於是初以

55 　《毛詩正義》，卷 16 之 3，頁 557。

禮有因革為訓，以為文王伐崇，正值商末之際，此時《周禮》未成，故《詩》只言「師」而不言「軍」。然則鄭《箋》此說，未能足釐學者之疑心，今不獨有臨碩之質難，《鄭志》中亦載列弟子趙商問此《箋》語，又引〈大雅·常武〉篇周宣王出征之事有「整我六師」句。尋其所問，蓋疑宣王之時已入周朝，《詩》何以不逕稱「六軍」卻仍稱「六師」呢？鄭玄聞此，不復申明《箋》意，即揚棄舊釋，答曰：「師者，眾之通名，故人多云焉。欲著其大數，則乃言軍耳。」[56]正與答臨碩云：「軍者，兵之大名。軍禮重言軍，為其大悉。」（卷33，頁1076）大義如出一轍。即以為「軍」之言「師」乃常稱，二者對文則異，散文則通，毋須拘泥，故《詩》言「六師」，即謂「六軍」之師也。鄭玄轉由古書文言義例重新訓解，以釋臨碩、趙商二人之疑惑。

（三）難制軍人數之多寡

孔穎達《毛詩正義》於〈魯頌·閟宮〉篇：「公車千乘，朱英綠縢，二矛重弓。公徒三萬，貝冑朱綅，烝徒增增」句，疏釋云：

> 答臨碩云：〈魯頌〉：「公徒言三萬」，是二軍之大數。[57]

按〈閟宮〉篇〈小序〉云：「頌僖公能復周公之宇也。」據朱熹定本，全詩凡九章，五章章十七句，二章章八句，二章章十句。

56　〔清〕袁鈞輯，皮錫瑞疏證：《鄭志疏證》（臺北：世界書局，1963年），卷3，頁35。

57　《毛詩正義》，卷20之2，頁781。

第五章曰:「公車千乘,朱英綠縢,二矛重弓。公徒三萬,貝胄朱綬,烝徒增增。」謂僖公時,魯國境內軍備兵車、步卒充盈,武力強盛,能征討淮夷、荊舒等蠻夷,安邦興業。鄭《箋》云:「萬二千五百人為軍,大國三軍,合三萬七千五百人,言三萬者舉成數也。」鄭《箋》所謂「大國三軍」,出自《周禮・夏官・大司馬》言制軍數,「王六軍,大國三軍,次國二軍,小國一軍」(卷33,頁1074)。蓋鄭意以為,成王因周公於天下有大勳勞,封周公地方七百里,革車千乘,且依上公之制,備「三軍」之數;然自伯禽以後,嗣位之魯君,君德漸衰,又遭鄰國侵損,魯國境地漸小,不復以往。〈序〉言僖公能復周公之宇,是頌揚僖公能光大周公舊業,故鄭以《詩》中兵車千乘,步卒三萬,當有「三軍」之數。然《正義》駁曰:「凡舉大數皆舉所近者,若是三萬七千五百人,數可為四萬,此頌美僖公宜多大其事,不應減退其數,以為三萬。」誠哉此言,臨碩讀鄭《箋》至此,恐亦疑心,故而發難。考《左傳・僖公二十八年》載,春秋初年城濮之戰,晉文公亦僅七百乘;至孔子時,各國擴充軍備,發展迅速,所謂「千乘之國,攝乎大國之間」,[58]已不再以「大國」視之矣。且孫詒讓《周禮正義》云:「立鄉制軍之籍,法有增減,如魯初為三軍,後減為二軍,春秋時復增減不常……軍增則鄉亦增,軍減則鄉亦減,可以隨時改易」,[59]是春秋時魯國軍備增減無定,即便僖公確有復古之舉措,亦不可逕用《周禮・夏官・大司馬》:「大國三軍」

---

[58] 〔曹魏〕何晏注,〔宋〕邢昺疏,〔清〕阮元校記:《論語正義》(臺北:藝文印書館,影印清嘉慶二十年江西南昌府學版,1979年),卷11,頁100。

[59] 〔清〕孫詒讓:《周禮正義》,卷54,頁2244。

之制，定僖公之世必有「三軍」。是故，其後鄭玄答覆臨碩時，又修正為「二軍之大數」。舉凡一乘二十五人，一軍五百乘，千乘二軍，合二萬五千人俱，則《詩》言「公徒三萬」，實乃詩人頌美魯國之虛辭。皮錫瑞認為，鄭說前後之所以參差不一，實因鄭玄箋《詩》初用古《周禮》說；答臨碩又改用今文《公羊》、《穀梁》諸侯一軍，方伯二軍之說，並存今、古文兩說之故。[60]由此當知，此處鄭玄是援引今文家言別立一解，以釋臨碩之疑惑。

（四）難「歌哭而請」，慶弔同日

賈公彥《周禮義疏》於〈春官・女巫〉職：「凡邦之大烖，歌哭而請」句下，疏釋云：

> 林（【筆按】：姓氏當作「臨」，考證如上）碩難曰：凡國有大烖，歌哭而請。魯人有日食而哭，《傳》曰：「非所哭」。哭者，哀也。歌者，是樂也。有哭而歌，是以樂烖。烖而樂之，將何以請？哀未（【筆按】：當作「哀樂」）失所，禮又喪矣。孔子曰：「哭則不歌」。歌哭而請，道將何為？

又引述鄭玄之答辭，云：

> 玄謂：日食異者也，於民無困，哭之為非。其所烖害，不害穀物，故歌必禮也（【筆按】：一作「故哭非禮也」）。

60　〔清〕皮錫瑞：《鄭志疏證》〈坿答臨孝存周禮難〉（臺北：世界書局，1963 年），頁 2。

董仲舒曰：「雩，求雨之術，呼嗟之歌。」〈國風‧周南〉、〈小雅‧鹿鳴〉、燕禮、鄉飲酒，大射之歌焉。然則〈雲漢〉之篇，亦大旱之歌。《考異郵》曰：〈集二十四旱志〉：「立服而緩雩刑理察（【筆按】：此文義不明，當釐為二句作「玄服而雩，緩刑理察」），挺罪赦過，呼嗟哭泣，以成發氣。」此數者，非（【筆按】：當作「亦」）大裁歌哭之證也。多裁，哀也。歌者，樂也。今喪家輓歌，亦謂樂非（【筆按】：當作「乎」，嘆詞）！「孔子哭則不歌」，是出何經？《論語》曰：「子於是日哭則不歌。」謂一日之中，既以哀事哭，又以樂而歌，是為哀樂之心無常，非所以識此禮。（卷30，頁997）

按《周禮‧春官‧女巫》：「凡邦之大裁，歌哭而請」，賈《疏》云：「大裁謂旱嘆」（卷30，頁997）言「大裁」者，惟指上文旱嘆舞雩之事。然若見〈春官‧小宗伯〉職：「天地之大裁」（卷21，頁718）及〈大司樂〉職：「大傀異裁」（卷25，頁852）二文，則知《周禮》所言「大裁」，不專限旱災，亦可指天地災變等怪異非常有之事。《疏》中引《答臨孝存周禮難》個別字句多有譌誤，然此為現存唯一首尾連貫記錄雙方問答之遺文，足當珍視。由文中得知，臨碩以為哀事當哭，喜事當歌，哀樂之所發宜得乎其中，並援引《論語‧述而》篇孔子「子於是日哭則不歌」為證，駁斥《周禮‧女巫》職：「歌哭而請」，實有違聖人慶、弔不同日之常道。對此，鄭玄廣泛徵引董子之言及《詩》、《儀禮》、《春秋緯‧考異郵》等文獻，先證明古人旱嘆舞雩、宴饗鄉射之時，皆歌舞相兼。而喪家之輓歌，亦是冀以哀痛之情，誌

念亡者所作的詩歌，斷非尋常歡饗所用之樂歌。

其次，就鄭玄回覆臨碩所引《論語》義，夫子往弔喪家，至情至性，有推己及人之惻隱仁心，故就食於有喪者之側室，未嘗飽食；既已弔哭，是日則亦不樂歌。鄭玄亦以為，「一日之中，既以哀事哭，又以樂而歌，是為哀樂之心無常」，因此夫子於是日哭則不歌，此即《曲禮》曰「居喪不言樂」的道理。然而，夫子弔喪不歌與《周禮・女巫》職：「歌哭而請」，原為天地災變抒發胸中鬱結之氣所誦哀樂，審其細微意涵，確實不同。[61]此外，據〈秋官・銜枚氏〉明文規定，「禁嘂呼歎鳴於國中者，行歌哭於國中之道者」（卷43，頁1433），亦禁止國中恣意呼歎與路上歌哭之事，又何來臨碩所謂「樂栽」之理呢？再考察古代國君攘除災咎，每有避殿、減膳去樂，或赦免罪犯，詔求直言無隱，以省己過之舉動。如《後漢書・郎顗傳》注，引《春秋緯・考異郵》

61　《論語》記載夫子「哭則不歌」的行誼，也成為後來北宋元祐黨爭中，洛派程頤（1033-1107）和蜀派蘇軾（1037-1101）相互譏刺之事例。據畢沅（1730-1797）《續資治通鑑》卷80，載：「程頤在經筵，多用古禮。蘇軾謂其不近人情，深疾之，每加玩侮。方司馬光之卒也，明堂降赦，臣僚稱賀訖，兩省官欲往奠光，頤不可，曰：『子於是日哭則不歌。』坐客有難之者曰：『孔子言哭則不歌，不言歌則不哭。』蘇軾曰：『此乃枉死市叔孫通所制禮也者。』眾皆大笑，遂成嫌隙。」蓋程頤事必古禮，言必聖賢，引夫子「哭則不歌」之事，謂是日既行明堂吉禮，則不宜弔唁喪家；此時，同座有人駁曰，夫子只言「哭則不歌」，不代表不能「歌則不哭」，軾亦藉此譏頤迂腐太過。由此可知，所謂「哭則不歌」，不過是與「吉禮」相對，儒家主張面臨「喪禮」哀亡所應抱持的悲憫心態。這在宋儒眼中，或有認為守禮太過，反倒不近人情。《周禮・女巫》的「歌哭而請」，講的卻是同在「弔禮」前後進行「歌」、「哭」之儀節，實與《論語》事例不相符稱，不宜作為駁難《周禮》之佐證。

曰：「僖公三年春夏不雨，於是僖公憂閔，玄服避舍，釋更徭之逋，罷軍寇之誅，去苛刻峻文慘毒之教，所蠲浮令四十五事。曰：『方今天旱，野無生稼，寡人當死，百姓何罪？不敢煩人請命，願撫萬人害，以身塞無狀。』禱已，舍齊南郊，雨大澍也。」[62]此即魯僖遭逢旱事，玄服而雩，緩刑理察，挺罪赦過之明證。鄭玄博采經書緯術，兼通當代通儒之說，對於《論語》中聖人情性和古書禮義的詮釋發揮，尤為切當，頗能解紛。

（五）難班爵祿田之制

孔穎達《禮記正義》於〈王制〉篇：「諸侯之下士視上農夫，祿足以代其耕也。中士倍下士，上士倍中士，下大夫倍上士，卿四大夫祿，君十卿祿」句下，疏釋云：

> 鄭答臨碩云：王畿方千里者，凡九百萬夫之地，三分去一，定受田者三百萬夫。出都家之田，以其餘地之稅，祿無田者，下士食九人，中士食十八人，上士三十六人，下大夫七十二人，中大夫百四十四人，卿二百八十八人。[63]

按〈王制〉此節敘述周朝授田制祿之內容，與《孟子‧萬章章句下》記載答北宮錡問周室班爵祿的文字，在字句順序略有參差，其餘大意基本一致。鄭玄認為，「〈王制〉者，以其記先王班爵、授祿、祭祀、養老之法度，此於《別錄》屬制度」。而對於〈王制〉與《孟子》的關係，更認定「孟子當赧王之際，〈王制〉之

---

[62]　《後漢書》〈郎顗列傳〉，卷60，頁384。
[63]　〔漢〕鄭玄注，〔唐〕孔穎達疏：《禮記正義》，卷11，頁215。

作，復在其後」，[64]是〈王制〉與《孟子》對周朝爵祿的記載，當有共同的祖本依據。考《周禮・小司徒》規定田制為「一夫九井」，與《孟子》所說「一夫八井」不同，徐復觀即指出，《周禮》「對井田中公田、私田的分別並不明瞭」，「成為只有私田而無『八家同養公田』的公田」，[65]顯示《周禮》中的井田制，早已脫離孟子所說借民力以治公田之時代。據〈地官・大司徒〉職云：「凡造都鄙，制其地域而封溝之，以其室數制之。不易之地，家百畝；一易之地，家二百畝；再易之地，家三百畝。」（卷10，頁 358）；又〈小司徒〉職云：「上地家七人，可任也者家三人；中地家六人，可任也者二家五人；下地家五人，可任也者家二人。」鄭《注》云：「一家男女七人以上，則授以上地，所養者眾也。男女五人以下，則授之以下地，所養者寡也。正以七人六人五人為率者，有夫有婦然後為家，自二人以至十，為九等，七六五為其中。」（卷11，頁387）謂國家授農以田，以一夫百畝為授田的基本單位。百畝之田，按土質肥瘠可分「不易」、「一易」、「再易」三等田地，此即〈小司徒〉所言「上地」、「中地」、「下地」者。依照鄭義，有夫有婦成一家，即授田民數的最小單位為兩口，自兩至四口授下地之三等；五至七口授中地之三等；八至十口授上地之三等，計為九等；[66]然此與〈王制〉制

64　同前註，卷 11，頁 212。

65　參徐復觀：《周官成立之時代及其思想性格》，頁 103。

66　按此經與〈大司徒〉、〈遂人〉等職說授田制度，僅止三等。鄭氏九等上下之說，賈《疏》及〈王制〉孔《疏》皆信從之，分成上上之地食十人，上中之地食九人，上下之地食八人，中上之地食七人，中中之地食六人，中下之地食五人，下上之地食四人，下中之地食三人，下下之地

農田，「上農夫食九人，其次食八人，其次食七人，其次食六人，下農夫食五人」，酌分成五等，養活五口至九口之家，兩者授地民數亦有差別。又〈載師〉注，鄭云：「凡王畿內方千里，積百同，九百萬夫之地也。有山陵、林麓、川澤、溝瀆、城郭、宮室、涂巷，三分去一，餘六百萬夫。又以田不易、一易、再易上中下相通，定受田者三百萬家也。」（卷14，頁466）蓋鄭意以為，王畿內約九百萬夫之地，除去種種方圓、孤曲等地勢不一之形，可得六百萬夫地，再分為上、中、下等地連通而受，上等家百畝，中等家二百畝，下等家三百畝，得定受田者計三百萬家，適足以補充上列引文句意。今臨碩難辭佚失，鄭玄答辭，專為解釋〈王制〉意旨。引文中「祿無田者」，是就無采地者而言，經云諸侯之下士俸祿，視上農夫食九人田祿，則各依等差計之，中士倍下士即十八人祿，上士倍中士即三十六人祿，下大夫倍上士即七十二人祿，卿倍四大夫即二百八十八人祿。唯中大夫祿百四十四人者，經文原無，乃鄭玄以意增添，是為整飭經說所作之構想。

　　以上內容，雖僅列五例，然對於臨孝存與鄭玄從事《周禮》古籍考辨的基本精神、目的及論證方法之要旨，亦可見一斑。

食二人，計為九等。但若依鄭、賈之意，中下之地食五人，中上之地食七人，則與經文明言「下地家五人」，「上地家七人」之說，明顯不合。孫詒讓云：「三等授地，自是較略之制，其細別差率，隨宜損益，不能豫定」，主張《周禮》家五至七口之三等授地，和《禮記・王制》家五至九口之五等授地的差別，是由禮家隨宜損益而來，固不必求之過密。參氏著，《周禮正義》〈地官・大司徒〉，卷20，頁781。

四、結語

中國傳統文獻浩如煙海，古書中寄寓著古人淵遠流長的文化遺產，但亦摻雜不少偽說、偽史的虛妄成分，所以從事任何學術研究，資料的真偽鑑別是首要基礎。過去談及《周禮》古籍的考辨源流，學者多察覺《周禮》於東漢儒生誦讀期間已存在不少質疑。幾種經學史上常見的說法，如漢武帝以為《周禮》是「末世瀆亂不驗之書」，或何休論斷的「六國陰謀之書」，都表明《周禮》雖作為一部囊括古代禮樂文明核心的經典，對歷代官制有深遠影響，卻未如同《詩》、《書》等儒家典籍具有穩固崇高的地位。伴隨漢代今、古文論爭的潮流，經學家對《周禮》毀譽參半的評價，使之流傳後世，依舊飽受爭議。而漢儒考辨《周禮》的歷史真相，也由於文獻殘闕，始終塵封於經學史的底層，罕有人知。為了解開歷史之謎，本節從鄭玄和時人辯難之言論，闡明雙方交流過程，適足以別開蹊徑，窺見漢儒考辨《周禮》之一端。

本節綜理臨孝存與鄭玄質難《周禮》之相關論題，可得出幾點結論：

第一，品評臨孝存及與鄭玄的關係。鄭玄歷時十餘年所完成的《三禮注》，通盤將《三禮》文獻訓詁疏解，是漢代學者從事經典詮釋的代表著作。這在中國經學史上的重要地位及予以後世的廣泛影響，固不待言。但或許是出於推崇「禮是鄭學」的心理投射，使得某些意圖恢復漢學的清代學者，當面臨與鄭氏經說違逆的文獻時，大多選擇迴護附會，甚至動輒非訾歷來與鄭玄經說立異如王肅等經學家，刻意營造其為人學養性格的缺陷，完全忽略開放客觀的學術討論，不該以獨尊一家學說為最終追求之目

的；相反的，則應對其他持以不同見解的學者，都給予合理認識。在史籍中，有關臨孝存生平事蹟的記載相對匱乏，唐人《義疏》甚至連基本姓氏的考證都不曾著力，遑論其身分認定。因而自清以來，論者或視為鄭玄弟子，或同郡學者，迄無定論。倘若以孔融、何休等相關人物的生卒年為定點，可研判臨孝存是鄭玄同郡且年歲相近的學者，因英年早逝，聲名遠遜於鄭玄。即便如此，此人和鄭玄俱為青州才德之士，受人緬懷，不當因其曾與鄭玄相質難，則輕信清儒不加求證之說，從而鄙夷臨孝存之學術。

第二，臨孝存對於《周禮》的疑惑與考辨思想。賈《疏》曰：「臨孝存以為武帝知《周官》末世瀆亂不驗之書，故作《十論》、《七難》以排棄之。」揭明臨孝存《十論》、《七難》的撰述要旨，在於批駁《周禮》書中所述制度，與其他流傳漢世的經傳內容，多有不合。從上列輯本佚文中，不難看出臨孝存掌握的辨經方法，側重闡明《周禮》和《詩》、《春秋》、《禮記》、《論語》等經傳說解上的差異，並廣泛涉及到兩者在職官身分、名義稱謂、禮文詮釋、授田分配等內容的比較。特別是針對鄭玄援引《周禮》箋《詩》，卻造成《詩》義隱晦所提出的質疑，足以反映臨孝存考辨《周禮》的基本精神，是站在「立異」觀點，突出《周禮》經文何以瀆亂不驗，而不在「求同」的立場上發揮。

第三，鄭玄答覆的攻防策略與方法侷限。鄭玄注解《周禮》時，凡是遇到經史羣書中可以找出與之有意義關聯的，無不盡量援引，務求徵驗《周禮》為周代制度的苦心孤詣，可見一斑，這也成為貫串《周禮注》的一大寫作特色。從上列佚文中，可看出鄭玄答覆疑難的釋經方法，與臨孝存相較，實無太大差異，同樣是徵引傳世文獻作為證成或反駁《周禮》的手段。只不過鄭玄涉

獵的文獻範疇較廣，不受限於今、古文經傳之藩籬，有時連同緯書及今文學說，皆納入採用。或據此訓詁字辭、或申引經義、或駁正己說，立言有據而不失偏狹，是能得見「鄭學」本身具備的融通特質。然而，正由於鄭玄極力將《周禮》學說移用作為其他經書闡釋的觀念工具，「求同」彌縫，也成為鄭玄學說中最為後人詬病之處。從與他人辯難經義的過程中，可以發現鄭玄經說前後的折衷空間相當彈性，或初從古文，後從今文；或初從禮文因革，後從文言修辭為解。如此一來，則易自陷於立說兩可之窘境，難以自圓其說。而往往後世對《周禮》的各種質疑，即有不少是源自對鄭《注》訓解內容的不滿。

　　第四，雙方經義解讀的價值取向。歷來從事《周禮》真偽之考辨，當以東漢臨孝存與鄭玄辯難一事，作為先驅。考察上述問答，可知雙方都抱持著《周禮》能否和其他經典文獻對應的觀點，作為衡量《周禮》價值的準則。可是進一步思考，本於雙方「疑經」、「尊經」既有立場之不同，一方主「異」，一方主「同」，離合之間，似乎也無法單就經義疏解之個案，來解決《周禮》的成書年代及制作內涵。這種處於個人主觀意識下所從事的文獻訓釋，一心追求經典書寫形式上的規整，遠勝於思想義理的辨證，的確是漢代學者從事古籍考辨工作共通的盲點。

　　總的來說，臨孝存和鄭玄的經義問答，尚止於關注《周禮》單一字詞、禮儀制度及與其他經典的對應關係，尚未就《周禮》職官設置的義理結構和合理性，充分分析。可是，自從臨孝存對《周禮·序官》冊命職稱及凶禮、軍禮等內容發出質疑，歷百年後，及至北宋，如張載（1020-1077）、程頤（1033-1107）、蘇轍（1039-1112）、胡宏（1105-1161）、洪邁等人，亦疑心《周禮》

禮文訛闕，有不合人情且非聖人法制之內容，可說與臨氏主張遙相承接，更延伸出新的論辯命題。本章受限篇幅，未加論列，此亦爾後可待研究之一端。綜言之，在學術發展上，臨孝存確實不比鄭玄聲名顯赫，然就《周禮》學史上代表之意義言，固可將其視為一名推動《周禮》研究的諍臣，在漫長的學術道途上，自有其歷史之地位存焉。

第二節　《鄭志》語錄中鄭玄對《周禮》經義的釋疑

　　眾所周知，鄭玄數十餘年的學術生涯，曾與許慎、馬融、何休等多位東漢著名學者，有過學問上的切磋駁難，和拜師從學的師友關係，與這些名家人物的交往，《後漢書》明文可見，毋須贅言。相對而言，鮮少有人關注眾多跟隨鄭玄的青衿學子，如何承傳並發揚「鄭氏家法」之奧蘊。古人學以年進，從日常師生問對，歸納弟子讀經疑惑，以闡揚鄭玄經學思想，是詮明鄭氏經典詮釋發展不可多得的線索，亟待後人探索與開拓。故而早在清末，皮錫瑞業已疾呼：「《鄭志》者，豈非今日所當急治者乎歟！」[67]此誠吾輩所當戮力深究，以此與現存經注相互參照，勢能深化對於鄭玄禮學內涵，乃至其學說傳播情形之認識。

　　宋儒張載曾云：「讀書先要會疑，於不疑處有疑，方是進矣。」

---

[67]　〔清〕皮錫瑞：《鄭志疏證》〈自序〉（北京：國家圖書館出版社，2002年《經學文獻輯佚彙編》影印清光緒二十五年思賢書局刻本《皮氏經學叢書》），頁2。

說明讀書之目的，在「釋己之疑，明己之未達」，[68]須由多疑過渡至釋疑，終至對典籍文獻達到心領神會之境地。故朱熹教人讀書，亦且強調「熟讀書，自然有疑」，「讀書至於羣疑並興，寢食俱廢，乃能驟進。」[69]然此讀書法，絕非宋儒所專擅。過去，因傳世文獻佚失，前賢對漢代學者持用何種論據及方法考辨《周禮》，多未能深入考究。本節將借鑑清人輯佚《鄭志》文獻成果，釐析鄭玄與弟子日常講學《周禮》的言論。一則，瞭解弟子研讀《周禮》曾有過哪些疑惑？次則，透過雙方問答語錄，考察鄭玄回應的教學策略，以補足東漢儒生研考《周禮》疑義的史實空白，提供一時代的關照與省察。

一、《鄭志》的成書、流傳及佚文整理

《後漢書·鄭玄傳》載，鄭玄好學深思，於靈帝建寧四年（171）至中平元年（184），身罹黨錮長達十四年間，隱修經術，授徒講學，「學徒相隨已達百千人」；此後，雖一度因黃巾寇起，「鼓耀縣乏，罷謝諸生」，[70]然及辭世，「自郡守以下，嘗受業者，縗絰赴會千餘人」，足以想見漢末儒生宗仰「鄭學」之盛況。出於推崇心理，「門人相與撰玄答弟子問《五經》，依《論語》作《鄭志》八篇」。[71]編纂鄭玄平生講學授徒的語錄，亦成為弟子追

68　〔宋〕張載：《經學理窟》（成都：四川人民出版社，1998 年），卷 6，
　　頁 121。

69　〔宋〕黎靖德編：《朱子語類》（臺北：臺灣商務印書館，1978 年），
　　卷 10，頁 354。

70　此事見《三國志》〈魏書·崔琰傳〉記載。

71　《後漢書》〈張曹鄭列傳〉，卷 35 頁 1211。

述師說，緬懷先哲學行的一等要事。

　　《鄭志》成書後，傳至隋唐之際，《隋書‧經籍志》著錄為「十
一卷」，獨云：「魏侍中鄭小同撰」；[72]《舊唐書‧經籍志》及
《新唐書‧藝文志》皆著錄「九卷」，已佚失二卷，甚至將原編撰
者改為講授者「鄭玄」。[73]這無論在篇卷數量及著作歸屬的認知
上，皆與《後漢書》記載頗有出入。《鄭志》自隋唐以後開始散
佚，宋仁宗景祐元年（1034）官修《崇文總目》時，已不見編目
之列，推估當全佚於北宋初年。爾後，有關《鄭志》的隻字片語，
僅見於諸家經疏、《通典》、《水經注》以及唐、宋類書的零星
徵引，詳細書籍的文字原貌，已無從得知。

　　所幸，由於鄭玄在中國學術史上始終擁有崇高的經師地位，

---

[72] 《後漢書》鄭玄本傳記載，「玄唯有一子益恩，孔融在北海，舉為孝廉；
及融為黃巾所圍，益恩赴難損身。有遺腹子，玄以其手文似己，名之曰
小同。」是知鄭小同為鄭玄嫡孫，關於鄭小同是否為《鄭志》的第一編
撰者？高仲華以為不然，其援引《史通》論云：「考康成卒時，小同僅
四五歲，安能記述師弟問答，必是康成之歿未久，諸弟子即各出所記，
分五經類而萃之，為《志》八卷，後來小同更有所得，增編為十一卷，
自題己名。」高說可從，參氏著：〈鄭玄學案〉，《禮學新探》（臺北：
臺灣學生書局，1984 年），頁 271。再則，趙縕分析鄭小同身處曹魏政
權遞嬗、司馬氏篡權的歷史環境中，以何作為維護鄭學的學術尊嚴。指
出為了因應高貴鄉公曹髦主政期間，經學教育上「抑王遵鄭」的風潮，
「小同糾合餘緒，發明弘揚鄭學」，編錄《鄭志》。但此一舉措，卻埋下
司馬昭毒殺鄭小同的契機。參氏著：〈曹魏末造王（肅）學與鄭（玄）
學的政治糾葛──鄭小同之死辨〉，《鄭玄研究文集》（濟南：齊魯書
社，1999 年），頁 195-212。

[73] 〔後晉〕劉昫撰：《舊唐書》〈經籍上〉（臺北：鼎文書局，1989 年），
卷 46，頁 2542。〔宋〕歐陽修，宋祁合撰：《新唐書》〈藝文一〉（臺
北：臺灣中華書局，1981 年），卷 57，頁 2720。

歷朝傳述鄭玄學說，不乏其人。入清以後，尤其至清代中葉，隨著「家道許鄭，世薄程朱」的學風盛行，學術圈高舉「漢學」旗幟之餘，有關鄭玄生平年譜的考證，及編錄鄭玄佚著，也緊鑼密鼓地展開，成為清代文獻輯佚工作中的一門顯學。據近人研究發現，光是《鄭志》的輯本數量，便多達十餘種，相當豐富可觀。[74]除了《四庫全書》收列「莫考出自誰氏」的武英殿聚珍版「三卷本」之外，單從篇卷分類，或可將清代學者具代表性的《鄭志》佚文輯本，略分為三：

其一，是黃奭《高密遺書》輯錄的《鄭志》「一卷本」。[75]

其二，是錢東垣[76]及由王復（1747-1797）補遺、武億校正的《鄭志》「三卷本」。[77]

---

74 清儒輯錄《鄭志》版本考證、佚文匯校的研究成果，可參看劉欣怡：《清代《鄭志》輯本及其「鄭學」研究》（臺北：臺北大學古典文獻學研究所碩士論文，2010 年）、趙穎《鄭小同與《鄭志》研究》（濟南：山東師範大學歷史文獻研究所碩士論文，2014 年）兩部學位論文。及朱天助：〈清代《鄭志》輯本六種考論〉，《文獻》第 2 期（2018 年 3 月），頁 46-56。但因三位作者皆出自文獻學相關科系，論文側重文獻版本源流之辨證，對鄭玄和弟子經義問答反映的經學思想缺乏系統深入研究，是美中不足處。

75 〔清〕黃奭輯：《鄭志》一卷（北京：國家圖書館出版社，2002 年《經學文獻輯佚彙編》影印清道光二十三年黃奭刻本《高密遺書》）。

76 〔清〕錢東垣輯：《鄭志》三卷（北京：國家圖書館出版社，2002 年《經學文獻輯佚彙編》影印清嘉慶間秦鑑刻本《汗筠齋叢書》）。

77 〔清〕王復補遺，武億校：《鄭志》三卷（北京：國家圖書館出版社，2002 年《經學文獻輯佚彙編》影印清同治十二年粵東書局刻本《古經解彙函》）。

其三，是孔廣林《通德遺書所見錄》、[78]袁鈞《鄭氏佚書》
輯錄的《鄭志》「八卷本」。[79]

上列諸本的篇卷形式，或有不同，對原文獻的增補、刪改亦
有優劣。但自孔廣林將所輯佚文「依經為次」，各歸其類，酌分
為《易志》、《尚書志》、《詩志》、《周禮志》、《儀禮志》、
《禮記志》、《春秋志》、《雜問志》八篇之目，便於讀者參閱，
確實影響不少後來學者的編排理念。舉例言之，如側重原文釋義
的成蓉鏡《鄭志考證》「一卷本」，[80]抑或兼長文字考訂、經義
闡發的皮錫瑞《鄭志疏證》「八卷本」，都可說是深受孔本輯佚
體例啟發的疏釋著作。清儒對《鄭志》佚文輯錄所取得的豐碩成
果，有助於初步恢復《鄭志》原貌，為後世從事「鄭學」研究者
提供不少便利。另一方面，四庫館臣也折衷《後漢書》、隋唐二
《志》的說法，歸結《鄭志》的成書歷程，認為其「追錄之者諸弟
子，編次成帙者則小同，《後漢書》原其始，《隋書》要其終」，
[81]說明《鄭志》的成書寫定，並非完成於一人一時一地，而是經
過歷時的編撰過程，起初由門弟子抄錄原始紀錄，經若干年，再

78　〔清〕孔廣林輯：《鄭志》八卷（北京：國家圖書館出版社，2002 年《經
　　學文獻輯佚彙編》影印清光緒十八年山東書局刻本《通德遺書所見
　　錄》）。

79　〔清〕袁鈞輯：《鄭志》八卷（北京：國家圖書館出版社，2002 年《經
　　學文獻輯佚彙編》影印清光緒四年浙江書局刻本《鄭氏佚書》）。

80　〔清〕成蓉鏡：《鄭志考證》一卷（北京：國家圖書館出版社，2002 年
　　《經學文獻輯佚彙編》影印清光緒十四年江陰南菁書院刻本《南菁書院叢
　　書》）。

81　〔清〕紀昀等人編纂：《四庫全書總目提要》〈經部‧五經總義類〉（臺
　　北：藝文印書館，2004 年），卷 33，頁 663。

由鄭玄嫡孫鄭小同賡續成帙。對此折衷意見，王鳴盛《蛾術編》、[82]鄭珍《鄭學錄》、[83]胡元儀《北海三考》，[84]皆同此說。《鄭志》遂與另一部同為鄭氏弟子「分授門徒，各述師言，更為問答」的《鄭記》，[85]一併成為今人探索漢魏學者發揚「鄭學」，傳述一家之言的途徑。

二、鄭玄弟子研讀《周禮》疑義考述

　　《鄭志》的命名緣由，歷來史家皆未言明。所謂「志」者，通古文「識」。古書中，凡意志之「志」與記識之「識」用字相同，示其門人編纂用意，本為記載鄭氏講經言論之一端。《鄭志》雖非鄭玄親手寫成，但因特有的問答體裁，對瞭解鄭玄生平學術觀點的演變，有不可忽視的價值。清儒通過分析《鄭志》中鄭玄和門弟子的言談時間，推測書中反映的學說定位，提出「晚年定論」、「未定解」及「先後說」等諸多說法。[86]儘管眾說紛紜，

82　〔清〕王鳴盛：〈鄭氏著述〉，《蛾術編》，卷58，頁472。

83　〔清〕鄭珍：〈書目〉，《鄭學錄》（上海：上海古籍出版社，2012年），卷3，頁25。

84　〔清〕胡元儀：〈著述考〉，《北海三考》（上海：上海古籍出版社，1997年），卷4，頁24。

85　《後漢書》只載《鄭志》，未及《鄭記》。而《隋志》及新舊《唐志》別載《鄭記》六卷。《孝經正義》採劉知幾說，謂「鄭之弟子，分授門徒，各述師言，更相問答，編錄其語，謂之《鄭記》。」說明《鄭記》為鄭氏門人與再傳弟子相互問答的語錄著作，時代相對晚出，與《鄭志》成書性質判然有別，故史家分為二書。

86　錢東垣根據《鄭志》問答中，弟子和鄭玄議論《毛詩箋》、《易注》之例，推論《鄭志》的講學時間，必然在箋注完成，並流通一段時間之後，認為「《鄭志》當是鄭君晚年定論」。成蓉鏡卻以為《鄭志》存在有諸

卻不約而同地突出《鄭志》有別於傳統經注學說定於一尊的特點，便是口述講學類型之著作，往往帶有個人學說的自我發揮，以及可適時調整學說的靈活與能動性。竊思，鄭玄治經，起初通過傳注形式進行書面表述，門弟子作為日日課誦經書的讀者，當著述文本與讀者認知產生分歧，意即讀者無法確切檢驗自身理解的文本是否正確時，自然會在閱讀的接受過程，產生問題反饋。與此同時，為了答覆弟子疑惑，於是催生鄭玄形諸口頭的二次詮釋。鄭玄或自申己意，確立定見；或修正前說，揚棄舊釋。來回往復，答難決疑，即構成師、弟之間循環論說的全部歷程。

　　《鄭志》最初的編纂體例，雖已無法從現存文獻中得知，但自清人輯錄按五經分卷編次，每卷前題曰〈某志〉，以下徵引唐人《義疏》載列鄭玄與眾弟子的對談紀錄。推估其完整問答形式，當以「某問曰，答某問曰」為正例。其中，不乏只見鄭玄「答語」，不著何人提問之情形。據目前掌握的《鄭志》佚文，〈周禮志〉中計得三十七條明文，扣除提問者不詳情況，考諸史籍，至少曾有趙商、[87]張逸、[88]劉琰[89]三名弟子對《周禮》產生過疑惑。當中，

多鄭玄無從自圓其說的見解，顯示自身的「未定解」，倒不像錢氏所說的定論。皮錫瑞則透過對鄭玄的生命歷程，來瞭解學說形成的「先後」關係，認為鄭君之學，網羅浩博，不拘一家，其解經有兩說並存的情況，固不必定從一說，近於實情。

[87] 趙商，字子聲，河內溫人。嘗以書詣鄭氏學：「夫學之於人，猶土地之於山川也，珍寶於是乎出；猶樹木之有枝葉也，根本於是乎庇也。」鄭玄稱其人「博學有秀才，能講難而口吃，不能據談」。張舜徽以其為鄭玄「最親密之弟子」，當是。說見氏著：〈鄭學傳述考〉，《鄭學叢著》，頁 104。

趙商的提問次數最多，涉及範圍最廣，占二十四條；張逸次之，有六條；劉琰最少，亦有二條，此均為東漢儒生傳誦《周禮》，進而引發對《周禮》本經質疑的第一手文獻，彌足珍貴。

曩昔，馬融門徒四百餘人，升堂進者不過五十餘生，博學如康成，拜融門下三年尚不得見；何況鄭玄弟子多達千餘人，斷不能逐一親授，乃情理中事。如是可知，《鄭志》中得以親炙鄭玄耳目，並與之有過多次討教機會的人物，應是鄭氏入室弟子中之佼者。彼等為漢魏時期鄭氏《周禮》學的傳播與發展，當起有輔弼作用。據鄭《自序》聲稱，「遭黨錮之事，逃難注《禮》」，[90] 於遭逢黨禁的十四年中，鄭玄傾力註解《三禮》，《鄭志》錄存弟子問《三禮注》之疑義，或可推定師弟應答時間，似箋注完成後的一段時日；或當此十四年期間讀經的偶然紀錄，也未可知。綜論弟子研讀《周禮》引發彼等問題意識之緣由，厥有數端：

（一）問與他書記載不合

《周禮》晚出，武帝時已有「末世瀆亂不驗」之稱，稱其「不驗」，意即與西漢學官今文經說多有違背，故初不見用。西漢宿儒主顓經之學，洎東漢古學初興，學林中不乏有孫期、張馴、尹敏等兼通數經之士，彼等先通今文，後習古文，堪稱通儒。此時，學者察覺非旁徵經史文獻，不能佐證《周禮》之信實，故

88　張逸，北海高密人。年十三，為縣小吏，與鄭玄同縣。鄭嘗見而謂之曰：「爾有贊道之質，玉雖美，須雕琢而成器，能為書生以成爾志否？」對曰：「願之。」乃遂拔於其輩，妻以女弟。

89　劉琰，字威碩，漢魯國人。事蹟詳見《三國志》〈蜀書〉本傳。

90　〔唐〕玄宗御注，〔宋〕邢昺疏：《孝經注疏》〈御製序并序〉，頁5。

鄭玄以前，杜子春與鄭興、鄭眾父子撰著注解，亦已究心綰合羣經與禮書之間。至鄭玄校注《周禮》，推而廣之，凡遇經史羣書中可找出與之有意義關聯的文獻，莫不援引，務求徵驗《周禮》為周代制度的苦心孤詣，可見一斑。在鄭玄影響下，弟子讀經亦將漢世所見經史羣書與《周禮》合讀，突出經義說解之矛盾。有關具體牽涉議題，茲舉數例：

1、名物度數參差

先秦儒家講「禮」，實際上是由「義」和「數」兩大因素所構成。「禮義」的內在旨趣，必先透過行禮過程人們具體可感的儀容動作，使用的宮室、器皿、服飾等物化形態，纔能彰顯禮文中尊卑有序的等級制度。而代表「禮」的表層形式──「數」，又可分「禮儀」和「禮器」兩大門類，涵蓋古代貴族生活禮儀場合所需的各方面。不過，由於時有因革，代有損益，「禮數」變遷之快，實難深究，故漢唐學者解經，詳究名物訓詁、儀節度數，以為探尋聖人制禮義蘊之基礎。弟子讀經，首當其衝即遇到《周禮》與其他經傳記載有出入，於是提出質疑。如：

① 〈膳夫〉職：王日食一舉，膳牲應為「大牢」，或《禮記》之「少牢」？

《周禮・天官・膳夫》職曰：「王日一舉，鼎十有二」，鄭《注》云：「殺牲盛饌曰舉。王日一舉，以朝食也。」（卷4，頁115）「膳夫」之職，掌理王之食飲膳羞，故稱「舉」為殺牲取食，與舉酒、舉樂者有別。趙商問曰：

「王日一舉，鼎十有二」，是為三牲備焉。商案：〈玉藻〉：

「天子日食少牢，朔月大牢」，禮數不同，請聞其說？鄭答云：「《禮記》後人所集，據時而言，或以諸侯同天子，或以天子與諸侯等，禮數不同，難以據也。〈王制〉之法，與禮違者多，當以經為正。」（《周禮・膳夫・疏》，卷4，頁58）

承上所述，《周禮》王日食，鼎十有二，鼎數當同〈聘禮〉：「歸饗餼」儀節中，供賓介等人在聘期內之膳食，合牢鼎「九」、陪鼎「三」之數。牢鼎盛牛、羊、豕、魚、腊、腸胃同鼎、膚、鮮魚、鮮腊九物；又，陪鼎盛膷、臐、膮三物，皆奇數。而〈少牢饋食禮〉陳五鼎，盛羊、豕、膚、魚、腊五物，則鼎有五者，乃為「少牢」，而鼎十有二者，牛、羊、豕三牲皆備，則必用「大牢」。《周禮》記王飲食度數，與《禮記・玉藻》言天子之食，恆日用「少牢」，朔望加隆為「大牢」，略有不同。案《周禮・春官・大司樂》曰：「王大食，令奏鐘鼓。」鄭《注》云：「大食，朔月、月半是也。」（卷25，頁852）是《周禮》王之膳食，原同〈玉藻〉所述，亦有恆日與朔月、月半大食之別，〈膳夫〉若云王日食舉「大牢」，則朔望又當以何加諸「大牢」？故而，趙商酌參〈玉藻〉之文，質疑此中矛盾。鄭玄答覆，則以古禮傳聞各異，非一代之制，教導弟子處理禮文歧異，當以經為正。

②〈大宗伯〉職：以「貍沈」祭山川與《爾雅》祭山「庪懸」之法何異？

　　《周禮・春官・大宗伯》職：「以血祭祭社稷、五祀、五嶽，以貍沈祭山林、川澤」，鄭《注》云：「陰祀自血起，貴氣臭也。……

祭山林曰埋，川澤曰沈，順其性之含藏。」（卷 19，頁 657）蓋
《周禮》經文總言祭儀而無別，鄭玄以山林無水，故「貍」之；川
澤有水，則「沈」之，隨祭祀所在水土之性，各有所施。《毛詩・
鳧鷖・正義》援引《鄭志》記弟子張逸問曰：

> 「以血祭祭五嶽，以埋沈祭山川，不審五嶽亦當埋否？」答
> 曰：「五嶽尊，祭之從血腥始，何嫌不埋？」……〈釋天〉
> 云：「祭山曰庪懸」，不言埋，張逸亦引以問，而鄭答曰：
> 「《爾雅》之文雜，非一家之注，不可盡據以難《周禮》。」
> （《毛詩・鳧鷖・正義》，卷 17 之 2，頁 609）

「貍」者，《說文・豸部》訓為「伏獸」，《周禮》經文用「貍」
為「薶」，是為借字。許慎云：「薶，瘞也」，段玉裁《注》謂：
「今俗作埋」，[91] 即經文本義。案《周禮・春官・司巫》曰：「凡
祭事掌守瘞」注，鄭云：「瘞，謂若祭地祇有埋牲玉者也。」（卷
30，頁 994）是知《周禮》薦牲血灌於地以祭五嶽，五嶽、四瀆
皆山川地祇之類，血祭之後，按例亦當埋藏牲玉。皮錫瑞《鄭志
疏證》曰：「鄭意以為，祭五嶽從血腥始，故《周禮》別其文曰
血祭。其實五嶽亦在山林之列，既祭亦當埋藏」，[92] 故鄭云：「何
嫌不埋」。又，《爾雅・釋天》載：「祭山曰庪縣，祭川曰浮沈」，
「庪」同「庋」，見收於大徐本《說文》新附字，從广，技聲。[93]
郭璞《注》云：「或庪或懸，置之於山。《山海經》曰『懸以吉

91　〔漢〕許慎撰，〔清〕段玉裁注：《說文解字注》，1 篇下，頁 44。

92　〔清〕皮錫瑞：《鄭志疏證》，卷 4，頁 17。

93　〔漢〕許慎撰，〔宋〕徐鉉校定：《說文解字》，卷 9 下，頁 193。

玉』，是也」。[94]由是可知，《爾雅》所言祭川儀式與《周禮》相合，祭山儀式則異，故弟子引以為疑。

　　鄭玄答覆張逸，雖主張不得拘牽《爾雅》之文以難《周禮》。然而，如《周禮・考工記・玉人》曰：「天子以巡守，宗祝以前馬」，《注》云：「其祈沈以馬，宗祝亦執勺以先之」（卷48，頁1627）。權衡鄭意，謂王巡守所過山川，因土色尚黃，殺黃駒以祭地神。陸德明《經典釋文》引《小爾雅》曰：「祭山川曰祈沈」（卷48，頁1628）。「祈」同「扻」，《集韻》古委切，音詭。鄭玄以「祈沈」總言山川祭事，此當與《爾雅》「庪縣浮沈」共為一事，似亦承認祭山確有《爾雅》「庪縣」儀式，且有意彌合《周禮》「貍藏」之說。要之，意謂祭山「庪縣」而復「埋」，祭川亦得「沉」而復「埋」，故皆言埋也，此近於情理。

③〈簭人〉職：占問驂乘，當用「簭法」或《春秋傳》之「卜法」？

　　《周禮・春官・簭人》職：「八曰巫參」，鄭《注》云：「此九巫讀皆當為簭，字之誤也。……參，謂簭御與右也。」（卷28，頁937）「簭人」掌三《易》，以辨「九簭」之名，鄭玄破讀「九巫」為「九簭」，以為自「巫更」至「巫環」皆簭事內容。段玉裁就字形論，云：「簭之古文作籉，巫之古文作巭，蓋故書脫竹頭，今書又改為小篆之巫矣。」[95]謂小篆「簭（籉）」所從偏旁據古文「巫（巭）」構字而成，因兩字形近互譌，經文「巫」皆「簭」之壞字。是則「巫參」當為「簭參」，意為占簭參乘之事。對此，

94　〔晉〕郭璞注，〔宋〕邢昺疏：《爾雅注疏》，卷6，頁99。

95　〔清〕段玉裁：《周禮漢讀考》，卷636，頁1000。

趙商問曰：

> 僖十五年，秦晉相戰，晉卜右，慶鄭吉。襄二十四年，晉
> 致楚師，求御於鄭，鄭人卜宛射犬（【案】：阮氏《注疏校勘
> 記》「大」字作「犬」，當是），吉。皆用卜。今此用筮何？

鄭玄答曰：

> 天子具官，有常人，非一人，致筮可使者；諸侯兼（【案】：
> 阮氏《注疏》「患」字作「兼」，據四庫本改正）官無常人，故
> 臨時卜之也。（《周禮・簭人・疏》，卷24，頁376）

鄭玄讀「參」為「驂」，《漢書・文帝紀》記載代王「令宋昌驂
乘」，顏師古（581-645）《注》曰：「乘車之法，尊者居左，御
者居中，又有一人處車之右，以備傾側。是以戎事則稱車右，其
餘則曰驂乘。」[96]知古時乘車以三人共載為名義，而有卜問御者
及車右勇士之事。弟子引《左氏・僖公十五年》傳，秦、晉韓之
戰，晉卜車右人選，慶鄭得吉，晉侯不用，乘鄭國所獻小駟馬，
戰於韓原，反陷泥濘，盤旋不得出；及與《左氏・襄公二十四年》
傳，楚伐鄭，晉使張骼、輔躒挑戰楚師，求知地利之鄭人自御，
卜宛射犬得吉等事，以此二事皆用「卜」，不用「筮」，質疑《周
禮》用「筮」，不合《傳》言。鄭玄答趙商云：「天子具官，有

---

[96] 〔漢〕班固撰，〔唐〕顏師古注：《漢書補注》〈文帝紀〉（臺北：藝
文印書館，1996年影印清光緒間長沙王先謙校勘本），卷4，頁87。

常人」，《周禮》掌車駕屬職，〈夏官〉設「司右」、「戎右」、「齊右」、「道右」、「大馭」、「戎僕」、「齊僕」、「道僕」、「田僕」諸官，皆非一人，因小事無「卜」，唯用「筮」，則占筮可用之人即可；而諸侯不豫列「司右」諸官，故見於《春秋傳》者，皆是突遇戰事則臨時「卜」之。

④〈職方氏〉職：夷狄國數，與《禮記》「夷九、蠻八、戎六、狄五」文異？

　　《周禮‧夏官‧職方氏》職：「掌天下之圖，以掌天下之地，辨其四夷、八蠻、七閩、九貉、五戎、六狄之人民與其財用」，鄭《注》云：「四、八、七、九、五、六，周之所服國數也。」之後，更援引《爾雅‧釋地》：「九夷、八蠻、七閩、六戎、五狄，謂之四海」（卷38，頁1271）明文為證。由於《爾雅》與《周禮》所記蠻夷國數互有出入，故趙商問曰：

> 〈職方氏〉：「掌四夷、八蠻、七閩、九貉、五戎、六狄之數」，《注》云：「周之所服國數」。《禮記‧明堂位》曰：「周公六年制禮作樂，朝諸侯於明堂。有朝位服事之國數，夷九、蠻八、戎六、狄五」。禮文事異（【案】：賈《疏》「禮文」作「禮之」，《禮記‧明堂位‧疏》作「禮文」，可從）未達其數？

鄭《注》以《周禮‧職方氏》所記蠻夷國數為周制，然弟子引《禮記‧明堂位》記載周公輔佐成王朝諸侯於明堂，蠻夷列位來朝之國數相比，戎狄之數，上下互易，或五或六，雜錯不一。因而懷

疑《周禮》成書，既為先儒口誦相傳為「周公致太平之迹」，何以所服國數會與《禮記・明堂位》記載不合？

　　鄭玄予以回應，答曰：

> 〈職方氏〉：「四夷」，四方夷狄也。九貉即九夷，在東方。八蠻在南方，閩其別也。戎狄之數，或六或五，兩文異。《爾雅》惟有（【案】：賈《疏》「惟有」作「雖有」，阮刻《注疏》以為作「惟」，當是）其數耳，皆無別國之名。校不甚明（【案】：賈《疏》「不甚明」作「文甚明」，阮氏《注疏校勘記》下云：「鄭不甚明之。」則此「文」為「不」之譌，當是），故不定。（《周禮・職方氏・疏》卷33，頁498）

鄭意以為，理解〈職方氏〉「四夷」之義，應與〈師氏〉職：「使其屬帥四夷之隸」（卷15，頁498）、〈鞮鞻氏〉職：「掌四夷之樂與其聲歌」（卷27，頁910）之「四夷」意同，泛稱四方夷狄之總目。若依四方總目細分，「九貉」即「九夷」，《韓非子・說林上》篇云：「周公旦攻九夷而商蓋伏」，[97]商蓋即商奄，為周公東征誅滅之叛國。是知「九夷」地處東方，部落族群散居於淮、泗之間，北與齊、魯接壤，故《論語・子罕》載孔子欲遷居「九夷」，[98]蓋緣乎「九夷」與魯故地相鄰。又，鄭《注》且云：「閩，蠻之別也。《國語》曰：『閩，芊蠻矣。』」（卷38，頁1271）是《周禮》析言「八蠻、七閩」，乃因同處南方而有主次

---

[97]　〔戰國〕韓非：《韓非子》〈說林上〉（上海：上海古籍出版社，1986年），卷7，頁86。

[98]　〔魏〕何晏集解，〔宋〕邢昺疏：《論語正義》，卷9，頁79。

之別。鄭援引《爾雅・釋地》之文，用以解釋〈調人〉職：「父之讎辟諸海外」（卷 15，頁 506）、〈布憲〉職：「憲邦之刑禁，達于四海」（卷 43，頁 1409）之事，是知《周禮》凡和難、刑禁等法令規範，皆達至夷狄之地。鄭玄答覆弟子質疑，將「九貉」解為「九夷」，又以「閩」為「蠻」之流裔，而將〈職方氏〉「七閩」等同為《禮記》「八蠻」的分支，意圖彌合矛盾。卻深感於先秦典籍所記戎、狄之數參差不一，只知其數而國名難知，故云「不定」。若以此經說，與後儒相較，如《大戴禮記・用兵》：「六蠻四夷」，盧辯《注》以〈職方氏〉為周所服四海其種落之數；〈明堂位〉為朝明堂時來者之數，而推《爾雅》所言為夏制。[99]抑或是孔《疏》以《爾雅》為殷制，推〈職方氏〉、〈明堂位〉為周制云云，[100]率以三代禮文因革，梳理分歧，但言無确據。固然，鄭玄解經，亦常以「別代異制」為由，梳理禮異問題，但由《鄭志》此段師弟問答內容，猶能體現出鄭玄「多聞闕疑，慎言其餘」的教學理念。

2、職稱重疊

承上所述，弟子除了針對《周禮》字詞訓詁及名物儀節，對比漢代通行的儒家經傳，提出質疑外，在基本認定《周禮》文獻背景，乃反映西周禮儀活動的前提下，也觸及周初設官實際編制的討論。如：

99　〔漢〕戴德輯：《大戴禮記》（北京：中華書局，1985 年影印《四庫全書》本），卷 11，頁 149。

100　〔漢〕鄭玄注，〔唐〕孔穎達等正義：《禮記正義》，卷 31，頁 577。

⑤〈保氏〉職：「師氏」、「保氏」大夫職與《尚書》三公自
　言「師保」何異？

　　《周禮・地官序官・保氏》職，鄭《注》云：「《書序》曰：
『周公為師，召公為保，相成王，為左右。』聖賢兼此官也。」（卷
9，頁 314）此見《尚書・君奭・序》文。《尚書正義》引鄭玄《尚
書注》亦曰：「此師、保為《周禮》師氏、保氏大夫之職，賢聖
兼此官」，[101]說同《周禮注》，均認為成王繼位年幼，主少國疑，
故以召公為賢，周公為聖，命兩人位列三公，並身兼「師氏」、
「保氏」大夫之職，分陝而治。對此，趙商問曰：

> 案成王〈周官〉：「立大師、大傅、大保，茲惟三公」，
> 即三公之號，自有師保之名。成王〈周官〉是周公攝政三
> 年事，此《周禮》是周公攝政六年時，則三公自名師保，
> 起之在前，何也？

上文〈周官〉是指《尚書・周官》，為漢代所傳真古文《尚書》
逸篇，[102]即東晉偽古文所本。弟子將〈周官〉逸篇與《周禮》之
制作，和「周公攝政」即參與政務的時間排比先後，此或參酌《尚
書大傳・洛誥》曰：「周公攝政，一年救亂，二年克殷，三年踐
奄，……六年制禮作樂」之說，[103]似為漢代相傳已久的周初史事。

101　〔漢〕孔安國傳，〔唐〕孔穎達正義：《尚書正義》，卷 16，頁 244。
102　段玉裁《古文尚書撰異》引〈小宰〉職，鄭《注》自言：「成王作〈周
　　官〉，其志有述天授位之義，故周公設官分職以法之」，為鄭氏親見古
　　文《尚書・周官》逸篇之明證，說亦有據。
103　舊題〔漢〕伏勝：《尚書大傳》，《四部叢刊初編》（北京：中華書局，
　　1985 年影印上海涵芬樓藏陳氏原刊本），第 44 冊，卷 4，頁 76。

無論這段傳言是否屬實，推敲弟子思維邏輯，成篇在前的《尚書·周官》稱「大師」、「大傅」、「大保」為三公，既有師、保之名，當具實職。案《大戴禮記·保傅》明文，「昔者周成王幼，在襁褓之中，召公為太保，周公為太傅，太公為太師」，當以「保其身體」、「傅其德義」、「導之教順」為「三公」之實職矣。[104]如此一來，鄭玄欲牽合成書較後的《周禮》，謂周、召兩人擔任「三公」外，又下兼「師氏」、「保氏」大夫職之說，必因職稱混淆造成事權重疊，故弟子疑而發問。

然而，鄭玄不更動原《注》初衷，依舊重申觀點，答道：

> 周公左，召公右，兼師保，初時然矣。（《周禮·序官保氏·疏》，卷9，頁141）

鄭氏用語簡略，孫詒讓《周禮正義》尋繹鄭意，推估「似謂初時二公為師保，是兼此師氏、保氏之官，其後成王制三公官，名大師、大傅、大保，則二公即為三公之師、保，不復兼此官」。[105]簡言之，孫氏認為，鄭玄是依循「二公初兼師、保氏大夫職→成王立三公名號→不復兼官」的邏輯理路，勉強向弟子解釋《尚書》與《周禮》職稱重疊的疑惑。不過，若根據《周禮》設官編制，「師氏」為中大夫，「保氏」下大夫，職務雖有「詔王燉」、「諫王惡」之責，實際卻以教養國子、司守王宮門闈為要務，與三公

---

[104] 戴德輯：《大戴禮記》〈保傅〉，卷3，頁34。
[105] 〔清〕孫詒讓撰：《周禮正義》〈地官敘官·保氏〉，卷17，頁659。

中之「大師」、「大保」之職迥異，[106]故宋人楊謹仲曰：「安得以為周召之師、保哉？」；[107]江永亦稱：「師氏、保氏別有其官，非三公中之師、保」，[108]皆隱然駁斥鄭說。由此當知，《周禮》「師氏」、「保氏」之職，實非《尚書・周官》、《大戴禮記》三公之師、保，鄭玄以周、召二公兼官之說彌縫，難以服人，斷不可強同也。

3、行禮寬嚴

儒家講「禮」，相當重視「禮儀」形式與「禮義」精神的內外縐合，兩者缺一不可。故《論語・八佾》篇，林放問「禮」之本，夫子以喪禮奢過於文，寧儉；儀節習熟，無哀痛慘淡之情，寧戚，主張禮貴持「中」，文質彬彬，相得益彰。推而廣之，但凡聖賢制禮之良窳、執禮之寬嚴，莫不因時制宜，恪遵中道以為

---

[106] 金鶚《求古錄禮說》卷五曰：「師氏、保氏為大子之師保，故其位為大夫；大師、大保為天子之師保，故其位為三公。大子事師於小學，天子事師於大學，尊卑判然。鄭《注》以師氏、保氏即大師、大保，誤矣。」金氏以為，師氏、保氏與大師、大保，只因施教對象尊卑不同，而有名稱之差異，職務內涵基本相同。但回歸《周禮》而論，王官之爵等，以尊卑次之，曰：公、卿、中大夫、下大夫、上士、中士、下士凡七等，而無上大夫。〈春官・宗伯〉另設「大師」，為下大夫職，亦與周初三公之「大師」同名異職，足見古代官名在選擇和使用時，常沿襲前代已設立的官名，致使一官「同職異名」或「同名異職」現象頻傳。由此看來，金說似適用於解讀周初文獻，《周禮》設官是否如此區分，就其個別內涵而論，尚可斟酌。

[107] 說見〔宋〕王與之：《周禮訂義》（臺北：臺灣商務印書館，2002 年影印《文淵閣四庫全書》本），卷 22，頁 360。

[108] 〔清〕江永：《周禮疑義舉要》（北京：中華書局，1985 年影印《守山閣叢書》本），卷 2，頁 11。

範式，此為儒家論禮之宗旨。而從《鄭志》中，能發現弟子研讀《周禮》，除了依循字義訓詁、名物考訂等解經模式，亦留心經文與其他典籍在義理旨趣上的連結，呈顯出漢人辨析經籍漸趨義理化的歷程。這類事例不多見，鳳毛麟角，值得重視。如：

⑥〈族師〉職：刑罰慶賞相及，與《尚書》「父子兄弟，罪不相及」何異？

《周禮·地官·族師》曰：「五家為比，十家為聯；五人為伍，十人為聯；四閭為族，八閭為聯，使之相保相受，刑罰慶賞相及相共，以授邦職，以役國事，以相葬埋」，此謂六鄉戶籍的編制，合「州」、「黨」、「族」、「閭」、「比」為之聯，使六鄉之民互助相保，因其墳墓相連，合族同親，故禍福相倚，慶賞相及。案《管子·立政》曰：「十家為什，五家為伍」，「罰有罪不獨及，賞有功不專與」；[109]《史記·商君列傳》：「令民為什伍，而相牧司連坐」，司馬貞《索隱》引劉氏云：「五家為保，十保相連」，[110]均編列人民成為一鄰保組織，相互督責，與《周禮》事理貫通，關係密切。賈公彥《疏》謂〈族師〉職乃在軍之時，「明是在軍法」（卷13，頁435），非是。趙商問曰：

> 〈族師〉職曰：「四閭為族，八閭為聯，使之相保相受，刑罰慶賞相及。」（【案】：本《疏》「刑罰」作「刑賞」，語意

---

109 舊題管仲：《管子》〈立政〉（上海：上海古籍出版社，1986年），卷1，頁19。

110 〔漢〕司馬遷撰，〔宋〕裴駰集解，〔唐〕司馬貞索隱，張守節正義：《史記》〈商君列傳〉（臺北：藝文印書館，1996年影印清乾隆武英殿本），卷68，頁891。

重複，今正）在〈康誥〉曰：「父不慈，子不孝，兄不友，弟不恭，不相及也。」「族師」之職，鄰比相坐；〈康誥〉之云，門內尚寬，不知《書》、《禮》孰錯（【案】：《周禮‧族師‧疏》同引，但無「不知」二字，「孰錯」作「是錯」，非是），未達旨趣。

案〈大司徒〉職曰：「五家為比，使之相保；五比為閭，使之相受」，鄭玄解釋說：「保猶任也。受者，宅舍有故，相寄託也。」（卷 10，頁 367）「比」、「閭」為之聯，若一有為不善者，眾庶連帶保任；鄰有變故，相賙以救助。又，〈比長〉職曰：「五家相和，親有辠，奇衺則相及」，鄭云：「衺猶惡也。」（卷 13，頁 438）明罪惡連及，舉一惡則五家所同惡，與〈族師〉「刑罰相及」同義；反之，善者所同善，則「慶賞相及」。先王制禮，冀使六鄉之民皆知歸屬，此善權教化之法，使民同心同德，相濡以沫，故入可授邦職，出可役國事，死可相葬埋，皆有託。

　　弟子讀經，引《尚書‧康誥》之文，覆按文句原不作此。《左傳‧昭公二十年》，引〈康誥〉云：「父子兄弟，罪不相及」，[111] 又《後漢書‧肅宗孝章本紀》元和元年詔書，引《書》云：「父不慈，子不祗，兄不友，弟不恭，不相及也」，[112]文意略同，疑為先秦流傳《書》之佚句，或約引其意，漢人習言如此。蓋不以父之「不慈」而罪其子輩，不以子之「不孝」而罪其父輩；推至兄弟，對「不友」、「不恭」之人，亦復如是。究其旨趣，蓋因

---

[111] 〔晉〕杜預注，〔唐〕孔穎達等正義：《春秋左傳正義》，卷 49，頁 855。
[112] 《後漢書》〈肅宗孝章本紀〉，卷 3，頁 62。

泯滅天理，自招罪咎，為政者不可波及親屬，以為懲戒。是故，孫星衍（175-1818）謂：「首惡為民大怨者，其惟不孝不友之人。父子兄弟不相和睦，不可謂之同惡，惟其中有善者，此不當為我政人所連坐」，[113]亦闡明〈康誥〉罪不相及之道。弟子讀經，或將〈康誥〉、《周禮》合讀，發覺同為周初文獻，一云父子兄弟，骨肉親親得相容隱，罪不相及；一云鄰保戒慎，罪有連坐，不知二者孰是孰非？

　　對此質疑，鄭玄回答道：

> 「族師」之職，周公新制禮，使民相拱勑之法。〈康誥〉之時，周法未定（【案】：本《疏》「未定」之下，有「天下」二字，《周禮·族師·疏》同引，則無，因下文有「以安天下」語，議可刪），又新誅三監，務在尚寬，以安天下。先後異時，各有云為，乃謂是錯也。（《周禮·大司寇·疏》，卷34，頁516）

鄭意以為，〈康誥〉之時，為周公東征，伐管蔡霍三監事畢，成王以殷餘民封康叔所作，成篇在前；《周禮》則為周公攝政六年制作，成書在後。《尚書·康誥·正義》孔穎達引《鄭志》謂：「《周禮》太平制，此（〈康誥〉）為居殷亂為言」；又，〈秋官·大司寇〉：「刑新國用輕典」，賈《疏》引《鄭志》亦以為：「周公之時，未定天下，即是新國；更云新誅三監，假令周法先定，

113　〔清〕孫星衍：《尚書今古文注疏》（北京：中華書局，2004年），卷15，頁367。

新誅之國亦是新國」（卷40，頁1319）皆謂國家新定，人民平日未習教令，不可驟相督責，故法令從寬，目的在明德慎罰，廣納民心。在鄭玄眼中，〈康誥〉與《周禮》雖同屬西周初年文獻，然而「先後異時」，禮有權變，故「各有云為」，不相衝突。

由上文可知，鄭玄始終堅信《周禮》為周公之禮，可即便排比文獻時間先後，梳理矛盾，尚不足使人相信周朝立國短短數年間，上位者治理萬民，政策竟如此南轅北轍。孔穎達《尚書・康誥・正義》以為鄭答云：「《周禮》太平制，此為居殷亂而言，斯不然矣。《康誥》所云，以骨肉之親，得相容隱，故《左傳》云：『父子兄弟罪不相及。』《周禮》所云，據疏人相督率之法，故相連獲罪。故今之律令，大功已上得相容隱，鄰保罪有相及是也」，[114]茲援引唐代律令，駁斥鄭說。孫詒讓《周禮正義》復援引莊存與（1719-1788）《周官說》曰：

> 夫罪不相及者，其惡在身，雖父子兄弟不能化之使正也。如石碏之於石厚是也。有相及者，其罪非一人所能獨為，非鄰里佐助，相與比周，則立敗矣，故令相及以孤惡人之黨類也。如經所謂「造言亂民」之等是也。[115]

莊氏並不像鄭玄從文獻背景的「先後異時」，彌縫《書》、《禮》之間的矛盾，而試從犯行種類來理解，若罪行在己，追咎個人，歷史上如春秋衛大夫石碏，其子謀逆弒君而大義滅親，即「父子

---

[114] 〔漢〕孔安國傳，〔唐〕孔穎達正義：《尚書正義》，卷14，頁204。
[115] 孫詒讓：《周禮正義》〈地官・族師〉，卷22，頁882-883。

罪不相及」例；若為造謠生事等罪，因其必得眾人之力比鄰襄助，故相連獲罪，以示恫嚇。莊說事理圓通，可備一說。

4、情禮抉擇

　　儒家談「禮」，亦格外重視與人情之連結。蓋人生而有情，「喜」、「怒」、「哀」、「懼」、「愛」、「惡」、「欲」七種人出生便擁有的本能情感，皆須通過合理宣洩，纔能達至中和。而「禮」正是一套將人的性情適當體現出來所制定的規範，《淮南子‧齊俗訓》曰：「禮者，體情制文者也」；《禮記‧坊記》曰：「禮者，因人之情，而為之節文」，儒家強調「緣情制禮」，一方面也講求實踐過程能「以禮節情」，使任何情感宣洩，經過「禮」的柔性疏導與調劑，方能不亂。職是之故，《禮記‧檀弓下》記載，子游見孺子有哀慕之情，力駁有子，謂「直情而徑行者，戎狄之道也」，[116]一味縱情逐欲，固不可取，然由此得知對「情」、「禮」孰輕孰重之命題，孔門後學早有分歧。及至後漢，弟子研讀《周禮》亦延續先秦「情」、「禮」議題討論，引發對《周禮》的疑惑。如：

⑦〈調人〉職：復讎和難，與《公羊》復百世讎，《禮記》不與共天下何異？

　　《周禮‧地官‧調人》負責調解萬民交相仇讎之事，使民諧和。蓋古者不禁復讎，本諸摯愛血親之情，子女豈能忘卻，待怨隙已成，則睚眥必報，轉相殺傷。為了防範人民因一日之忿恨，終一世之仇讎，鬥亂不息。《周禮》作者深明人情隱匿，故設立「調

116　〔漢〕鄭玄注，〔唐〕孔穎達等正義：《禮記正義》，卷9，頁175。

人」以諧和，立辟讎之法，使不至於此，乃忠厚之至也。

〈調人〉職曰：「凡過而殺傷人者，以民成之。……凡和難，
父之讎辟諸海外」，經文「辟」為「避」之借字，有回避意。
鄭玄解釋，「和之使辟於此，不得就而讎之」（卷15，頁506）；
宋史浩（1106-1194）《周禮講義》曰：「凡怨讎蓄積於心，不見
則已，見則不得已，故和之之法，亦在於弗使之見，此謂之辟。」
[117]說明「調人」將殺人父兄者遷居遠方異地，既不易見，讎家往
殺之心，易於消解。此誠為聖人緣乎人情，「弛重辟」所設之禮
制。[118]對此，趙商問曰：

> 〈調人〉職稱：「父之讎辟諸海外」，君亦然。《注》：「使
> 辟於此，不得就而讎之。」商以《春秋》之義，子不復讎，
> 非子；臣不討賊，非臣。楚勝之徒猶言：「鄭人在此，讎
> 不遠矣」，不可以見讎而不討，於是伐之。臣感君恩，孝
> 子思其親，不得不報，豈宜和之而已（【案】：袁鈞《鄭志攷
> 證》曰：「不得不報」下本無「豈宜」二字，「何為和之」下有「豈
> 宜」二字，兩不相應，蓋傳寫換脫也。今以義改正。）子夏曰：
> 「居父母之仇如之何？」孔子曰：「寢苦枕干，不仕，不與
> 共天下，遇諸市朝不反兵。」天下尚不反兵，海內何為和
> 之？不達二禮所趣？小子日惑，少蒙解說。

「調人」設辟讎之法，主為人讎之人而設，依其所殺之人與被害關

---

[117] 史浩《周禮講義》今佚，說見王與之：《周禮訂義》，卷23，頁379。

[118] 宋人鄭伯熊云：「聖人於過誤而弛重辟之施，緣人情而立辟讎之法」，
說見〔宋〕王與之：《周禮訂義》，卷23，頁380。

係人之親疏遠近，對涉嫌殺傷父子、兄弟、從父兄弟、國君、師長、主友等怨讎，施以調停。凡與被害關係愈加親炙之讎，辟之愈遠，欲使復讎之心斷絕，和之勿讎也。然而，趙商引《春秋》之義云云，質疑《周禮》，此說出自《公羊傳》。《公羊傳・隱公十一年》曰：「君弒，臣不討賊，非臣也；子不復讎，非子也。」[119]弟子徵引時，為符合《周禮》經文「父先君後」之敘述先後，文序稍有改易，語其大義則同。案許慎《五經異義》引今、古學異說，謂：「《公羊》說復百世之讎，古《周禮》說復讎之義不過五世」，[120]這是因為《公羊》家認為，「臣感君恩，孝子思其親，不得不報」，故其於君父大讎，恆言復讎，無見讎而不討者，如此一來「調人」又何來「和之」之理呢？此一疑也。其次，弟子引述《禮記・檀弓上》，記載孔子答子夏之問，謂父母之讎，子女當如居喪「寢苫枕塊」，清苦度日，易枕塊為枕干，不與殺父母者共存。若市街偶遇讎人，不返家取兵器，即刻向前相鬥。此皆表明儒家經傳中推崇為血族至親的復讎行為，初由「孝親」推及「忠君」，主張行使一己私刑以達到報復之目的。[121]由此看來，殺父仇人不共戴天，天下之大，尚不見容，海內何以「和之」？此二疑也。弟子一連稱引《公羊傳》與《禮記》孔子言論為據，

119　〔漢〕何休注，〔唐〕徐彥疏：《春秋公羊傳注疏》（臺北：藝文印書館，2001 年影印清嘉慶二十年江西南昌府學開雕本），卷 3，頁 42。

120　參〔漢〕許慎撰，〔清〕陳壽祺疏證：《五經異義疏證》，卷下，頁 206。

121　關於「復仇觀」之形成及歷朝演變的發展，學者已有研究，茲不贅述。參李隆獻：《復仇觀的省察與詮釋：先秦兩漢魏晉南北朝隋唐編》（臺北：臺灣大學出版中心，2012 年）；及氏著：《復仇觀的省察與詮釋・宋元明清編》（臺北：臺灣大學出版中心，2015 年）。

用以質疑「調人」辟讎之法，恐有縱惡容姦之嫌疑。

　　對此，鄭玄不更動原《注》的詮釋思路，進一步闡釋其禮義內涵。答道：

> 讎在九夷之東，八蠻之南，六戎之西，五狄之北，雖有至孝之心，能往討不乎？子之所云，偏於此義。（《周禮·調人·疏》，卷 14，頁 215）

經文「父之讎辟諸海外」下，鄭云：「九夷、八蠻、六戎、五狄，謂之四海。」（卷 15，頁 506）謂父母之讎不共戴天，「調人」辟人讎於蠻荒之外，子女縱有至孝之心，定不能往殺。若進一步揣摩鄭意，或如王與之所云：「蓋《禮記》所言，主為復讎之人言；《周禮》所言，主為人讎之人設」。[122]凡是讎對怨諍之事，必定牽涉事主雙方，《禮記》、《周禮》文異，實因人物立場有別，故具體作法不同。《禮記》偏重闡釋事件被害關係人之「復讎」行為；《周禮》偏重殺傷者之「辟讎」行為，兩者各自為說，互不衝突。鄭玄答覆弟子所問，申明當取後者之義。

　　事實上，這裏鄭玄的詮釋，並不打算反駁《公羊傳》、《禮記》中對被害關係人「復讎」行為的合理性，而專就《周禮》對殺傷者的「辟讎」原則，闡釋利用距離以消解雙方讎怨的制禮意涵。對此，除了弟子有疑義外，當朝名士荀彧（163-212）亦曾設問。[123]這恐怕因為鄭玄並未充分解釋《周禮》為何要對殺害父兄、

---

[122] 說見〔宋〕王與之：《周禮訂義》，卷 23，頁 381。

[123] 賈公彥《周禮疏》曰：「漢時徐州刺史荀文若問玄：《周禮》：『父之讎辟之海外』，今青州人讎在遠東，可以王法縱不討乎？」這是說，荀

國君師友者，法外開恩的緣故。於是，唐宋諸儒開始對〈調人〉「辟讎」法令保護的對象身分，附加上各種條件限制。如賈公彥謂此「皆是殺人之賊，王法所當討，即合殺之。但未殺之間，雖以會赦，猶當使離鄉辟讎也。」（卷 15，頁 506）。又，《禮記‧曲禮‧正義》孔穎達曰：「調人謂逢遇赦宥，王法辟諸海外」，[124] 皆以為殺人者因為受到王法赦免，纔使得官員「調人」施以「辟讎」行為。

但進一步追問，《周禮》為何讓本應為「王法所當討」的殺人之賊，得以寬赦？二《疏》仍語焉不詳。案誠如王與之分析，《周禮》「調人」之和難，當蒙上文「凡過而殺傷人者，以民成之」一句，指為「過殺人者耳」。[125]意謂「調人」設「辟讎」之法，當適用於過誤殺傷等情況。蓋因並非有意辱殺，行法原情，罪不當死，故為之和解，使其遠避他鄉。相反的，若非過誤殺人，則允許復讎，故〈秋官‧朝士〉職云：「凡殺仇讎者，書於士，殺之無罪」（卷 42，頁 1378）。句中「殺仇讎者」，即指有意殺人，為王法當討殺者。清江永、阮元、孫詒讓等學者皆從王說，所言當是。由此說明，《周禮》一方面容許被害關係人的「復讎」行為，但同時審理殺傷者的行凶動機，施予「辟讎」的保護法令，這兩種法令於經文中並行不悖，亦可顯示《周禮》作者對調和

或向鄭玄設問，《周禮》雖云：「父之讎辟之海外」，但若是青州人讎在遼東，近於東夷，能不加討伐嗎？此提問刻意求難，不明聖人制禮旨趣。賈氏解釋若讎近東夷，當辟之西戎，以距離遠隔消解雙方讎怨之心，理解當是。

124　〔漢〕鄭玄注，〔唐〕孔穎達等正義：《禮記正義》，卷 3，頁 57。

125　〔宋〕王與之：《周禮訂義》，卷 23，頁 381。

「情」、「禮」之間所衍生出的現實問題,已具有一套獨立的因應策略與周延考量。

　　以上七例,為鄭氏弟子徵引羣經、兩漢經師傳說與《周禮》合讀而引發疑義的事例。觀其援用範圍廣泛,涵蓋五經傳記,包括今古文《尚書》、大小戴《禮記》、《春秋》經傳、《爾雅》等典籍,可謂深得「鄭氏家法」之精髓。本章因受限篇幅,不能逐一講述。但從上述數例中,不難察覺弟子除將今、古文經傳與《周禮》的名物訓詁和官員職稱進行比對外,同時也考慮到《周禮》禮制的合理性,諸如施行禮義如何達至寬猛並濟、「情」與「禮」何以調節等,皆是弟子讀經關切的課題。凡此,可視為自宣帝甘露三年(B.C51)石渠閣、章帝建初四年(79)白虎觀官方經學會議以後,少數以古文經《周禮》為核心文獻,「講論五經傳記同異」的一場經義答問。這至少可說明一件事實:即自從鄭玄尊用《周禮》,並納之為注經體系的主要文獻後,民間學人亦掀起研讀《周禮》的風潮,這些嘗試辨析《周禮》與羣經在思想關聯上的初步探索,不僅彰顯漢末以鄭玄為首的民間學人,在西漢王莽、劉歆稽古右文的學風影響下,並未因莽政失利而阻斷對《周禮》的誦讀,同樣也反映彼等欲脫離拘守一家章句之學,走向經義會通的時代印記。是故,賈公彥謂:「《周禮》起於成帝劉歆,而成於鄭玄」,[126]此之謂也。

(二)問《周禮》職官本事:官員職掌隸屬不明

　　除了以《周禮》為主體,對比其他經傳,以確立各書間彼此

---

[126] 〔漢〕鄭玄撰,〔唐〕賈公彥疏:《周禮注疏》〈序周禮廢興〉,卷1,頁7。

的意義聯結外，任何一部結構完整的典籍，其組織編排，不免會受到作者所處時空的外緣影響，在語言形式與思想邏輯上，形成某種內在聯繫。此時，作為一名心細的讀者，循覽上下文義，找出各段落思想和文字的關聯，交互比對，即可能發覺隱藏的訛誤或矛盾。《鄭志》中第二類對《周禮》的質疑，即來自弟子讀經的心得反饋。當中以趙商所問，最具代表，尤能傳達弟子對《周禮》義理結構的熟稔程度。

《周禮》依照「天」、「地」、「春」、「夏」、「秋」、「冬」天地四時訂立六官，將周代官制賦予天道循環不息的思想意義。每官設一卿，並按「治」、「教」、「禮」、「政」、「刑」、「事」等不同施政重點，配置隸屬官員。書中編排屬官職務有固定體例，每官各有專領職事，不得侵越；亦述及祭祀、賓客等禮儀場合中與他官聯事通職之情形，偶云稽核功過之辦法。經文內容紛繁，脈絡隱互，故鄭玄弟子讀經，重視《周禮》各官職掌的嚴格分際，每讀一官往往參驗前後文義，或旁及他官職文輔助理解，由此引發質疑。如：

⑧〈腊人〉職：既言掌理「脯腊」乾肉之屬，又兼掌「脯胖」？

《周禮・天官・腊人》職：「掌乾肉，凡田獸之脯腊膴胖之事」，[127] 負責將「獸人」野外網捕獵獲之田獸，交由「腊人」製

---

[127] 阮元《周禮注疏校勘記》曰：「『膴胖之事』四字疑衍文，下經『膴胖』，膴字胖字始有注，若於此先言膴胖，二鄭、杜氏、康成當於此下注矣。《釋文》出胖字音於『豆脯』之下，則陸本尚未誤衍。《儀禮・士冠禮・疏》引〈腊人〉云：『掌乾肉，凡田獸之脯腊』，鄭《注》云：大物解肆乾之云云，無膴胖四字，此為誤衍之明證。」阮據《釋文》、漢人注例校訂《周禮》，但有此「膴胖之事」四字，與下文言祭祀薦脯、膴、

為乾肉，以供「內饔」、「外饔」二職於王室賓客宴饗、祭祀薦
獻等禮儀場合之用。自下而上，構成從膳食來源、肉品加工，以
及進於王宮割烹餚饌等一連串的供應流程。對此，趙商問曰：

　　腊人掌凡乾肉，而有臘胖何？

這裏首先涉及「脯」、「腊」、「臘」、「胖」四種牲肉品項的
分類。「腊人」掌乾肉，鄭《注》云：「大物解肆乾之，謂之乾
肉。薄析曰脯，捶之而施薑桂曰鍛脩。腊，小物全乾。」（卷4，
頁 142）蓋田獵所得獸肉，大者如狼麋，小者如魚鳥，因大者不
易乾，故必先分解骨體而後乾之，小者則全形乾之。「脯」者，
《禮記・內則》有「鹿脯」、「田豕脯」，鄭《注》云：「脯皆析
乾肉也」，[128]義為薄切乾肉。「腊」者，音昔，《說文》篆體原
作「䐱」，籀文从肉作「䐿」，云：「乾肉也」，[129]義本同源，
「昔」後借為表古今義之昔，本義遂晦，而經傳多用「腊」字，如
《易・噬嗑卦》六三爻辭：「噬腊肉，遇毒」，即用本義。而後名
詞轉用動詞，《莊子・外物》曰：「任公子若得魚，離而腊之」，
謂製成肉乾。此與《周禮》參照，當知脯腊之屬，皆謂乾肉，對
文有大、小物之分，散文則大物乾肉，亦謂之「腊」。「臘」者，
《說文・肉部》曰：「臘，無骨腊」，許慎引《周禮》作「臘判」，
[130]經文原作「臘胖」。鄭《注》引鄭大夫云：「胖讀為判」，「胖

胖，文義尚可通讀，未敢專自刪定。
[128]　〔漢〕鄭玄注，〔唐〕孔穎達等正義：《禮記正義》，卷27，頁523。
[129]　〔漢〕許慎撰，〔宋〕徐鉉校定：《說文解字》，卷7上，頁139。
[130]　同前註，卷4下，頁89。

之言片也，析肉意也。」（卷 4，頁 143）是知許慎本諸鄭大夫之說，以「膴判」為一事，訓為薄切無骨之腊肉。惟《儀禮・公食大夫禮》：「庶羞皆有大」，鄭《注》云：「大，以肥美者特為臠，所以祭也。魚或謂之膴。膴，大也」，[131]與〈有司徹〉：「主人亦一魚，加膴祭于其上」二文，明「膴為腜肉大臠」，謂刳魚腹以為大臠，用為祭祀。鄭玄云：「胖宜為脯而腥」，依其意，「薄析曰脯」，則「胖」者，不乾而腥，意即薄切不煮之生肉。由此當知，鄭玄眼中「膴」、「胖」有厚薄之分，同為腥肉，此與先漢經師舊釋迥異。弟子遵從師說，亦視「脯」者析而乾之，「胖」者析而不乾，以此為異，故疑心「腊人」既掌管乾肉，何嫌別有「膴胖」參雜其中？

　　鄭玄認為，「腊人」在獸肉加工過程中，無論腥、乾肉皆兼掌，答道：

　　　雖鮮，亦屬腊人。（《周禮・腊人・疏》，卷 4，頁 67）

鄭玄答語簡潔，試加申論。案《周禮》經文以「鱻」為「鮮」，《說文・魚部》曰：「鱻，新魚精也」，段《注》云：「凡鮮明、鮮新字皆當作鱻，自漢人始以鮮代鱻」，[132]是經用古字，注用今字之例。考〈天官・庖人〉掌共禽獻，「凡其死生鱻薧之物」，皆辨明之，鄭玄引鄭司農曰：「鮮謂生肉，薧謂乾肉。」（卷 4，頁 123）「鮮」、「薧」對舉，指肉類處理的不同方式。孫詒讓

131　〔漢〕鄭玄注，〔唐〕賈公彥疏：《儀禮注疏》，卷 25，頁 304。

132　〔漢〕許慎撰，〔清〕段玉裁注：《說文解字注》，11 篇下，頁 581-582。

引《尚書・益稷》：「奏庶鮮食」，偽孔《傳》云：「鳥獸新殺者曰鮮」，[133]凡鳥獸魚之肉生者，謂之「鮮」。鄭玄以為「腊人」掌脯腊等乾肉，此言「膴胖」，蓋以獸肉新殺者製之，故亦其屬職。實際上，《儀禮》中〈聘禮〉、〈公食大夫禮〉言牢鼎之實，有「腊」與「鮮腊」各二鼎，足證「腊人」之職，確有醃漬生肉以改變肉質的調理程序。是故儘管「腊人」掌乾肉之屬，但生肉亦當兼掌，乃併合二事為一官職掌。

　　鄭玄弟子除就一官專職提出質疑之外，復有稱引他官職文相互參照，如：

⑨〈大司樂〉職：勝戰獻捷，當獻愷樂於「祖」，或奏獻於「社」？

　　《周禮・春官・大司樂》職曰：「王師大獻，則令奏愷樂」，鄭《注》云：「大獻，獻捷於祖。」（卷 25，頁 852）。古代征戰勝利，諸侯有向天子「獻捷」之禮。所謂「捷」者，《說文・手部》云：「獵也。軍獲得也」，[134]是指戰勝方將俘獲戰敗方之生俘、馘首與車馬、兵器等品物進獻給第三方的儀節，[135]此為春秋時代常見之軍禮。當班師回朝，告廟論功，則由「大司樂」令其屬官獻奏愷樂，為天子建立威信，宣揚戰功。針對《周禮》中的「獻捷禮」，趙商問曰：

　　　　〈大司馬〉云：「師有功，則愷樂獻于社」。〈春官・大司

---

[133]　〔清〕孫詒讓：《周禮正義》〈天官・庖人〉，卷 7，頁 260。

[134]　〔漢〕許慎撰，〔宋〕徐鉉校定：《說文解字》，卷 12 上，頁 257。

[135]　春秋軍禮之「獻捷」禮儀的名義、類型及其代表可能的政治意涵，參李隆獻：〈《左傳》「獻捷」、「獻俘」、「獻功」事例的省察與詮釋〉，《政大中文學報》第 24 期（2015 年 12 月），頁 129-166。

樂〉云：「王師大獻，則令奏愷樂」，《注》云：「大獻，
獻捷於祖」，不達異意？

「愷樂」之「愷」者，《說文‧心部》云：「愷，樂也」；[136]〈豈
部〉云：「豈，還師振旅樂也」，[137]知《周禮》「愷」為「豈」
之借字，字从心，表喜樂之情。〈大司馬〉注，鄭引《司馬法》
曰：「得意則愷樂，愷歌，示喜也。」（卷34，頁1133）是「愷
樂」為慶功祝喜之樂音。經言王師大獻，「大司樂」令奏愷樂，
蓋使其屬官也。如〈樂師〉職云：「軍大獻，教愷歌，遂倡之。」
（卷26，頁869）故書「倡」為「昌」，俞樾以為當從故書，「昌」
讀為「唱」，[138]謂奏愷樂時所歌，俞說當是。又，〈鎛師〉職云：
「若大獻，鼓其愷樂」（卷27，頁904）與「樂師」同為王師獻樂，
乃隨樂官之長「大司樂」行禮。今弟子疑惑，在於經文明言「大
司馬」獻樂於「社」，鄭玄卻說「大司樂」令其屬官奏獻於「祖」，
「社」、「祖」異地，不明何者為是？

鄭玄答覆弟子，言道：

〈司馬〉云：師大獻則獻社，以軍之功，故獻於社。大司樂，
宗伯之屬，宗伯主於宗廟之禮，故獻於祖也。（《周禮‧
大司樂‧疏》，卷22，頁345）

---

[136] 〔漢〕許慎撰，〔宋〕徐鉉校定：《說文解字》，卷10下，頁217。

[137] 同前註，卷5上，頁102。

[138] 〔清〕俞樾：《羣經平議》（臺北：遠流出版事業公司，1983年），卷
12，頁220。

鄭意以為，「司馬」主軍功，獻於「社」；「大司樂」主宗廟，獻於「祖」，兩官戰後共同參與獻捷愷樂之事，一於「社」，一於「祖」，當可互足。賈公彥〈夏官・大司馬・義疏〉申之云：「若然，軍有功，二處俱獻，以其出軍之時，告於祖，宜於社，故反必告也。」（卷34，頁1133）弟子見〈大司馬〉職謂愷樂獻於「社」，以為與鄭《注》獻「祖」之說違戾，非也。案《禮記・曾子問》曰：「古者師行以遷廟主行」，〈王制〉亦云：「天子將出征，宜乎社，造乎禰，受命於祖」，是出軍之時，「祖」、「社」必當有告，告後以主行。是以出師有功，返國時，必獻功於社主及遷廟主，告於祖禰，令奏愷樂。凡奏樂，皆由「大司樂」屬官擔任，「大司馬」不過因主軍功，陪同獻樂，故於「祖」、「社」兩處一併奏獻。

　　通過上述兩則事例，可傳達出鄭玄弟子對《周禮》的疑惑焦點，主要偏重思考《周禮》設官專領的職事，是否具有自別於他官管轄的獨立性？如果有的話，那麼為何「腊人」明文掌乾肉，卻也兼掌腥肉？此一疑也。另外，明明同一件事，《周禮》編制本可設職專領，何故於一官職文外，又見於他官職掌，甚至各自記載內容又有出入？此即弟子所疑，王師凱旋，獻奏愷樂，「大司樂」與「大司馬」共承一事，究竟該獻於「祖」，抑或獻於「社」的問題。尋繹弟子讀經背後隱藏的問題意識，可簡單以一句話概括：意即《周禮》的職官規劃，究竟何時該由一官兼領數事？何時又該由不同的官員共同承擔某一項政務？

　　眾所皆知，古代中央集權的行政佈局，一官專職專辦，自可使事權集中，效率提升，但權力過度集中的結果，極易產生權力壟斷、尾大不掉的施政弊端。職是之故，《周禮》所強調的是一

種相對靈活且嶄新的政治形態，即運用〈天官·小宰〉職：「大事從其長，小事則專達」的原則，統攝邦國之內一切大小事務。由於事有小大，所投注的人力及物力自然有別。「臘人」掌獸肉加工，屬小事，故允許一人專決行事，命之兼掌腥、乾獸肉，不別立冗職。而與小事相對，「國之大事，在祀與戎」，王師「獻捷」為軍禮，屬大事，在六官各有專職的前提下，操辦「獻捷」儀式，通過「大司樂」、「大司馬」等隸屬不同行政單位的職官協同辦理，分權制衡，形成相互制約且協調的格局。從表面上看，設官「聯事通職」，落實權力監督，雖有職守散漫，弱化吏治效率的可能。但從長遠觀點而論，通過合理分權的調度，也能彌補上位者因胡亂決策造成的錯誤，起有糾謬救正的作用，可用以預防或降低腐敗的發生。早年鄭玄注經，已關注《周禮》職官相聯互助的特性，後來回應弟子問難時，雖曾喚趙商「探意太過」，[139]求深反惑。但鄭玄誨人不倦，除維持原《注》對《周禮》設官原則的認知外，更堅持由經書體系內部闡發《周禮》的義理脈絡。這一思想線索，完全是通過「大司樂」、「大司馬」職事的細部聯繫，共同體現二官參與「獻捷」儀式各自擔負的職能。這種整體關照經書文本的義理結構，非單一扁平的講述方式，對後學瞭解《周禮》職官間各類聯事類型的主從次第，大有裨益。

（三）問鄭氏經說意旨：罪罰輕重不符比例

　　無論是以《周禮》與羣經傳說對比，或是對《周禮》職官權限範圍的質疑，弟子的提問，大多專注經書內部作為問題的生發

139　〔漢〕毛亨傳，鄭玄箋，〔唐〕孔穎達等正義：《毛詩正義》〈商頌·長發〉，卷 20，頁 800。

點。然而，質疑歸質疑，經書典範之確立，本非經典所固有，尤須仰賴後世學者所賦予。自馬融「為《周禮注》，欲省學者兩讀」，[140]將注語廁本經之下，受到經注合刊之影響，聖人經典與賢人傳注，互為表裏，後學誦讀經典，自然習慣仰賴經師的詮釋文字以瞭解經書內涵。

　　鄭玄早年註解《周禮》，《鄭志》中第三類對《周禮》的疑惑，即來自弟子對鄭玄經注的不解，造就了鄭玄形諸口頭詮釋的二次申述。準此，有理由相信，《鄭志》中記述的師弟問答，必於《周禮注》寫作完成，弟子普遍熟悉經注旨趣後，纔能提出的疑問。以下，茲就引發後學討論最多的經注內容，加以說明：

⑩〈載師〉職：宅不毛有「里布」，田不耕出「屋粟」，其輕重之旨何在？

　　《周禮・地官・載師》掌任地之法，視土地性力之肥瘠，授農牧、衡虞等地職，制其貢賦。職文規定，「凡宅不毛者，有里布；凡田不耕者，出屋粟。」鄭司農引《孟子・公孫丑》篇云：「廛無夫里之布，則天下之民，皆悅而願為其民矣。」（卷14，頁475）案「廛」者，《說文》云：「二畝半也，一家之居」，[141]指民房所在宅地。「布」者，指錢幣。「夫里之布」為「里布」、「夫布」雜稅之統稱。古代凡居住於廛里之人民，無論其宅「毛」與「不毛」皆使出「里布」，為額外之征賦。為防範有以「夫里」名義，橫征暴利者，孟子亟欲除之，如此則天下之民皆受沾溉，莫不歸心。《周禮》以「宅不毛」與「田不耕」對文，是知「不毛」

---

[140] 同前註，卷1，頁3。

[141] 〔漢〕許慎撰，〔宋〕徐鉉校定：《說文解字》，卷9下，頁192。

者,並非指寸草不生、五穀不登的貧瘠荒地,而是指空占宅地卻不樹桑麻,或荒蕪其地,或造臺榭游觀者。此與「田不耕」者,皆《周禮》針對惰民受田宅卻荒廢不治,或豪奢之家,廣占田宅以為游燕等情形,明定罰賦,勸民就業。

如是可知,除一般常征外,向惰民責課「里布」、「屋粟」等額外罰征,可能是《周禮》征稅的特殊類型。可問題在於,翻遍《周禮》全經,「里布」、「屋粟」當以多少數量來計算,始終無從得知。直至鄭玄明言其數,鄭《注》云:「宅不毛者,罰以一里二十五家之泉,空田者罰以三家之稅粟。」(卷14,頁475)這讓長年仰仗鄭玄注解研習《周禮》的弟子,不免會對經注判別罰賦輕重的標準,產生疑惑。趙商問道:

> 〈載師〉職,凡宅不毛,乃罰以一里布;田不耕者,罰屋粟。商以田不耕,其罪莫重,宅不毛,其罰當輕。宅不毛,乃罰以二十五家之布;田不耕,則罰之三家之稅粟,未達罰之云為之旨,輕重之差?

在「里布」、「屋粟」罰征之數於本經未見的情況下,鄭玄將「里布」之「里」,訓讀與〈遂人〉職:「五家為鄰,五鄰之里」之「里」(卷16,頁552)同義,即「宅不毛」罰二十五家之布;且訓讀「屋粟」之「屋」,與〈小司徒〉職:「攷夫屋」之「屋」同義,彼《注》云:「夫三為屋」(卷11,頁400),「三夫」即三家所受之田,故言「田不耕」者,罰三家之稅粟。但弟子認為,有田地不事耕種,與居城郭中宅而不樹桑麻相比,其罪應當加重,且揆諸禮義,制定罰賦之目的,原是告誡惰民勤懇就業,

如今罰一家卻使出二十五家之布，相比之下未免過重，故而提問。

　　關於「宅不毛」與「田不耕」之罰征，孰輕孰重？鄭玄答弟子曰：

> 此法各當罰其事於當其有故，何以假他輕重乎！（《周禮‧
> 載師‧疏》，卷 13，頁 202）

鄭玄答語，辭義隱晦，似乎是指農民有上述情節者，理應受罰，不必細究輕重標準。如此回應，既無法闡明支撐經注理論的文獻依據，也無從釐清《周禮》罰征輕重的比例。因而，自趙商提問之後，清代禮學家亦多疑心此段經注的合理性。擇取其中代表學者，如：惠士奇《禮說》曰：

> 罰一家而使出二十五家之布，勢必不能。宅之所處為里，
> 里者居也，〈量人〉所謂「軍社之所里」是也。蓋宅在里，
> 故宅不毛者出一家之里布。里布者，一家之里也。[142]

將「里布」之「里」，解釋為宅之所居處也。除了惠氏外，江永亦曰：

> 里布者，里居之里。此經「以廛里任國中之地」，〈遂人〉：
> 「以田里安甿」，〈王制〉：「田里不粥」，《孟子》：「收

---

[142] 〔清〕惠士奇：《禮說》（臺北：臺灣商務印書館，2002 年影印《四庫全書》本），卷 4，頁 459。

其田里」，皆此義，即謂其所居之宅也。[143]

皆透過對經文「里」字的重新釋義，嘗試更正鄭《注》以「里布」為二十五家罰賦所引發的爭議。案清代學者訓「里」為宅之所居處，事實上漢儒早有此說。[144]且上文「以廛里任國中之地」注，鄭即云：「廛里者，若今邑居矣。廛，民居之區域也。里，居也。」（卷14，頁466）。鄭玄於上文訓「里」為居，下文自不得轉讀為二十五家。蓋宅在里，里即廛里，「里布」即〈廛人〉職之「廛布」，大約是依其宅居占地多少，以「園廛二十而一」（卷14，頁473）之率計算。孫詒讓曰：「凡此經里布、屋粟、夫家之征，皆即就地征、力征之恆法以為罰……，豈於常征之外別刱罰征之色目，亦豈於恆額之外增溢罰征之等數哉！」[145]也是對鄭玄經注中不論其宅地大小，概令出二十五家之布的說法，做出修正。

　　不過值得留意的是，既然《周禮》並無明文記載罰征等數，那麼支撐鄭玄經說的文獻依據，究竟為何？覆查《漢書・食貨志》載，王莽居攝，變漢制，「以《周官》稅民：凡田不耕為不殖，出三夫之稅；城郭中宅不事樹藝者為不毛，出三夫之布」，[146]前一句即鄭玄注經所本。古代凡平民授室授田，即成夫家，課有地征及力征。人雖荒廢不事生產，猶不能免稅，是以不任農圃者，

---

[143] 〔清〕江永：《周禮疑義舉要》，卷2，頁21。

[144] 《孟子・公孫丑》：「廛無夫里之布」，趙岐《注》即云：「里，居也」，即其例。

[145] 〔清〕孫詒讓：《周禮正義》〈地官・載師〉，卷24，頁971。

[146] 〔漢〕班固撰，〔唐〕顏師古注：《漢書補注》〈食貨志〉，卷24下，頁1021。

罰使出稅粟，充當地征；宅惰不任役者，則罰使出夫布，充當力征。王莽新制，雖不以二十五家為「里布」，然「三夫之布」與「三夫之稅」，意義含混且罰數過重，必無此理，此當如江永所主張的「量田而出粟，量宅地而出布」，[147]較符合實情。

　　綜言上述，據近人喬秀岩、華喆等學者觀察，鄭玄禮學是屬於「純理論性」的文獻研究，其往往在歧異互出的眾多文本中，藉由理論推演，彌縫經說矛盾，試圖予以讀者相對完滿的詮釋，其完全是以對應經書文本為基礎，建構個人的禮學體系。[148]透過上述分析，能反映鄭玄的經典詮釋，確實帶有一定的理論色彩，儘管鄭玄的解釋未必都能付諸實踐，但應強調的是，當重新審視鄭玄禮學在「學說理論」的結構表現，和指導歷朝禮制的「實用價值」時，還應察覺隱匿於學說背後，存在某種預設的立場，而此正與西漢末年王莽、劉歆援用《周禮》以指導現實政治的致用理念，頗相一致。由此可見，不能粗淺地認定，鄭玄的經師形象，就只是名「兩耳不聞窗外事，一心只讀聖賢書」，缺乏現實關懷，純為學問而做學問的布衣學者。[149]從西漢王莽、劉歆仿效《周禮》

---

[147] 〔清〕江永：《周禮疑義舉要》，卷2，頁22。

[148] 相關論述，參閱喬秀岩：〈論鄭王經說異同〉，《北京讀經說記》（臺北：萬卷樓圖書公司，2013年），頁157-174。華喆：〈鄭玄禮學解析——以敦煌吐魯番出土唐寫本鄭玄《論語注》為中心〉，《禮是鄭學：漢唐間經典詮釋變遷史論稿》（北京：三聯書店，2018年），頁26-88。

[149] 清儒陳澧曾如此評價鄭玄經注，說：「諸經鄭《注》言治亂之道亦備矣」。車行健：《禮儀、讖緯與經義——鄭玄經學思想及其解經方法》，亦印證陳澧的說法，指出倡言「治亂之道」為鄭玄經學思想的主要重點和特色。與本書談論鄭玄經說注重《周禮》在漢代政治運用的實務經驗，不謀而合。

為變法之張本，至東漢鄭玄對此官方學說的一脈相承，都有助於深化後人對其《周禮》學說本質的認識。

三、結語

　　《周禮》於羣經中最晚出，漢代流傳已累積不少質疑。本節對《鄭志》語錄中鄭玄及門弟子圍繞在《周禮》的疑義問答，討論至此告一段落。除了能反映鄭玄弟子曾對《周禮》有過哪些具體疑惑外，與此同時，雙方如何各自進行有效的經義疏解，以得出結論前的思辨歷程，也可略知一二。正由於經義問答可直接反映雙方學術的互動，遠比以一人口吻講述的經傳形式，相對生動。透過爬梳雙方的言談記錄，不難看出弟子提問時的懷疑心理，以及鄭玄亟欲迴護《周禮》經典權威的語言情態。歸納前文所述，可得出幾點結論：

　　第一，鄭玄弟子研讀《周禮》的疑惑要點。首先，弟子的質疑普遍是對《周禮》與漢代羣經傳說的牴觸為主，當中牽涉議題眾多，除名物度數、職官名稱的對照外，還有針對制禮寬嚴和情禮抉擇的探討。弟子態度委婉地指陳了《周禮》與其他經傳文獻的矛盾，此與今文家說《周禮》「瀆亂不驗」之評價，異曲同工。值得一提的是，觀察弟子援引羣經傳說的範圍廣泛，涵蓋今、古文學說，可知在鄭玄注經「括囊大典，網羅眾家」的教導下，弟子閱讀經書，涉獵自由，看待箇中分歧，反倒能平實看待各文本間的差異，既無利祿左右的政治立場，也無學派問題摻雜其中，致使今古文學的分際，似不像晚清今文家形容的勢如水火，互不

相容。[150]再則，弟子也嘗試由外部文獻對比，轉向考察《周禮》職官的內部系統，對書中設官專領職事，可能存在隸屬不明的缺憾，提出叩問。至於最後一類問題，嚴格說來，並非是對《周禮》的質疑，而是針對鄭玄經注。弟子多半關心在鄭玄詮釋下，各種禮制背後所彰顯的禮義內涵。禮貴持中，始終是弟子權衡鄭玄經注合理與否的標尺。彼等對師說勇於質疑，也呈現漢末民間自由講學的風氣，此與過去學界談論漢代官學恪遵師說、嚴守家法的形象，顯有差距。目前坊間所見的禮學史論著，多半關注歷朝經師大儒的學術表現，殊不知《鄭志》中這些名不見經傳的弟子對《周禮》內容的提問，事實上與宋人考辨《周禮》文獻真偽的取徑類型，別無二致。彼等傳習《周禮》學說於漢末之不墜，這點功績確實值得重視，加以表彰。

　　第二，鄭玄經義答問所體現的教學理念。作為業師，鄭玄對於構建個人經典詮釋體系的核心有一套明確認知，在回答弟子《周禮》和五經的記載矛盾時，他對《周禮》的性質、經書地位及效用的認識，始終不變。也就是說，即便鼓勵弟子解讀學術問題可援引羣經互參，但遇到和《周禮》有至為明顯的衝突時，仍會堅守以《周禮》為經之正統的底線，告誡弟子不可以傳駁經。另外，對經學詮釋的方法，鄭玄有意識地梳理羣經關涉禮事的記載，其解決矛盾的手段，往往以時代因革為論，除了學界已知的，以三代不同禮的言述外，即便認定文獻同為西周之禮，也以事件發

---

[150] 廖平（1852-1932）即謂：「鄭君以前，古學家著書，不惟不引據〈王制〉師說，並《公》《穀》二傳、三家《詩》、今文《尚書》、今《易》，凡今學之言，避之如洪水猛獸。」說見《今古學考》（臺北：長安出版社，1974 年影印四川成都存古書局《六譯館叢書》本），卷下，頁 8。

生「先後異時」，禮有權變的原則，梳理箇中矛盾；且在兼具「情」、「理」發揮的整體關照下，務求融通，從而樹立起自身的學術體系。另方面，由於鄭玄確曾受莽、歆經說影響，在經書詮釋的思想傾向，帶有適應當局政治的致用色彩。不過，正因鄭玄常將《周禮》學說移用作為闡釋其他經典的觀念工具，一心求同彌縫，也成為眾矢之的。不可諱言，在幾次言談記錄中，鄭玄除了對《周禮》的職官設置有過清楚解讀外，真正迎合弟子疑問的回應，並不多見，有時甚至迴避問題核心，僅重申舊說的詮釋思路，未必盡如人意，這可能也是引發後世學者詬病鄭玄經說的主要成因之一。

　　儘管如此，《禮記·學記》述明古人為師的教學理念，談到「善問者，如攻堅木，先其易者，後其節目，及其久也，相說以解」，作為一名善於提問的學生，剖析問題，應當由淺入深，並尊重與師長平等互惠的交流。從鄭玄日常講學活動中，面對弟子鉅細靡遺地提問，亦不難看出鄭玄言者諄諄，誨人不倦的一面，可稱的上是名「善待問者」。所謂小叩小鳴，大叩大鳴，師與弟子「如切如磋，如琢如磨」，增近彼此學問，此難得的師友情誼，歷數百年後，將隨著《鄭志》輯佚文獻的整理與重新演繹，足為後學之所宜法。

第柒章 結 論

漢代經學昌明，鄭玄窮盡多年心力校注《三禮》，不僅為中國經學史上首次大規模匯整禮學文獻的歷史事件，也是締造《周禮》、《儀禮》、《禮記》日後成為代表儒家「禮」文化經典的里程碑。皮錫瑞嘗評議漢魏時期「鄭學」的實際影響，云：

> 鄭君康成以博聞彊記之才，兼高節卓行之美；著書滿家，從學盈萬。當時莫不仰望，稱伊、雒以東，淮、漢以北，康成一人而已。咸言先儒多闕，鄭氏道備。自來經師未有若鄭君之盛者也。[1]

可見鄭玄詮明先聖制作原意，徧注羣經，實現以一己之力推動經學內部整合的理想，終能泯除今、古文門戶對峙而自成體系，於漢末經學之發展，作出實質貢獻。這在中國經學史上，雖稱不上絕無僅有，但無論從解經方法到具體學說，鄭玄予以後世學術之沾溉，確實廣博而深遠。有鑒於鄭玄治經，博洽古今，如海納百川，包羅萬象。本書從《周禮注》循徑入門，期能由小見大，管窺鄭玄禮學之一斑。在此，歸結鄭玄《周禮》學的解經特點及其

---

[1] 〔清〕皮錫瑞：《經學歷史》〈經學中衰時代〉，頁 145。

在學術史之意義，並提出後續尚可著力的研討方向。

第一節　鄭玄《周禮》學的形成及其解經特色

　　錢穆曾說：「研究中國學術史，首須注重其心性修養與人羣實踐。換言之，須從學者之實際人生來瞭解其學術。」[2]誠如所言，要研究中國學術史，首當以「人」為本位，依循兩條發展路徑考察：一是「內聖」，即其陶冶心性，安身立命之工夫；二是「外王」，即其投身人羣之中從事的社會實踐。如此說來，要衡量學者的學術品性，或講論某一學術觀點的轉變時，尤不可排除對於學者實際人生的探索。

　　眾所周知，漢興古籍初出，經書的傳習，主要倚重博士官口耳傳授。此時講論經學，最重師承，故漢人說經，無無師之學。鄭玄《周禮》學的形成，也是經過長年階段性積累的結果。本書的第貳章，即側重探索鄭玄生平學《禮》及治《禮》歷程，就「師承」而言，鄭玄少壯遊學十餘年，師從張恭祖、馬融等博學通儒，為學術生涯的起步階段。其後學成返鄉，因遭逢黨錮牽連，故潛心「著述」之業。撰寫《周禮注》期間，廣泛涉獵杜子春、鄭興父子、賈逵等經師大儒的訓釋成果，足以呈顯漢儒《周禮》詁訓的最高水平。經由繫聯鄭玄的學思歷程，可清楚體現出「師承」和「著述」兩線匯合為一的發展基調，由內而外，統而構成《周禮》鄭氏學豐富的學術樣貌。

2　錢穆：〈如何研究學術史〉，《中國歷史研究法》（臺北：東大圖書公司，1988 年），頁 73。

　　此外，要瞭解「鄭學」的內涵，須先認識它的表現形態，是
透過經注表達主體學說，因此甚難脫離經注，直接講求它的學術
思想。這些獨特的解經方法，也成為後人瞭解鄭玄經學思想的門
徑。本書的第貳章，歸納鄭玄《周禮注》的解經特點，首重兼采
各傳本經文所長，具體運用的解經方法，則有：

　　一曰「以字解經」。書中除了對譯《周禮》古、今用字，兼
存民間通用俗體外，對音近通用及同源分化字也逐一辨明，能突
顯鄭玄由小學貫通經學的學術性格。

　　二曰「引羣說解經」。鄭玄說經，不拘守任一先生宗派之言，
以實事求是為依歸。《周禮注》中博采羣說，可分為口語言傳及
書面文獻兩方面。首先，稱引先儒舊說，包括孔子以降的先秦時
人、齊魯燕楚等地的方言俗語，乃至西漢今文緯術言論，皆擇其
善者，納入引述。徵引書面文獻範圍，則全面涵蓋「五經傳記及
小學」、「諸子百家」、「文史雜書」等圖書種類，能得見鄭玄
將羣經大義匯歸於禮教一途的解經思惟。

　　三曰「以禮例解經」。《周禮注》為經文發凡起例，有十大
凡例，後學讀《禮》自可舉一反三，庶得執簡馭繁之效。

　　四曰「以人情義理解經」。鄭玄依據儒家設「禮」，體乎人
情，察於義理的思想原則，用以解釋《周禮》職官設置的合理性。

　　五曰「以史解經」。以上古傳說三代、春秋戰國、秦漢歷史
上著名的人物史事，詮釋《周禮》，融鑄經史為一家，使其蘊藏
於經注中博古而通今的歷史意識，表露無遺。

　　基於上述解經特點，可知鄭玄研治《周禮》，不獨以經釋經，
其施用方法，亦與圖書版本、語言文字、史料分析等緊扣相連，
故所得益深且大。此對於當時講經墨守師傳章句的拘儒而言，無

疑起到發矇震聵之作用，鄭玄經注自然受到學者的廣泛推崇，進
能於中國經學史上占有一席之地。儘管鄭玄於《三禮》中獨尊《周
禮》為宗周典制，凡遇到與禮文記載不符者，多進退《儀禮》、
《禮記》指為夏、殷之制的做法，引起不少議論。如朱熹說道：

> 漢儒說禮制，有不合者，皆推之以為商禮，此便是沒理會
> 處。[3]

又，近人呂思勉（1884-1957）《經子解題》所批評：

> 鄭玄指《周官》為經禮，禮經為曲禮，一為周公舊典，足
> 該括夫顯庸創制之全；一則孔子纂修，特掇拾於煨燼叢殘
> 之後，則合所不必合，而其說亦必不可通矣。[4]

平情而論，誠如孟子所說：「物之不齊，物之情也」，所有事物
千差萬別，本是自然客觀的定律。禮因時變，自有沿革，毋須雜
湊強合為一，招致削足納履之譏。歷來學者對鄭玄必以《周禮》
調合三禮異同的針砭微詞，確有一定道理，不容規避。但若是對
鄭玄解經宗旨有同情之瞭解，便會察覺鄭玄治《禮》的苦心孤詣，
志在「思整百家之不齊」，貫通羣經以立言。宋儒林希（1037-
卒年不詳）〈書鄭玄傳〉即說道：

---

[3] 〔南宋〕黎靖德編：《朱子語類》（臺北：正中書局，1982 年），卷 84，
　　頁 2882。
[4] 呂思勉：《經子解題》（臺北：臺灣商務印書館，1986 年），頁 46。

聖人之教，尤備於禮。秦悖人道，書灰火，學士腐於坑。
遺及漢世，口諷手傳，或山巖屋壁之間，收拾缺編折冊朽
蠹斷絕之餘，次而成文……及得鄭氏注，精微通透，鉤聯
瀆會，故古經益以明世，學者皆知求而易入，識為人之道
者，漢諸儒之功，而成之者鄭氏也。……然當大壞之後，
聖人不世，以一人之思慮，欲窮萬世之文，豈不難哉！世
之人指其一二而譏之，遂以鄭為一家之小學。噫！亦甚愚
矣。[5]

又，清姚鼐（1731-1815）〈儀鄭堂記〉亦曰：

鄭君康成總集其全，綜貫繩合，負閎洽之才，通羣經之滯
義，雖時有拘牽附會，然大體精密，出漢經師之上，又多
存舊說，不掩前長，不覆己短。觀鄭君之辭，以推其志，
豈非君子之徒，篤於慕聖，有孔氏之遺風者與？[6]

林、姚二氏皆非漢學中人，不因世人指責鄭《注》拘牽讖緯、附
會漢制之小疵，屏棄鄭玄纂續聖人遺教，治經旁稽博考之功績，
彼等如此看待鄭《注》功過，洵為公論。

---

[5]　〔宋〕林希：〈書鄭玄傳〉，《宋文鑒》卷131。參引王利器：《鄭康成
年譜》，頁325。

[6]　〔清〕姚鼐：〈儀鄭堂記〉，《惜抱軒文集》（臺北：臺灣中華書局，
1981年影印《四庫備要》本），卷14之1。

第二節　由學術史觀點看鄭注《周禮》的成就

　　鄭玄校注《周禮》的解經特色，已揭示在前，另外再從學術史的發展，評議鄭玄經注承先啟後的貢獻。由本書各章研究回顧，可得三方面的成就：

一、經學成就

　　前輩學人多以魏晉經學史上著名的「鄭、王之爭」為題，探究鄭玄與王肅經注在文字訓詁、禮制名物、釋經方法等諸多異同，評議兩人學術優劣。此種聚焦在兩位具代表性的經學家身上，溝通兩大解經體系的差異，對於推闡學術發展的脈絡，實有裨益。王學作為鄭學之反動，以後起姿態對前賢猛然批評，那麼在東漢經學史上，鄭玄又是抱持何種心態來看待許慎的學術呢？

　　本書的第伍章，即透過考察許慎、鄭玄的生平與學術交流，發現兩人皆有同宗「《周禮》古學」的傾向，遂援以作為溝通兩人學術的橋樑。復由《說文》與《周禮注》引《周禮》經文之同異為命題，闡述許、鄭之間對《周禮》的學科定義、學術傳承、撰述體裁等觀念差異。從而可以察覺鄭玄有意識地提升《周禮》的經典地位，且在經說取捨之間，通盤汲取先儒舊說，這與漢儒傳習《詩》、《書》等經籍，從謹守「師法」過渡至另立「家法」的演變軌跡，如出一轍。賈《疏》稱鄭玄「使《周禮》義得條通，是以《周禮》大行」的經學評價，[7]當得其實。這項研究成果，不僅得以勾畫東漢《周禮》學說在許、鄭之間傳遞的事實，進能填

7　〔漢〕鄭玄撰，〔唐〕賈公彥疏：《周禮注疏》，卷 1，頁 10。

補禮學史上對許、鄭學術交流的敘述空白。

二、字學成就

由於《周禮》晚出，歷來有關它的作者、成書年代及其經文內容所產生的爭議，史不絕書。宋人詆毀《周禮》為劉歆託名周公佐莽竄政的同時，也連帶將《周禮》書中罕見的「古文奇字」歸罪於劉歆所偽造。關於《周禮》「古文」真偽考辨問題，詳見本書第叁章考證。而鄭玄校讀《周禮》，循文立訓，為了消解文字傳寫及方言雅言的隔閡，必須仰仗訓詁作為「以今釋古」的媒介。鄭玄是從事古書注釋，運用「古今字」概念最為成熟、頻率最多的經學家。由《周禮注》中「經用古字，注用今字」的大量例證，可歸納鄭玄「古今字」的理論觀點：在鄭玄眼中，「古今字」的形成，應與漢字演化過程中形體結構的變異，及人們使用古、籀、篆、隸等不同書體有關。一方面既可以透過兩字音近假借的方式產生，同時也可以是兩字的同義互訓，或是一字意義之引申。由此得知，漢儒經注講論「古今字」之目的，絕大多數欲說明古今典籍和人們用字上的差異。此觀念，至清代又有新的理論發展，延伸出由「造字」及「用字」等雙重原則，來界定「古今字」的內涵。後世更廣泛應用於辭典編纂、古籍訓釋及古漢語的教學上，此受到鄭玄「古今字」理論學說之遺澤，可謂匪淺。

三、校讎學成就

古書傳世既久，尤其在雕版印刷尚未盛行以前，書經手抄，舉凡字體闕謬、語句脫落，乃至衍字增句之情況，無所不有。因此，古人讀書必經校讎，始能無誤。漢興天下初定，圖籍散亂，

主政者前有求書之舉，後設官分任。詔命劉向父子領校羣籍，可說是官方獎掖學術，培植校書專才的體現，下開一代風氣之先。漢末鄭玄校注羣經，上承前人之步武，將校讎之業推至頂峰，其所遵循方法，也成為後世校書的楷模。

　　前輩學人研究鄭玄經注之校讀工作，多就「校勘」一事發揮。但廣義的「校讎」本為治書之學，範圍不僅止於校勘文字。若以為鄭玄兼錄異文，考辨疑誤，即其「校讎」學之全部，不免失之狹隘。本書的第肆章，梳理鄭玄校讎《周禮》的細部流程，應為：（一）「廣備眾本」。（二）「校勘文字」。（三）「釐析篇章」。（四）「編定目錄」。（五）「撰述篇敘」五項基本程序。由於經注旨在於闡明經義，不先正底本之訛誤，則無從考核事實。因此「校勘文字」一事，確實在鄭《注》中占有相當程度的比例。若進一步闡釋《周禮注》的校勘方法，主要分成：「底本對勘」、「本經內證」、「勾稽羣籍」、「循聲辨義」四法，構成嚴密的校勘程序。且在校勘之外，鄭玄還曾釐訂字句闕損，編訂《三禮目錄》，以及撰寫具題解性質的篇敘。這一連串的治書之法，實有意識地將校勘、編書、目錄三項工作統合起來。其校勘的基本精神，亦深切影響清代漢學家的觀念，故段玉裁謂校書「千古之大業，未有盛於鄭康成者也」，是其定有超邁前賢，可供效法之處。歷史也證明，《周禮注》伴隨歷代《周禮》研究，不斷發揮它的作用，成為禮學家案頭必讀書籍，推動古代禮學研究從名物訓詁朝向深入的義理探索。

第三節　後續研究省思與瞻望

本書既有宏大的基礎問題研究，也有專門細微問題的討論。筆者在經注基礎上，結合學術史的考察，特意遴選前人曾關注卻未妥善處理的課題作分析，實帶有拋磚引玉的意圖。當然必須承認，鄭玄《周禮》學的內涵，遠不止於本書設立的這些專題，還有許多值得探討的議題，尚可發揮。比如過去學者對鄭玄的學術定位，理所當然地視為一名卓越的經學家、訓詁家或文獻學家，卻極少有承認他是位思想家。似乎傳統經注中只存在冰冷的訓釋語言，缺乏經學家自我省思的聲音。事實上，不同於傳統思想家直接進行心性議論，表述觀點，經注家表達思想的途徑，多寓存在龐大而繁密的注釋內容，等待世人發掘其中豐富的思想內涵。職是之故，不能因為隱晦難言，體例不同，便認為如鄭玄、賈公彥、孔穎達等以注疏為著作的經學家沒有思想可言。

再者，鄭玄作為「漢學」權威的代表，在經學流傳中自身地位的升降，也是觀察《周禮注》價值不可或缺的視角。回歸到歷史現場，唐初頒行《五經正義》將鄭玄《禮》注作為官方學術的標準，但隨著中唐以後學者公開對《正義》發難，對鄭玄禮說亦多有駁正。此風氣下沿宋代，宋儒治經「擺落漢唐，獨研義理」，[8]歐陽修（1007-1072）主張刪節唐人義疏中的讖緯之文，貶抑鄭玄好引讖緯的言論，甚囂塵上；熙寧年間，王安石革新科舉，獨以《三經新義》取代漢唐經注，亦是對「鄭學」發展的沉重打擊。此後，鄭玄的經學地位日漸低落，終至明代，甚至罷祀孔廟，還祀

---

[8]　〔清〕永瑢等人奉敕纂：《四庫全書總目》〈經部總敘〉，卷1，頁62。

鄭鄉。雖經清初朱彝尊（1629-1709）、[9]王士禛（1634-1711）[10]等人，上奏恢復鄭玄的從祀身分，直到雍正初年，鄭玄纔獲准入祀。相信從學術史脈絡，看待鄭玄地位的翻轉，將有助於彰顯鄭玄禮學亙古而彌新的價值。

　　清儒王夫之（1619-1692）曾說：「六經責我開生面」，傳統經學在與現代學科接軌的同時，如何承繼起過去經學厚重的文化積澱，重新定義禮學的現代意義，都將考驗禮學家的智慧。從事鄭玄禮學的研究，不過是瞭解中華禮樂文明的橋樑，要透過經注真正品味《三禮》藺中蘊藏的精妙禮義，施用於社會改造，最終達至正人心、厚風俗，纔是習禮、研禮的積極目的。展望未來，振興禮學研究於近世之不墜，吾輩所擔負者，任重而道遠。

9　〔清〕朱彝尊：〈鄭康成不當罷從祀議〉，《曝書亭集》（臺北：臺灣商務印書館，1967 年影印《四部叢刊》本），卷 60，頁 462。

10　〔清〕王士禛：〈請增從祀理學真儒疏〉，《帶經堂集》（上海：上海古籍出版社，2002 年影印《續修四庫全書》本），卷 51，頁 426。

附錄　二十一世紀以來
《周禮》研究回顧與前瞻[*]

第一節　真偽考辨：
傳統經學視野下的《周禮》研究

　　《周官》又名《周禮》，為王朝締構之綱要，然該書自問世以來爭議不斷，論者或視為周初經世大典，或說是王莽、劉歆竄亂聖經所造之偽書，評價毀譽參半。因其內容涉及古代典章制度問題甚多，遂成歷來爭論之焦點。以下，略述漢唐至明清時期若干具代表性的《周禮》研究論著，是以得見古代《周禮》學傳習發展之梗概：

一、漢唐時期：訓詁箋釋

※鄭玄《周禮注》——現存漢儒全面箋釋《周禮》的最早著作。
　　附：《答臨碩周禮難》、《鄭志》——鄭玄與時人辯難、門弟

---

[*]　這篇講稿最初於 2020 年 12 月 8 日由中央研究院中國文哲研究所經學文獻研究室主辦之「二十一世紀五經研究座談會」上宣讀，承蒙林素英教授口頭建議，增列碩博士學位論文作者資訊，現逐一核實，聊供讀者粗知近代《周禮》學科發展之演變脈絡，以充實本書章節回顧所未備。

子的經義問答。

※賈公彥《周禮疏》──疏解鄭玄《周禮注》，採用南北朝義疏

之體例，旁徵博引，增益闡發，集漢、唐《周禮》學之大成。

二、兩宋時期：疑經致用

唐代中葉趙匡《五經辨惑》已提出「《周官》為後人附益」之說；至宋慶曆年間，學者治經「擺落漢唐，獨研義理」（《四庫全書總目提要・經部總敘》），新意迭出，於是疑經、改經風氣漸行，致使漢、唐「考證之學漸變為論辨之學」（《四庫全書總目・周禮注疏刪翼提要》）。總的來說，宋儒基於疑古惑經的心理，在經學論述上，大體呈現出三方面言論：(1)「疑古書作者及作成年代」。(2)「疑經義之不合理」。(3)「疑古書非本來面貌而改動篇次」。可說是上承漢代今文家對《周禮》經典地位的全面挑戰，從而發展出宋儒考辨《周禮》的嶄新型態。爬梳《文獻通考》、《通志堂經解》、《經義考》、《欽定四庫全書》等刊布之宋人著作及言論，擇取學說完備，且能予以後學啟發者，凡三十六家。將有宋一代從事考辨《周禮》的經學人物，依人物生卒年（由建隆元年（960），太祖廢後周，至宋末帝殉國（1279），總計 319 年間），分為前、中、晚三期：

（一）宋代前期《周禮》之名家

有歐陽修、李覯《周禮致太平論》、王開祖、張載、王安石《周官新義》、徐積、蘇軾、蘇轍、范祖禹等人，皆生於宋初，卒於南渡之前。該時期最初疑心《周禮》禮文訛闕，有非聖人之法制，言論雖零碎未充分發揮，但已下開宋儒疑經之先聲。

（二）宋代中期《周禮》之名家

有葉夢得、范浚、鄭樵、胡宏、程大昌、洪邁、晁公武等人，皆生於北宋，卒於南渡之後。該時期承繼前期經師論調，自行發展出如：「《周禮》〈冬官〉未亡說」、「多古文奇字說」等禮學議題，兼有嘲諷王安石時政之批判言論。

（三）宋代晚期《周禮》之名家

有朱熹、鄭鍔、孫之宏、呂祖謙、王炎、鄭伯謙《太平經國之書》、陳亮、陳傅良《周禮說》、俞庭椿《周禮復古編》、葉適、陳汲、葉時《禮經會元》、陳淳、魏了翁、包恢、林希逸、黃震、王應麟、羅璧、馬端臨等人，皆生於南渡之後。該時期懷疑經典之時代及作者，對《周禮》可否用為治國方策，頗有省察，能直探制作精義，將經義與現實聯繫，確立以「經世致用」為特點的新學風；復積極改動《周禮》編目結構，形成〈冬官〉補亡一派，影響元、明學者甚深。

當中值得一提的是，王昭禹《周禮詳解》、王與之《周禮訂義》、易祓《周禮總義》等書雖為集解之作，然而這類書籍除了羅列少數漢唐經說外，餘列皆為宋人學說為主，取材範圍廣泛，涉獵「文集語錄，莫不搜采」（《四庫全書總目・周禮訂義提要》），較能全面反映宋人研究《周禮》的整體面貌。

三、元明時期：沿襲守成

元明經學，株守宋學而罕有創新。諸如元人陳友仁《周禮集說》、毛應龍《周官集傳》等相關著作，大抵沿襲宋人舊說，少有己見。當中以王志長《周禮注疏刪翼》「能以注疏為根柢」（《四

庫全書總目提要‧經部總敘》），平實可據；又有王應電《周禮傳》，論說醇正，於義理都有發明。另外，受到俞庭椿影響，元人邱葵《周禮補亡》；明人何喬新、郝敬、金瑤、舒芬、陳深、柯尚遷等學者，皆襲自宋人「〈冬官〉未亡」之說，更改竄經書結構，風行一時。

該時期值得留意的現象，是科舉制度對於士人研讀禮經的影響。除卻《禮記‧檀弓》著述單行，學者亦多專注《考工記》句法、章法、字法之考論，常以「奇」、「妙」等批語圈點經文。如：陳深《考工記句詁》（存佚不詳）、周夢暘《批點考工記》、徐應曾《考工記標義》（今佚）、林兆珂《考工記述注》、陳與郊《考工記輯注》（存佚不詳）、焦竑《考工記解》（存佚不詳）、朱大啟《考工記輯注》、程明哲《考工記纂注》、徐昭慶《考工記通》等著作。

四、清代時期：多元格局

清代以經學為中堅，故於經義闡釋、文字考證最為詳盡，新疏成果斐然，能獨立成一學門加以研究。有清一代，對於《周禮》研究亦呈空前繁盛之氣象。綜合王鍔、夏微、李文艷等近人統計，清代《周禮》學的文獻，多達四百零六種左右，粗略估算約有「三百零七種」著作，流傳至今，內容豐富可觀。根據目前學界對於清代經學分期特點的歸納，大致可得出以下三階段：

（一）清初（順治、康熙、雍正時期，合計 92 年）《周禮》之名家

清初禮學的復興，受到清廷敦獎「正學」的文化政策，因應

社會變革與士大夫倡禮、習禮之風潮吹拂，應運而起。清學正值
萌芽階段，清初對《周禮》研究，無形中又以揣摩漢宋學術作為
自身學術發展的基石，揉雜痕跡格外顯著：

第一，承宋學遺緒。如：王芝藻《周禮訂釋古本》、高宸《周
禮三注粹鈔》，宗主俞廷椿「〈冬官〉未亡說」；錢世熹《周禮
匯纂》、陸隴其《禮經會元疏解》以葉時《禮經會元》為藍本，
採納宋元儒者之說，解釋六官制度；高愈《周禮集解》、姜兆錫
《周禮輯義》多本王與之《周禮訂義》經說，間有發明。

第二，本於「尊經」的疑經辨偽思潮。如：萬斯大《周官辨
非》，是以與五經、《論語》、《孟子》諸書相較，詳辨《周禮》
所定制度中有害民生、有傷國體、自相謬戾、不合情理方面的矛
盾。書中主要精神，在於「置其非而存其是，典章法制，乃有可
觀」，以「非《周官》為是《周官》」。又，方苞《周官集注》、
《周官辨》、《周官析疑》，或以集解、考辨、摘錄經文為說。
毛奇齡《周禮問》，辨明《周禮》當出自戰國之末，不出劉歆。
毛氏關於成書年代的結論，至今仍為學界的主流觀點，可謂卓識。
但書中考證制度，是非參半，學者不可全信。

第三，經典詮釋訓詁、義理並重。清初對《周禮》之訓釋，
論說文獻，名目繁多。當中最值得關注的，要屬李光地《周官筆
記》、李光坡《周禮述注》（四庫館臣評論：「光坡此書，不及
漢學之博奧，亦不至如宋學之蔓衍。平心靜氣，務求理明而辭達。
於說經之家，亦可謂適中之道矣）、侄輩李鍾倫《周禮訓纂》三
書。另外，惠士奇《禮說》於清初說禮諸家中，持論最具根柢。
書中對《周禮》所見之古音古字，條分縷析，並援引諸史百家之
文，證成《周禮》所載周制，以闡揚經文制作精義，斯可謂考證

詳實，義理嚴謹之力作。

（二）清中葉（乾隆、嘉慶時期，合計 85 年）《周禮》之名家

乾嘉經學，遵古崇漢，以考據聞名，舉凡對《周禮》之經解輯佚（尤其重視鄭玄佚著的輯錄和疏證）、文字校勘、音義訓詁、名物制度等方面，莫不精研至極。

在文字校勘方面，有臧庸《周禮鄭注校字》、黃丕烈《周禮鄭氏注校語》、阮元《周禮校勘記》等書。阮書蒐集廣博、校勘精審。因文字校勘講究版本優劣，專門研究《周禮注》「故書」、「今書」異文關係的著作，也油然而生，如有程際盛《周禮故書考》、徐養原《周禮故書考》、宋世犖《周禮故書疏證》等書。

在音義訓詁方面，段玉裁《周禮漢讀考》、惠棟《周禮古義》對漢儒訓詁凡例的揭示，以及考訂《周禮》古字音義，可供作《周禮》形聲訓詁的指導範例。

在名物制度方面，學者涉及《考工記》器物通論研究，或專論《周禮》中諸如飲食、車制、祿田、軍賦、職官、祭祀等類的制度研究，並繪製禮圖比對。如：江永《周禮疑義舉要》、沈彤《周官祿田考》、王鳴盛《周禮軍賦說》、戴震《考工記圖注》、程瑤田《考工創物小記》及《溝洫疆理小記》等書。

在經解義疏方面，鄂爾泰等人奉詔撰《欽定周官義疏》，作為清朝《周禮》學的官方定本，成為應試學子的必讀典籍，該書主張漢宋兼採，考據、義理並重。

（三）晚清（道光、咸豐、同治、光緒、宣統時期，合計 91 年）《周禮》之名家

晚清延續乾嘉考據學風，屬舊學範式的研究，像俞樾《周禮平議》、孫詒讓《周禮正義》、劉師培《周禮古注集疏》這類文字訓詁、經解集疏為主的漢學殿軍之作，依舊繁盛。但隨著晚清西學東漸與時政改革之需要，也為《周禮》研究帶來新意。重要的經學家，當屬廖平（平分今古，撰《周禮訂本略注》、《周禮考證凡例》、《周禮今證》、《周禮刪劉》、《周禮鄭注商榷》等書）與康有為（《教學通議》、《新學偽經考》）二人。

第二節　理論奠基：
二十世紀（1901-2000）《周禮》的研究成果

二十世紀二十年代至七十年代末期，隨著西學引進國內，中國傳統學術面臨著重大改革，經學的發展，在歷經一連串國故運動、古史辨思潮，及引進西方研究方法的推波助瀾下，隨著經學主流價值的崩解，逐漸轉為可與史學所含賅的一切歷史問題，相提並論。這時學者研究《周禮》，已不再糾結於探究作者為周公，抑或是劉歆造偽的命題上，更能於觀點、材料與方法上，取得新的切入點，從而掀起二十世紀學者對於《周禮》經文結構與內部制度的研究熱潮。

若以研究取徑劃分，王國維《古史新證》提出的「二重證據法」，實有利於推動周代禮制的研究。受到殷墟科學發掘、周原考古工作的啟發，這時期有不少著名學者，如：楊筠如〈周代官

名略考〉、郭沫若〈周官質疑〉、斯維至〈兩周金文所見官制考〉、徐宗元〈金文中所見官名考〉、李學勤〈從金文看周禮〉等論著，都已留意運用出土青銅彝銘研究西周官制，觀察《周禮》思想結構所因應的時代背景，判定可能的制作年代。陳夢家《西周銅器斷代》、白川靜《金文的世界》、楊寬《西周史》書中的若干章節，亦有涉及西周官制的討論。當中最具代表性的著作，當屬張亞初、劉雨合撰《西周金文官制研究》（1986），該書用力至勤，為目前總結出土金文官制通盤研究《周禮》之著作。

　　另一方面，運用經史文獻鈎稽《周禮》成書年代者，亦是名家輩出。如：顧頡剛〈「周公制禮」的傳說和《周官》一書的出現〉、錢穆〈周官著作時代考〉、楊向奎〈《周禮》的內容分析及其成書時代〉、劉起釪〈《周禮》是春秋時周魯衛鄭官制的產物〉、徐復觀《周官成立之時代及其思想性格》、侯家駒《周禮研究》、彭林《周禮主體思想與成書年代研究》、金春峰《周官之成書及其反映的文化與時代新考》等論著，蔚為大觀。學者分別從社會文化、思想線索，探析《周禮》各項制度來源，也成就了近代經學史上考辨古籍真偽的一番榮景。

　　再者，域外日本漢學家對於《周禮》的研究成果，也很值得留意。當中最重要的經學論著，當推日本學者宇野精一《中國古典學の展開》。該書包羅漢至近代的《周禮》研究史，資料蒐羅豐富，可說是日本經學研究史上的代表作。根據工藤卓司《近百年來日本學者《三禮》之研究》（2016）整理，日本漢學界對《周禮》的研究，與二十世紀中國學界思潮對應，也多聚焦在《周禮》成書年代問題之考辨。大致分八種說法：「西周末年說」、「戰國齊說」、「戰國燕說」、「戰國說」、「戰國後期以後說」、

「秦代說」、「秦漢說」、「西漢末年說」。這時期論《周禮》作者非周公所撰，蓋成信讞；論其制作年代，以成書於「戰國時期」的說法，最為學人信從。若進一步論證具體國別（齊、燕、晉、秦）與學派歸屬，迄今仍爭訟不休，尚無定論。

▲二十世紀臺灣高教《周禮》研究學位論文

(一)《周禮》學史研究（專人專書）

李雲光　三禮鄭氏學發凡〔博〕（1966）　　孔德成、高明、林尹教授指導

彭美玲　鄭玄《毛詩箋》以禮說詩研究〔碩〕（1992）　　張以仁教授指導

杜明德　毛西河及其《周禮》學研究〔碩〕（1994）　　應裕康教授指導

吳萬居　宋代三禮學研究〔博〕（1995）　　李威熊教授指導

車行健　禮儀、讖緯與經義——鄭玄經學思想及其解經方法〔博〕（1996）
　　　　　　　　　　　　　　　　　　　　　王靜芝教授指導

孫致文　孫詒讓《周禮正義》研究〔碩〕（1998）　　岑溢成教授指導

賴慧玲　段玉裁的《周禮》學——以《說文解字注》為範疇〔碩〕（2000）
　　　　　　　　　　　　　　　　　　　　　王關仕教授指導

(二)《周禮》語言文字研究

李國英　《周禮》異文考〔碩〕（1966）　　魯實先教授指導

黃秀燕　從文字演進看《周官》古文〔碩〕（1983）　　金祥恆教授指導

(三)《周禮》官制、社會思想研究

楊景鶴　關於《周禮》的若干研究〔碩〕（1959）　　李宗侗教授指導

陳瑞庚　〈王制〉著成時代及其制度與《周禮》之異同〔碩〕（1970）
　　　　　　　　　　　　　　　　　　　　　屈萬里教授指導

嚴定暹　《周禮》春官禮樂思想之研究〔碩〕（1976）　　周何教授指導

李玉和　《周禮》秋官刑法思想研究〔碩〕（1977）　　周何教授指導

張雙英　《周禮》所表現之社會觀〔碩〕（1978）　　周何教授指導

羅保羅　《周禮》官聯研究〔碩〕（1981）　　周何教授指導

鄭定國　《周禮》夏官軍禮思想研究〔碩〕（1981）　　周何教授指導

第三節　視野開拓：
二十一世紀初（2001-2020）《周禮》研究現況

　　二十世紀學者豐碩的研究成果，實為《周禮》研究鋪墊深厚的理論基礎。進入二十一世紀初期，議題選擇方面，大體都在前人已開拓的領域，持續深耕。截至目前為止，綜觀近二十年來臺灣高教研究生的學位論文，可發現以「專人專書」的撰寫模式，尋求《周禮》研究發展史中，歷代經學人物對於經典詮釋的意義探討，具有長足發展。

▲二十一世紀初期臺灣高教《周禮》研究學位論文

(一)《周禮》學史研究（專人專書）

(1)漢代學者（包括引經注禮、詮釋體系、古文甄別、訓詁校讎、經義問答）

羅健蔚　鄭玄《三禮注》說《詩》與引《詩》之研究〔碩〕（2005）
　　　　　　　　　　　　　　　　　　　　　　　　葉國良教授指導

陳韋銓　鄭玄《三禮注》引《春秋》經傳之研究〔博〕（2011）
　　　　　　　　　　　　　　　　　　　　　　　　鄭卜五教授指導

羅健蔚　鄭玄會通三《禮》研究〔博〕（2015）　　葉國良教授指導

黃慧芬　《周禮》鄭氏學研究〔博〕（2017）　　　宋鼎宗教授指導

(2)宋代學者

廖育菁　王安石《周官新義》研究〔碩〕（2004）　陳金木教授指導

鄧筱君　王安石的周公之夢——論《周官新義》的政治制度與政治倫理觀
　　　　〔碩〕（2012）　　　　　　　　　　　　侯道儒教授指導

李淑卿　王安石《周官新義》財賦思想與變法關係之研究〔碩〕（2016）
　　　　　　　　　　　　　　　　　　　　　　　　蔡根祥教授指導

呂依依　王安石《周官新義》在宋代的學術影響〔碩〕（2018）
　　　　　　　　　　　　　　　　　　　　　　　　侯道儒教授指導

(3)清代學者

劉康威	方苞的《周禮》學研究〔碩〕（2006）	林慶彰教授指導
葉純芳	孫詒讓《周禮》學研究〔博〕（2006）	林慶彰教授指導
辛慶福	江永及其三禮學研究〔碩〕（2009）	鄭卜五教授指導
陳胤豪	劉師培《周禮古注集疏》研究〔碩〕（2012）	葉國良教授指導
黃智信	江永及其禮學研究〔博〕（2017）	陳韻教授指導

(4)新儒家學者

| 曹任遠 | 熊十力《周禮》學研究〔碩〕（2011） | 林慶彰教授指導 |
| 郭成東 | 徐復觀及其《周禮》學研究〔碩〕（2018） | 何廣棪教授指導 |

(二)《周禮》制度思想研究

熊曉惠	《周禮》與《司馬法》軍禮比較研究〔碩〕（2005） 李威熊教授指導
林映芬	《周禮》與北魏變法及其對後代政治制度之影響研究〔碩〕（2010） 江乾益教授指導
許淑婷	《周禮》教化思想研究〔碩〕（2011）	林素英教授指導
曾啟峰	《周禮》商業制度研究〔碩〕（2015）	歐天發教授指導

　　反觀近年大陸方面研究《周禮》之態勢，屬於《周禮》學史文獻探討的論文類型，固不在少數，但主要偏重鄭玄《周禮注》訓釋語言研究方面，及歷代少數《周禮》名家論著上。而當中較為突出的地方，在於關注《周禮》所見各類典章制度之沿革，尤其是在《周禮》名物詞彙方面的專題研究，有深入的考證與討論，頗值得參考。

▲二十一世紀初期大陸高教《周禮》研究學位論文

(一)《周禮》學史研究（專人專書）

(1)漢代學者

李玉平　鄭玄《周禮注》對字際關係的溝通〔碩〕（2003）
　　　　　　　　　　　　　　　　　　　　　　李運富教授指導

李玉平　《周禮》復音詞鄭注研究〔博〕（2006）　　李運富教授指導

焦美卉　鄭玄《周禮注》詞義訓釋研究〔碩〕（2010）　　王建莉教授指導

裴歡歡　《周禮》鄭注探源訓詁研究〔碩〕（2012）　　王衡峰教授指導

程　偉　《周禮》鄭注雙音詞研究〔碩〕（2012）
　　　　　　　　　　　　　　　　　　　陳淑梅、宋洪民教授指導

梁曉東　漢魏《周禮》學研究〔碩〕（2016）　　　　程奇立教授指導

田瑞雪　鄭眾《周禮解詁》研究〔碩〕（2019）　　郭善兵教授指導

王靜宜　《周禮》雙音詞鄭玄注的理據訓釋研究〔碩〕（2019）
　　　　　　　　　　　　　　　　　　　　　　　王浩教授指導

黃靈輝　《周禮》鄭玄注直訓研究〔碩〕（2020）　　鄭振峰教授指導

(2)唐代學者

楊學東　賈公彥《周禮疏》研究〔博〕（2015）　　孫尚勇教授指導

龐　旭　賈公彥《周禮疏》之軍禮研究〔碩〕（2017）　　郭善兵教授指導

(3)元代學者

何銘輝　邱葵《周禮補亡》之研究〔博〕（2018）　　陳慶元教授指導

(4)明代學者

郭亞林　郝敬《周禮完解》研究〔碩〕（2020）　　　張帥教授指導

(5)清代學者

錢慧真　《周禮正義》所見孫詒讓名物訓詁研究〔博〕（2009）
　　　　　　　　　　　　　　　　　　　　　　　徐超教授指導

唐田恬　阮元《周禮注疏校勘記》探析〔碩〕（2013）　　王麗萍教授指導

董小梅　考據與經世：孫詒讓周禮學研究〔博〕（2014）　周國林教授指導

武　勇　江永的三禮學研究〔博〕（2016）　　　　劉韶軍教授指導

向丹丹　陳澧批校點讀本《周禮注疏》的整理與研究〔碩〕（2017）
　　　　　　　　　　　　　　　　　　　　　　段曉春教授指導

甄凱旋　段玉裁《周禮漢讀考》研究〔碩〕（2019）　　　朱紅林教授指導

譚　浩　陳宗起《周禮》學成就研究〔碩〕（2020）　　　董恩林教授指導

(二)《周禮》成書年代研究

李　晶　春秋官制與《周禮》職官系統比較研究——以《周禮》成書年代
　　　　的考察為目的〔碩〕（2004）　　　　　　　　沈長云教授指導

(三)《周禮》名物典章沿革（祭祀、飲食、戶籍、會計、農業、軍事、法律、教育、音樂、行政等層面）

郭　珂　《周禮》樂官辨〔碩〕（2005）　　　　　　　張永杰教授指導

丁　進　《周禮》與文學〔博〕（2005）　　　　　　　　蔣凡教授指導

陳勤香　《周禮》祭祀詞語研究〔碩〕（2006）　　　　劉興均教授指導

張　偉　《周禮》中玉禮器考辨〔碩〕（2007）　劉云輝、陳洪梅教授指導

楊　瑤　《周禮》中所載戶籍制度及相關問題初探〔碩〕（2007）
　　　　　　　　　　　　　　　　　　　　　　　　　朱紅林教授指導

洪　曦　檔案學視角下的《周禮》研究〔碩〕（2007）　丁海斌教授指導

王雪萍　《周禮》飲食制度研究〔博〕（2007）　　　　田漢雲教授指導

唐婉晴　《周禮》中的會計制度初探〔碩〕（2008）　　朱紅林教授指導

吳佳琳　《周禮》中農業管理制度探討〔碩〕（2009）　朱紅林教授指導

李　威　《周禮》官吏考核若干制度研究〔碩〕（2009）謝乃和教授指導

陳曉明　《周禮》祭祀用玉考〔碩〕（2009）　　　　　　段渝教授指導

董曉霞　《周禮》所見地方行政組織考察〔博〕（2009）詹子慶教授指導

孫　宇　《周禮》所見巫術考〔碩〕（2010）　　　　　曹勝高教授指導

李嚴冬　《周禮》軍制專題研究〔博〕（2010）　　　　許兆昌教授指導

趙文卓　《周禮》中赦免制度研究〔碩〕（2011）　　　謝乃和教授指導

張學家　《周禮》中官計制度試探〔碩〕（2011）　　　朱紅林教授指導

吳瑋娟　從《周禮》看周王室的家庭教育〔碩〕（2011）謝乃和教授指導

吳振軍　《周禮·秋官》刑法名源研究〔碩〕（2011）　陳良煜教授指導

張　燕　《周禮》所見王室起居職官專題研究〔博〕（2011）
　　　　　　　　　　　　　　　　　　　　　　　　　許兆昌教授指導

李　軍　《周禮》所見文書管理制度探討〔碩〕（2012）朱紅林教授指導

朱 琨	《周禮》中的圜丘祀天禮研究〔博〕（2012）	安國樓教授指導
陳營營	《周禮》中畜牧業管理制度探討〔碩〕（2013）	朱紅林教授指導
景徊然	《周禮》樂器類名物詞研究〔碩〕（2013）	侯立睿教授指導
安甲甲	《周禮》車馬類名物詞彙考〔碩〕（2014）	雷黎明教授指導
劉 濤	《周禮》中所見天神祭祀考論〔博〕（2014）	許兆昌教授指導
齊單單	《周禮》所見學校外教育專題研究〔博〕（2014） 　　　　　　　　　　　　　　　　　　　　許兆昌教授指導	
王鶴淇	《周禮》文檔名詞研究〔碩〕（2016）	丁海斌教授指導
朱思偉	《周禮》飲食文化研究〔碩〕（2016）	韓高年教授指導
蔣思璐	《周禮・地官》詞彙研究〔碩〕（2016）	王衛峰教授指導
張雁勇	《周禮》天子宗廟祭祀研究〔博〕（2016）	朱紅林教授指導
董 楠	《周禮》中養老制度述論〔碩〕（2017）	謝乃和教授指導
張曉夢	《周官》天神祭祀樂儀及其圖騰文化考辨〔碩〕（2017） 　　　　　　　　　　　　　　　　　　　　王曉俊教授指導	
曹婷婷	《周禮・考工記》集釋及其「金工」初步研究〔碩〕（2017） 　　　　　　　　　　　　　　　　　　　　夏保國教授指導	
韓藝娜	《周禮》要會制度研究〔碩〕（2018）	朱紅林教授指導
劉 琳	《周禮・秋官》訓詁研究〔碩〕（2018）	王衛峰教授指導
張 凱	《周禮》建築類名物詞研究〔碩〕（2019）	褚俊海教授指導
楊美艷	從金文看《周禮》中的女官制度〔碩〕（2019）	謝乃和教授指導
王江茹	《周禮》職官稱謂詞命名理據研究〔碩〕（2019） 　　　　　　　　　　　　　　　　　　　　王浩教授指導	
薛小明	近二十年《周禮》音樂史料研究綜述〔碩〕（2020） 　　　　　　　　　　　　　　　　　　　　朱紅林教授指導	

(四)《周禮》制度思想研究

潘 巍	《周禮》中體現王權制約思想之制度及其後世演變〔碩〕（2011） 　　　　　　　　　　　　　　　　　　　　方瀟教授指導	
韓志宏	周公的理想國：《周禮》社會保障思想研究〔碩〕（2014） 　　　　　　　　　　　　　　　　　　　　龐紹堂教授指導	

▲專書出版

劉　豐	《北宋禮學研究》	（2016）
郭偉川	《周禮制度淵源與成書年代新考》	（2016）
潘　斌	《二十世紀中國三禮學史》二冊	（2016）
夏　微	《宋代《周禮》學史》	（2018）
潘　斌	《宋代《三禮》詮釋研究》	（2019）
彭　林	《周禮史話》	（2019）
羅健蔚	《鄭玄會通三禮研究》	（2020）

第四節　未竟之業：
今後《周禮》研究方向的幾點思考

一、認識《周禮》文本解讀的變動性

　　古書流傳，初以口誦，爾後寫定於竹帛，文字屢經傳鈔，譌文奪字亦多相隨。《周禮》為古文經，漢初流傳民間，武帝時獻王上奏朝廷，旋入秘府，今文禮家無緣得見，遑論校勘。至劉向父子校書，《周禮》始經初步整理。嗣後，王莽篡漢，將包括《周禮》在內的古文經傳立於學官，東漢傳授《周禮》的家法源流，始得確立。至鄭玄注《周禮》引述杜子春、二鄭父子的訓釋，也將眾儒所見異文記錄下來，這都顯示當時《周禮》傳本眾多，經文尚未統一。

　　漢儒校讀《周禮》之方法，「存古字，發疑正讀」，「就其原文字之聲類，考訓詁」（〈序周禮廢興〉引鄭玄序）。《周禮注》中多達兩百餘條關於「故書」的校改記錄，都彰顯漢儒整理《周禮》傳授文本所下的功夫。自清儒抉發《周禮》「故書」問題，

近人李雲光、楊天宇相繼考論，近年虞萬里〈兩漢經師傳授文本尋蹤──由鄭玄《周禮注》引起的思考〉（2018）、劉文清〈《周禮注》「故書」及其校改問題考辨〉（2019）、丁進〈《周禮》「故書」的性質與兩漢之際的《周禮》學〉（2020）等篇文章，將《周禮》「故書」性質與「今書」的關係，鄭玄校勘《周禮》底本是以「今書」為主，而參之「故書」的原則，闡發甚明。

　　《周禮注》「故書」的問題，代表漢儒運用當時通行的隸定字，釋讀以古文抄寫的先秦文本，所形成的某一種「經師讀本」。就目前掌握的「故書」版本特徵分析，當中不乏因漢隸文字形近、音近訛誤，或字詞脫漏、語序倒置的情況。但總體而言，多數是屬於有本字情況下的「用字假借」，這也使得漢儒在寫定《周禮》傳本時，必須下足功夫找尋「本字」。換言之，漢儒看待及理解「故書」、「今書」異文，就不單只是單純校勘上的問題。那麼，在整體關照文義通讀的前提下，對《周禮》眾多同音假借或音近義同字，從事形聲系統的研究，便顯得格外重要，這或許還能夠因此重新梳理出一個新的《周禮》「讀本」。

二、探尋《周禮》文獻成立的思想背景

　　二十世紀以來，學者運用出土西周金文官制與《周禮》比對，固然對破除古代聖經賢傳的迷信心理，起到一定積極作用。但由於出土青銅器地理位置分佈錯落，不僅器物具分域特徵，加之銘文書寫簡約，對西周官制結構與官員具體的職司範圍，多半描繪不足，無法據此釐訂出具體完整的職官系統，自在情理之中。因此，學人對西周金文官制研究，只能「考官名而不考官制」（徐宗元語），實與《周禮》脈絡紛繁、條理通貫的職官系統相比，不相

符稱。張亞初說：「《周禮》中有四分之一以上的職官在西周金文中可找到證據」。如若不誤，換言之，《周禮》有將近四分之三的職官在西周金文無從驗證。兩相對照，使得學者在推論過程中，往往容易陷入以待驗證的《周禮》內容，來解讀金文官員的職守範圍。這類直觀代入的詮釋誤區，所見多有，毋庸說忽略銅器斷代標準，以時代尚有爭議的銘文材料，來質疑《周禮》的情形。此皆未能深入腠理，故在事實契合上，未達一間。總的來說，就目前學界所掌握的青銅器銘文材料，尚不足以解決《周禮》的成書年代問題，故不得完全倚靠金文文獻，獲得定論。

目前較為可行的做法，還是回歸探討《周禮》本身的官制思想結構。過去因為《周禮》存在文獻真偽問題，梁啟超撰寫《先秦政治思想史》時，在重構春秋戰國政治思想的文獻史料，曾認為《周禮》的「其中一部分或為西周末屬宣時代制度，一部分則春秋戰國時列國所行。漢人雜糅此二者，而更附益其一部分」，由於三者分析不易，故主張「宜從割愛，或別著一篇，題曰：表現于《周官》中之政治思想。」自此以降，學者的研究視野，便多半停留在《周禮》文本內部的獨立分析，鮮少將之對應和其他先秦經史文獻的思想關聯。

因此，「先秦諸子與《周禮》政治思想」的議題開拓，可謂是未來值得多加深化的研究選題。自上世紀顧頡剛、楊向奎等人，結合《管子》判定《周禮》制度的思想淵源；日本漢學家小柳司氣太〈《管子》と《周禮》〉（1914）、櫻井芳郎〈《管子》と《周禮》との關係について〉（1966），及所撰作的一系列論文，探究《周禮》與《孟子》、《詩經》、《書經》、《禮記‧王制》、《左傳》等先秦文獻的關係，揭開探尋《周禮》文

獻成立思想背景的序幕。近年，林素英教授的〈論《荀子·王制》「王」之類型與特質：參照《周禮》之討論〉（2018）、〈《管子》與《周禮》政治教化之道比較〉（2020），同樣留意和先秦諸子文獻互涉之內容，勾勒出共同的思想主題，以彰顯《周禮》的政治倫理與核心價值，纔能夠於先秦政治思想史上，確立《周禮》文獻的歷史定位。

除此之外，結合出土簡帛驗明《周禮》，也是構建《周禮》文獻成立背景的另一研究取徑。李學勤《簡帛佚籍與學術史》（2001）便嘗揭櫫秦漢律法竹簡與《周禮》的關係；自 2008 年以來，清華簡陸續整理刊行，季旭昇教授〈從《筮法》與《周禮》談占筮三十三命〉（2017）、許兆昌〈從《周禮·太僕》看《清華簡·攝命》〉（2019）等文章，亦都突顯了綜合「戰國簡牘與《周禮》研究」的可行性。這類議題的對比研究，方興未艾，頗值得學者戮力探索，加以耕耘。

三、持續建構《周禮》學術發展史

基於上述對二十一世紀以來《周禮》文獻學史的回顧，可見當前學界對漢宋《周禮》學研究，在經注體例、義理詮釋等方面的整理，頗為深入。相較於唐代《周禮》義疏、明清《周禮》文獻而言，個別重要的經學人物及官方經解言說，仍有待學人整理和補強。另外，彭林《周禮史話》（2019）亦言及《周禮》在古代朝鮮的運用，指出韓儒丁若鏞（號茶山）《經世遺表》為中國本土以外，唯一援引《周禮》改革新政的政治家，當可將之納入日韓學者《周禮》域外研究史的範疇，增益既有成果之不足。

總而言之，今之學人，倘若冀求能於《周禮》研究小有所成，

　　除卻持續深入研讀歷代《周禮》文獻、學人文集札記外，亦應盡可能廣泛涉獵先秦政治哲學、出土文獻學、考古學等專業理論知識，加強跨學科整合，以期開拓自身的治學領域與學術視野。

徵引文獻

一、古籍文獻（依作者時代先後排列）

（一）經部

〔清〕阮元審定、盧宣旬校：《重刊宋本十三經注疏》，臺北：藝文印書館，影印清嘉慶二十年江西南昌府學開雕本，2001 年。

1.禮類

〔漢〕鄭玄注，〔唐〕賈公彥疏，〔民國〕彭林整理：《周禮注疏》，上海：上海古籍出版社，2010 年標點本。

〔清〕孫詒讓撰，〔民國〕王文錦，陳玉霞點校：《周禮正義》，北京：中華書局，2008 年標點本。

以上正經正注合刻之屬

〔宋〕王與之：《周禮訂義》，臺北：臺灣商務印書館，影印《文淵閣四庫全書》本，2002 年。

〔清〕惠士奇：《禮說》，上海：上海古籍出版社，影印《續修四庫全書》本，2002 年。

〔清〕江永：《周禮疑義舉要》，北京：中華書局，影印《守山閣叢書》本，1985 年。

〔清〕段玉裁：《周禮漢讀考》，臺北：漢京文化事業有限公司，影印《重編本皇清經解》本，1980 年。

〔清〕宋世犖：《周禮故書疏證》，上海：上海古籍出版社，影印《續修四庫全書》本，2002 年。

〔清〕徐養原：《周官故書考》，上海：上海古籍出版社，影印《續修四庫
　　全書》本，2002 年。

〔清〕程際盛：《周禮故書考》，上海：上海古籍出版社，影印《續修四庫
　　全書》本，2002 年。

以上《周禮》考證之屬

〔清〕凌廷堪著，〔民國〕彭林校點：《禮經釋例》，北京：北京大學出版
　　社，影印阮氏文選樓本，2012 年。

以上《儀禮》考證之屬

2.諸經總義類

〔宋〕朱熹：《詩經集註》，臺南：大孚書局有限公司，2006 年。

〔宋〕朱熹：《四書集註》，臺北：漢京文化事業有限公司，影印《四部刊
　　要》本，1983 年。

〔清〕孔廣林：《通德遺書所見錄》，京都：中文出版社，據光緒十六年山
　　東書局刊本，部分闕頁據清嘉慶十八年刊本影印，1973 年。

〔清〕王謨：《漢魏遺書鈔》，臺北：藝文印書館，據《四部分類叢書集成‧
　　續編》清嘉慶三年汝纕藏版之金谿王氏鈔本影印，1970 年。

〔清〕黃奭：《高密遺書》，臺北：藝文印書館，據《四部分類叢書集成‧
　　三編》清道光中甘泉黃氏刊民國二十六年江都朱長圻補刻重印本影
　　印，1972 年。

〔清〕袁鈞：《鄭氏佚書》，東京：東京大學東洋文化研究所漢籍目錄所藏
　　漢籍善本全文影像資料庫，據光緒十四年浙江書局刊本影印。

〔清〕馬國翰：《玉函山房輯佚書》，上海：上海古籍出版社，據嫏嬛館本
　　影印，1990 年。

〔清〕王仁俊：《玉函山房輯佚書續編》，上海：上海古籍出版社，據《續
　　修四庫全書》上海圖書館藏稿本影印，1995 年。

〔清〕成蓉鏡：《鄭志考證》，北京：國家圖書館出版社，《經學文獻輯佚
　　彙編》影印清光緒十四年江陰南菁書院刻本《南菁書院叢書》，2002
　　年。

〔清〕王復補遺，武億校：《鄭志》，北京：國家圖書館出版社，《經學文

　　　獻輯佚》影印清同治十二年粵東書局刻本《古經解彙函》，2002 年。

〔清〕臧琳：《經義雜記》，臺北：鐘鼎出版社，1967 年。

〔清〕惠棟：《九經古義》，北京：中華書局，排印《貸園叢書》本，1985
　　　年。

〔清〕王引之：《經義述聞》，臺北：廣文書局，1971 年。

〔清〕王引之：《經傳釋詞》，臺北：漢京文化事業有限公司，1983 年。

〔清〕孫星衍：《尚書今古文注疏》，北京：中華書局，2004 年。

〔清〕陳壽祺撰，曹建墩點校：《五經異義疏證》，上海：上海古籍出版社，
　　　2012 年。

〔清〕江藩撰，周春健注：《經解入門》，上海：華東師範大學出版社，2010
　　　年。

〔清〕皮錫瑞：《駁五經異義疏證》，北京：中華書局，2014 年。

〔清〕皮錫瑞：《六藝論疏證》，北京：國家圖書館出版社，《經學輯佚文
　　　獻彙編》影印清光緒二十五年思賢書局刻本《皮氏經學叢書》，2010
　　　年。

〔清〕皮錫瑞：《鄭志疏證》，北京：國家圖書館出版社，《經學文獻輯佚
　　　彙編》影印清光緒二十五年思賢書局刻本《皮氏經學叢書》，2002
　　　年。

〔清〕皮錫瑞撰，〔民國〕周予同增註：《經學歷史》，臺北：藝文印書館，
　　　2004 年。

〔清〕皮錫瑞：《經學通論》，北京：中華書局，2008 年。

3.諸經目錄文字音義類

〔唐〕陸德明《經典釋文》，臺北：新文豐出版公司，影印《叢書集成續編》
　　　本，1988 年。

〔清〕朱彝尊撰，〔民國〕林慶彰等編：《經義考新校》，上海：上海古籍
　　　出版社，2010 年。

〔清〕畢沅：《傳經表》，臺北：藝文印書館，影印《百部叢書集成》本，
　　　1968 年。

〔清〕江藩撰，徐洪興編校：《漢學師承記》，上海：中西書局，2012 年。

〔清〕鄭珍：《鄭學錄》，上海：上海古籍出版社，2002 年。

〔清〕胡元儀：《北海三考》，合肥：黃山書社，2009 年。

4.小學類

〔漢〕許慎撰，〔宋〕徐鉉校：《說文解字》，北京：中華書局，1963 年。

〔南唐〕徐鍇：《說文解字繫傳》，北京：中華書局，1987 年。

〔漢〕許慎撰，〔清〕段玉裁注，〔民國〕魯實先正補：《說文解字注》，
　　　臺北：黎明文化圖書公司，1996 年。

〔清〕桂馥：《說文解字義證》，臺北：廣文書局，影印《說文叢刊》本，
　　　1972 年。

〔清〕嚴可均：《說文校議》，臺北：廣文書局，影印《說文叢刊》本，1972
　　　年。

〔清〕王筠：《說文釋例》，臺北：世界書局，1984 年。

〔清〕朱駿聲：《說文通訓定聲》，北京：中華書局，1998 年。

〔清〕丁福保：《說文解字詁林正補合編》，臺北：鼎文書局，1983 年。

〔清〕吳玉搢：《說文引經考》，上海：上海古籍出版社，影印《續修四庫
　　　全書》本，2002 年。

〔清〕程際盛：《說文引經考》，上海：上海古籍出版社，影印《續修四庫
　　　全書》本，2002 年。

〔清〕吳雲蒸：《說文引經異字》，上海：上海古籍出版社，影印《續修四
　　　庫全書》本，2002 年。

〔清〕柳榮宗：《說文引經考異》，上海：上海古籍出版社，影印《續修四
　　　庫全書》本，2002 年。

〔清〕陳瑑：《說文引經考證》，上海：上海古籍出版社，影印《續修四庫
　　　全書》本，2002 年。

〔清〕雷浚：《說文引經例辨》，上海：上海古籍出版社，影印《續修四庫
　　　全書》本，2002 年。

〔清〕承培元：《說文引經證例》，上海：上海古籍出版社，影印《續修四
　　　庫全書》本，2002 年。

以上《說文》之屬

〔宋〕郭忠恕，夏竦編；〔民國〕李零，劉新光整理：《古代字書輯刊：汗簡‧古文四聲韻》，北京：中華書局，2010 年。

〔清〕顧藹吉：《隸辨》，臺北：臺灣商務印書館，影印《四庫全書》本，1983 年。

〔清〕許瀚：《古今字詁疏證》，《山東文獻集成》，濟南：山東大學出版社，影印山東圖書館藏民國二十三年瑞安陳氏袌殷堂排印本，第 1 輯第 4 部，2006 年。

〔清〕羅振玉：《增訂殷墟書契考釋》，臺北：藝文印書館，1981 年。

以上古文篆隸真書各體書之屬

（二）史部

1.正史類

〔漢〕司馬遷撰，〔劉宋〕裴駰集解，〔唐〕司馬貞索隱，〔唐〕張守節正義：《史記》，臺北：藝文印書館，1971 年。

〔漢〕班固撰，〔唐〕顏師古注：《漢書》，臺北：鼎文書局，1977 年。

〔南朝宋〕范曄：《後漢書》，臺北：鼎文書局，1983 年。

〔唐〕魏徵等人撰：《隋書》，臺北：臺灣商務印書館，1983 年。

以上正史合刻本之屬

〔漢〕司馬遷，〔日〕瀧川資言考證：《史記會注考證》，臺北：萬卷樓圖書股份有限公司，1993 年。

〔宋〕王應麟著；張三夕校：《漢藝文志考證》，北京：中華書局，2011 年。

〔清〕惠棟：《後漢書補注》，北京：中華書局，1985 年。

以上正史注補考證之屬

2.政書類

〔南宋〕鄭樵：《通志》，臺北：臺灣商務印書館，影印《四庫全書》本，2002 年。

3.史法類

〔清〕章學誠著，王重民通解：《校讎通義通解》，上海：上海古籍出版社，
　　　2009 年。

4.譜錄類

〔南朝梁〕阮孝緒撰，〔清〕臧庸輯考：《七錄》，上海：上海古籍出版社，
　　　影印《續修四庫全書》本，2002 年。
〔宋〕陳振孫：《直齋書錄解題》，北京：書苑出版社，2009 年。
〔清〕永瑢等人奉敕纂：《四庫全書總目》，臺北：藝文印書館，1970 年。

（三）子部

1.周秦諸子類

〔清〕王先謙撰：《荀子集解》，臺北：藝文印書館，1973 年。
〔清〕王先謙撰，〔民國〕鐘哲點校：《韓非子集解》，北京：中華書局，
　　　1998 年。
〔戰國〕呂不韋編著，〔民國〕陳奇猷校釋：《呂氏春秋校釋》，上海：上
　　　海古籍出版社，2002 年。

2.儒家類

〔漢〕荀悅：《申鑒》，上海：上海古籍出版社，影印《諸子百家叢書》本，
　　　1990 年。
以上議論經濟之屬

〔宋〕張載：《經學理窟》，成都：四川人民出版社，1998 年。
〔宋〕王應麟撰，〔清〕翁元圻注：《困學紀聞》，臺北：大化書局，1982
　　　年。
〔宋〕洪邁：《容齋隨筆》，臺北：臺灣商務印書館，1956 年。
〔宋〕黎靖德編：《朱子語類》，臺北：正中書局，1982 年。
〔明〕胡應麟撰，顧頡剛校點：《四部正譌》，收錄《古籍考辨叢刊》，北
　　　京：社會科學出版社，2010 年，第 1 集。
〔清〕顧炎武著，黃汝成集釋：《日知錄集釋》，長沙：岳麓書社，1994
　　　年。

〔清〕王鳴盛：《蛾術編》，臺北：信誼出版社，1976年。

〔清〕錢大昕：《十駕齋養新錄》，南京：江蘇古籍出版社，1997年。

〔清〕桂馥撰，趙智海點校：《札樸》，北京：中華書局，1992年。

〔清〕章學誠：《章氏遺書外編》，臺北：漢聲出版社，1973年。

〔清〕臧庸：《拜經日記》，臺北：藝文印書館，1970年。

〔清〕洪頤煊：《讀書叢錄》，北京：中華書局，1985年。

〔清〕方東樹撰，徐洪興編校：《漢學商兌》，上海：中西書局，2012年。

〔清〕俞正燮：《癸巳類稿》，臺北：世界書局，1960年。

〔清〕陳澧，鍾旭元等人校點：《東塾讀書記》，上海：上海古籍出版社，
　　　2012年。

〔清〕俞樾：《羣經平議》，收錄《春在堂全書》，臺北：遠流出版事業股
　　　份有限公司，1983年。

〔清〕俞樾：《古書疑義舉例》，上海：上海古籍出版社，2007年。

〔清〕李慈銘：《越縵堂日記》，臺北：文光圖書出版社，1963年。

〔清〕朱一新：《無邪堂答問》，臺北：廣文書局，1969年。

〔清〕孫詒讓：《名原》，臺北：藝文印書館，1963年。

〔清〕孫詒讓：《籀頠述林》，北京：中華書局，2010年。

〔清〕廖平《今古學考》，臺北：長安出版社，影印四川成都存古書局《六
　　　譯館叢書》本，1974年。

〔清〕康有為：《新學偽經考》，北京：中華書局，2012年。

〔清〕葉德輝：《書林清話》，臺北：世界書局，1960年。

〔清〕葉德輝著，紫石點校：《藏書十約》，北京：燕山出版社，1999年。

以上考訂之屬

3.雜家類

〔北齊〕顏之推撰，〔明〕趙敬夫注，〔清〕盧文弨補：《顏氏家訓》，臺
　　　北：廣文書局，1977年

4.釋道類

〔清〕丁福保：《六祖壇經箋注》，臺北：新文豐出版公司，1993年。

（五）集部

1.別集類

〔清〕顧炎武：《顧亭林詩文集》，臺北：漢京文化事業有限公司，1984年。

〔清〕朱彝尊：《曝書亭集》，臺北：臺灣商務印書館，影印《四部叢刊》本，1967年。

〔清〕王士禛：《帶經堂集》，上海：上海古籍出版社，影印《續修四庫全書》本，2002年。

〔清〕盧文弨：《抱經堂文集》，臺北：臺灣商務印書館，影印《四部叢刊》本，1967年。

〔清〕戴震撰，段玉裁編：《戴震集》，上海：上海古籍出版社，2009年。

〔清〕錢大昕：《潛研堂文集》，南京：江蘇古籍出版社，1997年。

〔清〕姚鼐：《惜抱軒文集》，臺北：臺灣中華書局，影印《四庫備要》本，1981年。

〔清〕翁方綱：《復初齋文集》，臺北：文海出版社，1969年。

〔清〕段玉裁：《經韻樓集》，上海：上海古籍出版社，2008年。

〔清〕焦循：《雕菰集》，臺北：鼎文書局，1977年。

〔清〕阮元：《揅經室集》，臺北：臺灣商務印書館，1979年。

〔清〕洪頤煊：《經典集林》，臺北：藝文印書館，1968年。

〔清〕顧廣圻：《思適齋集》，上海：上海古籍出版社，影印《續修四庫全書》本，2002年。

〔清〕龔自珍：《定盦續集》，臺北：河洛出版社，影印《夏學叢書》本，1975年。

〔清〕俞樾：《春在堂襍文》，臺北：中國文獻出版社，影印光緒二十五年重定本，1968年。

〔清〕黃以周：《儆季文鈔》，收錄《清代詩文集彙編》，上海：上海古籍出版社，2010年，第708冊。

〔清〕張之洞：《張之洞全集》，石家庄：河北人民出版社，1998年。

〔清〕王國維：《觀堂集林》，北京：中華書局，2006年。

2.總集類

〔清〕嚴可均：《全上古三代秦漢三國六朝文》，北京：中華書局，1958
年。

二、近人專著（依作者姓氏筆劃排列）

王利器：《鄭康成年譜》，濟南：齊魯書社，1983 年。

王叔岷：《校讎別錄》，臺北：華正書局，1987 年。

王叔岷：《校讎學》，臺北：中央研究院歷史語言研究所，1995 年。

王振民主編：《鄭玄研究文集》，濟南：齊魯書社，1999 年。

王啟發：《禮學思想體系探源》，鄭州：中州古籍出版社，2005 年。

王葆玹：《今古文經學新論》，北京：社會科學出版社，1997 年。

王夢鷗：《鄭注引述別本禮記考釋》，臺北：臺灣商務印書館，1969 年。

王靜芝：《經學通論》，臺北：國立編譯館，1992 年。

史應勇：《鄭玄通學及鄭王之爭研究》，成都：巴蜀書社，2007 年。

甘鵬雲：《經學源流考》，臺北：廣文書局，1977 年。

向宗魯著，陳曉莉點校：《校讎學》，北京：國家圖書館出版社，2012 年。

何宗周：《訓詁學導論》，臺北：聯經出版事業公司，1981 年。

何琳儀：《戰國文字通論》，南京：江蘇教育出版社，2003 年。

呂思勉：《經子解題》，臺北：臺灣商務印書館，1986 年。

宋師鼎宗：《拙齋經義論叢》，臺北：花木蘭文化出版社，2009 年。

李建國：《漢語訓詁學史》，上海：上海辭書出版社，2002 年。

李雲光：《三禮鄭氏學發凡》，臺北：嘉新水泥公司文化基金會，1966 年。

李零：《蘭台萬卷：讀〈漢書‧藝文志〉》，北京：三聯書店，2011 年。

李學勤：《李學勤早期文集》，石家庄：河北教育出版社，2008 年。

汪學群主編：《清代學問的門徑》，北京：中華書局，2009 年。

周大璞：《訓詁學初稿》，武漢：武漢大學出版社，1987 年。

周予同：《經今古文學》，臺北：臺灣商務印書館，1965 年。

周予同：《羣經通論》，上海：上海人民出版社，2012 年。

周予同撰，朱維錚編校：《周予同經學史論》，上海：上海人民出版社，2010

　　　年。

周何：《古禮今談》，臺北：萬卷樓圖書股份有限公司，1998 年。

周何：《說禮》，臺北：萬卷樓圖書股份有限公司，1998 年。

周何：《禮學概論》，臺北：三民書局，1998 年。

季旭昇：《說文新證》，福州：福建人民出版社，2010 年。

屈萬里：《詩經詮釋》，臺北：聯經出版事業公司，1983 年。

林慶彰主編：《五十年來的經學研究》，臺北：臺灣學生書局，2003 年。

金春峰：《周官之成書及其反映的文化與時代新考》，臺北：東大圖書股份
　　　有限公司，1993 年。

金德建：《經今古文字考》，濟南：齊魯書社，1986 年。

姜廣輝主編：《中國經學思想史》，北京：中國社會科學出版社，2003 年。

洪成玉：《古今字》，北京：語文出版社，1995 年。

胡楚生：《訓詁學大綱》，臺北：華正書局，2005 年。

胡樸安，胡道靜合著：《校讎學》，臺北：臺灣商務印書館，1968 年。

胡樸安：《中國文字學史》，臺北：臺灣商務印書館，2006 年。

胡樸安：《中國訓詁學史》，上海：上海書店，1984 年。

范常喜：《簡帛探微——簡帛字詞考釋與文獻新證》，上海：中西書局，2016
　　　年。

孫永選等人合著：《訓詁學綱要》，濟南：齊魯書社，1996 年。

徐在國：《隸定古文疏證》，合肥：安徽大學出版社，2002 年。

徐復觀：《中國經學史的基礎》，臺北：臺灣學生書局，2004 年。

徐復觀：《兩漢思想史》，臺北：臺灣學生書局，1985 年。

徐復觀：《周官成立之時代及其思想性格》，臺北：臺灣學生書局，1980
　　　年。

耿天勤主編：《鄭玄志》，濟南：山東人民出版社，2009 年。

馬宗霍，馬巨合撰：《經學通論》，北京：中華書局，2011 年。

馬宗霍：《中國經學史》，臺北：臺灣商務印書館，2006 年。

馬宗霍：《說文解字引經考》，臺北：臺灣學生書局，1971 年。

高明：《高明經學論叢》，臺北：黎明文化圖書公司，1978 年。

高明：《禮學新探》，臺北：臺灣學生書局，1984 年。

張涌泉：《漢語俗字研究》，北京：商務印書館，2010 年。

張能甫：《鄭玄註釋語言詞彙研究》，成都：巴蜀書社，2000 年。

張富海：《漢人所謂古文之研究》，北京：線裝書局，2007 年。

張舜徽：《清人筆記條辨》，北京：中華書局，1986 年。

張舜徽：《廣校讎略》，上海：上海古籍出版社，2013 年。

張舜徽：《鄭學叢著》，武漢：華中師範大學出版社，2005 年。

梁啟超：《中國近三百年學術史》，臺北：里仁書局，1995 年。

梁啟超：《飲冰室文集》，臺北：臺灣中華書局，1965 年。

梁啟超講，周傳儒筆記：《古書真偽及其年代》，北京：中華書局，2012
　　年。

章太炎：《太炎文錄續編》，收錄《章太炎全書》，上海：上海人民出版社，
　　2014 年。

章太炎：《訄書》，上海：上海古籍出版社，2000 年。

章太炎：《國故論衡》，北京：商務印書館，2015 年。

章太炎：《國學講演錄》，南京：鳳凰出版社，2008 年。

章權才：《兩漢經學史》，臺北：萬卷樓圖書股份有限公司，1995 年。

陳垣：《校勘學釋例》，上海：上海書店，1997 年。

喬秀岩：《北京讀經說記》，臺北：萬卷樓圖書股份有限公司，2013 年。

彭林：《三禮研究入門》，上海：復旦大學出版社，2012 年。

彭林：《中國古代禮儀文明》，北京：中華書局，2013 年。

彭林：《周禮主體思想與成書時代之研究》，北京：中國人民大學出版社，
　　2009 年。

曾貽芬，崔文印合著：《古籍校勘說略》，成都：巴蜀書社，2011 年。

程千帆，徐有富著：《校讎廣義》，濟南：齊魯書社，1998 年。

華喆：《禮是鄭學：漢唐間經典詮釋變遷史論稿》，北京：三聯書店，2018
　　年。

馮友蘭：《中國哲學史》，臺北：臺灣商務印書館，1993 年。

黃永武：《許慎之經學》，臺北：臺灣中華書局，1972 年。

黃季剛：《黃侃論學雜著》，臺北：漢京文化事業有限公司，1984 年。

黃季剛述，黃焯編輯：《文字聲韻訓詁筆記》，臺北：木鐸出版社，1983

年。

楊天宇：《鄭玄三禮注研究》，天津：天津人民出版社，2007年。

楊東蓴：《中國學術史講話》，上海：上海書店，1990年。

楊樹達：《積微居小學述林全編》，上海：上海古籍出版社，2007年。

葉國良、夏長樸、李隆獻合著：《經學通論》，臺北：大安出版社，2005年。

葉國良：《宋人疑經改經考》，臺北：臺灣大學出版委員會，1970年。

葉國良：《經學側論》，新竹：國立清華大學出版社，2005年。

葉國良：《禮學研究的諸面向》，新竹：國立清華大學出版社，2010年。

裘錫圭：《文字學概要》，北京：商務印書館，1988年。

裴普賢：《經學概述》，臺北：開明書店，1968年。

趙振鐸：《訓詁學史略》，鄭州：中州古籍出版社，1988年。

齊佩瑢：《訓詁學概論》，臺北：華正書局，2006年。

劉大鈞主編：《鄭學叢論》，上海：科學技術文獻出版社，2013年。

劉咸炘：《劉咸炘學術論集》，桂林：廣西師範大學出版社，2010年。

劉師培：《國學發微》，臺北：廣文書局，1986年。

劉師培：《經學教科書》，長沙：岳麓書社，2013年。

劉師培：《儀徵劉申叔遺書》，揚州：廣陵書社，2014年。

潘斌：《二十世紀中國三禮學史》，南京：南京大學出版社，2016年。

蔡尚思：《中國禮教思想史》，上海：上海古籍出版社，2006年。

蔡信發：《訓詁答問》，臺北：臺灣學生書局，2004年。

蔡信發：《說文答問》，臺北：國文天地出版社，1993年。

蔣元卿：《校讎學史》，上海：上海書店，1991年。

蔣伯潛：《校讎目錄學纂要》，臺北：正中書局，1972年。

蔣伯潛：《經與經學》，北京：九州出版社，2011年。

錢玄：《三禮通論》，南京：南京師範大學出版社，1996年。

錢基博：《經學通志》，桂林：廣西師範大學出版社，2009年。

錢穆：《中國歷史研究法》，臺北：東大圖書股份有限公司，1988年。

錢穆：《兩漢經學今古文平議》，臺北：東大圖書股份有限公司，2003年。

錢穆：《國學概論》，臺北：素書樓文教基金會，2000年。

羅健蔚：《鄭玄會通三《禮》研究》，臺北：新文豐出版股份公司，2020年。

譚其驤主編：《簡明中國歷史地圖集》，北京：中國地圖出版社，1996年。

顧頡剛：《漢代學術史略》，北京：人民出版社，2008年。

三、單篇論文

〔日〕安井小太郎，金培懿譯：〈鄭、王異同辨（一）〉，《經學研究論叢》，第10輯。

丁進：〈《周禮》「故書」的性質與兩漢之際的《周禮》學〉，《阜陽師範大學學報》，2020年第2期。

王鍔：〈鄭玄《周禮注》版本考〉，《圖書與情報》，1996年第2期。

王霞：〈鄭玄與校讎學〉，《蘭臺世界》，2008年上半月第1期。

史應勇：〈鄭玄經學三論〉，《四川大學學報》，2004年第3期。

史應勇：〈鄭玄禮學的非學術意義〉，《江南大學學報》，2002年第2期。

朱天助：〈清代《鄭志》輯本六種考論〉，《文獻》，2018年第2期。

何昆益，呂佩珊合撰：〈《說文》引《周禮》條例考〉，《慈濟大學人文社會科學學刊》，第15期。

吳福祥：〈試論鄭玄就音求義訓詁原則〉，《重慶師院學報》，1989年第2期。

李世萍：〈鄭玄《毛詩箋》校勘成就初探〉，《古籍整理研究學刊》，2007年9月第5期。

李玉平：〈試析鄭玄周禮注中的「古文」與「故書」〉，《古籍整理研究學刊》，2009年第5期。

李玉平：〈鄭玄《周禮注》讀如類溝通字際關係術語分析〉，《台州學院學報》，2006年第1期。

李秀娥：〈鄭玄整理圖書的方法〉，《南都學壇》，2002年11月，第22卷第6期。

李雲光：〈從三禮鄭注看鄭玄在校勘學上之成就〉，《禮學論集》，香港：黃河文化出版社，1997年。

李雲光：〈鄭康成遺書考〉，《聯合書院學報》，1962年第1期。

李源澄：〈鄭注周禮易字舉例〉，《圖書集刊》，1943 年第 5 期。

車行建：〈論鄭玄對《禮記・月令》的考辨〉，《東華人文學報》，1999 年第 1 期。

林忠軍：〈海峽兩岸鄭玄學術研討會學術總結〉，《周易研究》，2010 年第 4 期。

林忠軍：〈論鄭玄以《禮》注《易》方法〉，《武漢大學學報》，2011 年第 64 卷第 1 期。

林慶彰：〈近二十年臺灣研究《三禮》成果之分析〉，《禮學與中國傳統文化：慶祝沈文倬先生九十華誕學術研討會論文集》，北京：中華書局，2006 年。

林慶彰：〈幾種經學史中的禮學論述〉，《中正漢學研究》，嘉義：中正大學中文系，2014 年第 1 期。

林慶彰：〈經學史研究的基本認識〉，《中國經學史論文選集》，臺北：文史哲出版社，1992 年。

林曉希：〈近三十年鄭玄禮學研究〉，《中華文化論壇》，2016 年第 1 期。

侯家駒：〈有關《周禮》的歷代研究〉，《書目季刊》，第 18 卷第 2 期。

洪麗娣：〈試談鄭玄箋注中「因聲求義」方法的運用〉，《瀋陽師範學報》，1998 年第 2 期。

胡適：〈論秦時及《周官》書〉，《二十世紀中國禮學研究論集》，北京：學苑出版社，1998 年。

孫德謙：〈劉向校讎學纂微〉，楊家駱主編：《校讎學系編》，臺北：鼎文書局，1977 年。

徐在國：〈傳抄古文論著目〉，《中國文字學報》，北京：商務印書館，2006 年，第 1 輯。

徐復觀：〈答陳勝長先生「周官非古文質疑」〉，《中國思想史論集續編》，臺北：時報文化出版公司，1982 年。

馬育成：〈東漢隆禮之勢的形成以及鄭玄的崇尚禮學〉，《南都學刊》，1993 年第 4 期。

張能甫：〈關於鄭玄註釋中「讀為」、「讀如」的再思考〉，《古漢語研究》，1998 年第 3 期。

張舜徽：〈鄭玄訓詁學發微〉，《華中師院學報》，1981 年第 3 期。

莊雅州：〈論高郵王氏父子經學著述中的因聲求義〉，《乾嘉學者的治經方法》，臺北：中央研究院中國文哲研究所籌備處，2000 年。

陳秀琳：〈「禮是鄭學」說〉，《經學研究論叢》1999 年第 6 輯。

陳勝長：〈《周官》非古文質疑——從文字學角度討論徐復觀先生的「論證方法」〉，《考證與反思：從《周官》到魯迅》，臺北：東大圖書股份有限公司，1995 年。

陳韻：〈從黃奭所輯《三禮目錄》論「禮是鄭學」〉，《禮學與中國傳統文化：慶祝沈文倬先生九十華誕學術研討會論文集》，北京：中華書局，2006 年。

曾憲通：〈三體石經古文與《說文》古文合證〉，《古文字研究》，北京：中華書局，1982 年，第 7 輯。

曾憲通：〈傳抄古文字編序〉，《中國文字學報》，北京：商務印書館，2006 年，第 1 輯。

黃慧芬：〈徐復觀先生〈周官非古文〉讀後——兼論許慎《說文敘》稱引《周官》之經學意義〉，《雲漢學刊》，臺南：成功大學中國文學系，2013 年第 26 期。

黃慧芬：〈漢儒考辨《周禮》之濫觴——鄭玄《答臨孝存周禮難》及其問答重建〉，《東華漢學》，花蓮：國立東華大學中國語文學系，2018 年第 27 期。

黃慧芬：〈鄭注《周禮》引經敘例〉，《雲漢學刊》，臺南：國立成功大學中國文學系，2016 年第 32 期。

楊天宇：〈略述中國古代的《周禮》學〉，《南都學壇》，1999 年 19 卷第 4 期。

楊天宇：〈略述鄭玄校勘《三禮》所遵循的原則〉，《井岡山大學學報》，2010 年 5 月第 31 卷第 3 期。

楊天宇：〈略論「禮是鄭學」〉，《齊魯學刊》，2002 年第 3 期。

楊天宇：〈論鄭玄《三禮注》〉，《文史》，1983 年第 21 輯。

楊天宇：〈鄭玄生平事蹟考略〉，《河南大學學報》，2001 年第 5 期。

楊天宇：〈鄭玄注述考〉，《洛陽師範學院學報》，2002 年第 1 期。

楊志剛：〈中國禮學史發凡〉，《二十世紀中國禮學研究論集》，北京：學苑出版社，1998 年。

楊晉龍：〈神統與聖統──鄭玄、王肅「感生說」異解探義〉，《中國文哲研究集刊》，1993 年第 3 期。

楊廣傳：〈論鄭玄通學產生的歷史原因〉，《中國經學史論文選集》，臺北：文史哲出版社，1992 年。

楊潤陸：〈論古今字〉，陸宗達主編：《訓詁研究》，北京：北京師範大學出版社，1982 年第 1 輯。

葉國良：〈論許慎經學的幾個問題〉，《中國經學》，桂林：廣西師範大學出版社 2011 年第 8 輯。

葛志毅：〈鄭玄《三禮注》體系考論〉，《中華文化論壇》，2007 年第 3 期。

趙緼：〈曹魏末造王學與鄭學的政治糾葛──鄭小同之死辨〉，《鄭玄研究文集》，濟南：齊魯書社，1999 年。

劉文清：〈《周禮注》「故書」及其校改問題考辨」，《臺大中文學報》，2019 年 6 月第 65 期。

劉志剛：〈《說文》段注古今字考〉，《江西社會科學》，2008 年 5 月。

潘斌：〈近二十多年鄭玄《三禮注》研究綜述〉，《古籍整理研究學刊》，2007 年第 5 期。

蔡信發：〈段注《說文》古今字商兌〉，《文字論叢》，臺北：文史哲出版社，2001 年第 2 輯。

鄧軍，李萍：〈鄭玄隨文釋義的語境研究〉，《古籍整理研究學刊》，2000 年第 6 期。

鄭吉雄：〈乾嘉學者治經方法與體系舉例試釋〉，《乾嘉學者的治經方法》，臺北：中央研究院中國文哲研究所籌備處，2000 年。

錢玄同：〈重論經今古文學問題〉，《古史辨》，上海：上海古籍出版社，1982 年，第 5 冊。

龔傑：〈簡論鄭學與王學的異同〉，《孔子研究》，1990 年第 2 期。

四、學位論文（依論文出版先後排列）

李國英：《周禮異文考》，臺北：臺灣師範大學國文研究所碩士論文，1966
　　年。

黃秀燕：《由文字演進看周官古文》，臺北：臺灣大學中國文學研究所碩士
　　論文，1983年。

南基琬：《說文段注古今字研究》，臺北：輔仁大學中國文學研究所碩士論
　　文，1989年。

彭美玲：《鄭玄《毛詩箋》以《禮》說《詩》研究》，臺北：臺灣大學中國
　　文學研究所碩士論文，1992年。

車行健：《禮儀、讖緯與經義——鄭玄經學思想及其解經方法》，臺北：輔
　　仁大學中國文學研究所博士論文，1996年。

梁錫峰：《鄭玄以《禮》箋《詩》研究》，鄭州：鄭州大學博士論文，2004
　　年。

陳惠美：《清代輯佚學》，臺北：中國文化大學中國文學研究所博士論文，
　　2004年。

刁小龍：《鄭玄禮學及其時代》，北京：清華大學博士論文，2008年。

吳怡青：《清代鄭玄著作輯佚研究——以輯佚類叢書為中心》，臺北：臺北
　　大學古籍文獻研究所碩士論文，2009年。

劉欣怡：《清代《鄭志》輯本及其「鄭學」研究》，臺北：臺北大學古典文
　　獻學研究所碩士論文，2010年。

王曉嵐：《鄭玄注古今字的研究》，鄭州：河南大學碩士論文，2011年。

趙穎：《鄭小同與《鄭志》研究》，濟南：山東師範大學歷史文獻研究所碩
　　士論文，2014年。

羅健蔚：《鄭玄會通三《禮》研究》，臺北：臺灣大學中國文學研究所博士
　　論文，2015年。

五、工具書

中國社會科學院考古所主編：《甲骨文編》，北京：中華書局，1965年。

王力：《同源字典》，北京：商務印書館，1982年。

王輝：《古文字通假釋例》，臺北：藝文印書館，1993 年。

周何總編，季旭昇、汪中文主編：《青銅器銘文檢索》，臺北：文史哲出版
　　社，1995 年。

林慶彰主編：《經學研究論著目錄：1912-1987》，臺北：漢學研究中心，
　　1989 年。

林慶彰主編，汪嘉玲等編輯：《經學研究論著目錄：1988-1992》，臺北：
　　漢學研究中心，1995 年。

林慶彰，陳恆嵩主編：《經學研究論著目錄：1993-1997》，臺北：漢學研
　　究中心，2002 年。

林慶彰，蔣秋華主編：《經學研究論著目錄：1998-2002》，臺北：漢學研
　　究中心，2013 年。

唐文編著：《鄭玄辭典》，北京：語文出版社，2004 年。

容庚編，張振林、馬國權摹補：《金文編》，北京：中華書局，1985 年。

徐中舒：《漢語古文字字形表》，臺北：文史哲出版社，1988 年。

高明，涂白奎編：《古文字類編》，上海：上海古籍出版社，2008 年。

郭錫良：《漢字古音手冊》，北京：商務印書館，2010 年。

陳松長：《馬王堆簡帛文字編》，北京：文物出版社，2001 年。

劉釗：《郭店楚簡校釋》，福州：福建人民出版社，2005 年。

錢玄，錢興奇編著：《三禮辭典》，南京：鳳凰出版社，2014 年。

六、電子資料庫

中央研究院資訊科學研究所「漢字構形資料庫 2.7 版」，網址：http://cdp.si
　　nica.edu.tw/cdphanzi/。

臺灣大學中文系、中央研究院歷史語言研究所、資訊科學研究所、數位文化
　　中心共同開發「小學堂文字學資料庫」，網址：http://xiaoxue.iis.sini
　　ca.edu.tw/。

中華姓氏研究中心開發《姓氏略考》線上版，《中華之骨》網址：http://zhu
　　mmzyking.bokee.com/504080984.html。

後　記

　　時光荏苒，獲得博士學位迄今，已過去三年多。人生際遇多變，從論文選題、著手撰述，通過學位審查到專書正式出版，箇中遭遇的波折跌宕，如人飲水，冷暖自知。

　　本書是根據博士論文修改而成。本次出版，除卻大幅修訂以往論文中語意不甚明晰的字句，跟進近年學者的研究成果外，為拓寬「鄭學」於東漢經學史的討論空間，額外增置「鄭玄佚著整輯：《答臨孝存周禮難》、《鄭志》中所見疑義駁辯」為第陸章，剖析鄭玄和時人辯難、從學弟子經義問答的內容，以補強坊間經學通史對這段學術演變敘述不盡周全的缺憾。並增列「附錄」，收錄近年〈二十一世紀以來《周禮》研究回顧與前瞻〉一篇講稿。書中若干論文研究成果，曾分別投稿至國內學術期刊或研討會議上，進行發表，現說明如次：

1. 〈論漢代《周禮》傳授譜系及其相關問題〉，「第十一屆青年經學學術研討會」（高雄：國立高雄師範大學經學研究所主辦，2015 年 11 月）。

2. 〈論鄭玄《周禮注》「以字解經」的方法應用〉，《溯——成大中文系六十週年特刊：雲漢學刊》（臺南：國立成功大學中國文學系出版，2017 年 04 月），第 34 期，頁 197-228。

3. 〈《說文解字》與鄭玄《周禮注》引《周禮》異文之比勘——兼論東漢《周禮》學說的發展〉，《中國文哲研究通訊》（臺北：中央研究院中國文哲研究所出版，2017 年 03 月），第 27 卷第 01 期，頁 185-210。

4. 〈周官經文古字平議〉，「第十九屆中區文字學研討會」（臺中：靜宜大學中國文學系主辦，2017 年 05 月）。

5. 〈漢儒考辨《周禮》之濫觴——鄭玄《答臨孝存周禮難》及其問答重建〉，《東華漢學》（花蓮：國立東華大學中國語文學系出版，2018 年 08 月），第 27 期，頁 93-124。

6. 〈《鄭志》語錄中鄭玄對《周禮》經義的釋疑〉，「經學史重探（Ⅰ）——中世紀以前文獻的再檢討」第三次國際學術研討會（南港：中央研究院中國文哲研究所主辦，2019 年 07 月）。

7. 〈二十一世紀以來《周禮》研究回顧與前瞻〉，「二十一世紀五經研究座談會」（南港：中央研究院中國文哲研究所主辦，2020 年 12 月）。

統而調整目次，以訓詁、辨偽、校讎、經義問答為關鍵字詞，對鄭玄《周禮》經典詮釋學展現的多種面向，鉤稽闡微。為配合出版所需，題面則參酌顧炎武〈述古〉詩：「大哉鄭康成，探賾靡不舉。六藝既該通，百家亦兼取。至今三禮存，其學非小補。」擷取當中「探賾」二字，更動題面，聊作紀念對《周禮》鄭氏學的一番探索。

承蒙臺灣學生書局慨然應允出版本書，責任編輯陳蕙文小姐熱心承辦出版事務，謹致謝忱！本書的完成，同時必須感謝字學和經學啟蒙恩師　朱歧祥教授、宋鼎宗教授的指導，所謂「士不

通經不足以致用，而非先通小學無以通經」，傳統經學文獻與出土文獻結合研究，正是在這段偶然的相遇中，觸發出無限可能。另外，還要感謝博士班在學期間多位授業師長的勸勉，論文匿名審查委員與會議講評人的高見，皆使得本書論述內容，臻於完備；任職博士後研究階段，於臺大、師大、東海、靜宜及中研院文哲所結識的師友同好，和同在 606 研究室的學術夥伴，或解答疑難，或惠賜機會，或提供資訊，或加油鼓勵，備感溫暖，言語不足以道盡，在此亦一併申謝。最後，感謝彰化鹿港書法名家　林俊臣老師為封面題字，業師　宋鼎宗教授為書撰序，讓本書增色不少。這些來自家人與師友的支持與期許，都將成為督促筆者前行不懈的力量。

　　求學迄今，前途漫漫，道阻且長，亟需研究者擁有無止盡的堅持與熱忱。禮學領域浩瀚，固不應以章句訓詁為自足，而當以通達禮儀制度的用心，施用於現代，以救正人心，移風易俗為宗旨。冀盼藉由本書付梓出版，惕勵將來深入探索傳統禮學中寄寓的政教思想，開啟更多對《周禮》文獻成立背景的討論。

　　祝　開卷有益！

黃慧芬　謹識於府城

2021 年 3 月 20 日春分

國家圖書館出版品預行編目資料

《周禮》鄭氏學探賾

黃慧芬著. – 初版. – 臺北市：臺灣學生，2021.06
面；公分
ISBN 978-957-15-1859-6 (平裝)

1. 鄭玄 2. 周禮 3. 研究考訂

573.1177   110008721

《周禮》鄭氏學探賾

著　作　者　黃慧芬
出　版　者　臺灣學生書局有限公司
發　行　人　楊雲龍
發　行　所　臺灣學生書局有限公司
地　　　址　臺北市和平東路一段 75 巷 11 號
劃 撥 帳 號　00024668
電　　　話　(02)23928185
傳　　　眞　(02)23928105
E - m a i l　student.book@msa.hinet.net
網　　　址　www.studentbook.com.tw
登記證字號　行政院新聞局局版北市業字第玖捌壹號
定　　　價　新臺幣六〇〇元
出 版 日 期　二〇二一年六月初版
I S B N　978-957-15-1859-6

57318